ÉPISODES

DE LA

GUERRE DE 1870

ET LE

BLOCUS DE METZ

PAR

L'EX-MARÉCHAL BAZAINE

Veritas vincit.

MADRID
GASPAR, ÉDITEURS
4, PRÍNCIPE. 4
—
1883

TOUS DROITS DE TRADUCTION ET DE REPRODUCTION RÉSERVÉS.

MADRID, 1883. — SUCCESSEURS DE RIVADENEYRA.

ÉPISODES

DE LA

GUERRE DE 1870

ET LE

BLOCUS DE METZ

A

SA MAJESTÉ LA REINE

ISABELLE II

Madame,

Votre Majesté m'ayant témoigné, dans les mauvais comme dans les bons jours, sa constante bienveillance, je la supplie d'agréer la dédicace de ce livre militaire, dont le but est de démontrer que le soldat qui avait servi la cause de Votre Majesté, pendant sa minorité, est resté digne de sa royale sympathie.

Son très humble et très dévoué serviteur,

FRANÇOIS ACHILLE BAZAINE,

Ex-fusilier au 37ᵉ de ligne,
Ex-officier supérieur au service de l'Espagne,
Ex-Maréchal de France,
Réfugié en Espagne depuis 1874.

PRÉFACE

Ah! si jamais, vous vengez la patrie,
Dieu, mes enfants, vous donne un beau trépas!

En écrivant ce livre mon but n'est pas de récriminer, mais d'éclairer les hommes de bonne foi qui voudront le lire, et par suite, reconnaître les vraies causes de nos désastres. Sans tenir compte de l'organisation puissante de l'armée prussienne qui, en 1866, avait donné une preuve éclatante de sa force, mettant en œuvre des ressorts dont on semblait méconnaître l'élasticité et la vigueur, ce qui lui permit de vaincre l'Autriche, et de faire l'unité politique de l'Allemagne, l'opinion publique en France n'a vu, dans la série des revers qu'elle subissait, qu'une suite non interrompue de trahisons, et elle s'est prononcée avec une violence inouie, un aveuglement incroyable, sans vouloir examiner si ce jugement anticipé n'était pas le résultat d'un froissement d'amour-propre national, *ou de défaillances*, plutôt que le résultat d'une enquête équitablement dirigée.

Je n'ignore pas qu'il est bien difficile de faire revenir sur une opinion *devenue légende*, mais encore, faut-il l'entreprendre pour aider à l'histoire plus ou moins impartiale que l'on écrira sérieusement, sans vouloir flatter la nation, sur cette lugubre époque, et c'est le meilleur service que l'on puisse lui rendre. Tout comme il y a cent ans, les jugements qu'on porte actuellement pèchent par ce qu'ils ont d'exclusif; si l'on ne prend qu'un côté de la question, on l'envisage imparfaitement; il suffit de partir d'un point de vue trop étroit pour arriver à une conclusion fausse, et l'erreur ici peut mener loin. Ce qu'il importe que l'on sache, est que si la Prusse a pu presque instantanément mettre en ligne une armée considérable, très instruite, bien commandée, complètement pourvue, et animée du plus vif sentiment du devoir militaire, elle doit ce grand résultat aux institutions militaires qu'elle a su maintenir, coordonner, développer pendant la paix.

Les institutions militaires ne garantissent pas la victoire, mais elles donnent le moyen de combattre, de vaincre, ou de supporter des revers. Sans elles, tant que durera l'état actuel des sociétés européennes et que l'on n'arrivera pas à une meilleure et plus fraternelle organisation sociale assurant la *pax perpetua*, qui, selon Leibnitz n'existe qu'au cimetière, il n'y a ni sécurité, ni véritable indépendance pour les nations.

La France, aujourd'hui, est sur la défensive; il est donc important de rechercher quels sont les meilleurs moyens de la défendre. C'est qu'en effet, son indépendance est en question, si, entraînée par ses idées généreuses et de progrès, elle veut par son exemple, préparer l'œuvre de la régénération européenne.

CONSIDÉRATIONS GÉNÉRALES

Avant d'exposer les faits de la campagne de 1870 relatifs à l'armée du Rhin, il est utile de jeter un coup-d'œil rétrospectif sur les années 1868 et 1869, afin de constater dans quelle situation se trouvait l'état militaire de la France au moment de cette guerre néfaste.

La question du grand-duché de Luxembourg avait été sur le point d'amener un conflit entre la France et la Prusse en 1866, et fit avancer le retour dans la mère-patrie du corps expéditionnaire du Mexique. Dès cette époque, on prévoyait que, dans un délai plus ou moins éloigné, ces deux puissances militaires s'entre-choqueraient.

Il était donc prudent de se mettre en mesure pour parer à toutes les éventualités. Des reconnaissances furent faites sur la frontière du nord-est par M. le général de division Le Brun, de l'état-major général et aide de camp de l'Empereur, et M. Frossard, général du génie et gouverneur du Prince impérial. Des positions défensives avaient été reconnues, et les travaux de fortification passagère à y exécuter étaient indiqués, entre autres Saint-Avold et Cadenbronn.

Lors d'une visite faite à Saint-Cloud à M. le général Frossard, peu après mon retour en France, en juin 1867, il me parla de ce travail et m'autorisa à en faire prendre copie le plus discrètement possible; il m'affirma que l'on avait été très près d'avoir la guerre en 1866, mais que ce n'était que partie remise, qu'il fallait s'y préparer. Ainsi, dans les premiers mois de 1867 on était porté à croire possible une guerre avec la Prusse, dans l'entourage militaire de l'empereur Napoléon.

Le 10 novembre 1867, je fus nommé au commandement du troisième corps d'armée, dont le quartier général était à Nancy.

J'inspectai immédiatement les places de guerre, les garnisons, et après chaque tournée faite à cheval, afin de bien connaître le pays, je rendais compte au ministre de la guerre de mes observations, signalant les améliorations à apporter dans tous les services, la nécessité qu'il y avait d'organiser des divisions, des brigades actives avec les corps cantonnés dans les départements du troisième grand commandement, y compris les gardes-forestiers et les douaniers. Je demandais l'installation de magasins de campement à proximité des corps, afin que la mobilisation fût plus facile et plus rapide; le ministre me répondait invariablement : « J'apprends toujours avec plaisir que vous faites des tournées d'inspection et j'en lis le résultat avec beaucoup d'intérêt, etc. »..... mais, toutes mes propositions restaient sans solution.

C'est dans l'une de ces inspections des travaux de fortifications à Metz, que M. le lieutenant colonel Riveire[1], commandant du génie de cette place, me remit une note sur les projets relatifs aux forts de la rive gauche de la Moselle, dans laquelle il émettait un avis contraire aux décisions du comité du génie, me priant de la soumettre au ministre de la guerre, mais sans le citer pour ne pas le compromettre vis-à-vis de ce comité. (V. l'Annexe originale I.)

Il en fut de même pour la septième division que je parcourus en grande partie avec le général Ducros, afin de bien étudier les positions à faire prendre aux troupes pour la défense de la frontière. Cet officier général, d'un solide jugement et d'un mérite réel, se plaignait de ce que les travaux devant compléter les défenses de la place de Strasbourg n'étaient pas menés assez activement; ce qui était vrai, car à ma dernière inspection on commençait bien à blinder les magasins à poudre, à établir des traverses sur les remparts, mais sans grande impulsion.

Nous avions reconnu que la véritable ligne défensive à occuper était celle de la Sannback, s'appuyant sur la droite à la forêt de Haguenau et au Rhin, puis aux positions de premier ordre, Schönau et Nothweiler, à gauche, dans les Vosges. En voici les raisons.

---

1. Qui fut le Rapporteur dans mon procès.

Le Rhin est une belle ligne fluviale défensive, de deux cent cinquante mètres de large, régularisée par des digues parallèles ; son cours est rapide, et ses rives, en dehors des parties régularisées, sont semées d'une multitude d'îles grandes et petites, marécageuses et boisées, couvertes de bas-fonds et de dérivations qui rendent le passage de vive-force sur plusieurs points, sinon impossible, du moins très difficile.

La Seltzbach coule perpendiculairement au Rhin, de Wœrth à Seltz, et cette direction constitue une ligne de défense parallèle à la Lauter ; mais il en est de cette rivière comme de celle qui limite la frontière à Wissembourg et à Lauterbourg : elle est trop étendue et manque d'appui à sa gauche ; cette petite rivière est d'ailleurs trop faible par elle-même pour présenter un obstacle sérieux. Il serait donc dangereux d'attendre l'ennemi dans cette position, ainsi qu'on en a eu la preuve en 1815.

A cette époque, l'armée du Bas-Rhin, privée de l'appui de celle de la Sarre, qui fut dirigée sur la Grande-Armée, et ayant en conséquence sa gauche complètement à découvert, fut obligée de quitter la première position qu'elle avait prise derrière la Lauter : elle se replia sur Seltzbach, sa droite à Seltz, et sa gauche à Wœrth, et y attendit l'ennemi. Le pont de Seltz fut rompu, et malgré les efforts que fit l'ennemi pour enlever le village, il dut abandonner l'attaque sur ce point, mais le centre et la gauche furent rejetés sur Haguenau.

Les positions qui s'étendent de Seltz à Mothern ont toujours eu de l'importance sous le rapport militaire. Ainsi, quand naguères, la défensive de la basse Alsace était portée derrière les retranchements de la Lauter, la garnison de Lauterbourg étendait son action jusqu'à Mothern et à Seltz, afin de s'assurer de ces débouchés; car, maître de ces positions après un passage du Rhin, l'ennemi interceptait la route de Lauterbourg à Strasbourg et tournait les lignes par leur extrême droite. Ce fut faute d'avoir surveillé la position si importante de Seltz, que, lors de l'attaque des lignes en 1793, le général Dubois se vit menacé d'être coupé de sa ligne de retraite sur Strasbourg par le prince de Waldeck qui avait réussi à forcer le passage du Rhin à Plittersdorf en face de Seltz; cette position fut enlevée de vive-force, et l'ennemi s'avança jusqu'à Mothern. Les obstacles naturels qui entourent cette position, surtout du côté de la Seltzbach, rendent cependant l'attaque difficile : la forêt de Niederwald qui en couvre les abords, le ruisseau encaissé de la Seltzbach, et la position dominante du plateau de Sandt, en arrière de Seltz, présentant autant d'obstacles sérieux.

En 1815, cette position ne put être forcée du côté de Seltzbach, elle était le point d'appui de la droite de l'armée qui s'était repliée des lignes de la Lauter sur le ruisseau de Seltzbach.

En résumé, Seltz réunit les conditions d'une bonne position défensive, pour s'opposer au passage du Rhin :

1° La ligne d'opération si importante pour l'ennemi, est commandée par ce village qui en est pour ainsi dire la clé ; et, en admettant que la position de Seltz soit enlevée, nous sommes certains de pouvoir, par le chemin de Kesseldorf regagner la route de Strasbourg à Beinheim avant l'ennemi.

2° Seltz est protégé sur son front, du côté du Rhin, par des obstacles importants, et commande la région fluviale qui se déroule à ses pieds.

3° Au nord, il est protégé par la forêt de Niederwald et la Seltzbach ; les hauteurs de Sandt, en arrière, dominent le plateau de Buchevald et tout le terrain autour de Schaffausen.

4° Enfin, les communications sur Beinheim par les chemins de Hattins et de Kesseldorf sont sûres et commodes.

Après cette étude de la valeur défensive de Seltz, si nous considérons dans leur ensemble les positions de Seltz, de Münchhausen et de Mothern, nous voyons que la terrasse dominante, sur laquelle elles sont assises, ressemble à un immense ouvrage à corne dont le front, de quatre kilomètres de longueur du côté de la Sauerbach et du Rhin, se trouve constitué par les villages de Seltz et de Münchhausen, formant deux bastions reliés entre-eux par l'escarpement de la Sauerbach, qui en est pour ainsi dire la courtine.

Des deux branches de cet ouvrage, celle qui est la plus exposée à l'ennemi est sans contredit la plus forte. C'est celle qui s'appuie sur Münchhausen et sur Mothern avec le saillant prononcé qu'elle fait au Kirchenfeld. Si nous remarquons, enfin, que cette terrasse fortifiée par la nature, s'avance sur le Rhin à une distance de mille deux cents à mille cinq cents mètres, en moyenne, et qu'elle domine partout la région fluviale de vingt à vingt-cinq mètres ; qu'en outre, elle est située à l'embouchure de la Murg et en face de Rastatt, nous voyons qu'aucune position sur le Rhin ne se prête mieux que celle-ci à une guerre défensive.

Aussi, en se reportant au dispositif de la défense indiquée sur la carte mise à l'appui de ces observations[1], on comprendra la facilité et le peu de travail à exécuter pour défendre de telles positions qui, le cas échéant,

---

1. Annexe II.

peuvent être destinées à assurer le passage du Rhin, si une armée française prenait l'offensive.

« Aussi longtemps, — écrivait naguères un officier supérieur de l'état-major prussien, — que la frontière du Rhin, de Huningue jusqu'à Lauterbourg, restera entre les mains des Français, l'Allemagne doit se considérer comme ouverte du côté du Rhin et une invasion vers le sud de l'Allemagne ne peut être paralysée que par l'entrée d'une armée allemande au nord-est de la frontière française, opérant sur les derrières de l'armée du Rhin. » Dans cette brochure, qui a eu plusieurs éditions, la *dernière* émet l'avis, en cas de guerre, de porter le champ de bataille en France, et d'arriver à Paris. La pensée de l'état-major général allemand n'y est nullement cachée, et c'est sans doute pour cela que l'on n'y a pas cru en France.

L'invasion de la frontière d'un grand État est toujours une opération très hasardeuse ; elle ne peut être tentée que par une armée très supérieure en nombre.

Il n'est jamais prudent pour l'armée chargée de la défense de résister de front, dans la crainte d'être entraînée à accepter aussitôt une bataille que l'ennemi a intérêt de lui livrer au début de son invasion et dont une victoire est en quelque sorte le préliminaire indispensable ; mais elle peut avec avantage attaquer les ailes et les derrières de l'envahisseur, surtout quand il se présente une frontière aussi respectable que celle de la France. Malheureusement, nos plans sont disposés en ligne droite sur la frontière septentrionale, de l'ouest à l'est, et sur la moitié de la frontière orientale, du nord au sud ; de sorte que, dans tout le triangle existant entre les deux lignes, et à plus de vingt lieues en arrière, il n'y a rien. Il est évident cependant, que dans un système général de défense bien combiné, le centre étant considéré comme le but, l'objectif de l'attaque, et les bassins qui y convergent comme les lignes ou zones d'opération des armées, les points de convergence de ces zones devraient être regardés comme les points principaux de défense, et par conséquent, comme ceux où l'art doit disposer d'avance une résistance ; il n'en a point été ainsi, et l'on s'est borné à des études. La commission de défense établie en 1818 par le maréchal Saint-Cyr avait éclairé le gouvernement sur quelques parties de cette question ; elle avait fait sentir la nécessité de quelques points à fortifier pour couvrir Paris ; rien de ce qu'elle avait proposé n'a été exécuté. La campagne de 1814 était faite cependant pour avertir du danger, et pour faire toucher le vrai point de la question ; le grand Empereur y montra quel était le véritable système de la défense du pays : il l'établit alors au point de vue défensif, comme il montra en 1815 ce qu'il devait être au point de vue offensif. Dans l'un et l'autre cas, s'il échoua, il le dut à la trahison, au défaut de défense de Paris, et à la non intelligence des sentiments populaires qui existait à ces deux époques. Mais l'exemple n'en reste pas moins : il faudra savoir en profiter, et par conséquent, éviter les fautes stratégiques commises en 1870 sous le prétexte de couvrir Paris. La principale raison que l'on ne donnait pas alors, était de ne point laisser Paris livré à lui-même, c'est-à-dire aux excitations révolutionnaires.

Dans la campagne de 1814, l'Empereur, présageant que l'attaque devait être centrale, et naturellement, divergente sur les rayons, s'établit sur la circonférence pour être sur les flancs de l'envahisseur, et aller chercher l'une après l'autre les diverses armées offensives dans toutes les zones de leur champ d'attaque ; c'est ainsi qu'il passa successivement du bassin de l'Yonne dans celui de la Seine, puis dans celui de la Marne, et enfin dans celui de l'Aisne, où il aurait battu l'ennemi, comme dans les trois autres, si la trahison n'eût amené sur le terrain un ennemi qu'il croyait loin de là.

Les points principaux qui doivent à la fois protéger les zones d'attaque, et les passages d'une zone à l'autre sont, sur la circonférence la plus éloignée : Langres, Saint-Dizier et Vouziers, comme points principaux ; la Capelle, Marle, Clermont ou Sainte-Ménéhould, comme points secondaires. Sur la circonférence de seconde ligne, les points principaux sont : Soissons, Châlons et Troyes ; les points secondaires sont : Compiègne, Reims, Vitry, Bar et Sens.

Sur la troisième ligne, les points principaux sont : Château-Thierry, Nogent, Montereau, et enfin Paris !

La frontière septentrionale appartient au bassin de l'océan du Nord ; elle se compose des bassins particuliers de l'Escaut, de la Meuse, de la Moselle et du Rhin. Ces bassins forment autant d'ouvertures au territoire de la frontière ; la plupart d'entre eux, par leur direction longitudinale, continuent en sens contraire les bassins longitudinaux qui convergent sur Paris. Cependant, le bassin longitudinal de l'Escaut est séparé de la Seine par un bassin transversal, celui de la Somme, qui comprend tout le département de ce nom.

La Somme forme donc une sorte de ligne de défense entre Paris et la frontière du nord-ouest ; les points les plus importants de cette ligne sont : Saint-Quentin, Péronne, Amiens et Abbeville ; ces points qui ont jadis joué un grand rôle dans la défense de la France, luttant contre les armées de Charles-Quint, n'en ont plus eu qu'un secondaire depuis la conquête de l'Artois et de la Flandre.

Le bassin général de l'Escaut ouvre toute la frontière du nord par son propre bassin et par ceux de la Scarpe et de la Lys ; ces bassins, qui sont aussi des lignes longitudinales, tombant sur le bassin de la Somme, sont occupés par les places fortes du Nord, qui forment trois lignes de défense assez fortement maillées pour lui avoir mérité le nom de *frontière de fer*. Il est à regretter qu'un ensemble de défense aussi imposant soit devenu presque secondaire par sa position excentrique quant à la défense du pays ; la frontière est coupée dans son milieu par le bassin de la Meuse, dont une portion est longitudinale et l'autre transversale, relativement au champ d'attaque que nous avons décrit.

Le principal affluent de la Meuse, la Sambre, forme de Fémy à Namur une ligne longitudinale qui continue le bassin de l'Oise, et qui se joint à ce bassin par les point de Fémy, Nouvion, la Capelle, Hirson et le pays de Chimay. Une portion de ce bassin, le cours de la Sambre même, est couvert par les places de Maubeuge, Avesnes et Landrecies, mais toute la portion qui est entre la Meuse et la Sambre est complètement ouverte, ainsi que la portion correspondante du bassin de l'Oise, l'ennemi ayant retenu en 1814 les places de Philippeville, Marienbourg et Beaumont, et s'étant donné en 1815, par l'échancrure du pays de Chimay, une entrée directe dans le bassin de l'Oise, qui offre deux grandes lignes de communications sur Paris, l'une par Laon, l'autre par Noyon et Compiègne. Le bassin particulier de la Meuse forme une zone transversale qui longe la circonférence extrême du *bassin de la Seine, depuis Langres jusqu'à Mézières*.

Cette zone transversale offre donc une excellente ligne de défense naturelle relativement aux zones longitudinales qui convergent vers Paris. Les points principaux par lesquels cette zone communique dans les zones correspondantes sont :

1° Mézières, point convergent des deux communications l'une transversale du bassin de la Meuse dans celui de l'Oise, par Rocroy et Hirson, l'autre longitudinale allant de Mézières à Paris en passant par Réthel dans le bassin de l'Aisne ;

2° *Sedan*, d'où l'on communique dans le bassin de l'Aisne par la route de Chêne-le-Populeux à Vouziers à travers les Ardennes ;

3° Stenay, d'où l'on communique également à Vouziers ;

4° Verdun, point de convergence des routes de Metz et de Longwy à Paris, et d'où l'on communique dans les bassins de l'Aisne et de la Marne par deux routes sur Vouziers et sur Châlons. Ces points sont fortifiés et d'une assez bonne défense. Les autres, Commercy, Void, Vaucouleurs et Neufchâteau, par lesquels passent les communications de Metz, de Nancy, d'Épinal à Paris, et qui conduisent du bassin de la Meuse dans celui de l'Ornain et de la Marne, ne sont pas gardés.

La Meuse, par sa position relativement à la défense de Paris, mérite une mention particulière. Cette ligne de défense qui s'étend depuis Langres jusqu'à la frontière de Belgique, semble établie exprès pour unir la défense du nord et de l'est de Paris.

Le rôle qu'elle est appelée à jouer dans cette défense doit être modifié selon l'attitude de la Belgique; si en effet le pays reste neutre, ainsi que cela a eu lieu en 1870, *la défense de Paris se trouvant transportée entre les points de Mézières et de Langres*, le champ d'attaque est de beaucoup circonscrit, et la défense acquiert de grands avantages; dans ce cas, les points signalés ci-dessus prennent plus d'importance, car non seulement ils donnent un front d'opérations défensives, mais ils fournissent les moyens d'opérer sur les flancs de l'ennemi. Le bassin de la Meuse donne la faculté sinon d'arrêter, au moins d'inquiéter l'ennemi avant qu'il ait pénétré dans les zones longitudinales qui convergent sur Paris ; cette ligne défensive est corroborée par le massif des Ardennes qui sépare le bassin de la Meuse de celui de l'Aisne, et qui, malgré sa pénétrabilité, ne laisse pas de présenter des défilés importants qui ont déjà joué un grand rôle dans la campagne de 1792. La Meuse peut donc être considérée comme la meilleure ligne de défense de la France; l'empereur Napoléon III avait donc bien jugé la situation après nos défaites des premiers jours d'août, en ordonnant la retraite sur Verdun; mais il aurait fallu exécuter le mouvement avec résolution, et surtout, maintenir l'armée d'Alsace à la hauteur de l'armée de Lorraine, afin de ne pas découvrir complètement le flanc droit de cette dernière, qui de son côté ne forçait pas sa marche en retraite de manière à faciliter celle de l'armée d'Alsace, cherchant à se relier à elle, ce qui ne put se faire par suite de la ligne divergente suivie avec une trop grande précipitation par cette armée démoralisée. Il fallut abandonner l'idée de la défense du bassin de la Moselle, qui se lie essentiellement à la ligne des Vosges le séparant du bassin du Rhin, et qui joue dans la défense générale de l'Est le double rôle de protéger en avant la ligne de la Moselle, et en arrière la ligne du Rhin.

La Lorraine et l'Alsace sont des terrains tout militaires où l'esprit de patriotisme et la nature du sol semblent offrir les chances les plus certaines d'établir une résistance nationale. On aurait donc dû créer à l'avance des ressources que le courage des habitants centuple au moment du danger. La responsabilité de l'occupation de Wissembourg est due à l'initiative du maréchal de Mac-Mahon; et l'ignorance dans laquelle il était des mouvements de l'ennemi lui fit accepter la bataille de Frœschwiller dans de mauvaises conditions, tant sous le rapport tactique que par la disproportion des effectifs.

Le cinquième corps, — général de Failly, — devait rester dans les Vosges pour en défendre les défilés, et y organiser la résistance des habitants, ayant Phalsbourg pour base; le septième corps, — général Douay Félix, — aurait dû rallier le premier corps, et le maréchal de Mac-Mahon livrant alors des batailles défensives, se serait retiré en combattant derrière les lignes de défense de la Soufel[1], qu'il aurait pu alors utiliser comme camp retranché, couvrant ainsi Strasbourg pendant le temps nécessaire pour en compléter les défenses, et pour lui constituer une garnison respectable *et d'un bon moral*. Les deuxième, troisième, quatrième, sixième corps et la garde-impériale, étant établis à Saint-Avold et Cadenbronn, ayant Metz pour base, auraient servi d'échelons pour protéger la retraite de l'armée d'Alsace, et lui donner le temps d'inutiliser les chemins de fer, par la destruction des tunnels, des ponts, des ouvrages d'art; ce qui ne put se faire, la retraite s'exécutant en désordre, en panique, et ce dont l'ennemi tira de suite un très grand parti pour arriver rapidement sur les lignes d'opérations de l'armée de la Lorraine.

Voilà la cause de nos défaites successives, malgré le bon vouloir de tous pour faire triompher nos armes.

L'élément moral, dont on ne tient généralement pas assez compte, en reçut un rude échec; une grande victoire, seule, aurait pu le retremper, car il est pour ainsi dire l'expression intime de la nation qui, selon les succès ou les revers, éprouve des commotions électriques. La France entière éprouva un choc violent à la nouvelle de la défaite de ses troupes d'Afrique, conduites par le vaillant champion de Malakoff et de Magenta; de faux patriotes en profitèrent pour escamoter le pouvoir en égarant la nation, et l'entraînèrent à une résistance désastreuse pour le pays, mais qui devait leur servir de piédestal. Les guerres à outrance ne sont plus de notre

1. Annexe III.

époque, car elles amènent des conséquences si terribles que dans l'intérêt de l'humanité on doit désirer de ne le voir jamais : on rétrograderait à l'âge de fer tout en servant l'égoïsme des ambitieux.

Avant le christianisme, il n'y avait entre les États d'autres relations que la force ou la peur, et l'art militaire était un acte de pur égoïsme ; le droit des gens n'existait que pour certains individus.

Le christianisme a établi un droit des gens entre les nations, un droit public véritable, et a rendu l'art militaire dépendant d'une cause morale, d'une raison sociale ; c'est pour cette raison que les guerres et les invasions depuis l'ère chrétienne ont montré ce que pouvait être la force sous l'empire de la puissance morale.

La guerre de 1870 entre la France et l'Allemagne en est un nouvel exemple en ce sens, que le véritable motif du conflit était non seulement ignoré du peuple et de l'armée, mais que, pour ceux même qui raisonnaient sur son importance, au point de vue des intérêts français, c'était une affaire à régler entre diplomates.

Tel était le côté moral de cette querelle qui ne pouvait produire au début, de ces élans de patriotisme qui soulèvent toute une nation, et lui font supporter les plus lourds sacrifices. Aujourd'hui, la science sociale a fait de grands progrès : les masses populaires votent ; l'on ne peut donc méconnaître que l'art militaire ne doive pas se borner à la partie mécanique de métier et qu'il devient plus facile de pénétrer davantage dans le chemin de la vérité ; la science militaire ne doit pas plus rester en arrière que les autres dans cette grande explication morale du drame humain.

L'initiative des maréchaux ou généraux placés à la tête des sept grands commandements territoriaux *était nulle;* ils devaient recevoir l'impulsion du ministre de la guerre, et qui plus est, ils ne pouvaient obtenir les renseignements sur les travaux à exécuter dans les places, sur leur armement, ou sur le mouvement du matériel déposé dans les arsenaux, sans l'attache ministérielle ; je n'ai vu, pour ma part, les mitrailleuses qu'à leur arrivée à Metz.

Le 25 janvier 1868, j'écrivais au ministre de la guerre : « Il n'existe à
« l'état-major général du troisième corps d'armée aucune carte qui puisse
« me donner des renseignements exacts sur les fortifications des diverses
« places de mon commandement, et sur le terrain qu'il est utile de connaître
« autour de ces places..... je considère ces documents comme indispensables,
« et de nécessité urgente ».

Cette demande n'eut pas de solution. Dans les places, dans les forts, on faisait consommer aux garnisons, par mesure administrative, les approvisionnements de réserve (surtout le biscuit) et ils n'étaient pas immédiatement remplacés ; c'est ainsi que l'on a été surpris en 1870, malgré les ordres donnés *de faire rentrer les récoltes*. Les places du Nord-Est n'étaient pas armées ; plusieurs, entre autres Thionville, n'avaient point d'artilleurs et à l'une de mes inspections, j'avais dû laisser l'ordre d'exercer l'infanterie au service des pièces de siège. Le chemin de fer de Metz à Verdun était assez avancé pour que l'on pût espérer l'utiliser en septembre 1870. Trop de précipitation à mettre les troupes en mouvement vers la frontière, a fait suspendre les travaux et, plus tard, a privé l'armée d'une ligne d'opération intérieure qui aurait été d'une grande utilité stratégique : deux mois de travail auraient suffi, l'armée pouvant être employée à ces travaux. Il était donc préférable de temporiser, et de ne déclarer la guerre qu'en septembre au lieu de la déclarer en juillet.

Dès le mois de février 1869 je signalais au ministre de la guerre les fréquentes venues en France d'officiers prussiens chargés d'étudier les vallées qui aboutissent à notre frontière, les places où s'exécutaient de grands travaux, etc., etc. J'adressai des ordres rigoureux aux chefs de légion de gendarmerie, aux commissaires spéciaux des gares de chemins de fer ; le commissaire de Forbach m'écrivait en réponse, le 23 février 1869 :

« Les rapports me signalent l'inquiétude qu'éprouvent les habitants du
« grand-duché de Bade de voir l'armée badoise entrer dans la Confédéra-
« tion du Nord. Depuis quelque temps on voit, en effet, l'élément prussien
« s'infiltrer dans toutes les branches de l'administration publique du grand-
« duché : douanes, télégraphes, chemins de fer, armée, etc., etc..... On ren-
« contre un grand nombre de sujets prussiens, et leur présence cause un
« certain découragement dans le pays qui se plaint, en outre, d'une augmen-
« tation considérable d'impôts. Dernièrement, des officiers en habits civils
« ont parcouru toute la vallée de la Wiessen, qui traverse le haut Badois,
« et débouche entre Bâle et Huningue. »

Le 11 mai, de nouveaux renseignements donnés par le même commissaire spécial, avertissait que les autorités municipales de la province du Rhin avaient reçu des instructions pour acheter des voitures en tous genres, de passer des contrats avec les propriétaires, sans prendre livraison, ces contrats devant parvenir au ministère de la guerre le 11 mai courant.

Dans mes diverses visites au maréchal Niel, lui faisant part de mes

appréhensions, il me répondait : « Nous aurons certainement une guerre
« prochaine avec l'Allemagne, mais nous devons éviter de paraître devenir
« les agresseurs, afin que l'Europe ne nous soit pas hostile. » Et il ajoutait:
« Que d'après de nouvelles dispositions prises, les ordres de mise en route
« des réservistes seraient transmis par la gendarmerie, au lieu de l'être
« par les mairies, et que quatre cent mille hommes seraient sur la fron-
« tière en quinze jours ».

Les corps d'armée n'étant pas organisés en divisions actives, de façon à pouvoir être mobilisées en peu de jours, la mise à exécution du projet ministériel devenait difficile; puis, l'administration de la guerre résistait obstinément à l'avis de ceux dont l'expérience conseillait de munir, sur place, les corps d'armée de tout le matériel nécessaire pour entrer en campagne, et amoindrir par cette disposition la confusion qui résulte dans le premiers moments d'une mobilisation d'armée.

Pendant mon séjour à Nancy, en 1869, j'ai commandé la première série du camp d'instruction de Châlons et je transcris ci-après l'extrait des paragraphes traçant la direction à donner à l'instruction : « Il faut que les géné-
« raux prennent l'habitude de la responsabilité, et du commandement des
« deux armes réunies ; qu'ils acquièrent le coup-d'œil sur le terrain, et
« apprennent par la pratique à distinguer le fort et le faible de chacune
« d'elles, de manière à les mieux utiliser l'une par l'autre ; enfin, à s'en
« servir à propos. » — C'est une preuve que certains de nos généraux en manquait.

« Les expériences faites en 1868 sur l'emploi des tranchées-abris ont
« pleinement réussi ; ces abris rapides, exécutés avec discernement sur des
« emplacements bien choisis, donnent à peu de frais un avantage immense
« à celui qui sait les employer en temps et lieux pour défendre une position,
« ou préparer l'offensive. Il y a tout intérêt de continuer à en vulgariser
« l'usage dans l'armée.

« Je ne terminerai pas cette dépêche sans faire remarquer à Votre Ex-
« cellence combien il est essentiel de faire disparaître les divergences qui se
« sont introduites, durant ces dernières années, dans la pratique de l'instruc-
« tion, et de revenir à l'unité réglementaire. Tous les corps de la première
« série auront reçu avant leur arrivée au camp, les titres I et II nouveaux du
« règlement sur les manœuvres de l'infanterie ; les autres titres sur les ma-
« nœuvres de l'infanterie, suivront de près, et je vous prie de donner les
« ordres les plus précis, pour qu'aussitôt la réception du nouveau règlement,

« l'on s'y conforme partout avec la plus rigoureuse exactitude, dans tous
« les corps d'infanterie. »

Ainsi, peu avant la guerre de 1870, le fusil était changé et de nouvelles manœuvres étaient mises à l'étude ! De sorte que les réservistes, lorsqu'ils rejoignirent leur régiment, étaient redevenus des recrues !

Avant nos revers, on ne faisait en France aucun cas de l'opinion de ceux qui déclaraient que l'organisation militaire de notre pays n'était pas en rapport avec sa situation politique et on niait les avantages de l'organisation prussienne qui repose sur le service obligatoire, sur le système des réserves nombreuses bien exercées, et sur la division territoriale du pays répondant à autant de corps d'armée.

Il y a des vérités qui sont de tous les temps, et l'histoire est là pour nous apprendre que les mêmes causes ont toujours produit les mêmes effets. Rome fut invincible tant que, le patriotisme s'alliant à l'esprit militaire, l'on y considéra l'obligation de servir son pays comme le devoir le plus sacré.

La naissance et la richesse au lieu d'être des causes de dispenses obligeaient, au contraire, à donner l'exemple des vertus civiques et guerrières. On ne pouvait, à Rome, atteindre aux hautes fonctions publiques, objet de toutes les ambitions, que si l'on avait fait dix campagnes dans les Légions. La décadence de la République commença lorsque le service militaire ne fut plus considéré comme un honneur, et que les principaux citoyens dédaignant le métier des armes, s'en déchargèrent sur leurs esclaves ou sur des mercenaires étrangers. Cette vérité, que Montesquieu a si éloquemment développée semble avoir été oubliée par les nations modernes, amolies par le luxe. L'Allemagne seule, instruite par les revers de 1806 les a mises en pratique et tout Allemand peut parvenir aux plus hauts grades, si sa conduite et son instruction le font juger digne de commander. Pour devenir officier il faut remplir deux conditions : subir des examens, et avoir le consentement du corps d'officiers du régiment dans lequel on veut entrer. Cette dernière obligation a pour effet de rendre tous les officiers solidaires les uns des autres, et de maintenir entre eux l'esprit de corps.

Pour ceux qui se distinguent en temps de guerre, les examens ne sont pas exigés.

L'organisation intelligente de l'état-major général concourt aussi à élever le niveau intellectuel de l'armée ; car l'armée, comme le corps humain, a une tête qui la dirige, et cette tête dont les yeux clairvoyants doivent tout embrasser, ne peut compter que sur les officiers d'état-major pour remplir les fonctions importantes de tout voir et de tout préparer.

Rien de plus faux que de considérer comme un corps spécial, semblable à l'artillerie ou au génie, des officiers qui doivent posséder des qualités et des connaissances générales ne se révélant que par la pratique. Bien voir n'est pas une spécialité, c'est un don de la nature perfectionné par l'expérience ; or, les officiers qui doivent remplir le rôle important de diriger les mouvements des troupes, choisir les positions et le terrain propices à chaque arme, étudier les contrées qui peuvent devenir le théâtre de la guerre, embrasser dans leur ensemble tous les besoins d'une armée, qui doivent, enfin, avoir une activité d'esprit et de corps qu'aucune fatigue ne rebute, avoir comme on dit : *bon pied, bon œil*, ces officiers ne doivent pas être choisis parmi les élèves d'une École, mais être pris parmi les officiers les plus capables de toute l'armée, et les plus aptes à ce service par leur constitution physique. L'organisation en Prusse répond à ces différentes exigences, et l'Académie de Berlin pour les hautes études militaires, admet au concours les officiers ayant trois ans de service n'importe à quelle arme ils appartiennent. Elle ne crée pas, pour ainsi dire, des officiers d'état-major mais une classe d'officiers distingués, parmi lesquels le chef de l'état-major général choisit les plus capables ; et ceux-ci après avoir été en constant rapport avec les troupes, y retournent quand leur chef le croit utile ; de sorte que l'État a trouvé là le moyen d'avoir toujours à la tête de l'armée des officiers qui répondent aux exigences de la situation. Il n'en était pas de même en France où les officiers d'état-major étaient immobilisés au ministère de la guerre ou dans les divisions militaires territoriales. Il en résultait que bon nombre de ces officiers qui avaient vécu loin des troupes pendant plusieurs années, ne possédaient plus les aptitudes ni l'activité nécessaires à leurs fonctions, y compris l'équitation.

Les institutions en Allemagne ont pour but de développer l'instruction par tous les moyens possibles, et de rendre populaire l'obligation qui soumet tout le monde au service militaire. La loi de recrutement, dont le principe appliqué dans toute sa rigueur serait une lourde charge pour la population, est très adoucie en temps de paix, par les soins que l'on a pris de sauve-garder les intérêts privés. Mais en temps de guerre, le chef de la Confédération du Nord peut disposer de toute la population valide depuis dix-sept jusqu'à quarante-deux ans, c'est-à-dire près de deux millions d'hommes ; et par l'effet de cette loi générale qui maintient toujours liées au service les classes qui ont été exercées, l'instruction que reçoivent les soldats n'est pas donnée en pure perte comme cela arrive dans d'autres pays. Tous les hommes instruits qui sont renvoyés dans leurs foyers peuvent toujours être rappelés en temps de guerre, et une fois dans les rangs ils ne sont congédiés que lorsque la patrie n'a plus besoin de leurs services.

En France, au contraire, lorsqu'on est parvenu, avec beaucoup de peine et au bout de quelques années, à faire un bon soldat, si son temps est fini, il quitte pour toujours les drapeaux et, même pendant la guerre, les classes qui ont atteint le terme légal du service sont ordinairement congédiées; de sorte que le pays perd pour sa défense toute la peine qu'il s'est donné à instruire des soldats.

En Allemagne, les trois cent mille hommes qui composent la réserve de l'armée ainsi que les trois cent mille de la Landwehr, ont tous passé trois années dans l'armée active, et depuis qu'ils l'ont quittée, ils ont été tenus en haleine par des exercices périodiques; de plus, en temps de guerre, ils sont maintenus sous les drapeaux sans terme fixe.

En France, malheureusement, les militaires les plus compétents ont toujours été très opposés au système des réserves exercées. On se souvient que le maréchal Soult, dont l'opinion comme ministre de la guerre avait fait école, émit plusieurs fois, à la tribune des deux Chambres, l'avis que les meilleures réserves consistaient dans un grand nombre d'hommes laissés dans leurs foyers sans être astreints, pendant la paix, à aucun service.

« Quand, — disait-il, — au moment de la guerre, on appelle sous les dra-
« peaux les jeunes gens qui n'ont pas encore servi, ils y arrivent plus vo-
« lontiers que ceux qui connaissent déjà les ennuis de la caserne, les incon-
« vénients du métier. »

Cette opinion pouvait être soutenue à une époque où les armées de l'Europe n'étaient pas mieux organisées que les nôtres, où les chemins de fer n'existaient pas, et où avant d'entrer en campagne, on avait plusieurs mois devant soi pour se préparer. Mais, en présence de l'organisation prussienne qui donne à l'État la possibilité d'appeler sous les armes, en vingt-quatre heures, tous les anciens soldats de vingt-trois à trente-deux ans, et d'assembler en quinze jours quinze corps d'armée prêts à marcher à l'ennemi, il est évident que l'idée de n'avoir en réserve que des hommes sans aucune éducation militaire est pleine de périls.

Néanmoins, on était tellement persuadé en France, qu'il suffisait pour l'État d'avoir une bonne armée sous les armes, et, en outre, un nombre considérable d'hommes sur le papier, que l'empereur Napoléon III a eu toutes les peines du monde à faire adopter par les généraux et les Chambres, un système qui permit d'exercer dans les dépôts la partie du contingent qui n'était pas appelée sous les drapeaux.

Depuis plusieurs années le contingent annuel des jeunes gens ayant atteint leur vingtième année, était de cent mille hommes. En supprimant les non-valeurs, les soutiens de famille et la portion affectée à la marine, ce nombre se réduisait à soixante-dix mille hommes environ. Sur ce chiffre, on ne pouvait guère en admettre dans les régiments plus de vingt mille afin de ne pas augmenter l'effectif budgétaire; de sorte que, tous les ans, près de cinquante mille hommes restaient dans leurs foyers à la disposition du gouvernement : c'est ce que l'on appelait la seconde partie du contingent. Comme d'après la loi de 1832, la durée du service était de huit ans, au bout de cette période de temps il y avait approximativement, en tenant compte de la mortalité, environ trois cent vingt mille hommes en réserve qui pouvaient être appelés sous les drapeaux, mais sur lesquels on ne devait compter qu'après au moins quelques mois d'apprentissage.

Pour remédier à ce grave inconvénient, l'Empereur décida, en 1860, que la seconde partie du contingent serait exercée dans les dépôts des régiments, en garnisons dans le départements, trois mois pendant la première année, deux mois pendant la deuxième et un mois pendant la troisième. Durant les cinq dernières années, les jeunes soldats restaient liés au service, mais ils n'étaient plus astreints à aucun exercice.

Ce système, qui atténuait les inconvénients existants, était encore bien imparfait, comparé à celui de la Prusse, et il fut rendu moins efficace par une circonstance fortuite : la transformation des armes de l'infanterie.

Les soldats qui avaient été exercés dans les dépôts avant 1869 l'avaient été avec des fusils se chargeant par la bouche; lorsqu'ils furent rappelés en 1870, ils ne connaissaient pas le maniement du fusil nouveau modèle, se chargeant par la culasse.

Nous ne parlerons pas de la garde-mobile qui n'a, comme on peut le voir, aucune analogie avec la Landwehr. Nous dirons pourtant qu'elle aurait pu rendre de meilleurs services si le Corps législatif ne s'était pas opposé à ce qu'on la soumit à des exercices réguliers.

Indépendamment des avantages que donne à l'Allemagne du Nord l'établissement de la réserve et de la Landwehr, elle en possède un tout aussi grand dans la facilité avec laquelle elle peut mettre son armée sur le pied de guerre.

Les personnes étrangères aux affaires militaires se figurent, en voyant des régiments en garnison, qu'il suffit, pour former une armée, de leur donner l'ordre de marche et de leur assigner un lieu de réunion. Elles ignorent combien une armée, pour vivre, marcher et combattre, a besoin de corps auxiliaires, d'approvisionnements de toute sorte, de voitures, de chevaux ou mulets.

Le passage du pied de paix au pied de guerre, a toujours été l'opération la plus délicate et la plus difficile; l'armée qui arrive le plus promptement à ce résultat a sur son adversaire un avantage incontestable. Or, la Prusse a résolu le problème de la façon la plus judicieuse par la création de treize corps d'armée toujours organisés : le gouvernement prussien a diminué considérablement la difficulté de la mobilisation. Chaque corps d'armée ayant, en temps de paix, ses divisions et ses brigades établies dans le territoire même où elles se recrutent; les corps auxiliaires étant sur les lieux, ainsi que le nombreux matériel indispensable; les commandants des corps d'armée, des divisions et des brigades étant à leur poste avec leurs états-majors presque comme en temps de guerre, il ne faut pas plus de temps, avec une telle organisation, pour mettre sur le pied de guerre les treize corps d'armée, que pour en mettre un seul. En effet, l'armée de l'Allemagne du Nord, comme toutes les armées du monde, subit pour se mobiliser des accroissements d'effectif très importants.

L'effectif en hommes pour l'armée active et pour les troupes de dépôt, sans compter la Landwehr, augmente de près de quatre cent mille hommes; mais en divisant ce nombre par 13, chaque corps d'armée n'a qu'un peu plus de vingt mille hommes à appeler, et cela dans un rayon assez restreint.

Le nombre de chevaux augmente de cent mille, ce qui fait pour chaque corps d'armée environ sept mille chevaux. L'artillerie n'ayant en temps de paix, que les deux tiers de ses pièces attelées, et le train n'ayant que trois cent cinquante et une voitures, l'augmentation est de quinze mille six cents voitures, ce qui fait par corps d'armée mille deux cents voitures.

Le travail divisé par 13, est donc rendu beaucoup plus facile.

Non seulement, en Prusse, chaque corps d'armée forme un tout complet, mais les corps particuliers sont munis de ce qui peut satisfaire à leurs premiers besoins. Ainsi, un régiment d'infanterie a douze infirmiers, cent vingt-trois chevaux, seize voitures; de sorte qu'il emporte avec lui des munitions, des médicaments, les bagages d'officiers. La division, à son tour, composée des trois armes forme à elle seule, comme la Légion romaine, une petite armée. En donnant à tous les corps les auxiliaires et les voitures indispensables, on diminue les longues colonnes et on maintient les effectifs au complet sans les affaiblir comme cela arrive trop souvent en France, où l'on puise sans cesse dans les régiments d'infanterie les hommes nécessaires pour les services accessoires.

Pour mieux faire comprendre la différence entre les deux systèmes, allemand et français, examinons comment on procède dans les deux pays lorsqu'il s'agit de mobiliser l'armée.

En Allemagne, un ordre du roi est envoyé aux treize commandants des corps d'armée, et tout se prépare avec célérité. Les chefs sont à leur poste; tous sont au courant de leurs attributions, chacun sait ce qu'il a à faire sans avoir besoin de nouvelles instructions, et, tout étant préparés d'avance, les différents services fonctionnent avec régularité, sans confusion.

Le commandant du corps d'armée divise ses troupes en trois parties :

1° Les troupes prêtes à entrer en campagne.
2° Les troupes de remplacement ou de dépôt.
3° Les troupes de garnison ou de forteresses.

Les commandants des troupes mobilisent le personnel et le matériel de guerre. L'intendance mobilise l'administration et la trésorerie. Les commandants de place et les gouverneurs procèdent à l'armement et à la mise en état de défense des places fortes. Les autorités civiles et militaires se prêtent un mutuel concours pour activer la réunion des hommes en congé et des chevaux requis ou achetés.

En peu de jours les hommes de la réserve et de la Landwehr ont rejoint leurs corps, car, toutes les troupes composant le corps d'armée étant en garnison dans les lieux où elles se recrutent, elles complètent leurs effectifs pour ainsi dire sur place. Les listes des soldats de la réserve et de la Landwehr classés par arme, sont tenues au courant et conservées au chef-lieu du district de recrutement.

L'arrivée des hommes de la réserve et des plus jeunes contingents de la Landwehr suffit pour compléter l'effectif des troupes qui entrent en campagne, pour former les quatrièmes bataillons, et laisser ainsi dans les dépôts un nombre suffisant de soldats exercés. A ceux-ci viennent s'ajouter les hommes de la réserve de recrutement ou les nouvelles levées, de sorte que les dépôts sont composés, moitié d'anciens soldats, moitié de recrues.

Pour combler les lacunes dans les cadres, pour augmenter les états-majors, on rappelle les officiers de la réserve, ou même ceux de la Landwehr qui avant l'âge de quarante-deux ans ne peuvent jamais donner leur démission.

Les généraux de division d'infanterie forment les quatrièmes bataillons ; le commandant de la cavalerie réunit ses brigades en division, et laisse les cinquièmes escadrons au dépôt. Le général d'artillerie sépare les batteries de campagne de celles qui ne doivent pas marcher, organise ses neuf colonnes de munitions et les compagnies de l'artillerie de place.

Les compagnies de pionniers ne conservent pas leur organisation en bataillon, mais sont réparties dans les divisions d'infanterie ou dans la réserve. Le génie est chargé des équipages de ponts, des parcs d'outils de pionniers et du détachement pour le télégraphe de campagne.

Les chevaux sont fournis au moyen d'achats directs ou de réquisitions légales faites en temps de paix. Dans chaque cercle (sous-préfecture) il est tenu en permanence un contrôle des ressources en chevaux. Sur l'ordre du Landrath (sous-préfet) les chevaux sont amenés en un lieu désigné, où un officier de cavalerie ou d'artillerie, assisté d'un vétérinaire militaire, choisit dans la proportion des besoins ceux qu'il juge propres au service. Une commission de trois habitants notables, désignés par le président de régence (préfet) fixe la valeur des chevaux, qui est remboursée aux propriétaires.

Le chef de bataillon du train, aidé de l'intendance, prépare ses cinq colonnes d'approvisionnements, sa colonne de boulangerie de campagne, son dépôt de chevaux, ses compagnies d'infirmiers, son service de santé, les ambulances et les deux compagnies de dépôt.

Le matériel de guerre, l'habillement, l'armement, les pièces, les voitures, les outils, les effets de campement, tout, jusqu'au plus petit objet, se trouve réuni dans les magasins du corps, dans les dépôts du train ou fourni pas les magasins généraux établis à la portée des troupes.

Ainsi, le corps d'armée trouve tout ce dont il a besoin dans la circonscription territoriale où il se recrute, et les diverses autorités ne sont pas obligées d'écrire à chaque instant à Berlin pour réclamer ce qui leur manque en personnel ou en matériel.

La mobilisation en Allemagne s'opérait à la fois dans treize groupes différents dont chacun fonctionne pour son compte ; les éléments préparés et coordonnés pendant la paix se rassemblent promptement, et au bout de quinze jours, chaque corps d'armée est prêt à entrer en campagne ; il suffit alors d'en réunir un certain nombre, de créer un état-major général et un parc de réserve, pour former une armée. Mais en même temps que l'armée active se met en mouvement, les éléments de recomposition des corps d'armée s'organisent à l'intérieur ; on nomme les autorités territoriales ; les états-majors des différentes armes et l'intendance se reconstituent. La Landwehr appelée sous les armes sert de réserve à l'armée active, et fournit les garnisons dans les places.

Examinons maintenant ce qui se passe en France lorsqu'il s'agit de mettre les troupes sur le pied de guerre. On verra que, dans des condictions semblables, non seulement la mobilisation rencontre de grandes difficultés, mais une fois l'armée réunie à la frontière, il ne reste plus dans les dépôts que des cadres et des recrues, et les grandes villes et les places fortes n'ont plus un seul soldat en garnison. Lorsque la mobilisation est décidée les ordres généraux partent de Paris comme cela doit être, mais les ordres de détail en partent également.

Le ministre de la guerre envoie aux quatre-vingt-neuf chefs des dépôts de recrutement l'ordre de rappeler le plus promptement possible les hommes en congé et ceux de la réserve. Les chefs des dépôts, dans chaque département, munis des listes de tous les hommes liés au service, envoient aux trente-six mille maires les noms des individus à rappeler, et l'ordre, pour eux, de rejoindre à jour fixe leurs dépôts respectifs disséminés dans toute la France. Le maréchal Niel avait modifié cette dernière disposition, et les listes étaient adressées aux chefs des brigades de gendarmerie. Les communications à faire aux réservistes étaient plus rapides et signifiées avec plus d'autorité ; mais si c'était à l'époque des travaux agricoles, grand nombre des ces jeunes gens étaient absents de leur domicile, et l'ordre de mise en route restait entre les mains des parents, qui ne s'empressaient pas de les faire parvenir.

Alors, de Marseille à Brest, de Bayonne à Lille, les routes et les chemins sont sillonnés en tous sens, d'un bout de la France à l'autre, par les soldats cherchant leur dépôt, et de là repartant de nouveau pour rallier leur régiment. Que de dépenses et de retards occasionnent ces allées et venues !

Toute l'organisation du temps de guerre est à créer : il faut désigner les régiments destinés à former les brigades et les divisions, faire arriver souvent de très loin les batteries et les compagnies du génie qui doivent être attachées à ces divisions; organiser l'intendance, les parcs, les services de santé ; il faut constituer les états-majors des corps d'armée, des divisions et des brigades, de sorte que plusieurs centaines de généraux, d'officiers de tous grades, d'intendants, de chirurgiens sont obligés de se monter, de s'équiper à la hâte et de se rendre auprès des corps qu'ils ne connaissent pas.

Pendant que le personnel se met en mouvement dans toutes les directions, le matériel s'expédie par toutes les voies de communication. L'habillement, l'équipement, les effets de campement, les munitions de guerre, les outils, au lieu d'être distribués sur place par les magasins des corps, sont tirés des magasins centraux, et généralement de Paris pour être envoyés dans les dépôts des différentes armes.

Les chevaux d'artillerie et du train sont, il est vrai, retirés de chez les cultivateurs ou achetés directement comme en Prusse. Mais une fois réunis aux dépôts de remonte, comme une juste distribution des hommes et des chevaux n'a pas été préparée en temps de paix, il en résulte qu'il se trouve des dépôts où il y a des masses de chevaux et peu de cavaliers, et d'autres où il y a des masses de cavaliers et peu de chevaux.

Les voitures pour les approvisionnements, pour les bagages d'officiers, pour l'administration, sont réunies dans d'immenses magasins, et *engerbées* au lieu d'être laissées sur roues, ce qui cause une grande perte de temps pour les mobiliser. Aux nombreux besoins qui se font sentir il faut répondre de Paris en envoyant de là tous les suppléments en linge et chaussures, en ceintures de flanelle, tentes-abri, couvertures, marmites, gamelles, bidons; puis, les nécessaires de chirurgie, les médicaments, les harnais et les selles, les brides, etc. Le maréchal Niel répondait aux observations : « Qu'il ne pouvait surmonter le *possumus* de la haute administration de la guerre ».

Les chemins de fer exercent une grande influence sur les opérations de la guerre. On peut, et on doit même en tirer de grands avantages, mais à condition que tous les transports soient régler avec intelligence, et avec une exactitude mathématique. Il faut en outre, autant que possible, que chaque convoi emporte une unité administrative complète, et non des fractions d'unité, car dans ce dernier cas, l'encombrement amène la confusion et il devient difficile de reformer un tout quand les parties sont éparses ; les gares sont encombrées de colis de toute espèce et il devient difficile de les classer, sans une perte de temps très nuisible aux opérations. Il faut donc que sur les ballots envoyés pour l'armée, on inscrive en grosses lettres, non seulement l'adresse du corps où on les envoie mais même le détail de ce qu'ils contiennent. Nous avons vu à Metz des montagnes de colis dont on ignorait le contenu, et qu'il fallût ouvrir pour connaître ce qu'ils renfermaient.

Les innombrables expéditions, les mouvements si compliqués que nécessite une entrée en campagne, ne peuvent se faire que sur des demandes adressées à Paris ; car, avec notre système de centralisation et de responsabilité, les autorités qui sont en province ne peuvent même pas disposer de ce qu'elles ont sous la main sans un ordre ministériel. Aussi quelle que soit l'intelligence de ceux qui dirigent, le zèle et l'activité de ceux qui obéissent, il est impossible que de longs retards et de grandes déceptions n'aient pas lieu.

Qu'on se rende compte de ce qu'exige d'approvisionnements de toute sorte une armée de quatre cent mille combattants, avec plus de cent mille chevaux et près de quinze mille voitures, et on comprendra quel travail gigantesque doit faire une administration pour assurer tous les services, lorsqu'en temps de paix rien n'a été fait pour faciliter ce travail.

L'administration de la guerre en France, ressemble à une superbe machine dont toutes les parties travaillées avec art sont conservées séparément dans les ateliers. Quand il s'agit de la mettre en mouvement, le travail est long et difficile, car il faut rassembler tous les rouages et les coordonner entre eux, en un mot, remonter entièrement la machine, depuis le plus simple écrou jusqu'à la pièce la plus compliquée. Néanmoins, chez nous toute organisation finit par s'achever ; mais c'est à force de zèle et d'efforts, et comme il y a eu une grande perte de temps, on arrive trop tard. *Là est toute la question.*

Certes, il est très utile pour un pays de renfermer dans son sein des ressources considérables, qui permettent, même après des revers, de prolonger la lutte ; mais cet avantage est moins important que celui que procure une prévoyante organisation, au moyen de laquelle on peut, le premier, porter à l'ennemi des coups décisifs.

Avec la puissance des armes actuelles, l'armée qui peut arriver en ligne et prendre l'offensive avant l'ennemi, aura pour elle la plus grande chance de succès. Cette vérité n'a pas besoin d'être démontrée, et cependant il est triste à dire qu'avant les malheureux évènements qui se sont accomplis, aucune force humaine n'aurait pu vaincre les préjugés enracinés de l'administration ; personne n'eût été assez puissant pour faire adopter par les assemblées politiques les mesures qui auraient porté un remède efficace aux vices de notre organisation militaire.

Disons cependant à notre décharge que, si on en excepte la Confédération de l'Allemagne du Nord, il n'y a pas une puissance en Europe capable de mettre sur pied, en quinze jours, une armée de trois à quatre cent mille combattants. Il n'y en a aucune qui aurait pu être prête avant nous.

Nous ne voulons par pallier les fautes qui ont été commises, ni excuser les imprévoyances dont on a encouru la responsabilité; mais ce que nous tenons à constater de la manière la plus formelle, c'est que le premier et le plus grand avantage de la Prusse a été la promptitude avec laquelle elle a mobilisé ses troupes, ce qui lui a permis de prendre l'offensive avant nous.

Seulement quinze jours de plus et nous aurions eu réunis tous les éléments indispensables aux armées pour vivre, marcher et combattre.

Les chances de la guerre eussent été changées, et, dans tous les cas, aucun des échecs que nos armes ont subis n'aurait eu les mêmes conséquences.

En résumé, si dans nos malheurs une grave responsabilité incombe aux hommes, la plus grande part en revient aux choses. Avec une meilleure organisation militaire, la patrie était sauvée.

Qu'y a-t-il donc à faire dans l'avenir? Emprunter au système prussien tout ce qui peut s'adapter avantageusement à nos mœurs et à nos habitudes, adopter ce qui a été consacré par l'expérience. Ainsi, par exemple:

1° Division du territoire français en quatorze provinces, formant autant de corps d'armée constamment recrutés dans la même circonscription territoriale;

2° Service obligatoire pour tous, en adoptant les dispositions de la loi prussienne favorables aux intérêts privés;

3° Service actif dans l'armée de vingt à vingt-quatre ans; maintien dans la réserve de vingt-quatre à vingt-huit; maintien dans la milice de vingt-huit à trente-deux;

4° Admission dans l'armée d'engagés volontaires pour un an;

5° Admission des engagés volontaires pour un an comme officiers dans la milice après avoir satisfait aux examens exigés;

6° Réorganisation du corps d'état-major;

7° Création d'une École supérieure de guerre.

Mais ce qu'il faut surtout emprunter à l'armée allemande, c'est sa discipline sévère, son infatigable activité, son amour du devoir, son respect pour l'autorité, sa fidélité au souverain chef de l'État.

Il y a loin de là aux maximes délétères qui ont cours chez nous depuis que le pays a été bouleversé pas tant de révolutions. Qu'entend-t-on dire à tout propos : *Je ne sers pas un homme, je sers mon pays !* Et cette formule, à l'aide de laquelle on croit réserver la dignité personnelle, n'est qu'un prétexte à toutes les défections, à tous les scepticismes, à tous les parjures.

Dans toute monarchie, le souverain est chef suprême de l'armée, tout homme appelé sous les drapeaux le sert et lui doit obéissance et fidélité, car le souverain représente la nation tout entière. Hors de ce principe, il n'y a plus ni discipline, ni hiérarchie, ni sécurité pour la société.

Montesquieu dit avec raison, que ce sont d'abord les hommes qui ont fait les institutions, et qu'en suite ce sont les intitutions qui ont fait les hommes. Rien, en effet, n'est plus intéressant que de rechercher l'influence que les lois sagement rédigées et fidèlement suivies ont eue sur les destinées des nations, et d'approfondir l'esprit de celles qui ont fait qu'un petit peuple est devenu grand.

Les grand désastres sont fertiles en enseignements : ils mettent en lumière de dures vérités qu'obscurcissent trop souvent dans la prospérité, la routine et l'imprévoyance. Tant qu'une fatale expérience n'est pas venue dessiller les yeux on dédaigne les avis de la froide raison et l'exemple des progrès accomplis par les peuples voisins passe inaperçu. Le malheur qui retrempe les âmes fera revivre les qualités guerrières de nos pères.

Au moment de la déclaration de guerre, le système militaire en Prusse, datait de plus de cinquante ans ; il était passé dans les habitudes, dans les mœurs de cette nation. En France il datait de dix-huit mois, et n'avait fait qu'énerver l'armée en la privant des anciens soldats que lui donnait la partie rationnelle de la loi de 1855.

En France le système militaire attaqué constamment par les économistes comme étant une charge inutile pour l'État, battu en brèche par les avocats-députés, les journalistes, avait perdu cette haute considération, à laquelle l'état militaire a droit, car quel plus beau sacrifice peut-on offrir à sa patrie, à la société, que celui de sa vie ! En échange, cette société doit honorer ceux qui se dévouent à cette existence, toute de sacrifices. Il en était tout autrement, et ça n'était plus un honneur d'appartenir à l'armée, c'était presque un stigmate d'incapacité pour toute profession utile ; on entendait dire très souvent par un père à son fils : « Vas, tu n'es bon qu'à faire un soldat. »

Pour la masse de la nation, ce n'était plus effectivement qu'une charge qui pesait exclusivement sur les pauvres. La loi de 1832 avait admis en principe cette criante injustice, cette violation cruelle de l'immortel principe de l'égalité, en autorisant le *remplacement* qui, sous le second empire, prit le nom *d'exonération;* l'État s'était substitué aux agences particulières par la création de la caisse de dotation de l'armée, et l'épithète de *vendu* que l'on donnait avant dans l'armée au remplaçant, disparut du vocabulaire militaire. C'était sans aucun doute une amélioration, mais qui ne pouvait se comparer à l'influence morale que produit le service obligatoire, appliqué dans toute l'acception du mot. C'était en grande partie à cette iniquité qu'était due la dépréciation de l'état militaire, parce que la masse intelligente qui échappait au recrutement était intéressée à le placer au-dessous de toutes les professions qu'elle embrassait, en alléguant que c'était un état de *paresseux;* et on a souvent entendu dire à de bons bourgeois, en parlant des soldats : « Nous les payons pour qu'ils aillent se faire tuer ».

Aussi, bon nombre de jeunes gens appartenant à de bonnes familles bourgoises, cherchaient-ils à se faire employer dans les bureaux des états-majors, ou à d'autres fonctions, qui les tenaient éloignés des rangs; voici les noms des *mobiles* qui étaient employés au grand état-major à Metz. En tête M. Saint-Marc-Girardin fils qui, à sa rentrée en France, fut nommé sous-préfet de Corbeil et on dit même, compris dans une promotion de la Légion d'honneur pour service de guerre!

Saint-Marc-Girardin,
Gauche Dutaillis,
Gros,
Horsin (Léon),
Horsin (Paul),
Marguerie,
Delaire,
Cloquemin,
Hauch,
Raffard,
Camuset (détaché auprès du général Saint-Sauveur).

Et bien d'autres, dont les noms sont restés dans l'oubli, mais que les soldats combattants définissaient ainsi : *employés aux légumes*, en ajoutant : *ce sont toujours les mêmes qui se font tuer!*

Si je reproduisais ici les nombreuses lettres que je recevais pour exempter du service périlleux les soldats qui y étaient dénommés, on serait surpris du petit nombre de gens disposés à se faire tuer.

Je ne citerai que la lettre de la municipalité de Bizonnes, département de l'Isère. (V. Annexe IV.)

Le comité d'artillerie ne voulait pas reconnaître que le matériel prussien était plus perfectionné que le nôtre et capable de produire plus d'effet avec ses projectiles, tous à percussion, et le chargement par la culasse. L'idée fixe était de conserver à nos projectiles les effets du *ricochet*, effets qui étaient loin de compenser l'influence morale produite chez le soldat par l'explosion immédiate de l'obus percutante.

Le comité du génie soutenait que nos forteresses n'étaient pas trop nombreuses, qu'elles pouvaient résister à l'artillerie nouvelle, et ne voulait pas convenir que la moitié de nos places fortes auraient dû être démolies, et l'autre moitié reconstruites.

Le remplacement ayant été maintenu, l'armée était privée des éléments les plus instruits, les plus intelligents de la nation. Le service militaire obligatoire est un hommage rendu au sentiment d'égalité inné dans le cœur de l'homme. Le pauvre subit la loi, acquitte cette dette de sang envers la patrie, avec résignation, en voyant le riche soumis à la même règle, au même sacrifice que lui. La composition de l'armée s'en trouve améliorée, son niveau moral se relève, toutes les classes de la société étant confondues dans les rangs. Les générations qui se succèdent viennent alternativement y puiser des sentiments de patriotisme, de discipline et d'honneur, de sorte que la plus grande partie de la nation reçoit ainsi une éducation virile. Quant à la discipline morale de l'armée, comparée à celle de l'armée allemande, elle se trouvait dans des conditions sensibles d'infériorité par suite de ce que nous avons exposé plus haut, et de la réforme du code militaire établissant une différence dans les délits et crimes militaires commis dans le service, ou en dehors du service.

En Allemagne où le système d'organisation militaire est juste et rationnel, où la population entière passe sous les drapeaux, la discipline dans l'armée est intacte, elle y est toute naturelle ; aussi l'impulsion donnée par le chef n'y rencontre jamais le moindre obstacle, mais n'y trouve que des forces auxiliaires dans le profond respect pour ses ordres, dans le bon vouloir le plus complet et le plus constant de tous ses subordonnés.

En France, où la répartition de cet impôt du sang était injuste et irrationnelle, où une partie seulement de la population était militaire transitoirement la discipline dans l'armée était relâchée ; aussi l'impulsion donnée par le commandement non seulement y rencontrait des obstacles à chaque pas, mais s'y trouvait parfois arrêtée court, par l'interprétation de ses ordres, le manque de respect, la vanité; et comme toutes ces réflexions se font souvent devant le soldat, elles produisent le mauvais vouloir chez le subordonné et l'hésitation. N'allons pas plus loin; il y aurait cependant encore beaucoup à dire à cet égard, mais cela dépasserait le but que nous nous sommes proposé, celui de signaler ce à quoi on peut remédier, et non celui de critiquer quand même; ce serait imiter certaine presse qui, dès 1869, a fait une guerre déloyale à l'armée, en faisant son possible pour attirer la déconsidération sur ses chefs; c'est à elle qu'est dû les germes d'indiscipline remarqués en 1870, dans la nation et dans l'armée. Cela serait imiter aussi ces officiers subalternes qui étrangers à toutes les difficultés du commandement, et souvent aux premières notions du métier, s'érigent en maîtres, en censeurs : nouveaux *thersites*, ils sont mordants par le langage, mais faibles de cœur et de bras et plus faits pour parler que pour combattre. Leurs écrits sont mensongers et calomniateurs, afin d'obtenir la faveur publique; toujours disposés à la critique, ils en tirent alors parti, pour arriver aux Assemblées, et c'est ainsi que l'indiscipline morale s'infiltre dans l'armée.

Une guerre à courte échéance avec la Prusse étant depuis quelque temps dans les idées, la nation et l'armée la désirait; selon les manifestations de l'opinion, l'élément militaire sentait la nécessité de modifier notre tactique, comme conséquence de la facilité des mouvements stratégiques par les voies ferrées, de la puissance des armes à chargement rapide, désavantageuses aux races nerveuses, impressionnables comme la nôtre.

Des conférences multipliées furent faites sur les trois armes, tant au ministère de la guerre, que dans les camps d'instruction et dans les garnisons.

Les intentions comme les idées des nombreux conférenciers pouvaient être bonnes, mais le résultat obtenu fut de jeter la perturbation dans les esprits, de ne plus avoir une instruction tactique inspirant confiance aux troupes, parce que ces innovations n'étaient pas consacrées par l'expérience du champ de bataille.

Il n'en était pas de même dans l'armée allemande qui avait acquis de l'expérience avec la guerre des Duchés, et durant la campagne stratégique de 1866.

Mobilisation, matériel, études topographiques, en prévision d'une guerre avec la France, tactique modifiée des trois armes, tout cet ensemble était bien coordonné, bien dirigé par un chef d'état-major général pour ainsi dire inamovible; et, sur un ordre du roi de Prusse *émanant de son cabinet militaire*, cette puissante, obéissante et savante machine militaire germaine entrait immédiatement en action munie de tous les moyens, avec des chances certaines de succès dès le début des opérations, ce qui donne une grande force morale aux troupes pendant la continuation de la guerre.

Il était donc rationnel, puisque cette funeste guerre a éclaté avant que les ressources militaires de la France soient effectivement prêtes à agir, de ne livrer autant que possible, que des combats défensifs, sur des positions connues et fortifiées par des travaux rapides.

A un tel jeu, l'armée ennemie se serait usée rapidement; son moral en aurait été éprouvé, et sa marche envahissante certainement ralentie.

En principe, tant qu'une armée n'a pas acquis une supériorité morale sur son adversaire, comme conséquence d'un premier succès, ou par suite d'une disproportion notable entre les effectifs qui permet d'opérer des mouvements tournant à longue distance, il est préférable de faire la guerre méthodiquement comme au XVIIe siècle.

Nos places de guerre avaient toutes besoin de *modification urgente* et d'ouvrages extérieurs sur les positions dominantes, pour obvier à la portée de la nouvelle artillerie et aux effets destructeurs de son tir plongeant. Des travaux avaient été entrepris, mais ils n'étaient pas terminés; on avait paré au plus pressé en multipliant les traverses sur les remparts, les dotant de l'armement de sûreté moins, toutefois, le personnel pour le servir, — ce qui était insuffisant, — enfin en blindant les magasins à poudre.

Les instructions avaient été données dans le commandement de l'Est en 1868, pour que les projets des ouvrages à élever fussent établis de façon à y mettre immédiatement des travailleurs civils, en cas d'urgence ; on en était resté là faute de fonds.

Du reste, bon nombre de nos places de guerre n'ont plus, sous le rapport stratégique, la même importance que par le passé si elles ne commandent pas ou n'utilisent pas les voies ferrées que l'ennemi peut suivre pour les tourner et pour couper les communications avec l'intérieur de la France.

Metz entre autres est une de ces places, par rapport au chemin de fer de Saverne à Nancy, Frouard, etc. Ses forts n'étaient pas achevés et celui de Saint-Privat (en avant de Montigny), un des plus importants à l'est de la place, était à peine commencé et n'a jamais été armé.

Le grand quartier impérial n'aurait pas dû, dès le début, s'établir en première ligne, comme à Metz, mais d'abord au camp de Châlons avec la Garde et les corps d'armée en formation, comme armée de réserve, pendant que les deux premières armées se constituaient sur les frontières. Les principaux éléments de ces armées elles-mêmes auraient dû être complètement organisés en arrière des lignes frontières: la première armée (celle d'Alsace) à Lunéville, Nancy et Pont-à-Mousson, etc.; la deuxième armée, (celle de Lorraine) de Verdun à Metz, etc.; puis, au moment des hostilités, les deux premières armées se jetant en avant, seraient venues s'établir avec l'armée de réserve, de Nancy à Frouard et sur le plateau de Haye, centre stratégique autour duquel les armées de Strasbourg et de Metz auraient pu opérer pendant la période défensive.

Un projet avait été établi en 1869 pour construire des ouvrages de campagne, afin de couvrir le point important de Frouard et de tirer parti du plateau et de la forêt de Haye comme camp retranché, pour y rallier, le cas échéant, les corps opérant en Alsace et en Lorraine. L'attention du ministre fut de nouveau appelée sur cette position importante peu de jours encore avant la déclaration de la guerre; il fut répondu: « Quand nous en serons là, nous serons bien malades ».

Dans les départements de l'Est, les douaniers, les agents forestiers, les compagnies de sapeurs-pompiers qui comptent dans leurs rangs bon nombre d'anciens soldats pouvant rendre d'excellents services dans une guerre défensive, les uns comme guides attachés par petits détachements à chaque division d'infanterie, les autres pour la défense des places-fortes ou postes, étaient si mal armées que la compagnie de Thionville entre autres, qui avait l'apparence d'une compagnie du génie, par sa belle tenue, était encore armée, en 1868, de fusils à silex.

Quant à l'organisation de la garde-nationale mobile qui devait devenir une institution militaire réelle et utile comme réserve, elle fut enrayée, malgré le bon vouloir de tous, faute de fonds nécessaires alloués. Les cadres restèrent sur le papier, les hommes dans leurs foyers, les armes dans les arsenaux, pendant que nos ennemis se préparaient.

On ne fit appel à son dévouement que dans les derniers moments, et alors tout se fit avec une précipitation regrettable, nuisible au bon emploi de cette jeune et brillante troupe. L'appel des réserves, fait à la dernière heure, ne permit pas de retremper dans la discipline et l'instruction ces anciens soldats éloignés des rangs depuis longtemps, et bon nombre d'entre eux n'étaient pas familiarisés avec le nouveau fusil (modèle 1866), ni à la marche. Les détachements rejoignirent par voies ferrées leurs corps déjà échelonnés sur les frontières, et aux premières marches faites avec des souliers non brisés, chaussure dont nos hommes de la campagne se servent rarement, il y eut une grande quantité de blessures aux pieds et, par suite, des traînards.

Le moral de ces hommes quittant inopinément leur famille, leurs travaux n'étaient pas à la hauteur des circonstances et leur arrivée, loin de fortifier celui des jeunes soldats, a plutôt contribué à l'ébranler.

Notre infanterie est trop chargée : le paquetage est à modifier par la suppression de la demi-couverture, et de la tente-abri ; la simplification des ustensiles de campement par division doit être plus pratique quant à leur capacité, puisqu'avec le système actuel — par escouade — dès qu'une marmite est perdue, plusieurs hommes restent alors sans aliments chauds, ou bien il leur faut emprunter aux voisins, s'il reste le temps de s'en servir.

Il y a lieu de supprimer une grande partie des bagages, d'avoir un meilleur mode d'approvisionnement en employant les conserves alimentaires tant que les troupes sont en opérations préliminaires de combat.

Un des grands inconvénients d'établir un campement sous la tente est d'indiquer à l'ennemi votre effectif ; de faire choix d'un emplacement convenable et d'y réunir les bagages derrière chaque corps, l'artillerie, l'ambulance, les services administratifs dans l'intérieur du camp, etc., etc., que de temps perdu, le lendemain, pour replier les tentes et se mettre en marche ! Quel désordre peut aussi en résulter dans le cas d'une alerte ou d'une attaque sérieuse !

Si cette façon de camper est bonne en Afrique, elle est nuisible en Europe ; cette campagne en est la preuve puisqu'en maintes circonstances les troupes ont dû abandonner tentes, sacs et effets de campement.

Il est préférable de cantonner les troupes quand elles sont encore loin de l'ennemi, ou de les faire bivouaquer, autant que possible sur les directions qu'elles doivent suivre, quand on prévoit un choc.

Les cantonnements ont, en outre, l'avantage, par le contact des troupes avec la population et par les impressions qu'elles en éprouvent, de procurer plus d'occasion pour avoir des nouvelles de l'ennemi.

La puissance de destruction de l'armement actuel, exige des commandants de corps d'armée une grande prudence dans leurs mouvements offensifs, afin de ne rien livrer au hasard, puis une prompte exécution des ordres de mouvement qu'ils reçoivent du commandant en chef de l'armée.

A cet égard, nous devons encore modifier notre manière de faire, et ne pas accepter les observations qui surgissent souvent au moment d'une opération, pour des motifs qui peuvent avoir leur valeur, mais qui la retardent toujours : cela est arrivé maintes fois dans cette campagne.

Il est impossible de deviner la pensée du général en chef, et à celui-ci de la développer complètement dans ses ordres, puisque c'est le secret dans les opérations qui, ordinairement, en assure le succès.

L'instruction de notre infanterie doit avoir surtout pour but de lui donner la dose de sang-froid qui manque à son tempérament dont les impressions ne peuvent être modifiées que par une longue et solide éducation militaire et une forte discipline morale.

L'enthousiasme vient aujourd'hui se briser contre la puissance des engins perfectionnés de destruction, et la science seule peut lutter contre leur emploi à la guerre.

On ne doit plus faire un aussi fréquent usage des tranchées-abri, ni faire coucher les soldats pour les défiler. Cette dernière disposition finit par les rendre timides, et, à un moment donné il devient difficile de les faire lever spontanément pour les porter en avant par un mouvement d'élan.

Il est préférable d'amener la troupe à manœuvrer régulièrement dans l'ordre mince lorsqu'elle est dans la zone d'action, pour obtenir un bon résultat de ses feux sans gaspiller de munitions, qui, aujourd'hui, sont plus difficiles à confectionner en campagne qu'avec l'ancien armement.

La cavalerie légère doit être augmentée en diminuant les régiments de cavalerie de ligne ou bien en faisant faire le même service à ces derniers; en modifiant l'équipement des dragons (surtout la coiffure et la chaussure), afin qu'elle puisse fournir de nombreux détachements pour *battre l'estrade* autour des corps en marche dans un rayon de trois à cinq lieues, et alors surveiller les mouvements de l'ennemi, enlever ses espions, s'emparer de sa correspondance et ne laisser passer personne pour lui en porter, enfin répandre de fausses nouvelles pour l'inquiéter.

Nous devons être moins insouciants dans le service des avant-postes qui sont les yeux de l'armée. Les officiers, sous-officiers et brigadiers qui les commandent, doivent être constamment à observer les indices le jour, à écouter la nuit, à interroger les habitants, etc., etc. Nous avons toutes les qualités désirables pour bien faire ce service et, à cet égard, on n'a qu'à se conformer au règlement sur le service des troupes en campagne (1833), qui est parfait, même pour notre époque; mais il faut revenir au caractère militaire de nos pères qui étaient moins frondeurs, plus disciplinés, plus patients à supporter toutes les vicissitudes de la guerre, et qui comprenaient mieux le sentiment du devoir à tous les degrés de la hiérarchie.

Un travail avait été adressé à M. le maréchal Niel, après la première série du camp de Châlons de 1869, sur le service de la cavalerie détachée auprès des divisions d'infanterie et corps d'armée. Ce travail reçut l'approbation du ministre qui m'adressa la lettre ci-après :

Paris, le 28 juillet 1869.

Monsieur le maréchal,

J'ai reçu le rapport que vous m'avez adressé à l'issue de la première série du camp de Châlons, sur la répartition de la cavalerie dans les divisions et corps d'armée [1].

Je l'ai lu avec la plus sérieuse attention ; je partage toutes vos idées et je considère ce travail comme destiné à exercer une très heureuse influence sur l'esprit de nos officiers d'infanterie et de cavalerie.

Je vous en remercie et je m'empresse de le mettre sous les yeux de l'Empereur.

Le maréchal ministre de la guerre
NIEL.

L'artillerie divisionnaire doit être rendue à elle-même ; je veux dire qu'une plus grande initiative doit être laissée aux commandants des batteries qui, toutes, doivent pouvoir remplir le rôle de l'artillerie légère comme dans les campagnes du premier empire, et engager les combats presqu'au même titre que les tirailleurs.

Les batteries devraient être de huit pièces et les projectiles armés de fusées percutantes ; les coffrets ne doivent, dans aucun cas, être surchargés de sacs, cordes, etc., comme l'habitude paraît en être prise.

Enfin, pour bien éclairer le commandant en chef, il est nécessaire, dans les comptes-rendus des opérations journalières, d'exposer les faits et les résultats obtenus sous leur véritable jour militaire, et se conformer au règlement sur les citations à l'ordre de l'armée, qui, si elles sont trop nombreuses et ne remplissent pas les conditions exigées pour l'obtention de cette récompense honorifique, en diminuent la valeur morale, et causent souvent des jalousies, des antagonismes nuisibles au service.

En 1869, l'Empereur s'étant rendu aux Eaux de Plombières, j'y fus le saluer ; Sa Majesté me retînt plusieurs jours, pendant lesquels tous nos entretiens roulaient sur l'organisation de l'armée pour la rendre plus mobile,

---

1. Après la campagne de 1870 j'ai changé d'opinion parce que les généraux ne s'en servent pas et que cela inutilise une forte partie de la cavalerie.

sur les modifications à apporter aux fortifications, et souvent l'Empereur prenant le crayon traçait ses idées sur le papier, se plaignant de la routine invétérée des divers comités de l'administration du ministère de la guerre. Quelque mois après, ne voyant aucune de mes propositions en voie d'exécution dans le commandement de l'Est, je sollicitai le commandement en chef de la garde-impériale ; l'Empereur accueillit ma sollicitation avec sa bonté accoutumée, et il eut la gracieuseté de m'en donner avis par la lettre suivante :

Palais de Compiègne, 15 *Octobre* 1809.

Mon cher maréchal,

Je reçois votre lettre au moment où j'allais vous écrire pour vous dire que je viens de vous nommer commandant en chef de la garde-impériale. Vous verrez j'espère, dans le choix que je viens de faire, la preuve du cas que je fais de vos services passés, et de ma confiance dans vos services à venir. Croyez, mon cher maréchal, à ma sincère amitié.

NAPOLÉON.

INTRODUCTION

Ce travail écrit en grande partie de mémoire, — les archives de l'état-major général n'étant pas à ma disposition, — est un exposé des faits militaires et politiques qui se sont produits pendant la campagne de 1870, du 17 juillet au 29 octobre, période dans laquelle j'ai la conscience d'avoir rempli mes devoirs avec énergie et loyauté.

L'honneur d'être placé à la tête de cette vaillante armée du Rhin, je ne l'ai pas recherché, mais j'ai *dû obéir* et l'accepter comme un impérieux devoir à remplir, malgré la situation critique où elle se trouvait dès le 7 août, parce que sur mon objection que MM. les maréchaux Canrobert et de Mac-Mahon étaient plus anciens et plus aptes que moi, l'Empereur me répondit : « Que « l'opinion publique unie à celle de l'armée me désignait pour cette « redoutable mission, etc. Que j'avais déjà exercé le commande- « ment avant son arrivée à l'armée, et qu'il était tout naturel de « me le confier de nouveau pendant son absence momentanée ». On ne voulut pas croire à un fait si rationnel et les uns dirent que je m'étais fait nommer par le Corps législatif, d'autres que je m'étais séparé de l'Empereur; il fallait qu'ils eussent l'esprit bien faux, et le cœur mal placé pour inventer pareille médisance, car je n'ai eu qu'à me louer de mes rapports avec l'Empereur, et il ne me serait jamais venu à l'esprit, qu'un jour, on put supposer, que telle avait été ma conduite.

La non réussite qui est malheureusement le thermomètre de l'opinion publique dans notre impressionnable pays, même sur les hommes de son choix, m'a exposé aux accusations les plus iniques, les plus perfides, et m'a livré, étant prisonnier, aux appréciations malveillantes d'esprits aussi faux qu'ignorants, aux colères et au dédain de la multitude.

Les malheurs de la patrie servaient d'excuses aux détracteurs, et mieux valait garder le silence pour ne pas amoindrir ceux dont les services pouvaient encore être utilisés.

Mais aujourd'hui, il importe que les faits, qui ont eu plus ou moins d'influence sur les opérations soient connus, afin que les hommes impartiaux puissent asseoir leur jugement, et soient convaincus que cette armée qui est restée isolée pendant deux mois et demi du reste de la France, et avec laquelle le gouvernement de la défense nationale, ou ses délégués en province, ne se sont pas mis en relation, a lutté autant qu'il lui a été humainement possible de le faire.

Pendant cette longue période de privations morales et physiques, à l'exception de quelques officiers turbulents et ambitieux qui se sont séparés d'elle, l'armée ne s'est pas écartée un seul instant des sentiments de discipline et de loyauté qui font la force morale des armées régulières, sont la sauvegarde de la société, et assurent l'obéissance et le respect à ses gouvernements.

Le moment suprême amené par la famine étant arrivé, et lorsqu'il fut bien démontré qu'un dernier effort était impossible, j'ai fait abandon de ma personnalité, en me rappelant mes impressions de simple soldat volontaire en Afrique, il y a quarante ans, et je n'ai pas cru que mes droits allaient jusqu'à faire sacrifier inutilement, pour une folie glorieuse, des existences aussi précieuses à la patrie qu'aux familles.

Je n'en ai nul regret, puisque la plus grande partie de cette armée, à sa rentrée en France, a pu concourir puissamment au salut de l'ordre social, au maintien du gouvernement national et à la réorganisation de l'armée.

Trois ans après, l'opinion publique préparée par des brochures, par des feuilletons rédigés avec l'intention de fausser les esprits et de me nuire, sans respect pour les droits d'un accusé, applaudissait à l'inique procès qui m'était fait, me rendant seul responsable des malheurs de la patrie! Et cependant, qui mieux que moi l'avait servie avec le plus entier dévouement, la plus sincère loyauté, sous la monarchie, sous la république, sous l'empire, en Europe, en Afrique, en Amérique, pendant près d'un demi-siècle! Quel est le parti politique qui avait besoin de transformer en bouc émissaire un enfant du peuple, étranger aux intrigues des partis, et dont la conduite avait toujours été inspirée par la loyauté militaire, et l'abnégation du soldat?

L'avenir répondra: la *bourgeoisie monarchique, formant la majorité de l'Assemblée nationale.*

HISTORIQUE DE LA CAMPAGNE

CHAPITRE PREMIER

Le 15 juillet je reçus l'avis de ma nomination au commandement du troisième corps de l'armée du Rhin sans, au préalable, avoir été consulté pour opter entre cette nouvelle situation et le commandement en chef de la garde-impériale. J'en témoignai tous mes regrets à l'Empereur lors de ma visite d'adieux ; Sa Majesté me répondit : « Qu'elle avait besoin de mes services, et qu'elle me destinait à un commandement plus important ». Le 16, je reçus une lettre de service du ministre de la guerre qui, au nom de l'Empereur, me donnait le commandement *de tous les corps se réunissant* sur la frontière du nord-est.

Paris, 15 *juillet* 1870.

J'ai l'honneur de vous informer que, d'après les ordres de l'Empereur, vous êtes nommé au commandement du troisième corps d'armée (quartier général à Metz Moselle) ; je prie Votre Excellence de se mettre en route dans les quarante-huit heures qui suivent la réception de la présente lettre et de se diriger sur Metz. Ses chevaux et ses ordonnances la suivront par les voies ferrées.

Le Bœuf.

P. S. — Jusqu'à l'arrivée de l'Empereur, MM. les généraux de Ladmirault et de Failly, commandant le quatrième et le cinquième corps, à Thionville et à Bitche, ainsi que le deuxième corps, commandé par le général Frossard, seront sous vos ordres.

Paris, 16 *juillet* 1870.

J'ai l'honneur de vous prévenir que d'après les ordres de l'Empereur, et jusqu'au jour *où Sa Majesté sera rendue à l'armée*, vous prendrez le commandement de tous les corps qui vont se concentrer sur la frontière nord-est; je donne avis de cette disposition *aux commandants des sept corps de l'armée du Rhin*, et à M. le général commandant en chef la garde-impériale.

Le maréchal ministre de la guerre,

Le Bœuf.

D'après cette lettre de service j'étais donc à partir du 16 juillet commandant de tous les corps de l'armée du Rhin, et il était du devoir des commandants de ces corps d'armée, de se mettre en relations journalières avec moi, *ce qu'ils firent inexactement*. Quoique l'état de siège ne fût pas encore proclamé, je me mis de suite en rapport avec les autorités civiles les invitant à faire activer les récoltes, à augmenter les ressources en locaux pour les hôpitaux, les ambulances, et surtout pour les vivres et les approvisionnements de toute nature.

Sans attendre que mon état-major fût constitué, j'allai dès mon arrivée à Thionville, où les travaux complémentaires de défense étaient commencés, *mais il n'y avait pas encore d'artillerie*. J'eus une conférence avec les chefs de service afin de signaler au ministre de la guerre ce qui était indispensable pour cette place, désignée comme point de concentration du quatrième corps.

A Metz comme à Thionville, des régiments arrivèrent sans leurs effets de campement ni leurs voitures à bagages et les divisions sans leur ambulance ni leurs cacolets.

Il fallut organiser des commissions de remonte, afin d'acheter les attelages nécessaires, faire ajuster les harnais, châtrer les roues des prolonges, pourvoir de chevaux de selle les officiers ayant le droit d'être montés.

Ces détails, simples mesures administratives qui auraient dû être terminées avant la mobilisation, immobilisaient l'armée, ce dont l'ennemi, mieux préparé, profitait pour se concentrer, et se disposer à prendre l'offensive sur plusieurs points à la fois.

Quant à la mise en état de défense de la place de Metz, beaucoup de travaux importants restaient à exécuter; les forts extérieurs étaient loin d'être achevés, et par conséquent armés; celui de Saint-Privat en avant de Montigny n'existait que par son tracé, ainsi que la redoute des Bottes.

En ce qui concerne les approvisionnements de toute nature, l'insuffisance en fut signalée au ministre de la guerre dès les premiers jours de mon arrivée.

Maréchal Bazaine au ministre. — *Metz*, 18 *juillet* 1870.

Il résulte des entretiens que j'ai eus avec l'intendant de la cinquième division, et l'intendant général de l'armée, que les approvisionnements de toutes sortes seront insuffisants quand les effectifs seront au complet. On s'occupe activement de passer des marchés, les anciens entrepreneurs ayant fait défaut.

Puis, le 19, je transmis la dépêche du général de Failly, vu son caractère d'urgence :

Aucune ressource, point d'argent dans les caisses, ou dans les corps; je réclame de l'argent sonnant. Nous avons besoin de tout, sous tous les rapports.

Le 20 juillet :

Le sucre et le café sont devenus rares à Metz [1]; il serait important que le commerce de Paris pût en envoyer.

Quant au personnel, je signalais au ministre (par le télégraphe) :

Les deux batteries de douze du 1er régiment, détachées au camp de Châlons, et destinées à la réserve du quatrième corps sont toujours au camp, ainsi que le colonel du 1er régiment, et attendent des ordres pour rallier leur corps d'armée.

Les huit hommes de la 8e batterie, qui ont été exercés *au tir des bouches à feu à balles* [2], ne sont point arrivés avec la batterie attachée à la division du général Montaudon, que commande le capitaine Barbe.

Autre dépêche du 20 juillet :

Le général Lafaille, commandant l'artillerie du quatrième corps me rend

---

1. Cette ville était le chef-lieu de la cinquième division.
2. Mitrailleuses.

compte que six batteries destinées à ce corps sont parties à midi pour Thionville quoiqu'elles ne soient pas au complet faute d'hommes. Ainsi, quatre batteries du 1ᵉʳ régiment n'ont pu fournir chacune *que deux sections* de manœuvre, et deux du 17ᵉ régiment, *une section de manœuvre chacune.*

Le maréchal Bazaine aux commandants du septième corps d'armée :

Dépêche graphique, juillet, 30ᵐ soir.

Le ministre de la guerre m'informe que nous sommes régulièrement en guerre avec la Prusse, mais que l'Empereur ne veut pas commencer la campagne avant que l'armée ne soit complètement constituée.

En attendant, que l'on se tienne sur la défensive, en s'éclairant et en se renseignant bien.

Veuillez vous conformer à ces instructions.

Le même jour, au général Frossard :

Voyez si vos cantonnements ne seraient pas trop espacés, et s'il ne serait pas préférable d'occuper seulement Sarreguemines, Forbach et Saint-Avold. Je prescrirais dans ce cas au général de Failly d'occuper Rohrbach.

Evitons avant tout d'être trop faibles sur un des points de notre ligne, et par suite une concentration difficile à opérer. Le général de Ladmirault est arrivé à Thionville ; j'y vais pour conférer avec lui.

Le maréchal Bazaine au ministre de la guerre :

juillet.

Les corps ne peuvent avoir, quant à présent, toute leur mobilité future, car ils ne sont pas complétés en cantines d'ambulance et voitures réglementaires, en bats et harnais. Bien plus, le 1ᵉʳ de ligne, arrivé aujourd'hui à Thionville, n'avait ni tentes-abri, ni effets de campement.

Je fais demander aux commandants des corps d'armée un état de ce qui peut leur manquer, et je vous l'adresserai, car il est urgent que l'on expédie aux différents corps tout ce qui leur manque en moyens de transport et effets de campement.

Autre dépêche du 21 juillet.

L'intendant Friant est arrivé. Dans la pénurie de toutes choses où nous sommes, je lui donne carte blanche pour organiser les services administratifs du troisième corps d'armée.

juillet. Dépêche téléphique au istre de la guerre.

Ainsi que j'ai eu l'honneur d'en rendre compte à Votre Excellence par un télégramme de ce jour, j'ai autorisé M. l'intendant Friant à prendre toutes les mesures pour assurer les services administratifs, qui, d'après les renseignements me venant de tous les côtés, laissent beaucoup à désirer.

Monsieur l'intendant en chef de l'armée me fait savoir aujourd'hui que la plupart des voitures qui sont à Toul sont en mauvais état, que les bois ont joué, et que les roues ont besoin d'être châtrées.

Tous les commandants de corps d'armée me demandent à grands cris des moyens de transport, des effets de campement qu'il m'est impossible de leur faire délivrer.

L'intendant du troisième corps demande douze fours de campagne qui lui sont indispensables. Il n'y en a pas à Metz.

22 juil

A M. l'ingénieur en chef du département de la Moselle :

Le général commandant l'artillerie du troisième corps d'armée m'a communiqué la lettre par laquelle vous lui faites savoir que vous êtes tout disposé à faire exécuter les travaux nécessaires pour permettre d'amener au pied *des rampes de Longeville et de Saint-Julien* le matériel destiné à armer les forts.

Je vous prie de prendre les dispositions nécessaires pour que ces travaux commencent sans retard, et de les pousser avec activité; votre responsabilité, vis-à-vis de votre administration, restant couverte par cette réquisition.

Ainsi, les communications du corps de place aux forts restaient donc à établir.

Je pourrais citer beaucoup d'autres faits relatifs à l'administration ou au personnel des corps d'armée pour prouver leur insuffisance au moment de la mobilisation de l'armée, et du passage du pied de paix sur le pied de guerre ; mais ceux présentés ici suffisent pour l'attester.

Je me mis également en relation avec Bitche, point de concentration du cinquième corps, ainsi qu'avec Strasbourg du premier corps et Belfort du septième corps.

Le cinquième corps était à peu près complet, mais il lui manquait ses services administratifs. Quant au premier corps, il n'avait que deux divisions, et le septième n'était encore qu'un noyau.

Les commandants de ces corps recevaient également des ordres directs du ministre de la guerre, mais ils n'en étaient pas mieux renseignés en ce qui concernait les préparatifs de mobilisation de l'ennemi, pendant les quelques jours qui ont précédé l'arrivée du Major-général et de l'Empereur à Metz, car ils ont envoyé fort peu de renseignements, ne répondaient qu'imparfaitement aux questions qui leur étaient adressées à cet égard, se conformant le moins possible aux instructions, et ne tenant pas le commandant en chef au courant; cela dit surtout pour les commandants du premier et du septième corps.

<small>juillet.</small>

Metz, 26 juillet (8ʰ du soir). — *Confidentiel.*

Le maréchal Major-général au maréchal Bazaine, à Boulay.

Cher maréchal,

L'Empereur arrivera jeudi à sept heures du soir. Je vous prie donc de vous trouver ici pour recevoir Sa Majesté.

Peut-être irais-je vous voir demain. J'ai bien regretté d'arriver trop tard pour vous serrer la main.

Notre immobilité donne confiance à l'ennemi, et *Mac-Mahon doit avoir en ce moment une petite affaire à Seltz: il est temps de prendre l'offensive* [1].

Tenez-vous donc prêt pour samedi ou dimanche.

Votre bien affectionné,

Le Bœuf.

C'était par suite d'une dépêche chiffrée, adressée par ordre de l'Empereur le 22 au soir que j'ai porté le quartier général du troisième corps à Boulay, et que j'en suis parti le 26, afin de ne pas perdre vingt-quatre heures et non pour éviter le Major-général.

Cette lettre du Major-général indique assez que l'on était mal renseigné, et combien était grande l'illusion sur la mobilité possible de l'armée à ce moment.

Partout il manquait un détail pour compléter les services administratifs nécessaires à une armée en opération.

L'Empereur n'avait pas la même manière de voir que l'état-major général quant à l'offensive générale, puisque les ordres formels de Sa Majesté transmis le 22 par le ministre de la guerre étaient « la défense absolue de prendre l'offensive ».

M. le général Frossard n'en persistait pas moins dans son plan d'attaque sur Sarrebrück, et le ministre de la guerre m'adressa

---

1. L'idée était heureuse, mais impracticable en bonnes conditions.

la réponse qu'il fit à cet officier général, confirmant les ordres de l'Empereur en ces termes :

L'intention bien formelle de Sa Majesté est de rester sur la défensive, d'éviter les engagements qui pourraient entraîner hors de la frontière, avant le moment que l'Empereur veut fixer.

Ces manquements signalés par tous les corps au moment de la mobilisation sont la conséquence du défaut de trop concentrer les magasins généraux, au lieu de les répartir dans les places qui doivent servir de bases d'opération.

On croyait avoir paré à la difficulté par la rapidité des communications qu'offrent les voies ferrées, mais on ne tenait pas assez compte de l'encombrement des chargements et des erreurs de direction (ce cas s'est présenté, même pour des détachements appartenant à la réserve).

Les cantonnements occupés par les troupes n'étaient pas reliés au grand quartier général par des lignes télégraphiques ; je mis à la disposition de la place les travailleurs d'infanterie qu'elle pouvait employer pour activer ses travaux de défense ainsi que le personnel et les chevaux de l'artillerie divisionnaire, pour aider à l'armement des forts : on se trouvait donc loin d'être prêts, dans l'acception du mot. Pour l'être, disent les Arabes, il faut être embusqué derrière la *platine de son fusil*, le chien armé.

Quant aux approvisionnements, les intendants me rendirent compte qu'ils étaient loin d'être suffisants, et que les marchés passés avec les fournisseurs n'étaient pas encore en voie d'exécution.

M. l'intendant en chef de l'armée quitta Metz pour activer les livraisons mais il ne put revenir. Il en était de même pour les munitions de réserve destinées à l'armée : ainsi le grand parc n'a jamais rejoint.

Le principe allemand est que « toute chose doit être placée en « temps de paix, le plus près possible de l'endroit où l'armée en « aura besoin au moment de sa mobilisation et de sa concentration ; « les hommes, les animaux, doivent être dirigés par le chemin le « plus court et indiqué d'avance ».

Comme chaque corps d'armée avait son personnel administratif pourvoyant à ses besoins journaliers par des marchés passés sur les lieux, je me bornai à signaler au ministre de la guerre ce qui était le plus urgent.

Plus tard, quand M. le général Coffinières fut nommé commandant supérieur de la place de Metz, il avança dans un de ses rapports, qu'au recensement qui fut fait — j'ignore à quelle époque — les magasins contenaient pour cinq mois de vivres suffisant à la garnison normale. Reste à savoir ce qu'il entend par l'effectif normal d'une base d'opération comme Metz et son camp retranché destiné à recevoir une armée.

D'après un travail établi par la direction du génie en 1868, ce chiffre n'aurait été que d'environ vingt mille hommes, chiffre bien au-dessous de celui qu'il a atteint en août 1870, et que le commandant supérieur regardait comme devant être exclusivement de troupes de ligne formant la garnison de la place et des forts. En dehors de cette évaluation, venaient les petits dépôts des divisions de l'armée, les mobiles, les francs-tireurs, les agents douaniers et forestiers, les compagnies d'ouvriers organisées militairement pour réparer et exploiter les chemins de fer.

Puis, on aida les pauvres de la ville et les réfugiés de sa banlieue. L'armée a donc vécu autant qu'elle a pu sur les ressources que son administration se procurait sur les lieux, ou par le produit des expéditions dans les villages environnant le camp retranché; seulement, l'ennemi pour nous empêcher de continuer à profiter de ces ressources, fit brûler les villages que nos troupes visitaient; on fut alors obligé de restreindre ces expéditions, afin d'éviter la destruction totale du pays, également maltraité par les soldats français, malgré les ordres donnés pour faire respecter les propriétés.

Quand l'état de siège fut proclamé à Metz, les autorités civiles et militaires ne prirent pas immédiatement les dispositions réglementaires, lorsqu'il en était temps encore, pour faire rentrer dans son enceinte les vivres et les fourrages des cantons voisins, et faire activer les récoltes, — conseils que je leur avais donnés lors de mon arrivée. — L'on ne fit pas sortir de la ville les bouches inutiles ni les étrangers, la plupart Allemands, qui pouvaient être nuisibles. Les sages dispositions prescrites par le règlement sur le service des places ne furent pas sévèrement appliquées afin de ne pas inquiéter la population.

Le commissaire central de police ne put trouver des agents inspirant confiance pour aller sur le territoire allemand afin de savoir ce qui s'y passait et pour nous tenir au courant des mouvements de l'ennemi.

Le commissaire de la gare de Thionville, seul, faisait exactement part de ce qui arrivait à sa connaissance, d'après ses conversations, ses investigations auprès des voyageurs venant du Luxembourg. A cet égard, j'ai trouvé la population par trop réservée.

Nous étions donc fort peu renseignés, tandis que l'ennemi entretenait de nombreux espions autour de nos camps et des quartiers généraux ; cela parce que à cause d'une tolérance fâcheuse, les ouvriers, ou autres, appartenant aux diverses nationalités allemandes, étaient restés dans le pays Messin, qu'ils connaissaient aussi bien que le leur, et où ils avaient des amis. Lors de l'arrivée des états-majors à Metz, on eut aussi le tort de ne pas les installer dans des maisons particulières au lieu de les envoyer dans des hôtels publics, qui étaient fréquentés par les correspondants de tous les journaux de l'Europe. L'ennemi devait être ainsi très exactement informé de nos préparatifs, de nos projets, de nos mouvements, d'autant mieux que bon nombre des domestiques de ces hôtels étaient allemands ou luxembourgeois, et que les communications n'étaient pas interrompues entre les pays frontières.

D'après des instructions confidentielles du ministre de la guerre et Major-général, aucun étranger à l'armée ne pouvait, *à aucun titre*, suivre les états-majors ; j'y tins rigoureusement la main, mais comme tous les généraux ne le firent pas, j'eus plus tard pour ennemis les journalistes évincés.

La seconde quinzaine de juillet se passa sans évènements de guerre, mais en marches et contre-marches pour occuper différents cantonnements sur l'extrême frontière. L'aile gauche de l'armée occupait alors de Téterchen à Sarreguemines, une ligne légèrement concave de plus de quatorze lieues d'étendue, dont le centre à Saint-Avold, était éloigné de seize kilomètres de Forbach et en avant de laquelle se trouvait le deuxième corps ; le cinquième corps à Bitche, afin de se relier avec le premier corps opérait dans la vallée du Rhin, et pour arriver autant que possible à ce résultat, sur la demande de M. le maréchal de Mac-Mahon, les instructions suivantes furent adressées à M. le général de Failly commandant le cinquième corps :

Maréchal Bazaine au maréchal Mac-Mahon, à Strasbourg.

Au reçu de votre dépêche télégraphique, j'ai transmis au général de Failly les instructions relatives à l'occupation par les troupes qui sont encore à Bitche, des points qui doivent couvrir le chemin de fer de Bitche à Niederbronn. Nous n'avons rien de nouveau de nos côtés.

Le maréchal Bazaine au général de Failly, à Bitche :

La division Douay (Abel) occupe Hagueneau ; la division Ducrot, près de Reichshoffen, couvre le chemin de fer de Strasbourg à Bitche ; la division Ducrot occupera avec une brigade la ligne qui a sa droite au Col du Pigeonnier, près de Wissembourg ; sa gauche à Frœschwiller ; elle détachera un poste au Jägersthal, au-dessus de Nieberbronn.

D'après le Major-général, vous devez occuper les passages principaux que l'ennemi serait obligé de prendre pour couper le chemin de fer de Niederbronn à Bitche ; ce sont Sturzelbrunn et Neuhofer dans la vallée de Jägersthal. La droite de vos avant-postes se reliant au village de ce nom à la division Ducrot. Faites-moi connaître le lieu où ces troupes seront en position, et s'il vous est possible de faire ce que demande le maréchal de Mac-Mahon avec la division qui est à Bitche.

Les deux autres divisions du premier corps et le septième corps, *sont en formation à Strasbourg et à Belfort.*

Telle était la situation stratégique de l'armée dans les derniers jours de juillet, à la veille de livrer les premières batailles !

Le 30 juillet j'écrivais à M. le général de Ladmirault commandant le quatrième corps :

Vous devez avoir reçu la feuille *de renseignements* n° 5, par laquelle on vous avise de grands mouvements de troupes sur la Sarre, et de l'arrivée du roi de Prusse à Coblentz. J'ai vu hier l'Empereur à Saint-Avold ; rien n'est encore décidé sur les opérations à entreprendre. Il semble cependant que l'on penche vers un mouvement offensif en avant du deuxième corps.

Dans la soirée du 30 juillet, je reçu les instructions ci-après :

Au grand quartier général à *Metz, le 30 juillet* 1870, à...... du soir.

<small>Armée du Rhin. — État major général de l'armée. Deuxième section. — N° 21</small>

Monsieur le maréchal,

Les ordres de l'Empereur sont que le général Frossard, avec son corps d'armée, franchisse la Sarre et s'empare de Sarrebrück.

L'opération devra être faite dans la matinée du mardi 2 août ; avec l'appui des deux divisions de votre corps d'armée qui occuperont demain Saint-Avold et Haut-Hombourg, et des deux divisions du général de Failly qui sont en ce moment à Sarreguemines. A cet effet, les deux divisions qui doivent arriver demain à Saint-Avold et à Haut-Hombourg continueront dans la journée du 1er août leur marche jusqu'à Forbach.

Pour l'opération dont il s'agit, l'Empereur désirerait que le général Frossard exécutât le passage de la Sarre *au point qu'il a déjà reconnu, un peu en amont de Sarrebrück ;* avec vos deux divisions, vous vous porteriez en partant de Forbach et à travers la forêt de ce nom, vers Gersweiller, pour passer la Sarre en aval de Sarrebrück, à un point choisi entre le chemin de fer et le ruisseau qui tombe dans la Sarre à hauteur du village de Burbach.

Le général de Failly se porterait de Sarreguemines vers Sarrebrück, par la rive droite de la Sarre pour appuyer le général Frossard.

Les mouvements de tous les corps appelés à prendre part à cette opération devront être combinés de façon que le passage de la Sarre, en aval comme en amont de Sarrebrück, soient exécutés au point du jour.

Votre Excellence prendra le commandement des troupes des trois corps d'armée appelés à concourir à l'opération.

Vous vous rendrez de votre personne, dans la matinée de demain dimanche 31, au quartier général Frossard à *Morsbach*[1], où se trouveront également le général de Failly, et les généraux commandant l'artillerie et le génie de l'armée ; vous vous concerterez avec eux pour arrêter les dispositions de détail relatives à l'opération : le rendez-vous aura lieu à onze heures.

L'équipage du corps d'armée qui se trouve à Metz sera transporté demain jusqu'à Forbach ; il servira à l'établissement de *deux ponts* pour le passage des troupes du général Frossard ; le général Coffinières *compte qu'il pourra* fournir les moyens de jeter deux autres ponts pour le passage des deux divisions de votre corps d'armée ; l'Empereur tient essentiellement à ce que la Sarre ne soit pas franchie à gué.

---

1. Cet officier général avait préféré s'établir à Forbach à l'insu de l'état-major général.

Je ferai remarquer à Votre Excellence que les instructions qui précèdent ne sont que des ordres d'ensemble. Sa Majesté s'en rapporte à votre expérience pour régler les détails d'exécution de la manière la plus convenable afin d'assurer le succès de l'opération.

Pour le Major-général et par ordre, le g^{al} de division aide Major-général,

Le Brun.

Dépêche télégraphique :

Bureau Saint-Avold n° 242. xpédiée le 31 juillet 4h 11m soir.

Metz, le 31 juillet 1870 (à 3^h 20^m du soir).

Monsieur le maréchal Bazaine.

La conférence a-t-elle eu lieu?

Napoléon.

La conférence ordonnée par l'Empereur eut lieu le 31 juillet à Forbach, sous ma présidence, entre : le général de division Frossard commandant le deuxième corps, le général de Failly commandant le cinquième corps, le général Soleille commandant l'artillerie de l'armée, le général Coffinières commandant le génie de l'armée, afin d'arrêter les détails de cette opération, qui devait être un simple coup de main au début de la déclaration de guerre, et dont l'objet était d'interrompre les communications sur la rive droite de la Sarre. Cette idée émanait du général Frossard.

Je n'étais pas d'avis que l'on entreprît cette opération sur une grande échelle, puisque nous n'étions pas complètement organisés pour en poursuivre les résultats favorables, et que c'était provoquer l'ennemi, qui se concentrait depuis une dizaine de jours, à prendre l'offensive sur nos corps disséminés. C'était sans doute un résultat que d'inutiliser les voies ferrées de Mayence, de Trèves, et de Manheim vers leur point de jonction, mais pas assez important pour compromettre, en s'engageant intempestivement, les débuts d'une campagne avec toutes ses conséquences.

J'émis l'avis qu'il serait préférable de faire une opération sérieuse sur Deux-Ponts ou sur Trèves, réunissant tous nos moyens, afin de porter la guerre chez l'ennemi et après avoir enlevé Sarrelouis.

Il me fut répondu que les places se masquaient, et tombaient par suite des traités ; qu'agir autrement serait faire la guerre comme du temps de Turenne.

On se mit enfin d'accord pour que l'opération projetée se bornât à occuper les positions de la rive gauche de la Sarre dominant la gare, qui serait battue par le canon ; on devait inutiliser ainsi les voies ferrées.

J'avais fait étudier les places de Coblentz, Rastad, Guermesen, quand je commandais à Nancy, afin d'être en mesure le cas échéant ; ce fut là le sujet de nos entretiens avec le Major-général lors de sa venue à Boulay.

CHAPITRE DEUXIÈME

L'Empereur donna le consentement au projet cité dans le chapitre précédent ; il fut mis à exécution le 2 août à onze heures du matin, et terminé à une heure de l'après-midi. Cette affaire, à laquelle assistèrent Sa Majesté l'Empereur, le Prince impérial et le Major-général, fut livrée par les troupes du deuxième corps, qui rejetèrent l'ennemi sur la rive droite, et lui firent des prisonniers ; il mit du reste peu de monde en ligne.

La division Montaudon du troisième corps, avec laquelle je marchais, fit une diversion en avant de la grande Rosselle, explorant les bois, et poussant un détachement jusqu'à portée de canon de Verden pour surveiller Sarrelouis. Quelques obus furent envoyés sur des détachements prussiens, qui se retirèrent sur la rive droite par le pont fixe de Verden.

Nous eûmes beaucoup de peine à trouver un guide, et ce fut un ouvrier étranger au pays, mais le connaissant, qui s'offrit, en priant de ne pas le compromettre vis-à-vis de ses camarades, parce qu'on lui ferait un mauvais parti ; cette population ouvrière de l'extrême frontière, dont les relations journalières existaient de préférence avec la rive droite de la Sarre, semblait indifférente au drame qui se déroulait devant elle, et il eût été difficile de définir son attitude si réservée.

Quant aux troupes, elles pénétrèrent dans les bois avec hésitation, car c'étaient de jeunes soldats pour la plus grande partie. La chaleur était très forte, et la brigade Clinchant de cette division, avait semé ses hommes sur la route ; elle arriva fort réduite, et haletante sur le plateau. Cette marche offensive m'impressionna par le peu d'énergie des soldats à supporter les fatigues. C'est le résultat d'appeler les réserves aux derniers moments, et de leur faire rallier leurs corps par les voies ferrées. Comment tirer parti d'un soldat qui arrive dans le rang avec les pieds écorchés, blessures longues à guérir!

Le général de Failly opérait au même moment une diversion de Sarreguemines par la rive droite de la Sarre; il ne rencontra pas l'ennemi, et rentra à six heures du soir dans ses cantonnements.

Les troupes du troisième corps firent de même.

Quant à celles du deuxième corps, elles s'établirent sur les positions conquises sous les yeux du Prince impérial.

Dans l'après-midi du 5 août, un dépêche télégrahique me prévenait que j'étais nommé commandant en chef du deuxième, du troisième et du quatrième corps, pour *les opérations militaires seulement*. Pourquoi cette restriction? A l'armée, le commandement doit être un.

Cette dépêche fut confirmée par une lettre de service, en date du 9 août, quatre jours après!

Je dois signaler ici un incident qui se produisit dans la matinée du 2 août. Lorsque j'arrivai près de Forbach, j'envoyai un officier prévenir le général Frossard de ma présence: il le trouva en conférence avec le maréchal Le Bœuf, Major-général, qui précédait l'Empereur et le Prince impérial, dont j'ignorais complètement l'intention d'assister à ce premier engagement, ouverture des hostilités; je ne fus prévenu de la présence de Sa Majesté sur les lieux du combat, que quand j'étais à diriger la diversion sur Verden, tout en observant la vallée de la Sarre dans la direction de Sarrelouis.

Je revins au galop sur Forbach, espérant y rencontrer l'Empereur, qui, malheureusement, venait de repartir pour Metz, après avoir demandé où j'étais. Quel ne fut mon étonnement en apprenant ce détail!

La diversion que je fis exécuter sur la gauche du deuxième

corps, et ma marche vers le pont de Verden, devant faire croire à mon intention de passer sur la rive droite de la Sarre, aidèrent à la réussite de l'attaque du général Frossard, sans pertes sensibles.

Le Prince impérial y reçut le baptême du feu, et sa prestance calme et courageuse enthousiasma les troupes qui l'acclamèrent.

En écrivant ces lignes, mes yeux se remplissent de larmes au souvenir de ce vaillant prince que l'armée aimait, et que les insulteurs publics ont envoyé en sacrifice aux sauvages africains.

Je rentrai à Saint-Avold fort peiné et contrarié du secret gardé relativement à la résolution de l'Empereur d'assister à ce combat qui prenait plus d'importance par sa présence, et par la présentation du Prince impérial aux troupes devant l'ennemi. Lors de mon audience de congé, le 15 juillet à Saint-Cloud, l'Empereur en me parlant de la campagne prochaine, *tout en désirant qu'elle n'eût pas lieu*, signala le point stratégique de *Sarrebrück* comme devant être l'objectif de la première opération offensive, d'après l'avis du général Frossard. Les conséquences en reviennent donc tout entier à cet officier général qui, comme gouverneur du Prince impérial et ingénieur distingué, méritait d'être écouté ; mais son caractère irascible, son peu d'expérience du maniement des troupes, ses dispositions à s'affranchir des liens hiérarchiques, le rendaient dangereux, et le commandement d'un corps d'armée ne lui fut confié qu'à cause de l'éducation militaire du Prince impérial qu'il devait faire au camp de Châlons dont il était commandant lorsque la guerre éclata.

En quittant le camp de Châlons, le général Frossard oublia de se faire suivre du parc du génie affecté à son corps d'armée que je dus remplacer par les réserves tirées de la place de Metz et du troisième corps. Il n'avait pas dans ses archives les plans des reconnaissances et des travaux de campagne projetés par la commission qu'il présidait en 1867 ; je lui portai à Saint-Avold les copies que j'avais fait prendre à cette époque avec son autorisation.

De l'incident relaté ci-dessus, date ces suspicions que la calomnie, émanant de la jalousie, sema autour de moi pendant cette campagne, et qui prédisposèrent les esprits à écouter, puis à croire aux vilenies prêtées à mon caractère, vilenies qui n'existaient que dans le cerveau de mes ennemis, devenus plus tard les aides des tortures morales que je subis depuis douze ans! Quand une nation accepte sans protestation de pareils dénis de justice contre un des siens, le sentiment du droit est en déclin chez elle, et son gouvernement en est l'image.

Lorsque je revis S. M. l'Empereur, il ne me fit aucune observation sur ma manière d'agir le 2 août, mais le Major-général me dit : « Vous avez agi en bon camarade en laissant la direction du « combat au général Frossard ». Je fus surpris de cette appréciation, car je n'avais pas agi à ce point de vue, mais tout simplement parce que je croyais que la diversion que je faisais exécuter sur la gauche et qui avait pour but de faciliter l'attaque de front du deuxième corps était ce qu'il y avait de mieux à faire, l'ennemi ayant beaucoup de monde réuni dans les environs de Sarrelouis.

Quel était le but de cette opération? Les instructions du 30 juillet ne le disent pas. Il est évident que Sarrebrück est un point stratégique important ainsi que Sarrelouis si l'on veut entrer en Prusse ou faire une diversion pour faciliter l'invasion de la Bavière. Mais ces opérations offensives sont nuisibles quand on ne conserve pas le point conquis, surtout comme celui de Sarrebrück, au début des hostilités, parce que les troupes ne se rendent pas compte exactement de la raison pour laquelle on évacue la conquête faite à l'aide de leur dévoûment ; leur confiance, leur moral s'en ébranlent pour la suite de la campagne, et c'est ce qui a eu lieu.

Quand la pensée se reporte vers la première période de cette campagne, que de regrets amers s'y pressent, de n'avoir pas mieux tiré parti du dispositif topographique de notre frontière de l'Est! Les résultats eussent été bien autres si l'armée du Rhin et celle de la Moselle avaient été établies, la première sur le versant des Vosges, d'où l'on a action sur les débouchés du bassin du Rhin ; la seconde, dans le bassin de la Moselle, la Garde à Saint-Avold, une réserve à Phalsbourg, place très importante — quoique d'un petit périmètre — par sa position qui domine le terrain environnant comme un glacis naturel, ainsi que par ses relations avec les diverses vallées des Vosges, et aussi par la protection qu'elle exerce sur la route de Strasbourg à Metz par Saverne.

Si les Vosges ne peuvent être considérées comme une barrière infranchissable susceptible de couvrir les lignes de défense de la Moselle, de la Meuse, et d'empêcher le passage du Rhin, ces montagnes ou chaîne des Vosges présentent l'aspect d'un massif isolé s'étendant du sud au nord, sur une longueur d'environ quatre-vingts lieues, et une largeur moyenne de près de dix lieues, elles peuvent au moins être envisagées au point de vue d'une défense isolée.

Cette défense peut se composer des opérations d'une armée agissant dans le bassin du Rhin pour couvrir l'Alsace, et des opérations dont le massif des Vosges peut être le théâtre; soit qu'elle s'exécute par un corps isolé, ayant son centre d'action dans une vallée des Vosges, soit qu'elle ait lieu par suite d'une insurrection nationale vosgienne agissant sur son propre terrain, elle peut produire d'excellents résultats en se liant à la défense du Rhin, ou en opérant des retours offensifs sur l'ennemi manœuvrant dans le bassin de la Moselle. Les souvenirs de 1815 sont là pour en donner un exemple.

D'après les faits, l'enthousiasme parmi ces braves montagnards, qui avaient organisé des compagnies de francs-tireurs plusieurs années avant cette guerre, a été refroidi par suite de la retraite précipitée de l'armée d'Alsace sans défendre un seul défilé de leurs montagnes !

De l'extrémité septentrionale, le Mont-Terrible, à l'extrémité méridionale, le ballon d'Alsace, la chaîne présente un plateau longitudinal de peu de largeur, qui partage les deux versants, oriental et occidental. Le ballon d'Alsace est le nœud duquel partent les divers contre-forts qui réunissent le système particulier de la chaîne des Vosges, au système général des montagnes de la France et de la Suisse.

A partir du ballon, cette chaîne s'épanche vers l'est et l'ouest, de manière à former un plan incliné très allongé, qui descend vers le Doubs, la Saône et la Marne, et qui forme une ligne de partage entre les cours d'eau se dirigeant au nord, et faisant partie du bassin de l'Océan, et ceux qui se dirigent au sud dans le bassin de la Méditerranée.

C'est cette ligne de partage qui réunit la défense du sud-est à celle du nord-est, et qui détermine une zone de premier ordre entre la France et l'Allemagne.

Le 4 août, dans l'après-midi, je reçus directement de l'Empereur les instructions ci-après :

août, 1870.

ORDRE.

Il faut toujours supposer à ses ennemis le projet le plus raisonnable, or, d'après ce qu'on lit dans les journaux anglais, le général Steinmetz occuperait une position centrale entre Sarrebrück et Deux-Ponts; il serait appuyé en arrière par un corps du prince Frédéric-Charles, et sa gauche se relierait à l'armée du Prince royal qui se trouve dans le Bavière rhénane. Leur but serait de marcher droit sur Nancy. En conséquence, je désire que les troupes prennent les positions suivantes :

Quatrième corps. Le général de Ladmirault aura son quartier général à Boulay, une division à Boucheporn et la troisième à Téterchen.

Troisième corps. Le maréchal Bazaine aura son quartier général à Saint-Avold, une division à Marienthal, une troisième à Puttelange, la quatrième sera placée suivant ses convenances, soit en avant, soit en arrière de ses positions.

Le général Frossard restera dans la position où il est.

Cinquième corps. Le général de Failly ira rejoindre à Bitche la division qui y est déjà: ces deux divisions seront sous les ordres du maréchal de Mac-Mahon. Celle qui est à Sarreguemines, se mettra en relation avec celle qui est à Puttelange, et sera sous le commandement du maréchal Bazaine.

Division de réserve. - Général de Forton. Ième corps. La division de cavalerie qui est à Pont-à-Mousson, se portera à Faulquemont.

Le maréchal Canrobert sera à Nancy avec trois divisions.

Il est bien entendu que celle de ses divisions que Ladmirault enverra à Boucheporn, ne se rendra sur ce point que dans la journée du 6 de ce mois.

NAPOLÉON.

Une dépêche télégraphique modifiant l'ordre précédent me fut adressée par l'Empereur, le 4 août, à neuf heures et demie du soir:

Demain 5, portez la division Decaen à Saint-Avold, où vous aurez votre quartier général et vos réserves; portez également demain la division Metman à Marienthal, et la division Montaudon à Sarreguemines, et la division Castagny à Puttelange.

NAPOLÉON.

Le même jour, le général de L'Espart informait que « les Prussiens marchaient de Rohrbach sur Bitche, et que la division Douay (Abel) battait en retraite, *le général blessé*. Ce fut dans ces positions que l'offensive de l'ennemi nous surprit le 6 août, après son succès de Wissembourg. A cette date, voici les renseignements inscrits au *Bulletin journalier* établi au grand quartier général :

Les renseignements fournis *par les corps* sont très peu nombreux. Les correspondances des émissaires en date d'hier, signalent une pointe faite par un escadron de uhlans prussiens sur Frauenberg par Sarreguemines.

On attendait le général Voigts-Rhetz sur la Sarre avec un corps considérable. On signale des troupes nombreuses entre Sarrelouis, Kirn et Sarrebourg.

Toute l'infanterie du huitième corps serait dans le Höllerthal, à gauche de Dütweiller, ainsi qu'à Jagersfreude. Le 6⁰ cuirassiers serait en arrière Sarrebrück.

Une lettre de ce matin porte que le nombre des troupes prussiennes augmente sur la Sarre. La circulation est très active entre Trèves et Sarrelouis. Des troupes nombreuses avec trente-huit pièces de gros calibre occuperaient les hauteurs de Falsberg, près de Sarrelouis. On signale beaucoup d'hommes appartenent au septième* corps; tous les villages de Conz à Sarrelouis sont pleins de troupes.

Le bruit court chez les Prussiens, depuis plusieurs jours déjà, d'une offensive prochaine de leur part. Les dernières nouvelles annoncent que Trèves et Conz sont complètement dégarnies de troupes ; elles se seraient portées dans la direction de Sarrelouis.

De Sarreguemines on me télégraphiait :

Des renseignements me font croire que je serai attaqué ce matin par des forces que l'on dit supérieures. Un parti prussien a intercepté le fil entre Bitche et Sarreguemines, les dépêches ne passent plus d'une manière intelligible.

Je donnai connaissance de ces renseignement le 6, à trois heures du matin, à M. le général Frossard :

Le chef d'état-major de la première division du troisième corps qui ne doit pas encore être en entier à Sarreguemines, me dit qu'il s'attend à être attaqué. D'un autre côté le sous-préfet de Sarreguemines me dit que le fil télégraphique et la voie ferrée viennent d'être rompus à Bliesbrucken, sur la ligne de Bitche.

Je fais demander de plus amples renseignements.

Si l'ennemi faisait effectivement un mouvement sérieux sur Sarreguemines, il faudrait porter la division qui est à Spickeren vers Grossbliederstroff.

A Saint-Avold même, des éclaireurs de l'ennemi se montrèrent de grand matin, et me firent craindre pour cette importante position gardée seulement par la division Decaen.

M. le général commandant le quatrième corps d'armée crut devoir modifier l'ordre de l'Empereur du 4 août par suite des renseignements sur l'ennemi, et m'en rendit compte par la lettre ci-après, le mouvement ayant été accompli, sans au préalable en avoir demandé l'autorisation; cette défectueuse manière d'agir se représente souvent dans le cours de cette campagne et doit être considérée comme une des causes de la gravité de nos revers :

Boulay, 6 août 11^h *du matin.*

Monsieur le maréchal,

Conformément aux instructions que vous m'avez adressées le 4 août, je viens vous faire connaître qu'aujourd'hui 6 août je devrais occuper Téterchen, Boulay et Boucheporn, chacun par une division entière. Tous les renseignement que je reçois, et ceux que vous m'adressez m'indiquent qu'il y a sur les rives de la Sarre un corps d'armée prussien assez considérable, *qui aurait l'intention de nous attaquer.* (C'est naïf! que voulait-il donc de la part de l'ennemi?) Dans cette éventualité, l'occupation de Boulay par une division entière ne pourrait prêter à une attaque qu'un concours trop tardif. Aussi, ai-je fait diriger sur Coume la division Lorencez, troisième du corps d'armée, qui à midi devait quitter Bouzonville pour se diriger sur Boulay.

De cette façon, le quatrième corps d'armée occupera aujourd'hui, 6 août, les positions ci-après :

Première division de Cissey à Téterchen, deuxième division Grenier à Boucheporn, troisième division de Lorencez à Coume.

Mon quartier général avec une brigade de dragons et les réserves d'artillerie restent à Boulay, prêts à se porter au point le plus menacé, et avec des routes libres de tous côtés.

Onze heures du matin : je n'ai pas encore reçu les rapports des grandes reconnaissances exécutées ce matin en avant de Bouzonville et de Téterchen.

Le général Grenier est arrivé, et sera ce soir à Boucheporn. Je lui donne l'ordre d'établir un poste de cavalerie à Longuevillez-lez-Saint-Avold, pour le service de la correspondance de l'armée.

DE LADMIRAULT.

A la même date du 6 août, je recevais de M. le général Bellecourt commandant la troisième division du quatrième corps, le rapport suivant :

Monsieur le maréchal,

J'ai l'honneur de vous rendre compte qu'en sortant du village de Ham-sous-Varsberg, nous avons été avisés qu'un fort détachement prussien marchait sur ce point. Nous avons, en effet, aperçu immédiatement quelques troupes à cheval et à pied, qui cherchaient à nous envelopper par les bois. Nous n'avions devant nous, en vue, qu'un certain nombre de pelotons de cavalerie et un petit nombre de fantassins, qui se tenaient cachés sur la lisière des bois.

J'ai pu assez rapidement prendre position sur un plateau, à la droite du village, avec le bataillon de chasseurs, un régiment et deux batteries d'artillerie. Cette démonstration a suffi : les Prussiens se sont retirés à distance, et ont fini par disparaître complètement. Aucun engagement n'a eu lieu. J'ai pu reprendre ma marche, après avoir bien fait fouiller les bois qui étaient devant moi, et la division est entrain d'établir son camp.

BELLECOURT.

Il était à présumer que ces diverses pointes poussées par l'ennemi sur tout notre front, n'avait d'autre but que de nous donner le change sur le véritable objectif qu'il voulait attaquer, et faire immobiliser les différentes divisions dans leurs cantonnements, afin qu'elles n'aillent pas porter aide au point attaqué.

Le 6 août à 10 heures 25 du matin, M. le commandant du deuxième corps me prévint, par la dépêche télégraphique ci-après, des reconnaissances de l'ennemi :

Forbach, le 6 août 1870, 10^h 6^m du matin.

Première quinzaine d'août 1870.

Le général Frossard au maréchal Bazaine, à Saint-Avold.

L'ennemi a fait descendre des hauteurs de Sarrebrück vers nous de fortes reconnaissances composées d'infanterie et de cavalerie, mais il ne prononce pas encore un mouvement d'attaque.

Nous avons pris nos mesures sur les plateaux et sur la route. Je n'irai pas à la gare de Saint-Avold.

La veille j'avais donné connaissance à cet officier général que l'Empereur, m'ayant appelé à Boulay pour une conférence, avait décidé que les divisions du troisième corps feraient les mouvements suivants : la division Montaudon à Sarreguemines, la division Castagny à Puttelange, la division Metman à Marienthal et la division Decaen à Saint-Avold, où devait rester mon quartier général.

Les dépêches télégraphiques se succèdent et indiquent que l'inquiétude s'empare du général Frossard, qui ayant été autorisé *directement* par l'Empereur, à évacuer les positions de Sarrebrück *le 6 au matin, avait pris sur lui* d'exécuter ce mouvement de retraite dans la nuit du 5 au 6, ce qui fut une faute. Si cet officier général avait eu plus d'expérience du maniement des troupes, il aurait évité de les fatiguer par l'insomnie, d'influencer leur moral par une retraite de nuit, précipitée, qu'il était préférable, sous le rapport tactique, de faire au grand jour, puisque l'on devait reprendre les anciennes positions occupées avant le combat du 2. Il était bien évident que l'ennemi s'apercevant de la retraite des troupes françaises, se mettrait immédiatement en marche pour les suivre et les attaquer. Ainsi à 10 heures 40, le commandant du deuxième corps me transmettait :

On me prévient que l'ennemi se présente à Rosbruck et à Merlebach, c'est-à-dire derrière moi. Vous devez avoir des forces de ce côté ?

Des ordres furent expédiés aux divisions Castagny, Metman, Montaudon et à la brigade de dragons du général de Juniac (toutes ces troupes appartenaient au troisième corps) enjoignant aux deux premières divisions, ainsi qu'à la brigade Juniac de se diriger sur Forbach, en s'échelonnant, et à la division Montaudon de se diriger sur Spickeren en passant par Grossbliederstroff (itinéraire indiqué par le général Frossard).

Malheureusement, cette division qui était à peine arrivée à Sarreguemines, et qui s'attendait à une attaque ne put commencer son mouvement que vers cinq heures de l'après-midi. La reconnaissance que je fis dans la matinée du 6, en avant de Saint-Avold, dans la forêt de l'Hôpital, la trouva occupée par l'ennemi, et j'y reçus quelques coups de carabines.

Je prévins le commandant du deuxième corps, des ordres donnés, par la dépêche télégraphique suivante :

> Quoique j'aie très peu de monde sous la main pour garder la position de Saint-Avold, je fais marcher la division Metman sur Macheren et Betting-lez-Saint-Avold, la division Castagny sur Fœrschwiller et Théding.
>
> Je ne puis faire plus ; mais comme vous avez vos trois divisions réunies il me semble que celle qui est à Œting peut très bien envoyer une brigade et même plus, à Morsbach, afin de surveiller Rosbruck, c'est-à-dire la route de Assnet par Emerveiller à Grossrosselle vers Sarrelouis.
>
> Notre ligne est malheureusement très mince par suite des dernières dispositions prises, et si ce mouvement offensif de l'ennemi est aussi sérieux nous ferons bien de nous concentrer sur la position de Cadenbronn [1].
>
> Tenez-moi au courant.

Excepté pour Sarreguemines même, le télégraphe ne fonctionnait plus sur les points intermédiaires entre cette ville et Saint-Avold, les employés ayant reçu l'ordre, depuis quelques jours, de se retirer. J'étais donc obligé de communiquer par estafettes..... Que de retards !.... De quelle autorité émanait cet ordre ? Cela fut une faute grave.

On me télégraphiait de Metz :

> Par suite de la concentration de l'ennemi entre Contz et Sarrelouis, veillez bien de ce côté.

Le Major-général, malgré son bon vouloir évident ne pouvait satisfaire à toutes les demandes de matériel qui lui étaient journellement adressées, et était obligé de répondre :

> Il n'y a pas de *voitures à Metz:* on télégraphie à Paris pour en avoir et vous les envoyer.

Cette réponse ministérielle est du 1ᵉʳ août !

Il fallut y suppléer par le *train*, dit *auxiliaire*, généralement composé de mauvaises voitures, de faibles attelages, qui rendaient

---

1. Cette position avait été étudiée par M. le général Frossard.

pénible la marche des colonnes, ce qui a été la cause de bien des désordres et de paniques.

C'est la pire des choses dans une armée quand ce train civil est organisé en vingt-quatre heures, car on introduit dans cette armée des éléments, en tant que personnel qui sont inconnus, dont on n'est pas maître, et qui suscitent des embarras de toute espèce.

Le 6 août à midi, je prévenais l'Empereur de l'entrée de l'ennemi à Merlebach ; à deux heures, que le général Frossard m'annonçait :

Qu'il était fortement engagé tant sur la route que dans les bois et sur les hauteurs de Spickeren, que c'était une bataille.

Par une seconde dépêche, je disais à Sa Majesté :

Pour faire suite à ma dépêche de midi, j'ai pris les dispositions suivantes : une brigade de dragons à Haut-Hombourg ; le général Metman avec une brigade se porte à Betting-lez-Saint-Avold, son autre brigade sur Macheren et Mittenberg. Le général de Castagny va faire marcher une brigade sur la position de Théding, à gauche de Cadenbronn et il l'appuiera en se portant de sa personne avec son autre brigade à Fœrschwiller. Le général Montaudon, laissant la garde de Sarreguemines au général Lapasset, du cinquième corps, qui y était encore en marche sur Rouhling et Grossbliederstroff.

Les reconnaissances de ce matin n'avaient rien signalé ; cependant quand je suis allé sur la route de Corling visiter les avant-postes du 85e nous avons reçu quelques coups de carabines des vedettes de cavalerie.

Je tiendrai Votre Majesté au courant.

Malgré la préoccupation que me donnait la présence de l'ennemi sur plusieurs points éloignés les uns des autres, les instructions citées plus haut indiquent que les mesures nécessaires pour appuyer le deuxième corps, et faciliter sa concentration sur la très forte position de Cadenbronn et de Puttelange avaient été prises à temps, M. le général Frossard n'ayant prévenu qu'à dix heures du matin, du mouvement offensif de l'ennemi.

La brigade de dragons (de Juniac) quitta Haut-Hombourg à trois heures sur la demande du commandant du deuxième corps, et arriva à Forbach à quatre heures de l'après-midi.

A 4 heures 45, je télégraphiais au général Frossard, à Forbach :

Donnez-moi de vos nouvelles pour me tranquilliser, et n'oubliez pas la division Montaudon, nécessaire à Sarreguemines.

La division Metman (troisième du troisième corps) reçut à midi un quart l'ordre, porté par un officier de mon état-major général, de se rendre, à la légère, à Bening-lez-Saint-Avold, laissant un régiment et une section d'artillerie à Macheren, sur la position de Mittenberg ; elle devait se tenir prête à recevoir l'attaque par Merlebach, que le général Frossard faisait pressentir, ou à se porter à l'aide du deuxième corps suivant les circonstances. Cette division se mit sous les armes, conformément aux instructions reçues la veille, dès qu'elle entendit le canon, et commença son mouvement immédiatement. Elle dut être rendue sur ses nouvelles positions de bonne heure, mais ne fut appelée à Forbach que vers sept heures et, à son arrivée, *elle n'y rencontra pas le commandant du deuxième corps.*

Le même officier, continuant jusqu'à Puttelange, atteignit cet endroit à une heure, transmit au général de Castagny (deuxième division du troisième corps), l'ordre de se porter sur Frœschwiller, d'y laisser une brigade, et de continuer avec le reste de ses troupes jusqu'en avant de Théding, à l'ouest de la position de Cadenbronn, se reliant avec le général Metman sur sa gauche, et entrant en communication avec le général Frossard. Le général de Castagny continua son mouvement dans la direction de laquelle il était engagé ; plus tard n'entendant plus le canon, il se reporta sur Puttelange, d'où il repartit de nouveau, s'arrêtant à la nuit à Folckling.

La division Montaudon (première du troisième corps), sur la demande du général Frossard, reçut l'ordre à trois heures de se porter de Sarreguemines, que l'ennemi n'inquiétait plus, sur Grossbliederstroff.

Pendant ce temps, j'appelai la division de réserve de cavalerie du général de Forton (troisième) qui se trouvait à Faulquemont, à cinq lieues en arrière de mes lignes et je l'établis à Falschwiller.

De son côté, la Garde avait reçu dans la journée l'ordre du grand quartier impérial de se porter sur Saint-Avold ; elle arriva à Longeville-lez-Saint-Avold, situé à trois kilomètres du premier, à sept heures du matin. Voici les dépêches relatives à ce mouvement :

Le Major-général au maréchal Bazaine à Saint-Avold, 6 août, $3^h\ 45^m$ du soir, expédié à $4^h\ 5^m$ du soir.

La Garde est en ce moment à Courcelles, et se rendra à Saint-Avold par la route de terre. Elle a vingt-cinq kilomètres à faire ; l'ordre d'urgence lui a été envoyé par un officier qui est parti depuis une heure.

Le général Bourbaki au maréchal Bazaine à Saint-Avold.

Courcelles-Chaussy, 6 août $11^h\ 45^m$ soir.

J'ai l'honneur de vous accuser réception de la dépêche que vous m'avez adressée au sujet du mouvement de la garde impériale. La division de cavalerie partie ce soir, sera demain matin à Zimming, en relation avec les troupes qui occupent Boucheporn. A neuf heures et demie du matin, la tête de colonne des voltigeurs débouchera à Longeville-lez-Saint-Avold ; les grenadiers suivront. Je serai de ma personne, près de vous, à quatre ou cinq heures du matin.

A six heures du soir, je fis partir le 60e régiment par le chemin de fer, sur la demande urgente de secours que m'adressa le général Frossard, ce régiment partit en deux trains, dont le premier atteignit Forbach vers huit heures, tandis que le second fut arrêté à Bening par les employés du chemin de fer qui firent débarquer les troupes. Ci-après les dépêches concernant cette nouvelle *demande de renfort*.

Forbach, 6 août, $5^h\ 45^m$ du soir.

La lutte, qui a été très vive, s'apaise, mais elle recommencera sans doute demain ; envoyez-moi un régiment.

Puis immédiatement après, la dépêche alarmante qui suit :

Ma droite, sur les hauteurs, a été obligée de se replier. Je me trouve compromis gravement. Envoyez-moi des troupes, très vite, et par tous les moyens.

Je répondis à $6^h\ 15^m$:

Je vous envoie un régiment par le chemin de fer. Le général de Castagny est en marche vers vous ; il reçoit l'ordre de vous rejoindre. Le général Montaudon a quitté Sarreguemines à cinq heures, marchant sur Grossbliederstroff ; le général Metman est à Betting. Vous avez dû recevoir la brigade de dragons du général de Juniac?

A 7ʰ 22ᵐ du soir, le général Frossard me prévient :

Nous sommes tournés par Werden ; je porte tout mon monde sur les hauteurs.

Ne définissant pas ces hauteurs, je demande à cet officier général :

Saint-Avold, 8ʰ 15ᵐ du soir.

Je vous ai envoyé tout ce que j'ai pu. Définissez-moi bien les positions que vous croirez devoir occuper.

PAS DE RÉPONSE !

Le 6 août, à 8ʰ 20ᵐ du soir, l'Empereur me télégraphia les instructions suivantes :

Le mouvement de l'ennemi tend à vous séparer du général Frossard ; appelez à vous tout le corps du général de Ladmirault. Assurez, s'il est nécessaire, la retraite du général Frossard et des troupes de Sarreguemines, sur un point en arrière que je crois être Puttelange. La Garde doit être à moitié chemin de Courcelles à Saint-Avold.

NAPOLÉON.

Je répondis à l'Empereur, à 10ʰ du soir :

Les premières dispositions prises, et dont j'ai rendu compte à Votre Majesté, forment des échelons d'appui pour M. le général Frossard, et doivent couvrir sa retraite si elle devient nécessaire ; et je pense que nous pouvons tenir la position de Cadenbronn, en nous reliant de suite avec Puttelange.

La position de Cadenbronn servira de point de ralliement aux troupes de Sarreguemines qui occupent Rouhling et Grossbliederstroff, comme aux troupes du général Frossard et du général Castagny, qui s'est porté vers Forbach, cette après-midi.

Selon les instructions de Votre Majesté, j'avais appelé à moi les troupes du général de Ladmirault.

Le général Bourbaki me prévient qu'il a reçu à quatre heures de l'après-midi, l'ordre de se mettre en route, et qu'il arrivera demain matin, à moins que je ne lui fasse dire de faire une marche de nuit.

Les dernières nouvelles du général Frossard sont : qu'il se retire sur les hauteurs, *sans m'indiquer la direction.*

Telles sont les phases principales de cette triste et regrettable journée du 6 août pour l'armée de la Moselle. En ce qui me regarde, je ne pouvais quitter de ma personne Saint-Avold sans l'autorisation de l'Empereur, parce que situé à six lieues de Sarrelouis et à trois kilomètres de la frontière, ce point nécessitait une extrême vigilance; d'autant plus que les approches de cette position, du côté de la frontière, sont couvertes par une épaisse forêt, propre à dissimuler les mouvements de l'ennemi; et si Saint-Avold avait été enlevé, c'en eût été fait de la gauche de l'armée et de ses grands magasins.

Les rapports des généraux dirigés avec leurs troupes sur le deuxième corps pour l'appuyer, indiqueront les efforts qui ont été faits pour lui venir en aide, et le peu de sang-froid de son commandant dans l'impulsion à imprimer au combat, puis dans la direction à donner, pour effectuer la retraite dans de bonnes conditions stratégiques.

Mon initiative était d'ailleurs entravée. C'est ainsi qu'après avoir donner l'ordre au général de Ladmirault de replier de suite son corps d'armée (le quatrième) sur Saint-Avold, je fus informé par lui qu'un ordre de l'Empereur le rappelait vers Metz.

Je n'avais pas été prévenu, comme j'aurais dû l'être, de cette nouvelle disposition.

Voici dans quels termes le général commandant le quatrième corps m'en rend compte :

Votre Excellence m'avait adressé pendant la nuit et à la date du 6 août une dépêche me prescrivant de mettre les trois divisions de mon corps d'armée en marche sur Saint-Avold. Cette dépêche m'est parvenue à trois heures du matin, elle avait sans doute été expédiée avant minuit.

Aujourd'hui 7, j'ai reçu à quatre heures un quart du matin, une dépêche télégraphique expédiée de Metz, ainsi conçue :

« Retirez-vous sur Metz après avoir rallié toutes vos divisions »

NAPOLÉON.

Cet ordre est donc le dernier qui m'ait été expédié, et auquel je dois me conformer.

J'ai donné tous mes ordres à cet effet, et aujourd'hui, 7 août, mes trois divisions occuperont les positions près de Boulay.

Puttelange, 7 *août* 5ʰ *du matin.*

Rapport de M. le général de Juniac, commandant la brigade de dragons, au maréchal Bazaine.

Après votre dépêche, reçue à trois heures de l'après-midi à Haut-Hombourg, j'ai mis la plus grande rapidité à me rendre à Forbach. A mon arrivée, une heure après (à quatre heures), j'ai eu l'honneur de voir M. le général Frossard, qui après m'avoir félicité sur ma prompte arrivée, m'a envoyé occuper les trois points de Morsbach, Bening et Merlebach. A la fin du combat, qui s'était passé en partie en face de moi, j'ai conservé mes positions; mais dans la nuit, ayant envoyé une reconnaisance sur Forbach, j'ai appris que le général Frossard l'avait complètement évacué pour se diriger sur Sarreguemines, *m'ayant oublié!*

Toutes les troupes étant parties, et me trouvant seul, observé par l'ennemi qui m'aurait enlevé à la pointe du jour, ma position n'était plus tenable.

J'ai fait monter à cheval, à une heure du matin, dans le plus grand silence, pour dérober mon mouvement; j'ai en même temps envoyé un adjudant prévenir les détachements de Bening et Merlebach pour les rallier à moi. La brigade Arnaudeau (deuxième brigade de la troisième division du troisième corps) se trouvait dans la même position que moi. Nous fîmes ensemble la route de Puttelange, où je viens d'arriver, à cinq heures du matin, me ralliant sur une division de votre corps d'armée. J'attends les ordres de Votre Excellence. Les détachements que j'avais rappelés ne vont pas, je pense, tarder à me rejoindre. Mes hommes et mes chevaux sont épuisés de fatigue et de besoin.

de Juniac.

Quelle conclusion tirer d'un oubli pareil! Les conséquences pouvaient en être fort graves. Une fois sa ligne de retraite assurée par la permanence des troupes sur les points désignées par lui, M. le général Frossard les y laissa sans les avertir qu'il se retirait en opérant une retraite divergente sur Sarreguemines.

La dépêche télégraphique ci-après du général Metman (troisième division du troisième corps), indique que l'ennemi n'était pas entré à Forbach quand les renforts sont arrivés, et que M. le général Frossard, ayant exagéré sa fâcheuse situation, s'est mis en retraite, sans bien se rendre compte de ce qu'il faisait.

Le général Metman au maréchal Bazaine à Saint-Avold, *Bening par Frœschwiller,* 7 *août.*

Parti de Bening hier à sept heures trente minutes du soir sur une dépêche télégraphique du général Frossard. *Cherché toute la nuit le général.* Reparti ce matin de Forbach pour Puttelange. Les hommes sans vivres.

Maintenant, voici M. le général Bataille, commandant la deuxième division du deuxième corps, également oublié sur les hauteurs de Forbach même, qui me prévient à trois heures du matin, le 7 août :

On évacue Forbach. Le général Metman, le seul avec qui j'ai pu communiquer, m'a appris que le général Frossard était parti depuis *deux heures* pour Sarreguemines, et que toutes les troupes fraîches s'y rendaient aussi. Je vais à Puttelange prendre mes sacs.

RAPPORT de M. le général de Castagny, commandant la première division du troisième corps, au maréchal Bazaine à Saint-Avold :

Puttelange, 7ʰ 30ᵐ du matin.

J'ai l'honneur de rendre compte à Votre Excellence que M. le capitaine Thomas, qui conduisait les bagages du général Frossard, m'a informé, quand je suis arrivé à Folckling, que je ne pourrais pas rejoindre Forbach, qui était évacué. J'ai alors arrêté ma colonne, j'ai pris les dispositions que j'ai expliquées au chef d'escadron Castex de votre état-major général; puis je me suis décidé à envoyer deux officiers dans la direction de Forbach pour tenter de prendre les ordres du général Frossard, sous le commandement duquel vous m'aviez placé, par votre ordre du 6 août (six heures un quart). Ces officiers n'ont trouvé que le général Metman, qui leur a dit : qu'il était à Forbach *depuis six heures*, que le général Frossard était parti depuis deux heures dans la direction de Sarreguemines, que la division Bataille, la moins maltraitée de la journée, se dirigeait sur Sarreguemines, que lui-même allait prendre la même route déjà encombrée ; qu'au jour, j'allais me trouver tout seul dans la position que j'occupais entre Folckling et Théding, que l'ennemi était très en forces, et que ce que j'avais de mieux à faire était de me replier sur Puttelange, pour me diriger de là sur Sarreguemines.

DE CASTAGNY.

Le général Montaudon au maréchal Bazaine à Saint-Avold.

Puttelange, 7 août.

Je suis parti hier, à cinq heures de l'après-midi de Sarreguemines. Arrivé à Grossbliederstroff, j'ai su par des renseignements, ainsi que par la direction des feux, que je ne pouvais en passant par ce point entrer en communication avec le général Frossard. J'ai pris ma direction sur Etzling ;

mais la nuit étant arrivée, je me suis trouvé en arrière de la position de Spickeren, vers Rousbach, où je me suis arrêté jusqu'à une heure et demie du matin. Ayant appris que le général Frossard battait en retraite sur Sarreguemines, je me suis dirigé sur Woustwiller pour appuyer sa gauche; mais le général de Castagny me fit savoir qu'il avait ordre de vous rallier. Je me suis établi sur Puttelange, qu'il venait d'occuper.

Le général commandant la première division du troisième corps.

MONTAUDON.

Il résulte suffisamment de ces documents : Première quinzaine d'ao

1° Que le commandant du troisième corps a immédiatement envoyé au soutien du deuxième corps.

2° Que les causes de l'arrivée tardive de ces renforts sont indépendantes de sa volonté.

3° Que l'arrivée successive de ces renforts, qui se composaient de trois divisions d'infanterie du troisième corps, d'un régiment de la division Decaen et de la brigade de dragons du général de Juniac, auraient été un appui efficace pour le deuxième corps, si sa concentration avait eu lieu sur Forbach et sa retraite sur Cadenbronn; mais surtout, si M. le général Frossard avait mieux disposé ses troupes après l'évacuation de Sarrebrück, et mieux dirigé le combat de Spickeren, n'ayant quitté son quartier général de Forbach qu'à cinq heures de l'après-midi.

Ce malheureux combat, complètement inutile, joint à la fatale bataille de Frœschwiller livrée le même jour, dans d'aussi mauvaises conditions tactiques, influencèrent sérieusement sur les suites de cette désastreuse campagne, et la responsabilité devant l'histoire en incombe à *M. le maréchal de Mac-Mahon et à M. le général Frossard*. C'est mon opinion, comme général en chef de l'armée. Sans le mouvement exécuté le 5 août par les trois divisions du troisième corps, le général Frossard aurait reçu plus tôt les renforts demandés, puisque dans leurs anciens cantonnement, ces divisions étaient échelonnées sur les communications directes de Saint-Avold à Forbach; tandis que dans les nouveaux, il leur fallut parcourir des terrains accidentés, par des chemins vicinaux mal entretenus, et que je ne pouvais pas dégarnir complètement Saint-

Avold, déjà réduit à trois régiments. C'est si facile de crier au secours, quand on a fait une bévue !

La position de Spickeren était défavorable à ses défenseurs puisque, par la configuration de la frontière, la gauche des troupes l'occupant, ainsi que celles de Styring, peuvent être facilement tournées par Verden et par la petite Rosselle, l'ennemi pouvant alors venir s'établir par derrière. Il est regrettable que l'on n'ait pas été plus vigilant de ce côté, et que la concentration du deuxième corps ne se soit pas opérée sur Forbach, ainsi que l'Empereur en avait donné l'autorisation.

Le deuxième corps ayant évacué Forbach, avant d'y être forcé, j'envoyai l'ordre de se concentrer sur Cadenbronn et Puttelange, position stratégique très forte, dont l'occupation aurait retardé momentanément la marche de l'ennemi victorieux, et aurait eu l'avantage de nous rapprocher de l'armée du Rhin qui battait en retraite. Quel parti n'aurait-on pas pu tirer de la réunion des deux armées, du Rhin et de la Moselle, prenant résolument l'offensive sur l'ennemi et opérant sur la circonférence !

L'offensive nous aurait fait retrouver notre caractère national, et aurait fait disparaître la triste influence des débuts malheureux de la campagne. Le plus léger succès aurait ramené la confiance, si nécessaire dans une armée, et l'espoir de vaincre serait revenu dans les esprits. Mais, cette fatale et persistante retraite a plus démoralisé l'armée qu'une bataille perdue.

J'envoyai également au commandant du quatrième corps l'ordre de me rallier à Saint-Avold ; mais comme il avait reçu directement du quartier impérial celui de se retirer sur Metz, il obtempéra de préférence à cet ordre. De là, l'impossibilité, par suite de cette manière d'agir, de pouvoir opérer régulièrement, en coordonnant les mouvements de façon à ne pas perdre de temps sans fatiguer les troupes, tout en imposant à l'ennemi.

Parfois, il fallait faire reproduire les ordres donnés, par l'intermédiaire du Major-général ; c'était une perte de temps, préjudiciable à leur exécution, et j'en fis l'observation à M. le maréchal Le Bœuf, qui me répondit : « Vous seul avez des ordres à donner ;

faites donc ce que les circonstances vous inspireront». *Mais l'obéissance resta raisonneuse.*

Par la même dépêche, le Major-général me donnait les instructions et les nouvelles suivantes :

Metz, 7 août.

Faites rentrer la Garde demain à Metz, si vous n'en avez pas besoin; mais s'il y a apparence de lutte, gardez-la. En tout cas, donnez l'ordre à Ladmirault de continuer à vous couvrir.

Il est possible que nous ayons une bataille à livrer sous Metz dans deux ou trois jours. L'ennemi paraît se concentrer en attendant des renforts qui sont en marche. De Failly est à Phalsbourg *sans être inquiété*. Mac-Mahon à Blamont; tous deux se retirent sur Nancy, où j'envoie la moitié de mon parc de réserve du troisième corps pour venir en aide au maréchal Mac-Mahon.

Les nouvelles de Paris sont bonnes.

Eclairez-vous très au loin avec votre cavalerie, et tâchez d'enlever quelques uhlans pour avoir des nouvelles de l'ennemi.

Ainsi, sur notre territoire, nous n'étions donc renseignés ni par les autorités civiles, ni par la population. Où était donc le patriotisme ?

Le Major-général m'écrivait le 8 août :

Par ordre de l'Empereur, le général Frossard, qui en ce moment est avec son corps d'armée en marche de Puttelange sur Nancy, reçoit *l'avis itératif* qu'il doit se porter sur Metz pour joindre son corps à ceux que vous amenez de Saint-Avold.

Il est invité à marcher de telle façon qu'il ne contrarie pas les mouvements des troupes qui sont avec vous.

Puis le 9 août, à 3^h 30^m du matin :

Séjournez à Faulquemont pour rester lié avec le général Frossard. Conservez la Garde en lui indiquant une position qui lui permette de vous appuyer efficacement au besoin. Un nouvel avis qui m'arrive, m'indique que l'ennemi est en marche sur votre gauche. Donnez l'ordre au général de Ladmirault de rester en position sur votre gauche pour la couvrir.

J'écris *directement* aux généraux Bourbaki et Ladmirault pour éviter tout malentendu. J'écris également au général Frossard par un de ses officiers de rester en communication constante avec vous, et de se conformer à vos ordres ; donnez-lui vos instructions sans tarder.

Tâchez de concentrer le plus tôt possible sous Metz les deuxième, troisième, quatrième corps et la Garde, qui sont tous placés sous vos ordres, et qui doivent s'y conformer strictement.

Faites-vous éclairer très au loin par votre cavalerie légère.

Cette lettre du Major-général vient à l'appui de ce que j'ai signalé précédemment, au sujet de l'obéissance des commandants de corps d'armée, et le Major-général, pour les ramener *à la hiérarchie*, aurait dû ne pas leur écrire, ou bien alors faire passer ces lettres de service par mon intermédiaire ; sans l'accomplissement stricte de cette transmission des ordres, on arrive forcément à la confusion, et à leur non exécution dans de bonnes conditions de réussite.

Dès le 7 août la situation stratégique du troisième et du quatrième corps de l'armée du Rhin devenait périlleuse, et tout mouvement rétrograde difficile, par suite de la défaite du deuxième corps à Spickeren, ainsi que de la retraite précipitée du premier et du cinquième corps, ce qui permit à l'ennemi d'utiliser à la fois les voies ferrées de Wissembourg par Saverne à Nancy, et de Forbach et Sarreguemines à Metz par Saint-Avold.

Il est à regretter que la volonté, ou le temps, aient manqué pour opérer des destructions importantes, et inutiliser ces diverses lignes ; que les basses Vosges et leurs défilés n'aient pu être défendus pied à pied par les divisions du premier corps, mais surtout par celles du cinquième corps qui occupait Phalsbourg à la date du 7 août, sans y être inquiété par l'ennemi ; les tunnels furent laissés ouverts et libres, tel que celui de Saverne.

Ces deux corps auraient dû être ralliés à Nancy, y faire leur jonction avec le sixième corps qui, d'après la dépêche de l'Empereur du 4 août, devait s'y trouver, ainsi que le septième corps venant de Belfort, ce qui aurait donné un minimum de *cent mille* combattants, opérant dans un pays facile à défendre.

M. le duc de Magenta avait été investi du commandement en chef du premier, du cinquième et du septième corps d'armée, et comme corollaire, de toutes les places de l'Alsace ; aucune mesure ne fut prise pour leur constituer des garnisons en rapport avec leur importance, et Strasbourg dut augmenter la sienne avec les fuyards ou les dispersés de Frœschwiller. Pourquoi le Maréchal continua-t-il sa retraite avec les débris du premier corps, sans tirer parti du cinquième et du septième pour harceler l'ennemi, et régler ses marches de façon à rester à la hauteur du deuxième, du troisième et du quatrième corps ainsi que de la Garde, qui se retirèrent lentement afin de couvrir ses mouvements ? Voici textuellement la déclaration du Maréchal faite devant la commission parlementaire :

Le général de Failly avait été mis sous mes ordres la veille de la bataille de Frœschwiller, c'est-à-dire le 5 août, à cinq heures du soir ; je lui écrivis de venir me rejoindre immédiatement, car je croyais qu'il avait tout le cinquième corps réuni à Bitche où était son quartier général, mais il n'avait qu'une division, et les deux autres se trouvaient à Sarreguemines.

On a beaucoup attaqué ce général, en disant qu'il aurait dû arriver avec tout son corps, mais il n'avait qu'une division avec lui. Il n'y eut donc qu'une division du corps du général de Failly qui arriva le soir de la bataille de Frœschwiller à Niederbronn. Une brigade de cette division continua à marcher sac au dos, l'autre retourna à Bitche où elle est restée.

Il ne restait plus que deux divisions avec le général de Failly, qui se mit en route pour me rejoindre du côté de Lunéville. Après la bataille de Frœschwiller, bien que ce cinquième corps fût sous mes ordres, comme je m'en allais d'ailleurs sur Châlons, je lui écrivis que je ne savais plus ce qui arrivait, qu'il eût à demander des ordres à Metz au quartier général. J'allai par Neufchâteau, *en faisant un détour, craignant d'être attaqué par les troupes du prince de Prusse*[1]. A Nancy on le croyait près d'arriver. Comme la position de Nancy est très mauvaise, je fus obligé d'appuyer sur Bayon au-dessous de Luxeuil; là, je fus rejoins par le corps du général de Failly. Comme je lui indiquai la route que je suivais, il prit vers le sud, et par conséquent, il fut obligé de marcher beaucoup.

Il avait passé à travers le deuxième corps, qui avait beaucoup d'hommes en arrière; cela démoralisa un peu son corps, qui avait perdu la confiance qu'il aurait dû avoir en lui. J'avais encore sous mes ordres le septième corps, dont deux divisions venaient de Belfort, et qui avaient peu combattu ; l'autre division était avec moi à Frœschviller.

C'est ce mouvement divergent qui a permis aux armées allemandes de venir s'établir sur notre ligne de retraite qui s'opérait

---

1. Le 9 août, le prince de Prusse n'était qu'à Sarralbe.

sur Verdun et c'est lui qui a amené les batailles du 16, du 18, puis celle de Beaumont le 30 août, et enfin Sedan ! *Voilà la vérité.*

La ville de Nancy n'est pas le point à défendre, mais depuis Frouard, le plateau et la forêt de Haye, ayant Toul comme appui ou refuge en cas de revers, ils présentent toutes les conditions pour une bonne défense et pour arrêter une armée. Tout le pays se prête par sa configuration, ses bois, ses cours d'eau, ses canaux, ses chemins de fer, à une défense opiniâtre du sol. Pourquoi le Maréchal ne l'a-t-il pas fait? Le général de Failly n'étant pas inquiété à Phalsbourg, et le général Frossard opérant sa retraite pacifiquement, il n'y avait aucun inconvénient à ce que le premier corps le suivît, ayant pour arrière-garde le cinquième corps, et sur son flanc gauche le septième ; cette retraite pouvait également s'effectuer par Château-Salin, Marsal, en un mot par toute ligne possible qui l'eût rapproché des environs de Metz ou de Verdun, au lieu de l'en éloigner et de permettre aux armées allemandes de passer sans le moindre obstacle, sans la moindre résistance, entre les deux armées françaises. Le prince de Prusse n'est entré à Nancy que le 16 août.

On pouvait utiliser les lignes et les eaux de la Seille ; du reste, une étude en avait été faite bien des années auparavant afin d'indiquer le parti que l'on pouvait en tirer, employant les eaux pour la défense du pays. M. le maréchal de Mac-Mahon qui avait été commandant du troisième grand commandement à Nancy, devait connaître ce travail, que l'on a saisi avec mes papiers, à la gare d'Orléans, peu de temps après mon incarcération à Versailles. Pourquoi ? j'en ignore la raison. Sans doute pour découvrir que la Seille, cette petite rivière, versait ses eaux dans les fossés de Metz, après en avoir inondé les approches du côté du sud.

Dans sa déposition du 12 juin 1872, M. le maréchal de Mac-Mahon, à la question qui lui était adressée : « Quels ont été vos « rapports avec M. le maréchal Bazaine ? » répondait ainsi :

Jusqu'au 9 août 1870, j'ai été directement sous les ordres de l'Empereur, avec lequel je correspondais le plus souvent par l'intermédiaire du Major-général.

Le 9 août à Blamond, je reçus de ce dernier une dépêche m'informant que l'Empereur, voulant mettre de l'unité dans le commandement, avait décidé que le maréchal Bazaine prendrait le commandement de tous les corps d'armée, et qu'à partir de ce jour, le commandant de chaque corps prendrait directement ses ordres.

Ayant précédemment reçu pour instructions de me diriger sur le camp de Châlons, *je continuai* ma marche vers ce point, et je ne me *rappelle point avoir écrit au maréchal Bazaine* avant l'arrivée à ce camp.

Effectivement, je n'ai pas été tenu au courant de sa marche. Ainsi, dans l'espace de peu de jours, voilà deux interprétations différentes données par des commandants de corps d'armée aux ordres du chef de l'armée ! M. le général de Ladmirault : *qu'il se conforme au dernier ordre reçu;* et M. le maréchal de Mac-Mahon : *au premier ordre donné.* Dans le premier cas, M. le général de Ladmirault avait reçu l'ordre, de *moi, de me rallier à Saint-Avold*: *ce qu'il ne fît pas.* Et dans le deuxième cas, M. le maréchal de Mac-Mahon devait avoir reçu à Lunéville, par un officier de l'état-major général, *l'ordre de ne pas dépasser Nancy : ce qu'il ne fît pas.* Avec ces deux faits, on peut juger du décousu qui devait exister dans les opérations, et l'on peut sans exagération, attribuer à ce défaut d'ensemble, la plupart de nos revers.

La retraite se faisait sans être suivie de près par l'ennemi puisque M. le général de Failly commandant du cinquième corps me demandait, le 15, de faire séjour à Neuilly-l'Évêque, le maréchal de Mac-Mahon ne la dirigeant pas. Je lui répondis : « Je ne puis « répondre à votre demande de séjour : c'est à vous de régler votre « marche, suivant les évènements ».

Le cinquième et le septième corps étaient pour ainsi dire intacts, on pouvait donc, et on devait les utiliser pour donner la main à l'armée de la Moselle.

Pour bien définir cette espèce d'indépendance qui guidait les commandants des corps d'armée dans leurs relations avec le commandement en chef, voici une lettre du général Frossard au Major-général à propos du combat de Forbach.

Au quartier général du *Gros-Tanquin*, le 8 *août* 1870.

Monsieur le maréchal,

Je n'ai pas encore pu, depuis deux jours, vous écrire pour vous prier de faire connaître à l'Empereur ce qui s'est passé à Forbach, et quelle est actuellemens la situation du deuxième corps que je commande, mais vous avez été renseigné de vive-voix à cet égard par le capitaine Vosseur que vous m'aviez envoyé, et qui m'a quitté ce matin à Puttelange.

Le combat de Forbach était tout à notre avantage jusqu'à quatre heures du soir, après huit heures de lutte. Si à ce moment, où j'avais engagé toutes mes réserves, les renforts demandés par moi dès le matin à M. le maréchal Bazaine, étaient arrivés comme ils auraient pu le faire, je l'affirme, nous aurions remporté un avantage magnifique par ses résultats, au lieu de l'échec que nous avons subi.

Il y a bien des coupables dans tout cela et je vous les ferai connaître; mais le moment n'est pas aux récriminations. Toujours est-il que je n'ai pas perdu un canon; mais mon corps d'armée a éprouvé des pertes graves en hommes; je n'ai pas encore les états détaillés de ces pertes. J'estime à près de deux mille hommes le nombre des tués et blessés; il y a eu aussi un certain nombre de disparus. Le colonel de Saint-Hillier du 2e de ligne a été tué, le colonel Vittot du 40e, blessé très gravement ainsi que le général Doens. Un grand nombre d'officiers de tous grades ont aussi succombé.

Nous avons eu à faire au septième et au huitième corps prussiens, et dit-on, à une forte fraction de la Garde.

L'ennemi aurait donc engagé contre nous soixante-dix mille hommes au moins, c'est-à-dire toute cette concentration de troupes qui s'opérait sur Sarrebrück depuis quelques jours. Ils ont eu de leur côté des pertes énormes. Quoi qu'il en soit, le deuxième corps n'a pas été désorganisé, et j'ai pu le rallier dès le lendemains même sur Puttelange, mais plusieurs régiments n'ont plus ni sacs, ni campement, ni ustensiles. Les vivres, hier, nous ont manqué; aujourd'hui nous avons trouvé ici quelque chose, mais demain je ne sais pas quelles distributions nous pourrions faire.

Je me retire pour opérer, suivant vos instructions, la concentration sur Metz. Je suis la route directe de Sarreguemines sur Nancy, c'est-à-dire celle que l'ennemi doit suivre, et je crois que notre attitude *l'intimide et l'arrête*, car nous n'apercevons encore devant nous que quelques vedettes de uhlans et de cuirassiers. L'infanterie n'est pas encore arrivée en notre présence *et ne nous atteindra pas*. J'ai appris que l'ennemi était entré hier à Sarreguemines, et qu'il est aussi à Sarralbe.

Demain, je continue mon mouvement rétrograde; j'irai à Morchange et Baronville, mais comme ce serait une trop petite journée, je remonterai de quelques kilomètres sur la route de Metz et j'établirai mon quartier général à Burlang.

Mes hommes sont extrêmement fatigués, *ils ne sont pas nourris;* je ne pourrais longtemps les garder dans cet état.

Je vous envoie un officier qui vous dira en détail ce dont j'ai besoin. Il me faudrait des vivres assurés pour demain par un fort convoi à la gare de Remilly sur le chemin de fer de Forbach.

Faites-moi envoyer aussi des marmites et des gamelles, ainsi que des petites tentes-abri. Mes pauvres hommes ne peuvent faire la soupe, ni se préserver la nuit de la pluie. Je ne voudrais pas les ramener exténués sous Metz.

Quant à la concentration sous Metz, *dans son grand camp retranché,* c'est une nécessité et une planche assurée du salut.

Il en est de même pour Langres.

C'est là, que les trois corps de l'Alsace doivent se concentrer et pas ailleurs. L'on se tirera d'affaire, je l'espère, *autrement l'empire serait perdu.*

Je suis, Monsieur le maréchal, votre respectueux et attaché serviteur.

FROSSARD.

Quelles réflexions provoquent cette lettre? Sa seule excuse, s'il y en a une, c'est d'avoir été écrite sous l'impression d'un échec grave qui aurait pu être évité; selon la nature de l'homme, il préfère en rendre responsables des officiers généraux dont il n'a pas utilisé les services. Il en est de même pour les vivres dont le deuxième corps a manqué, parce que l'on a abandonné les magasins de Forbach.

Ce qu'il y a de plus grave dans cette correspondance, en dehors de la question hiérarchique, c'est que l'on a encouragé la délation de l'inférieur contre le supérieur, et que cette lettre a été classée dans l'instruction faite par M. le général du génie Seré de Rivière, comme pièce à charge contre moi; ce général avait probablement besoin de la protection du président du Comité du génie[1], et il a donné une nouvelle preuve «que les loups ne se mangent pas entre-eux».

Voici maintenant le revers de la médaille; M. le colonel du 8e de ligne déclare:

---

1. Qui était M. le général Frossard.

Je suis arrivé sur le plateau de Spickeren avec le 8ᵉ de ligne à quatre heures de l'après-midi ; mes bataillons ont lutté et tenu la position jusqu'à neuf heures du soir, et ne se sont retirés qu'après cinq heures de combat, alors qu'ils manquaient de cartouches, n'ayant ni bu ni mangé depuis la veille, et surtout n'ayant pas vu *un seul* général sur le champ de bataille ; aucun ordre n'a été reçu, aucun renfort n'est arrivé sur les lieux de la lutte, qui était la clé de la position.

On ne peut être plus explicite sur la direction tactique qui a été donnée à ce combat par M. le général Frossard, qui aurait dû s'abstenir de vouloir dégager sa responsabilité — qui reste entière — par des appréciations plus ou moins fausses sur les généraux placés provisoirement sous ses ordres ; cette manière de faire manque au premier devoir d'un chef : la franchise dans le compte-rendu des faits.

La retraite se continua le 9, le 10 et le 11 par un temps détestable qui prédisposait à la tristesse. Les soldats étaient mornes, eux d'ordinaire si gais ; la nouvelle de nos revers circulait dans les rangs avec exagération ; et pour rendre la marche moins pénible, ils s'allégèrent de tout ce qui les gênait, principalement des demi-couvertures, des petites tentes, des ustensiles de campement, et le pire, des gibernes avec leurs cartouches. Voici la lettre que m'adressait M. le général Decaen, officier très énergique, à propos d'un ordre de marche pour aller occuper la place de bataille qui lui avait été assignée :

Position en face de *Bionville, Morlange et Bonnay*, 9 *août* 1870, 10ʰ et demie du matin.

Monsieur le maréchal,

Je vous prie en grâce de ne pas me faire faire de mouvement aujourd'hui. Les hommes sont rendus de fatigue, la soupe n'est pas mangée, et il faudrait encore y renoncer ce soir.

Enfin, j'ai dit à M. Duvernier, chef d'escadron, l'état moral que j'ai constaté. Hier, arrivés à onze heures et demie du soir avec une pluie battante, *manquant de moral* (je regrette de vous le dire), il leur faut un peu de repos, et de la soupe ce soir.

De plus, arrivés hier soir à onze heures, j'ai dû ce matin de bonne heure aller rectifier les emplacements pris sans y voir. Les hommes n'ont donc pu se reposer. J'attends vos ordres.

DECAEN.

Et puis, pour faire ce mouvement après la soupe mangée, je n'en aurais pas le temps. *Les Étangs peuvent bien attendre à demain*, puisqu'ils sont si près de cette position à occuper.

Voilà comment on comprenait l'exécution des ordres donnés, et cependant, le général Decaen était un des plus actifs, un des plus zélés dans le service; on ne peut donc que reprocher à la plupart des généraux de ne pas assez se rendre compte de l'ensemble des opérations qui exige, pour leur bonne exécution, une obéissance sans réserve. Les observations sur les ordres émanant du commandement finissent toujours par être connues du soldat, car d'une manière générale nous manquons de discrétion dans les relations de service, et la discipline, ainsi que le prestige du commandement, s'en trouvent altérés. Ceci nous amène à reproduire la déclaration faite par M. le maréchal Le Bœuf devant le Conseil d'enquête militaire :

Malheureusement, et je dis ceci en forme de conversation, nous étions travaillés par la révolution.

J'ai reçu des renseignements très précis qui m'indiquaient que nous avions dans l'armée *soixante agents de l'Internationale;* il nous était impossible de mettre la main dessus. Constamment, on faisait courir les bruits les plus fâcheux : «Nous manquions de pain, de munitions, etc..... Le soldat était trop chargé.....» Nous avons eu des régiments entiers qui ont jeté cartouches et sacs, en demandant des voitures pour les porter.

Il s'en suit que les intendants, ainsi que le commandant d'artillerie qui sont responsables des grands approvisionnements, étaient toujours dans une préoccupation extrême; le général Soleille craignait encore plus le gaspillage que les consommations.

Il est possible, M. le maréchal[1], que tout le monde ne dise pas la vérité, mais je vous prie de croire que je la dis toute entière.

Le 2 août, lorsque l'Empereur assista à la reconnaisance faite par le général Frossard, il était arrivé en voiture à quatre kilomètres environ de la position qu'on allait enlever, et il monta à cheval; les troupes qui avaient fait au plus cinq ou six kilomètres, avaient jonché le sol de leurs sacs, et de leurs cartouches; l'Empereur en fut très effrayé. Après l'affaire, il rencontra un bataillon sur la route et s'arrêta pour parler aux hommes : «Ah! mon Empereur, ôtez-nous nos sacs; ôtez-nous nos couvertures.....»

---

1. Baraguay-d'Hilliers, président du Conseil d'enquête.

Les hommes ne voulaient plus rien porter. Pourquoi? parce qu'il y avait dans les rangs des gens qui, constamment, soufflaient l'indiscipline. Monsieur le maréchal, au moment où l'Empereur est arrivé à Metz, j'y étais; il y avait sur sa table peut-être trente lettres anonymes émanant de l'armée, et dans lesquelles on lui dénonçait les trois-quarts des généraux en demandant leur changement. Je me rappelle toujours une de ces lettres : elle était très bien écrite et la liste commençait par le maréchal de Mac-Mahon, continuait par moi, finissait par le général Soleille. Ce qu'il y avait de grave là dedans, c'est qu'il était facile de reconnaître au style, que cette lettre provenait, je ne dis pas d'un officier, mais au moins d'un sous-officier. C'est dans ces conditions que nous avons commencé la guerre.

La marche en retraite du 8, du 9 et 10 août, pendant laquelle nous occupâmes successivement les positions de la Nied allemande et de la Nied française, se fit par un très mauvais temps; elle était pressée par l'Empereur qui se rendait chaque jour de Metz à mon quartier général pour la hâter, et le 9 août, au matin, Sa Majesté vint à Faulquemont accompagnée de M. le général Changarnier. J'avais alors reçu du Major-général l'autorisation de faire séjourner les troupes fatiguées par les journées précédentes, et par une marche de quatorze heures faite la veille. L'Empereur me présenta le général Changarnier, en me disant : « Le général vient nous prêter le concours de son expérience ». Une conférence eut lieu, dans laquelle j'émis l'avis qu'il était préférable de se porter sur Nancy et Frouard pour rallier les premier, cinquième, sixième et septième corps; il me fut objecté que de cette manière, l'on découvrait Paris et je dus, bien malgré moi, reporter le même jour ma ligne de bataille en arrière de la Nied française, et perdre de nouveau l'espoir de prendre l'offensive.

La préoccupation constante qu'avait l'Empereur de ne pas découvrir Paris, nous a été des plus nuisible, en nous empêchant de concentrer toute l'armée en Lorraine, et de prendre résolument l'offensive ; car c'est la concentration sur un point unique, qui permet de changer de rôle, et de passer de la défensive à l'offensive. Mais, faire refluer sur Paris les armées, c'était abandonner la France à l'ennemi, surtout maintenant que la capitale est fortifiée de manière à ne pouvoir être forcée que par un siège; l'armée, délivrée du soin d'en couvrir les approches, doit se maintenir dans la région des places frontières, et profiter alors des circonstances pour agir contre l'ennemi, manœuvrer sur ses derrières et sur ses flancs, s'il pénétrait dans le pays, et couper enfin sa ligne de communication s'il s'avançait, de manière à l'obliger d'en établir une autre qui deviendrait plus vulnérable, d'autant qu'elle se prolongerait d'avantage.

On peut apprécier combien l'obligation de couvrir constamment un point important, comme la capitale, impose de gêne et nuit aux mouvements militaires. Dans une pareille situation l'armée défensive se trouve en quelque sorte paralysée ; retenue malgré elle par ce centre d'attraction, elle ne pourrait profiter des chances favorables se présentant pour attaquer, ou pour se porter en avant, et au moindre échec, elle serait forcément attirée en arrière vers le point qu'il lui serait ordonné de couvrir ; elle opèrerait ainsi la plus funeste des retraites : celle qui s'exécute sur la ligne d'opération que l'ennemi s'est promis de suivre.

L'Empereur Napoléon Ier appliqua ce système à la défense de la France en 1814 et en 1815, sans que Paris soit fortifié. Napoléon y montra quel était le véritable système de la défense du pays ; il l'établit alors au point de vue défensif, comme en 1815 il montra ce qu'elle devait être au point de vue offensif ; dans l'un et l'autre cas, il échoua par suite de la trahison, par le défaut de défense de Paris, et il faut bien ajouter, par la non intelligence des sentiments populaires du moment, la nation étant fatiguée d'une guerre sans limites.

Je reprends mon récit. Après des marches pénibles par suite de l'intempérie qui dura tous ces jours, le soldat n'ayant pu, bien souvent, manger la soupe, ne laissait pas que d'être dans une situation morale un peu chancelante, et le général de Montaudon m'écrivait dans le même sens que le général Decaen.

Pont-de-Pierre, 8 août.

La marche d'aujourd'hui a assez fatigué les troupes de la division déjà épuisée par les marches de nuit et les alertes des jours précédents ; aussi prierai-je Votre Excellence, si cela est possible, de vouloir bien donner un jour de repos à la division.

MONTAUDON.

La présence dans les rangs de l'élément mécontent et raisonneur des soldats de la réserve, que l'on n'avait pas eu le temps de façonner à la discipline, l'exagération donnée à nos premiers revers contribuaient à impressionner les troupes. C'était le cas de leur donner, par un ordre du jour, connaissance du rapport adressé à l'Empereur par le maréchal de Mac-Mahon, qui s'exprimait ainsi :

Saverne, 7 août.

Sire,

J'ai l'honneur de rendre compte à Votre Majesté, que le 6 août, après avoir été obligé d'évacuer la ville de Wissembourg, le premier corps, dans le but de couvrir le chemin de fer de Strasbourg à Bitche, et les voies de communications principales qui relient le revers oriental au revers occidental des Vosges, occupait les positions suivantes :

La première division était placée, la droite en avant de Frœschwiller, la gauche dans la direccion de Reischoffen, appuyée à un bois qui couvre ce village. Elle détachait deux compagnies à Neunwiller et une à Jägersthal.

La troisième division occupait avec sa première brigade un contre-fort qui se détache de Frœschwiller, et se termine en pointe vers Guersdorff; la deuxième brigade appuyait sa gauche à Frœschwiller, et sa droite au village d'Elsashausen.

La quatrième division formait une ligne brisée à la droite de la troisième division, sa première brigade faisant face à Gunstedt, et la deuxième vis-à-vis du village de Nosbrom, qu'elle n'avait pu occuper faute de forces suffisantes. La division Dumesnil du septième corps, qui m'avait rallié le 6 de grand matin, était placée derrière la quatrième division.

En réserve se trouvait la deuxième division placée derrière la deuxième brigade de la troisième division, et la première brigade de la quatrième. Enfin, plus en arrière, se trouvait la brigade de cavalerie légère, sous les ordres du général de Septeuil, et la division de cuirassiers du général Bonnemains ; la brigade de cavalerie Michel, sous les ordres du général Duchesme, était établie en arrière de l'aile droite de la quatrième division.

A sept heures du matin l'ennemi se présenta en avant des hauteurs de Guersdorff et engagea l'action par une canonnade bientôt suivie d'un feu assez vif de tirailleurs contre la première et la troisième division. Cette attaque fut assez prononcée, pour obliger la première division à faire un changement de front en avant sur son aile droite, afin d'empêcher l'ennemi de tourner la position générale.

Un peu plus tard l'ennemi augmenta considérablement le nombre de ses batteries, et ouvrit le feu sur le centre des positions que nous occupions sur la rive droite de la Lauerbach. Bien que plus sérieuse et plus fortement accentuée que la première, qui se combinait d'ailleurs, cette seconde démonstration n'était qu'une fausse attaque qui fut vivement repoussée.

Vers midi, l'ennemi prononça son attaque sur notre droite. Des nuées de tirailleurs, appuyés par des masses considérables d'infanterie, et protégés par plus de 60 pièces de canons placés sur les hauteurs de Gunstedt, s'élancèrent sur la quatrième division et sur la deuxième brigade qui occupaient le village d'Elsashausen.

Malgré de vigoureux retours offensifs, plusieurs fois répétés, malgré les feux très bien dirigés de l'artillerie, et plusieurs charges brillantes des cuirassiers, notre droite fut débordée après plusieurs heures d'une résistance opiniâtre.

Il était quatre heures, j'ordonnai la retraite. Elle fut protégée par les première et troisième divisions, qui firent bonne contenance, et permirent aux autres troupes de se retirer sans être trop vivement inquiétées. La retraite s'effectua sur Saverne par Niederbronn, où la division Guyot de l'Espart du cinquième corps, qui venait d'y arriver, prit position, et ne se retira qu'après la nuit close.

Veuillez agréez, Sire, l'hommage du profond respect de votre très dévoué et très fidèle sujet,

MAC-MAHON.

Ce rapport sommaire adressé à l'Empereur n'énonçait rien d'inquiétant, et présentait les péripéties d'une bataille dans laquelle l'effectif de l'ennemi avait forcé l'armée française à la retraite, qui s'exécutait en bon ordre ; il était donc préférable d'en donner communication à l'armée de la Moselle, afin de mettre un terme aux exagérations des nouvellistes de mauvais augure, comme nous en avions tant autour de nous.

Le 11 août, l'armée de la Moselle était, selon les intentions et les instructions réitérées de l'Empereur, concentrée sur la rive droite de cette rivière, moins le sixième corps (maréchal Canrobert) et les divisions de cavalerie des généraux de Forton et du Barrail restés sur la rive gauche.

L'Empereur vint visiter les troupes, qui l'acclamèrent, car Sa Majesté était très bienveillante avec le soldat.

Le 12 août je reçus ma nomination au commandement en chef.

Au grand quartier général à *Metz*, 12 *août*.

Le Major-général au maréchal Bazaine.

J'ai honneur de vous informer que, par décret de ce jour, l'Empereur vous a nommé au commandement en chef de l'armée du Rhin.

Votre Excellence prendra immédiatement possession de son commandement.

Par décision du même jour, l'Empereur a nommé aux fonctions de chef d'état-major général de l'armée du Rhin, M. le général de division Jarras, aide-major de la dite armée.

Le Major-général,
Le Bœuf.

Cet officier général me fut donc imposé contrairement aux habitudes, qui laissent la désignation, ou au moins la proposition à faire, au chef de l'armée sous les ordres directs duquel il doit servir.

Il y a dans ces fonctions des relations journalières telles, qu'il est indispensable, pour la marche régulière d'un service aussi important, que les caractères aient une grande assimilation, et je voulais avoir le général Manêque qui avait été avec moi au Mexique. Cette observation n'est pas, dans ma pensée, un blâme pour M. le général Jarras, loin de là, car j'ai toujours été satisfait de sa manière d'être à mon égard; elle n'est que pour prouver qu'il m'a été imposé avec le commandement en chef. Il en a été de même des officiers composant le grand état-major général, parmi lesquels s'en trouvaient quelques uns, plutôt faits pour être journalistes-*reporters* que militaires, et dont je me serais bien passé. Est-ce parce qu'ils étaient au Dépôt de la guerre avec M. le général Jarras qu'ils ont été désignés au départ de Paris? c'est possible. A cet égard, je ne pouvais faire autrement, d'après la lettre de l'Empereur, qui m'écrivait le 12 août:

Mon cher maréchal,

Lorsqu'au commencement de la guerre, je créai plusieurs corps d'armée, dont quelques uns étaient destinés à opérer loin de moi, je nommai le machal Le Bœuf, Major-général, afin qu'il y eût de l'unité dans la direction des opérations militaires. Mais, depuis que je vous ai nommé général en chef de l'armée du Rhin, les fonctions de Major-général deviennent superflues, et le maréchal Le Bœuf lui même propose d'y renoncer.

Je vous prie donc de prendre à votre état-major les officiers qui étaient auprès du maréchal Le Bœuf ; mes relations avec vous se feront par l'intermédiaire de mes aides de camp et officiers d'ordonnance.

Croyez, mon cher maréchal, à mon amitié.

NAPOLÉON.

Au reçu de cette lettre de service le 12 août dans l'après-midi, et à mon retour d'inspection du campement du troisième corps d'armée, dont je rectifiai plusieurs lignes mal établies, par rapport à une attaque probable de l'ennemi, je fus au quartier impérial à Metz pour saluer l'Empereur, le remercier de sa bienveillance, et en même temps faire observer à Sa Majesté que les maréchaux Certain Canrobert et de Mac-Mahon, étaient plus anciens, et plus aptes que moi pour exercer ce commandement dans les conditions difficiles où se trouvait l'armée ; cet entretien eut lieu au rez-de-chaussée de la préfecture où habitait l'Empereur, en présence de M. le maréchal Certain Canrobert, et de M. le général Changarnier. Le premier ne faisant aucune objection à mon observation, sembla décliner la responsabilité du commandement dans une telle situation, comme il l'avait fait du reste en Crimée lorsqu'il remît le commandement au maréchal Pélissier : ses amis appellent cette conduite du désintéressement ; c'est plutôt, comme on dit vulgairement, *tirer son épingle du jeu*. Quant au second, dont la réputation militaire était basée sur ses campagnes en Afrique, les seules de sa carrière, il fit observer que nous ne pourrions arriver à Verdun si on ne se pressait pas, car l'ennemi serait avant nous dans la direction de Fresnes dont les positions seraient très difficiles à enlever ; mais il n'émit aucun avis, quant à l'offensive à prendre de la rive droite :

L'Empereur me répondit :

L'opinion publique, unie à celle de l'armée, vous désigne à mon choix : Mac-Mahon a été malheureux à Frœschwiller, et Canrobert vient d'avoir son prestige égratigné au camp de Châlons, il n'y a donc plus que vous d'intact, et c'est un ordre que je vous donne.

A ce moment, il n'était pas question que l'Empereur dût quitter l'armée, et je ne m'expliquais pas cette remise du commandement, que je compris plus tard à la lecture de cette dépêche télégraphique de M. Pietri, le secrétaire de l'Empereur, à Sa Majesté l'Impératrice :

<small>Pietri
à l'Impératrice
—
Confidentiel
ur l'Impératrice seule.</small>

Metz, 8 *août* 4^h 30, du soir.

N'écoutant que mon dévouement, j'ai demandé à l'Empereur s'il se sentait assez de forces physiques pour les fatigues d'une campagne active, de passer les journées à cheval, et les nuits au bivouac. Il est convenu avec moi qu'il ne le pouvait pas ; je lui dit alors qu'il valait mieux aller à Paris réorganiser une autre armée, et soutenir l'élan national avec le maréchal Le Bœuf comme ministre de la guerre, et laisser le commandement en chef de l'armée au maréchal Bazaine qui en a la confiance, et auquel on attribue le pouvoir de tout réparer. S'il y avait encore un insuccès, l'Empereur n'en aurait plus la responsabilité entière.

C'est aussi l'avis des vrais amis de l'Empereur.

Certainement j'aurais fait tout ce qu'il était possible de faire pour modifier notre situation, si j'avais été investi plus tôt du commandement en chef, et si, une fois nommé, j'avais été livré à mon initiative. D'après cette dépêche, le commandement m'aurait été remis une seconde fois, pour sauve-garder la responsabilité de l'Empereur et de son Major-général, au dernier moment, quand toutes les chances se tournaient contre nous, et rendaient notre marche en retraite sur Verdun très chanceuse.

Voici les instructions que je laissai au troisième corps, avant d'en remettre le commandement à M. le général Decaen :

<small>…née du Rhin
—
…mmandant
n chef des
…xième, troisième et quatrième corps d'armée.
…t-major général.</small>

Au quartier général à *Borny*, le 13 *août* 1870.

Rapport du 13 août.

Monsieur le maréchal Bazaine, commandant en chef des deuxième, troisième et quatrième corps, prescrit les mesures suivantes.

Messieurs les commandants de corps d'armée et chefs de service ne doivent pas perdre de vue qu'il est indispensable que les troupes sous leurs ordres soient toujours pourvues de deux jours de vivres dans le sac, sans compter le jour courant, et que leurs réserves divisionnaires doivent toujours avoir, sur les voitures du train militaire, au moins quatre jours de vivres pour les hommes et les chevaux.

Le paquetage des hommes d'infanterie devra être fait de manière à ne jamais gêner le jeu des armes à feu et fait plutôt en hauteur qu'en largeur.

Les charges des chevaux devront être allégées autant que possible et l'on se dispensera, désormais, de faire emporter aux cavaliers des bottillons de fourrage qui les surchargent inutilement. Avec du grain, la cavalerie doit pouvoir marcher plusieurs jours.

L'artillerie doit éviter de mettre sur ses voitures de combat toute espèce de surcharge en vivres pour les hommes et les chevaux.

Les bagages des officiers de toutes armes et de tous grades seront immédiatement réduits aux limites réglementaires, comme volume et comme poids; tout l'excédant devra être laissé en arrière et, sous aucun prétexte, ne sera toléré dans les colonnes.

Messieurs les commandants de corps d'armée et chefs de service, organiseront immédiatement les petits dépôts prévus par l'article 22 du règlement sur le service en campagne. Ces petits dépôts, organisés par divisions et armes, seront placés sous le commandement d'officiers fatigués, ou, à défaut, d'officiers actifs.

Monsieur le général Crespin, commandant de la cinquième division territoriale à Metz, est prévenu qu'il ait à les recevoir. Ces petits dépôts seront dirigés sur Metz aujourd'hui et Messieurs les officiers destinés à les commander emporteront des états, par corps, nominatifs pour les officiers, numériques pour la troupe. En arrivant à Metz, ils se présenteront à l'état-major divisionnaire.

Monsieur le Maréchal a remarqué que, dans les colonnes en route, les têtes de colonne d'infanterie marchent d'un pas trop hâtif et que, même, par bataillon, les derniers pelotons sont obligés de courir. Il recommande expressément que les têtes de colonne marchent toujours à l'allure du pas de route; que chaque colonne, formée par demi-sections, marche à distance entière, afin de pouvoir toujours être en mesure de se former à gauche ou à droite en bataille. Il sera formé à la gauche de chaque régiment une arrière-garde de gradés, afin qu'on fasse rejoindre tous les hommes que la paresse fait rester en arrière. Chaque régiment devra avoir à sa suite, à la disposition du docteur qui marche à la queue de la colonne, un certain nombre de cacolets, afin de pouvoir ramasser les hommes réellement malingres, éclopés ou fatigués de la marche.

Les bagages des corps ne devront, à moins d'ordres contraires ou de marches très à proximité de l'ennemi, avoir d'autre garde que les hommes chargés de leur conduite, les ordonnances d'officiers et un petit nombre d'hommes mis à la disposition des vaguemestres; et Messieurs les prévôts de divisions devront veiller scrupuleusement à ce que, sous aucun prétexte, des hommes ne mettent leurs fusils ou leurs gibernes sur les voitures.

Messieurs les commandants de corps d'armée seront juges de l'opportunité qu'il pourrait y avoir à donner aux bagages une escarte plus considérable.

Quant aux transports auxiliaires de l'administration ils devront toujours être maintenus *au moins* à une demi-journée en arrière des corps d'armée.

Toutes les permissions de suivre l'armée qui ont été accordées à des cantiniers civils doivent être immédiatement retirées ; Messieurs les prévots seront, sous leur responsabilité personnelle, chargés de l'exécution de cet ordre.

Messieurs les commandants de corps d'armée ou chefs de service s'assureront que les cantinières régimentaires sont réduites au chiffre réglementaire et que leurs attelages sont en parfait état pour suivre les colonnes.

Le Maréchal insiste de nouveau sur la nécessité absolue qu'une fois en position de combat ou de campement, toutes les voies de communication en avant, à gauche ou à droite de chaque division, soient constamment dégagées de toutes voitures inutiles au combat ; et, au besoin, feront jeter dans les fossés des chemins celles des récalcitrants.

Le Maréchal recommande expressément que chaque régiment d'infanterie, même en colonne de route, soit suivi de ses caissons de munitions à deux roues. L'artillerie a été prévenue et doit donner des ordres en conséquence.

Le Maréchal commandant en chef a eu l'occasion de constater que le service des avant-postes est généralement mal compris; il ne peut que rappeler à tous les généraux, chefs de corps et officiers de tous grades placés sous ses ordres, qu'ils ne peuvent avoir de meilleur guide dans cette portion très importante du service que les prescriptions du règlement du 3 mai 1832. Ce règlement, résultat de l'expérience de nos pères pendant les guerres de la République et de l'Empire, doit être notre évangile ; que chacun, du haut en bas de la hiérarchie, s'en inspire et nous ne pouvons avoir de meilleur règle, en y ajoutant les nécessités qui résultent de l'armement nouveau, de nous et de nos ennemis.

Le Maréchal a le regret de constater de nouveaux excès de nos troupes, qui pillent, maraudent et volent les habitants du pays qui sont Français: Il appelle sur ce point toute l'attention de Messieurs les commandants de corps et chefs de service ; il regretterait d'avoir à sévir, mais il y est fermement résolu.

Messieurs les commandants d'artillerie et du génie de chaque corps d'armée, devront, pour ce qui concerne leur service, correspondre directement avec Messieurs les généraux de Rochebaët, de l'artillerie, Viala, du génie, et avec Monsieur l'intendant militaire Friant.

>Le maréchal de France commandant en chef les deuxième, troisième et quatrième corps d'armée.
>
>Par ordre: Le général chef d'état-major général,
>
>MANÈQUE.

Ces instructions, qui furent communiquées à toute l'armée, n'ont pas été strictement mises à exécution, malgré les recommandations les plus expresses de l'Empereur de laisser à Metz le train auxiliaire, parce que l'Afrique nous a donné des habitudes de campement, qui nécessitent un matériel considérable.

Au Conseil d'enquête militaire, on me fit le reproche d'avoir laissé à Metz ces voitures auxiliaires, et avec le mauvais esprit qui y règnait, on en déduisait que c'était une preuve, que dans ma pensée, je ne voulais pas m'éloigner de Metz !

Ces braves conseillers ne se rendaient pas compte de la longueur d'une telle file de voitures, de la lenteur produite dans la marche à proximité d'un ennemi entreprenant, qui bien évidemment aurait harcelé ce convoi, et y aurait jeté le désordre. C'est ainsi que de supposition en supposition des plus malveillantes, on est arrivé à égarer l'opinion publique.

Pendant cette première quinzaine d'août, *n'ayant reçu ni lettres ni journaux*, j'ignorais entièrement les débats qui eurent lieu au Corps législatif dans les séances du 10, 11 et 12 août, où il fut question de me mettre en possession du commandement en chef, opérant ainsi une pression sur les intention de l'Empereur ; et à cet égard, je ne puis m'empêcher de regretter que Sa Majesté et le Major-général aient cru devoir ne pas m'en donner connaissance.

A propos de cette nomination de commandant en chef, il y a eu un tel commérage débité, que je crois utile pour rétablir la vérité de citer le passage de la déposition du général de Montauban, comte de Palikao, devant le général rapporteur, et une lettre de M. Le Guyot-Montpayroux, député, traitant du même sujet; je tiens à prouver que j'y ai été étranger.

M. LE GÉNÉRAL RAPPORTEUR.—Monsieur le général, je vais vous demander des explications sur un passage de la déposition de M. de Kératry devant la Commision du 4 septembre 1870, déposition qui a été imprimée; ce passage est ainsi conçu :

M. de Kératry.—Cette visite au général Trochu me remet en mémoire une autre visite faite au ministre de la guerre, plusieurs jours auparavant par MM. Jules Favre et Picard, et moi, comme délégués par la gauche.

Nous étions allés dire au ministre que le maréchal Bazaine nous avait fait savoir qu'il entendait *ne plus obéir à l'Empereur.*

M. le président.—Quelle est la date de cette visite?

M. de Kératry.—Dix-huit à vingt jours à peu près avant la Révolution. Le Maréchal m'avait fait déclarer par Mme la maréchale Bazaine, qui m'avait rendu visite le matin, que la présence de l'Empereur compromettait les opérations militaires, qu'il n'en acceptait pas la responsabilité, et qu'il désirerait se retirer. Nous nous rendîmes auprès du ministre, et nous lui fîmes cette déclaration; il nous répondit, que conformément au désir de la Chambre, le Maréchal allait être investi du commandement suprême.

M. LE GÉNÉRAL RAPPORTEUR.—Avez-vous souvenir de la circonstance rappelée par M. de Kératry?

GÉNÉRAL DE MONTAUBAN.—Je me souviens d'avoir reçu une seule visite des personnages désignés par M. de Kératry, sans pouvoir en préciser la date; je pense que cette visite avait un autre but que celui rapporté par M. de Kératry, et qu'il se peut que par suite de la conversation, il ait été question du commandement de l'armée du Rhin. Le nom de Mme la maréchale Bazaine n'a pas été prononcé dans cette conversation, et il ne m'a pas été dit que le maréchal Bazaine voulût donner la démission de son commandement.

Je sais qu'à cette époque plusieurs députés faisaient observer que la position du Major-général, M. Le Bœuf, pourrait compromettre le sort des opérations militaires. L'Empereur auquel on avait fait parvenir les plaintes de la Chambre à ce sujet, obtempéra aux observations que le Conseil des ministres, autorisé par l'Impératrice régente, lui avait transmises, et j'ai pu aux séances des 12 et 13 août, donner au Corps législatif des explications sur les changements apportés dans les divers commandements.

Je ne m'explique pas que M. Jules Favre qui, dans son ouvrage sur le *Gouvernement de la défense nationale* parle de cette entrevue, ait pu omettre un fait aussi important s'il s'était présenté sous les couleurs que lui prête M. de Kératry.

Je connais le passage du livre que vous citez, et je saisis avec empressement l'occasion qui se présente pour démentir de la manière la plus formelle le propos que me prête M. de Kératry, dans la prévision d'un conflit qui, à mes yeux, n'était pas possible entre le souverain et le maréchal Bazaine. Je l'ai déjà déclaré dans une lettre à Madame la maréchale qui m'avait demandé si le fait était vrai.

Paris, 30 *mars* 1872.

Madame la maréchale,

J'ai l'honneur de répondre immédiatement à votre lettre de ce jour.
Messieurs Jules Favre, Picard et de Kératry sont venus chez moi le

21 août, ainsi que le constate l'ouvrage de M. Jules Favre sur le *Gouvernement de la défense nationale*, page 51.

Ces Messieurs, — M. Jules Favre le dit, — n'étaient venus que pour me demander de presser l'armement de la troupe et surtout des gardes-nationaux.

M. Jules Favre ajoute que je leur montrai sur le plan, devant ma croisée, la ville de Châlons et celle de Mézières ; la conversation s'est terminée sur ces objets, et s'il eût été question d'une affaire aussi grave que celle dont parle votre lettre, M. Jules Favre n'aurait pas manqué de le dire dans son livre.

Quant à moi, j'atteste que le fait est complètement inexact, et j'ajoute qu'il est impossible qu'il ait eu lieu ; Sa Majesté l'Empereur était au camp de Châlons le 21, et il ne pouvait être question de commandement, le maréchal Bazaine étant déjà nommé commandant en chef de l'armée du Rhin, et le maréchal Mac-Mahon à celui de l'armée de Châlons.

Quant à la question de savoir à qui j'aurais obéi s'il eût existé un antagonisme quelconque entre l'Empereur et l'un de ses chefs de l'armée, ma vie toute entière répond à cette accusation de trahison, et je crois que personne n'aurait osé me poser une telle question.

Veuillez agréer, Madame la maréchale, l'expression de mes sentiments et de l'hommage le plus dévoué,

GÉNÉRAL COMTE DE PALIKAO.

Quelle indignité ! Le cœur se soulève de dégoût et de honte pour les hommes qui allaient chercher de pareilles armes, de si ignobles arguments pour irriter l'opinion contre un loyal soldat et le perdre, parce qu'il n'était pas avec la Révolution.

Voici maintenant la lettre de M. Le Guyot-Montpayroux :

Je viens de lire à la campagne où je suis encore pour quelques jours, le rapport du général de Rivière sur l'affaire Bazaine. Il y a dans ce rapport un incident qui me paraît devoir appeler votre attention d'une façon toute particulière. Il est dit dans le rapport que « d'après le conseil même de son entourage, l'Empereur, abdiquant officiellement tout pouvoir, se décida à investir le Maréchal du commandement suprême de l'armée du Rhin, etc., le 12 août ».

C'est là un fait absolument en contradiction avec les déclarations faites par M. de Palikao *dans la séance du Corps législatif du 11 août* (cette séance est capitale).

Le 11 août, Palikao, pressé par moi, fut forcé de déclarer que le maréchal Bazaine commandait en chef. Il mentait donc ?

La vérité, c'est qu'après le 11 août, comme avant, Palikao, très jaloux du Maréchal, s'est occupé d'une foule de choses qui ne le regardaient pas, et que le désastre de Sedan doit être imputé à lui, à Mac-Mahon, et à beaucoup d'autres, plutôt qu'à Bazaine.

Pour aujourd'hui, je me borne à appeler votre attention sur ce point; mais il y en a plusieurs autres, sur lesquels je vous éclairerai de vive-voix, et qui sont décisifs.

Je ne connais pas personnellement le maréchal Bazaine; mais je *suis scandalisé de cette alliance monstrueuse d'hommes qui avaient perdu la tête*, qui ont fait toutes les folies du monde, et qui cherchent aujourd'hui à faire retomber sur le Maréchal toute la responsabilité.

LE GUYOT MONTPAYROUX.

Quant aux mouches du coche qui parlent à tort et à travers des circonstances dans lesquelles Palikao fut forcé de faire donner le commandement à Bazaine, moi qui ai joué le principal rôle dans cette affaire, j'affirme qu'il n'y a pas un mot de vrai.

La preuve de ce qu'avance ce député est la vérité, et se trouve dans la lettre ci-après de M. Jules Favre, adressée à la Maréchale le 31 mars 1872 :

Madame la maréchale,

Ainsi que j'ai eu l'honneur de le dire de vive-voix au Maréchal, je n'ai aucun souvenir du langage tenu par M. de Kératry à M. le ministre de la guerre lors de la visite que nous avons faite à ce dernier au mois d'août 1870.

Monsieur votre beau-frère ne m'avait rien fait connaître de semblable. En ce qui me concerne, je n'allais trouver M. le comte de Palikao que pour obtenir de lui le rappel de l'Empereur. Je l'avais demandé à M. Schneider le lendemain de la bataille de Reischoffen. Depuis, je n'avais pas cessé de signaler le péril que faisait courir à la France l'ineptie du commandant en chef. Parmi tous les hommes de guerre qui l'entouraient, le maréchal Bazaine me paraissait le plus capable de relever nos affaires militaires, et c'est pourquoi je pressais vivement le ministre de le placer à la tête de l'armée.

Veuillez, Madame la maréchale, agréer l'expression de mes sentiments de respectueuse considération,

JULES FAVRE.

M. de Kératry avait été un de mes officiers d'ordonnance pendant le première période de mon commandement au Mexique, et bien certainement, sa mémoire l'a mal servi dans sa déposition devant la Commission d'enquête parlementaire sur le 4 septembre, car c'est en langue espagnole qu'eût lieu la conversation avec la Maréchale.

Je lui écrivis à ce propos pour l'éclairer, et il me répondait le 28 février 1872 :

> Cette déclaration, restreinte au rôle purement militaire, que je n'avais pas été le seul à juger très digne et très loyale, si on se reporte à l'époque où le pays, où la majorité de la Chambre, où le ministère de la régence professaient hautement que la persistance de l'Empereur aux armées était une faute capitale, je l'avais portée à mes collègues de la gauche, et avec deux d'entre eux, au général de Palikao, ministre de la guerre. Ce fut à la suite de cette déclaration que la gauche, abdiquant d'anciens griefs ou préjugés contre votre personne, émit et soutint le projet de vous investir du commandement suprême.

Les déclarations de M. de Kératry étaient dans la pensée de me rendre service, mais cette initiative prise à mon insu, fut exploitée contre moi ; et, lorsque je fis ma déposition devant la Commission d'enquête parlementaire, voici la première question qui me fut adressée : « Est-il vrai que vous ayez voulu vous séparer de l'Empereur ? »

On doit penser qu'elle a été ma surprise, et je protestai de toute mon énergie contre une aussi indigne supposition.

M. le comte Daru, vice-président de la Commission, demanda alors à M. Saint-Marc Girardin, qui en était le président, s'il fallait dire le nom de la personne qui avait fait cette déclaration. « Certainement, lui fut-il répondu. — Eh bien, c'est M. de Kératry ».

Il n'en est pas moins vrai, que cet incident provoqué par des commérages, fût pris en mauvaise part contre moi, et que beaucoup de gens me devinrent hostiles pour dégager la responsabilité de l'Empereur devant la nation. Ému, plus que je ne puis l'exprimer ici, de cette injustifiable attaque à ma loyauté, à ma fidélité à l'Empereur, pour lequel j'avais le plus entier et très sincère dévouement, je protestai par écrit.

Le président de la Commission parlementaire m'accusa réception de ma protestation qui s'exprimait ainsi :

Afin qu'il ne reste aucune incertitude dans l'esprit des membres de la Commission d'enquête parlementaire, je tiens à confirmer par écrit les négations que j'ai émises dans la séance d'hier, en réponse aux questions qui m'ont été adressées.

1° Je n'ai jamais chargé personne de parler en mon nom au ministre de la guerre de la nécessité que l'Empereur s'effaçât dans le commandement de l'armée. J'ai pu, dans une lettre particulière à quelqu'un de ma famille, exprimer le regret de voir le peu d'unité existant dans la direction générale des opérations, par suite d'ordres émanant du quartier impérial sans suivre la voie hiérarchique, et parfois même à l'insu du Major-général ; cette opinion, dans tous les cas, n'avait qu'un *caractère entièrement privé*.

2° Je n'ai jamais eu connaissance des conditions d'un traité élaboré à Londres entre les délégués du gouvernement de la régence et les autorités allemandes.

Maréchal Bazaine.

Versailles, 8 *septembre* 1871.

Monsieur le maréchal,

J'ai reçu la lettre que vous m'avez fait l'honneur de m'écrire et que j'ai, sur votre demande, communiquée à la Commission.

Elle a décidé que cette lettre serait jointe à votre déposition.

Je saisis, Monsieur le maréchal, cette occasion de vous présenter mes respects,

Saint-Marc Girardin.

Avant de passer outre, et continuer mon récit, je tenais beaucoup à traiter à fond cette médisance qui était, comme toutes les calomnies, en chemin pour tromper les esprits, à tel point, que l'on prête à M. le comte Daru, député et vice-président de cette Commission, ce propos d'une malveillance extrême : « *Il y a eu de la duplicité dans la conduite du Maréchal !* » La légende se faisait, et comme toute légende, elle fut acceptée par l'opinion publique.

Les journaux, même ceux appartenant ou défendant le régime impérial, en firent le sujet de leurs articles les plus injustes, les plus acrimonieux contre moi qui, prisonnier de l'Assemblée nationale, ne pouvais me défendre. La Maréchale en écrivit à l'Empereur, qui lui répondit la lettre ci-après, toute entière de sa main.

Camden-Place, Chislehurts, le 18 *mai* 1871.

Madame la maréchale,

Je n'ai pas attendu votre lettre pour faire savoir à M. Paul de Cassagnac combien je désapprouvais ses attaques contre le maréchal Bazaine. Malheureusement les journalistes ne veulent pas se soumettre aux recommandations qu'on leur adresse.

J'espère néanmoins qu'ils comprendront tout ce qu'il y a de peu généreux à accuser un homme que poursuit une haine aveugle.

Recevez, Madame la maréchale, l'assurance de mes sentiments affectueux,

NAPOLÉON.

C'est dans ces conditions d'équité que fût préparé mon inique procès!

L'armée du Rhin, ou plutôt l'armée de la Moselle, se composait des éléments suivant le 13 août, jour où j'eus l'honneur d'entrer en possession du commandement.

Deuxième corps, général Frossard : 3 divisions d'infanterie, 4 régiments de cavalerie.

Ce corps avait perdu 73 hommes, dont 2 officiers, le 2 août, à l'affaire de Sarrebrück; et 4.078 hommes dont 2 généraux (le général Docus tué, le général Pouget disparu) et 247 officiers, au combat de Spickeren, le 6 août.

La brigade Lapasset, du cinquième corps, n'ayant pu quitter Sarreguemines en temps utile pour rejoindre son corps d'armée, fut réunie au deuxième corps, et remplaça en partie ses pertes.

Troisième corps, général Decaen : 4 divisions d'infanterie, 7 régiments de cavalerie.

Quatrième corps, général de Ladmirault : 3 divisions d'infanterie, 4 régiments de cavalerie.

Sixième corps, maréchal Canrobert : 3 divisions d'infanterie, (première, troisième et quatrième) et un régiment de la deuxième division.

Ce corps, appelé du camp de Châlons avant que son organisation ne soit complète, n'avait que six batteries d'artillerie, sans réserves ni parcs, aucune cavalerie, aucun service. Je dus prendre, à mesure que cela me fût possible, les éléments de tant de parties manquantes dans les autres corps d'armée, et dans la réserve générale d'artillerie.

Garde-impériale, général Bourbaki : deuxième division d'infanterie, 6 régiments de cavalerie.

La troisième division de réserve de cavalerie, général de Forton, composée d'une brigade de cuirassiers et d'une de dragons.

La première division de réserve de cavalerie, général du Barrail, formée des trois premiers régiments de chasseurs d'Afrique, le quatrième n'ayant pu rejoindre.

L'artillerie, dont la réserve générale (16 batteries), commandée par le général Canu, présentait un total de 90 batteries, soit 456 canons et 84 mitrailleuses, en tout : 540 bouches à feu.

Le grand parc, parti de Versailles seulement le 10 août, ne put jamais rejoindre l'armée; en fait, il ne dépassa pas Toul.

Ces troupes, auxquelles était adjoint un personnel auxiliaire hors de proportion avec les effectifs, et comprenant les services généraux de l'armée du Rhin toute entière, formaient le 13 août un effectif d'environ 170.000 hommes, chiffre qui me fut donné de vive-voix par l'Empereur, soit approximativement :

Infanterie..	122.000 hommes.
Cavalerie..	13.000 —
Artillerie..	10.000 —
Génie, gardes-mobiles et services auxiliaires, et gardes forestiers réfugiés. . . .	25.000 —
Total.	170.000 hommes.

Le devoir me fit accepter, en outre du commandement de l'armée, une situation déjà fort compromise, avec l'ordre impératif de passer la Moselle sans retard pour me replier sur Verdun, qui devait devenir notre nouvelle et deuxième base d'opération.

Les moyens pour effectuer le passage étaient bornés. Un équipage de ponts de corps d'armée avait été envoyé à Forbach le 1er août par le chemin de fer, et avait dû y être abandonné le 6, *faute de chevaux*. Il fallut recourir aux ponts de chevalets, plus longs à établir.

Le général Coffinières, commandant supérieur du génie de l'armée, me déclara, le 13, qu'il ne pouvait être prêt avant le 14 au matin, d'autant que dans la nuit du 12 au 13 une crue subite des eaux de la Seille et de la Moselle, due aux grandes pluies des jours précédents, et peut-être aussi à la levée des vannes de l'étang de Lindre par l'ennemi qui, ayant occupé Marsal le 15 août, avait fort bien pu, dès le 12 ou le 13, faire lever ces vannes par ses éclaireurs pour retarder notre passage sur la rive gauche; ce qui eut effectivement lieu, quelques ponts de chevalets ayant été enlevés par la crue subite, qui avait, en outre, couvert d'eau les prairies en formant les abords ; il avait donc fallu recommencer le travail, et j'informai l'Empereur de la situation en ces termes :

J'ai reçu l'ordre de Votre Majesté de hâter le mouvement de passage sur la rive gauche de la Moselle ; mais M. le général Coffinières, qui est en ce moment avec moi, m'affirme que malgré toute la diligence possible, les ponts seront à peine *prêts demain matin*. D'un autre côté, l'intendant déclare ne pouvoir faire les distributions immédiatement. Je n'en donne pas moins des ordres pour que l'on reconnaisse les abords et les débouchés des ponts, et que l'on se tienne prêt à commencer le mouvement demain matin.

Le 14 août, la division de Laveaucoupet du deuxième corps, forte d'un peu plus de 8.000 hommes, fut laissée à Metz par ordre de l'Empereur, pour occuper les forts et constituer la garnison; elle y fut immobilisée.

L'Empereur au maréchal Bazaine à *Borny*, 14 *août*.

Donnez des ordres pour laisser la division Laveaucoupet, du deuxième corps, à Metz, où elle relèvera la division Lafont de Villiers, du sixième corps.
Désignez les canonniers, les hommes du génie, et une partie des hommes à pied de la cavalerie qui doivent rester à Metz.

NAPOLÉON.

Ces dispositions prouvent que l'intention de l'Empereur était de revenir sur Metz à un moment donné ; et me prévint par le télégraphe, en me demandant mon assentiment, qu'il allait porter le quartier impérial sur la rive gauche, à Longeville. Je n'avais aucune objection à faire, d'autant plus que le mouvement du quartier impérial était terminé au reçu de la dépêche.

Les renseignements sur les mouvements de l'ennemi disaient que de fortes reconnaissances s'étaient présentées à Retonfay et à Ars-Laquenexy; qu'il était à Pont-à-Mousson, à Corny, et que le le prince Frédéric-Charles opérait un mouvement tournant par Thionville. L'Empereur s'inquiétait de ces renseignements qui avaient besoin d'être contrôlés, surtout celui de la frontière du nord, et il m'écrivait :

> Plus je pense à la position qu'occupe l'armée, et plus je la trouve critique ; car, si une partie était forcée et que l'on se retirât en désordre, les forts n'empêcheraient pas la plus épouvantable confusion. Voyez ce qu'il y a à faire, et si nous ne sommes pas attaqués demain, prenez une résolution.
> Croyez à mon amitié.
> NAPOLÉON.

Je répondis à l'Empereur le 13, à neuf heures du soir :

> L'ennemi paraissant se rapprocher de nous, et vouloir surveiller nos mouvements, de telle façon que le passage sur la rive gauche pourrait entraîner un combat défavorable pour nous, il est préférable, soit de l'attendre dans nos lignes, soit d'aller à lui par un mouvement général d'offensive. Je vais tâcher d'avoir des renseignements sur les positions qu'il occupe, et sur l'étendue de son front, j'ordonnerai alors les mouvements que l'on devra exécuter, dont je rendrai compte à Votre Majesté.
> Les fils télégraphiques sont constamment rompus et je crains que ce ne soit pas un bon système de les laisser courir sur le sol, au milieu d'une agglomération aussi forte que la nôtre, parmi laquelle peuvent se glisser des malveillants.

En prenant l'offensive, je pensais surprendre l'ennemi en flagrant délit de mouvement de flanc et pouvoir le rejeter au delà des Nieds. Si le succès eût répondu à mon attente, coupant l'armée allemande par la vallée supérieure de la Moselle, je pouvais arriver jusqu'à Frouard, et commander ainsi la ligne du chemin de fer de l'Est, en occupant la très forte position du plateau de la forêt de Haye, entre Nancy et Toul, position que j'avais signalée depuis deux ans à l'attention du ministre de la guerre; de plus, je rejoignais mon grand parc, dont l'absence allait avoir des conséquences si graves pour la suite des évènements; et enfin, je ralliais à moi le maréchal de Mac-Mahon, ainsi que le cinquième et le septième corps.

L'Empereur me répondit le même jour, à onze heures du soir:

> La dépêche que je vous envoie de l'Impératrice montre bien l'importance que l'ennemi attache à ce que nous ne passions pas sur la rive gauche. Il faut donc tout faire pour cela, et si vous croyez devoir faire un *mouvement offensif*, qu'il ne vous *entraîne pas de manière à ne pouvoir opérer votre passage*. Quant aux distributions on pourra les faire sur la rive gauche, en restant lié avec le chemin de fer.

Lequel? probablement celui des Ardennes. Les deux opérations ne pouvaient se faire à la fois.

La dépêche envoyée de Paris le 13 août, à sept heures 4 min. du soir prévenait l'Empereur d'un mouvement présumé de l'ennemi vers le nord de la frontière, et s'exprimait ainsi:

> Ne savez-vous rien d'un mouvement au nord de Thionville, sur le chemin de fer de Sierck, sur la frontière du Luxembourg? On dit que le prince Frédéric-Charles pourrait bien se diriger sur Verdun, et il peut se faire qu'il ait opéré sa jonction avec le général Steinmetz, et qu'alors il marche sur Verdun pour y rejoindre le Prince royal et passer, l'un par le nord, l'autre par le sud. La personne qui donne ces renseignements croit que le mouvement sur Nancy, et le bruit qu'on en fait, pourrait n'avoir pour but que d'attirer notre attention au sud, pour faciliter la marche que le prince Frédéric-Charles fera dans le nord. Il pourrait tenter cela avec les huit corps d'armée dont il dispose. Le prince opérera-t-il ainsi, ou essaye-t-il de rejoindre le Prince royal en avant de Metz pour franchir la Moselle?
>
> Paris est plus calme et attend avec moins d'impatience.

On n'était pas mieux renseigné au quartier impérial, et les graves nouvelles qui auraient dû être contrôlées par les reconnaissances de la division de chasseurs d'Afrique du général du Barrail ne l'ayant pas été d'une manière affirmative, m'obligèrent à franchir la Moselle sans retard.

J'avais, en tout état de cause, prévenu les commandants du deuxième et du quatrième corps, aile droite et aile gauche, qu'ils eussent à se tenir prêts à commencer le mouvement du passage de rivière, dès le lever de la lune, au premier signal, pendant la nuit du 13 au 14.

Malgré toute la diligence et le zèle qui furent apportés dans la réparation des dégâts causés par la crue des eaux, il ne fut pas possible de commencer le mouvement avant le 14 au matin, et encore assez tard. Cette crue subite pouvait très bien avoir été causée par l'ouverture des vannes de l'étang de Lindre situé au-dessus de Marsal, et dont les eaux sont destinées à grossir celles des deux Seilles, afin d'augmenter la valeur de ces lignes de défense, et de couvrir les abords de Metz, en amont, d'un banc d'eau.

« Paris est calme », annonçait l'Impératrice à l'Empereur, mais c'était le calme qui précède la tempête. Les hommes qui la préparait par haine des institutions impériales, mettant un frein à leur ambition, connaissaient bien le parti qu'ils pouvaient tirer du pouvoir moral de Paris. Ils n'hésitèrent pas à semer l'agitation dans les esprits, et opérèrent ainsi une puissante diversion en faveur de l'ennemi, en détournant les chefs militaires de leur rôle unique : la défense du pays.

C'est là, où est la conduite criminelle de ces agitateurs anarchistes, qui ne respectèrent pas le pouvoir émané du suffrage universel, la souveraineté du peuple, méprisant ainsi ce principe : *vox populi, vox Dei*.

Leur culpabilité est d'autant plus grande, qu'ils agissaient dans un but personnel, et qu'ils venaient en aide à l'étranger envahissant la France. Où était donc leur patriotisme, qu'ils citent à tout propos ?

Le patriotisme gît dans l'abnégation, dans le sacrifice de sa personnalité, et c'est le contraire qui vous a inspiré, hommes de parti ! Avez-vous allégé les charges qui pèsent sur le travailleur, sur le producteur ? Avez-vous réduit vos appointements, le nombre des sinécures administratives qui font vivre les parasites de la politique, quelle qu'elle soit ? Non ! vous avez tout gardé, financièrement s'entend, des soi-disant abus de l'autorité détestée qui, d'après vous, vivait « des sueurs du peuple ». A vous entendre, le paradis allait descendre sur la terre; la paix, la concorde, devaient y régner en souveraines. Mais, comme il faut payer ce bonheur terrestre, on a reconnu en établissant les budgets, que le chiffre des dépenses était aussi élevé que du temps des déchus impériaux, que vous dénommiez *jouisseurs*, et, que tout à coup, vous étiez devenus de la race des *budgivors* ou rongeurs. Voilà quel a été le secret de la comédie, bien connue cependant, de: « Ôte-toi de là, que je m'y mette ! » Malheureusement, les qualités généreuses du peuple français le rendent crédule: il vous a cru comme il en avait cru tant d'autres qui, comme vous, le trompèrent. Et cependant, tout se fait au nom du peuple.

Une révolution est l'expression violente d'une idée nécessaire que le gouvernement refuse de reconnaître et d'établir rationnellement. Était-ce votre cas? Non, et mille fois non! L'Empereur venait de donner des preuves de son bon vouloir pour satisfaire, autant que possible, les vœux du parti..... lequel ? je ne sais comment le définir, car nous sommes tous extra libéraux en France..... je l'appellerai le parti *du changement*. Le suffrage universel avait approuvé la révision de la Constitution impériale; la main de l'autorité s'était ouverte, et la licence ne tarda pas à en profiter pour discréditer cette autorité, et par conséquent, l'affaiblir dans un moment où elle aurait dû au contraire être revêtue de plus de pouvoir afin d'être obéie pendant la période guerrière de 1870. Vinrent les revers: votre joie éclata ! Et votre première préoccupation fut de changer le personnel dans toutes les administrations. Vous avez retardé l'organisation des forces nationales, voilà quel a été votre patriotisme. Aussi, qu'avez-vous produit? Rien..... que des ruines morales et matérielles.

Je suis loin de vouloir confondre Paris avec vous, cosmopolites, car sa population a toujours donné l'exemple du patriotisme à la France entière, et elle a toujours été prête à se sacrifier pour la patrie en danger. L'histoire nationale nous en fournit des preuves à chaque pas. N'est-ce pas à Paris que l'on doit cette précieuse nationalité, qui fait du peuple français comme, qui dirait, un seul homme dominé par une seule et même pensée: la grandeur et le bonheur de la patrie ? N'est-ce pas Paris qui a préservé la France de ce fédéralisme qui énerve et détruit les empires, qui arrête le progrès en consumant les forces sociales dans des luttes partielles et sans résultat?

N'est-ce pas à Paris que dans toutes les phases du développement social, l'unité est venue se refondre et se reproduire sous des formes nouvelles? C'est ainsi qu'il est devenu la capitale de la France. Seule, en effet, de toutes les nationalités fondées par le principe chrétien, la France a maintenu ce rôle important qui lui était réservé, celui de résumer en elle l'unité de la loi chrétienne, et de lui donner une valeur politique qui put en accomplir le développement; c'est à l'influence de sa capitale qu'elle le doit.

En 1355, pendant la minorité de Charles V, au milieu des dangers que courait l'indépendance nationale, une Commission permanente des États s'empara du pouvoir; elle était présidée par Lecoq, évêque de Paris, et par son prévôt des marchands, Marcel; cette Commission devint toute puissante à Paris, et hasarda une tentative d'association avec les autres villes de France.

Paris, alors, sauva la France pour la seconde fois, en faisant acte de souveraineté; la situation le voulait ainsi.

En 1557, après la bataille de Saint-Quentin, Paris fortifié devint la citadelle du royaume.

Pendant les querelles de religion, Paris conserva l'indépendance du pays, et quoi qu'on ait pu dire, sa persistance à rester *catholique* évita à la France le démembrement.

La Commune de Paris, assemblée en permanence, déclara que le trône n'appartiendrait qu'à celui qui reconnaîtrait la volonté nationale, et force fut à Henri IV d'y consentir; c'est à ce propos, que la chronique lui prête cette déclaration: « *Paris vaut bien une messe!* »

Et puis, lorsque vers la fin du règne du grand Roi, les revers militaires attristèrent les dernières années de cette période si glorieuse pour la France, Louis XIV dans son malheur, conservait une espérance, c'était sa confiance dans le peuple de Paris: « Si vous perdez la bataille, mandait-il à Villars, écrivez-le à moi seul; je passerai par Paris, *je les connais*, et je vous amènerai cent mille hommes ».

C'était le roi très chrétien qui parlait ainsi, tant il avait eu des preuves du dévouement des parisiens à leur roi et à leur foi.

J'avais conservé mon quartier général à Borny malgré l'avis du chef d'état-major général, qui aurait désiré que je l'établisse à Metz pour faciliter le service. Dès ma prise de commandement, je n'accédai pas à sa demande pour plusieurs raisons; les deux principales étaient, la première : qu'il ne me semblait pas convenable de m'établir auprès de l'Empereur qui ne voulait plus exercer le commandement; la deuxième : que la proximité de l'ennemi, exigeait ma présence sur la rive droite où se trouvait la plus forte partie de l'armée, pour diriger le passage de la Moselle, ou, le cas échéant, faire face à l'ennemi. Eh bien, l'accomplissement de ce double devoir, qui était tout tracé, m'a été reproché !

Je prévins l'Empereur, par la dépêche ci-après :

Borny, 14 *août,* midi 50.

Messieurs les généraux Frossard et de Ladmirault ont commencé leur mouvement de passage de la Moselle. Le troisième et le quatrième corps suivront la route de Conflans ; le deuxième et le sixième corps, la route de Verdun. La Garde, et la réserve d'artillerie du général Canu, suivront également cette route. J'espère que le mouvement sera terminé ce soir. Les corps ont ordre de camper en arrière des abords de ces routes, afin de les prendre demain matin, et chaque état-major doit faire les reconnaissances nécessaires.

Le troisième corps, occupant le centre de la ligne, dut couvrir la retraite. Des pertes de temps et de distances furent causes que le dernier échelon de ce corps se trouvait encore à son campement alors qu'il aurait dû être en pleine opération de retraite, et sous le canon des forts. Profitant de ce retard, l'ennemi l'attaqua vers trois heures, et les masses qu'il présenta obligèrent bientôt toutes les troupes du troisième corps à entrer successivement en ligne en avant de Borny. La première et la troisième divisions du quatrième corps qui *avaient déjà passé*, remontèrent les côteaux de Saint-Julien pour soutenir la deuxième division du même corps, aux prises avec l'ennemi, sur la rive droite, et au préalable déposèrent les sacs. L'extrait ci-après de l'historique du 64° de ligne, rend exactement compte du rôle de cette division, et expose des faits peu connus, qui ont cependant une certaine importance pour l'appréciation exacte des résultats produits, dont le principal a été de retarder *la concentration de l'armée sur la rive gauche.*

13 août. — On s'occupe de compléter l'instruction des soldats *de la réserve arrivés l'avant-veille.* Ces hommes ne connaissaient pas le nouvel armement.

14 août. — Les éclaireurs de l'ennemi, seuls, sont en vue à deux heures de l'après-midi. Le quatrième corps reçoit l'ordre de passer sur la rive gauche de la Moselle, au moyen des ponts de bateaux établis dans l'île Chambière. Le 64ᵉ est arrêté dans son mouvement, sur la route près du château de Grimont, lorsqu'il entend la canonnade commencée vers le village de Noiseville.

Bientôt il est porté vers Mey, village à hauteur duquel chaque bataillon en colonne *par division dépose ses sacs;* puis, sur l'ordre du général de division, il est rangé en bataille en deuxième ligne d'abord, et bientôt après en première; la droite du premier bataillon (commandant Plan) est placée derrière un petit bois; la gauche du troisième bataillon, près de la route de Bouzonville; le deuxième bataillon ne tarde pas à être engagé dans le bois pour relever le cinquième bataillon de chasseurs *qui a épuisé ses munitions.* Le troisième bataillon se trouvait en arrière du premier et du deuxième quand le général Grenier vint en personne donner l'ordre à son commandant de se porter au pas de course à Mey, d'y faire des travaux de défense et de ne rien négliger pour s'y maintenir *jusqu'à la dernière extrémité.* Il ne fut pas possible d'y faire les travaux nécessaires, les habitants ayant abandonné le village, *en emportant tous les outils.*

Tout en contenant l'offensive des Allemands, nous dûmes quitter nos positions, et achever le passage de la Moselle, déjà très avancé, le 14 à cinq heures de l'après-midi. Nos pertes dans ce combat de Borny, livré aux corps d'armée du général Steinmetz, furent de 3.610 hommes, et de 197 officiers, parmi lesquels les généraux Decaen commandant le troisième corps, qui mourut peu de jours après, de Castagny commandant la deuxième division du troisième corps, de Clérembault commandant la division de dragons attachée au troisième corps, Duplessis commandant une brigade d'infanterie de la première division du même corps. Je reçus un éclat d'obus à l'épaule gauche qui, protégée par l'épaulette, ne produisit qu'une très forte contusion dont j'ai beaucoup souffert pendant quelque temps, surtout à cheval, quand il me fallait aller à des allures vives. En retardant notre passage d'une rive à l'autre, les Allemands avaient obtenu le résultat qu'ils cherchaient ; ils gagnaient le jour que nous perdions, et prenaient l'offensive sur certains points, surtout en face du quatrième corps, dont les bataillons en retraite, protégés par le fort Saint-Julien, n'avaient pas besoin de remonter les côtes pour appuyer la deuxième division, la Garde se trouvant derrière elle. Afin que cette question de retard du passage de la Moselle par le quatrième corps, soit bien élucidée, je transcris textuellement la déclaration de M. le général de Ladmirault devant le Conseil d'enquête, à la séance du 23 février 1872.

M. LE PRÉSIDENT. — Général, après l'affaire de Borny vous reçûtes l'ordre de passer la Moselle, et de vous rendre sur quel point?
M. LE GÉNÉRAL DE LADMIRAULT.— Je n'ai pas reçu l'ordre de passer la Moselle ; je l'ai passée de mon plein gré ; je n'ai été prévenu par personne ; j'ai regardé comment faisaient mes voisins, et j'ai fait comme eux. Du reste, le 14 j'avais reçu l'ordre de passer la Moselle ; ce jour-là je ne me suis trouvé à Borny que d'une manière incidente. L'ordre est arrivé de manière à commencer le mouvement à midi, il a été fait à midi comme il avait été ordonné.
Vers quatre heures de l'après-midi, deux de mes divisions avaient déjà passé (la première et la troisième) ; la deuxième division commandée par le général Grenier formait mon arrière-garde. Vers quatre heures de l'après-midi, je fus prévenu que cette division était engagée. Alors, comme j'avais deux divisions sous la main, je leur ai fait poser les sacs à terre, remonter toutes les côtes[1] et nous sommes arrivés sur le champ de bataille, car ça en était une en règle. Le combat s'est engagé et même avec succès dans le village de Mey ; il y a là un bois, au-dessous, vers le sud, qui a été vivement disputé ; il a été attaqué par le 20° bataillon de chasseurs qui y a perdu son commandant M. de la Verrière.
Après avoir repoussé l'ennemi jusque dans la directions de Sainte-Barbe, je fis fouiller le champ de bataille, où étaient le troisième corps et la Garde.
Vers trois heures de l'après-midi, les officiers de mon état-major chargés de cette mission revinrent en disant, que le troisième corps avait évacué, ainsi que la Garde, et que nous restions seuls[2].

---

1. Dans le rapport qui me fut adressé il y avait : *aux cris de vive l'Empereur;* mais, devant le Conseil d'enquête, ce cri rétrospectif et séditieux fut supprimé.
2. C'était la conséquence du retour offensif, trop prolongé et inutile.

Le 15, à six heures du matin, mon premier soin a été de passer la Moselle, afin de rejoindre Rozérieulles[1].

Je retrouvai mon état-major : « Où en sommes-nous? Faut-il aller à Rozérieulles, demandai-je ? — Non, me répondit-on, nous avons navigué toute la nuit sans pouvoir passer ». Le Maréchal était à Moulin-lez-Metz, c'est là où ces messieurs l'ont trouvé. Je lui fis dire que, comme j'étais resté en l'air toute la nuit du 14, et une grande partie de la nuit, il voulût bien me permettre de passer la journée du 15 dans les bivouacs, et que je lui promettais d'être à Doncourt le 16, mes troupes étant restées debout toute la nuit, sans manger autre chose que du biscuit, car je leur avais défendu de faire du feu, de peur d'indiquer nos positions à l'ennemi[2].

Le Maréchal me répondit avec raison, qu'il avait donné l'ordre général de marcher, et que je devais prendre la route de Verdun. Il était alors deux heures de l'après-midi ; comme j'étais tout préparé, je donnai l'ordre de partir, mais de faire le mouvement successivement, et je fis prévenir le général de Lorencez que je ne suivrais pas la même route que lui, *malgré mes instructions*, que je me dirigerais vers Saint-Privat, et de là que je gagnerais Doncourt par la grande route impériale de Briey.

Ce manque d'ensemble est une des causes de nos revers.

Après avoir traversé Metz avec beaucoup de difficultés dans la nuit du 14 au 15, je me rendis au quartier impérial à Longeville pour informer l'Empereur du combat qui venait d'avoir lieu.

Quoique Sa Majesté fût souffrante et au lit, je fus immédiatement introduit dans sa chambre ; l'Empereur m'accueillit avec son affabilité habituelle. Je lui racontai ce qui s'était passé, et je lui exprimai mes inquiétudes pour les journées suivantes, les Allemands ayant trouvé libres les routes qu'ils avaient à suivre pour prendre position entre Meuse et Moselle, et par conséquent, sur notre ligne de retraite. Je fis part à l'Empereur de la souffrance que j'éprouvais, et j'ajoutai que craignant de ne pouvoir supporter les allures du cheval, je le priais de me faire remplacer. Sa Majesté me touchant l'épaule, et la partie brisée de l'épaulette me répondit, avec cette bonté qui charmait ceux qui pouvaient l'approcher : « Ça ne sera rien, c'est l'affaire de quelques jours,

---

1. Que de temps perdu en ne se conformant pas aux ordres !
2. On ne s'explique pas cette crainte puisque ce général « affirme avoir repoussé l'ennemi jusqu'à Sainte-Barbe ».

et vous venez *de briser le charme!...* » (Expressions textuelles.) Il ne fut pas question, dans cet entretien, du départ de l'Empereur qui, bien certainement à ce moment, voulait suivre les mouvements de l'armée.

Sa Majesté me recommanda la plus grande prudence dans les opérations, afin de ne rien livrer au hasard, et par suite, de ne donner aux puissances, qui lors du début des hostilités semblaient vouloir venir à nous, aucun prétexte de se retirer. Puis, Elle ajouta: « J'attends une réponse de l'empereur d'Autriche et du roi d'Italie; ne compromettons rien par trop de précipitation, et évitons, avant tout, de nouveaux revers ». L'Empereur me congédia en disant: « *Je compte sur vous* ». En me retirant pour aller à Moulins-lez-Metz où était le grand quartier général, je traversai une salle du rez-de-chaussée de l'habitation de l'Empereur, remplie d'officiers de sa maison qui s'écrièrent en me voyant: « Vous allez nous tirer du guêpier dans lequel nous sommes, n'est-ce pas maréchal? » Ma réponse fut : « Je ferai tout mon possible, j'y suis aussi intéressé que vous ». Nous allâmes nous coucher, il était une heure du matin.

Immédiatement après la bataille de Borny j'envoyai successivement plusieurs officiers au général de Ladmirault pour lui prescrire de reprendre sans retard son mouvement de retraite et de passage sur la rive gauche de la Moselle; le retour offensif fait par ce corps vers quatre heures de l'après-midi avait été une faute tactique, amenée par un excès de zèle, c'est possible; car, lorsqu'une troupe bat en retraite laissant derrière elle un pont ou un défilé qu'elle a traversé, elle ne doit pas retourner en arrière, sous peine de se compromettre, et de perdre un temps précieux utile à l'ensemble général des opérations de l'armée. Le mouvement de retour offensif du quatrième corps était dans ce cas, et complètement inutile, car sa deuxième division formant l'arrière-garde aurait été protégée par les feux des pièces du fort Saint-Julien, ou par la Garde qui était en réserve entre elle et le troisième corps. D'un autre côté, M. le général de Ladmirault n'a envoyé ce jour-là aucun officier d'état-major pour m'instruire de ce qu'il faisait.

Voici la lettre que m'écrivit cet officier, le 15 dans la matinée:

Conformément aux ordres de Votre Excellence, je vais mettre en route les troupes du quatrième corps pour les diriger sur Doncourt-en-Jarnisy. Je suis loin d'avoir rallié tous les hommes des régiments, car j'ai dû garder les positions jusqu'à une heure de la nuit, mais ils arrivent successivement, et je regarde comme complète la troisième division, général Lorencez, qui, ce matin, à dix heures, est arrivée la première au bivouac. Je fais remplacer les munitions, surtout celles des batteries d'artillerie, qui, hier 14, ont pris une part très vive au combat qui s'est livré sur le plateau de Saint-Julien. Je lui fais distribuer les vivres dont elle a besoin, et enfin je compte la mettre en route à deux heures de l'après-midi. Le reste des troupes du quatrième corps suivra cette division à de très courts intervalles, mais de manière à empêcher les encombrements. Enfin, *demain*, dans la matinée *j'espère* que tout le quatrième corps sera réuni à Doncourt-en-Jarnisy.

DE LADMIRAULT.

Cette manière de comprendre les mouvements stratégiques, et d'exécuter les ordres donnés explique parfaitement nos revers dans la matinée du 15; l'ennemi se rapprocha de Montigny, et envoya des obus à Longeville sur le quartier impérial, ainsi que sur les troupes massées sur la rive gauche à la sortie de ce village, qui attendaient de pouvoir monter sur le plateau par la seule route carrossable conduisant à Gravelotte.

L'Empereur et le Prince impérial s'y rendaient par des sentiers qui y conduisaient presque directement, et je rejoignis Sa Majesté vers une heure de l'après-midi.

Avant de quitter la rive gauche j'avais donné l'ordre de faire sauter l'un des arcs du pont du chemin de fer, pour éviter d'être obligé de livrer un nouveau combat d'arrière-garde si l'ennemi s'en était emparé. En arrivant à Gravelotte, je trouvai l'Empereur se promenant devant son quartier; je lui souhaitai sa fête en lui offrant un petit bouquet cueilli dans le jardin de mon logement. Après m'avoir remercié, l'Empereur me demanda à haute voix: « Faut-il partir ? » Surpris d'une telle question, je répondis que je ne savais rien sur ce qui se passait devant nous, et j'engageai Sa Majesté à attendre. Cette réponse parut lui plaire, et se tournant vers les officiers de sa maison il leur dit de manière à être entendu de tous : « Messieurs, nous restons, mais que les bagages restent chargés ».

Les troupes, tristes et abattues, continuaient à défiler sur la route devant l'auberge; pas une acclamation, pas un vivat, ne fut proféré à la vue du souverain et de son fils, si acclamés cependant peu de jours avant : c'était l'influence morale de la retraite qui se faisait déjà sentir.

L'Empereur me fit entrer dans sa chambre et me demanda mon avis sur la route qu'il aurait à prendre dans le cas où il se déciderait à partir; je lui indiquai alors la route centrale de Conflans à Étain, en lui faisant observer que la Garde devrait le suivre. Sa Majesté ne fut pas de cet avis, considérant qu'une brigade de cavalerie de la Garde et le bataillon de grenadiers de service au quartier général suffiraient; j'ajoutai, que mon plus vif désir était que l'Empereur restât avec l'armée, mais qu'il savait mieux que moi où sa présence serait le plus utile. Le maréchal Le Bœuf vint en ce moment me faire signer sa nomination au commandement du troisième corps, et me remit les renseignements ci-après, qui lui avaient été adressés :

Maréchal,

Nos récens revers sont dus à trois causes : la surprise, la dissémination des forces et l'infériorité du nombre.

La surprise. — Il faudrait : 1° moins de laisser aller de la part des chefs; 2° une surveillance plus rigoureuse aux avant-postes; 3° un système d'espionnage complet, très payé, contrôlé, incessant. Les Prussiens espionnent, partout, incessamment; faisons comme eux et mieux qu'eux.

La dissémination des forces. — Wissembourg, Reischoffen, Forbach, le démontrent malheureusement. Napoléon Ier opérait par masses, à coups d'hommes. A Sadowa, les Prussiens n'ont pas eu d'autre tactique; cette tactique ils viennent de la renouveler contre nous.

L'infériorité du nombre. — Elle n'est que trop réelle; 800.000 hommes contre 250.000 !

A la prochaine bataille (car si nous nous concentrons, ils se concentrent en ce moment), ils arriveront en ligne avec 300.000 hommes, et même 400.000.

Notre vaillance n'est pas effrayée de la disproportion; mais il faut que la stratégie y supplée. Il faut :

1° Concentrer autant d'hommes que nous pourrons.

2° Opposer au premier choc une partie seulement de nos forces (car les Allemands en feront autant), et garder la seconde partie pour l'opposer à leur seconde tournée sur le champ de bataille.

Mais, que nos deux parties *se touchent*, pour ainsi dire, et ne forment qu'un tout pour pouvoir arriver *illicò*, *instantanément* en ligne.

S'il était possible de leur laisser fournir leurs deux masses et de les contenir, de les user[1] avec notre première armée, la seconde (*touchant* l'autre comme je l'ai dit) arriverait sur l'épuisement de la seconde masse prussienne, et déciderait de la victoire.

Songez toujours, qu'à la prochaine bataille, les Prussiens voudront donner en masse, afin de décider du sort de la bataille en leur faveur.

Maréchal,

Ne pourrait-il pas se faire que réunissant des forces *énormes* pour la bataille qui est imminente, les Prussiens ne fissent entrer en ligne, successivement, mais à intervalles très rapprochés et petit à petit, coup sur coup leurs trois armées du *Nord*, du *Centre* et du *Sud* (prince Frédéric-Charles, général Steinmetz et Prince royal).

Il faudra aussi compter qu'ils auront réuni un nombre *considérable* de bouches à feu, etc., etc.

P. S. — Et dire qu'à Frœschwiller on a laissé nos troupes manquer d'*artillerie* et de *munitions*!!

Victorieuses à midi, vaincues à cinq heures.

Si la France veut ne pas tomber, à l'avenir, au rang de puissance de second ordre et devenir la vassale de l'Allemagne, il faut :

1° Qu'on revienne aux sept ans de service.

2° Qu'elle ait, annuellement, un contingent minimum de *deux cent mille* hommes.

3° Une garde mobile *sérieuse* de un *million* d'hommes.

L'Allemagne dispose en ce moment de :

CONFÉDÉRATION DU NORD.

555.000 hommes, infanterie. . . . . ⎫
 53.000 — cavalerie. . . . . ⎬ faisant campagne.
1.200 pièces d'artillerie. . . . . . ⎭
187.000 hommes, infanterie. . . . . ⎫
 18.000 — cavalerie. . . . . ⎬ nouvelles recrues.
 234 pièces d'artillerie. . . . . . ⎭
205.000 hommes, infanterie. . . . . ⎫
 10.000 — cavalerie. . . . . ⎬ landwehr.

Total : 990.000 hommes, 193.000 chevaux, 1.680 pièces d'artillerie.

1. Ces mots : *de les user*, sont de la main de l'empereur Napoléon.

BAVIÈRE, BADE, WURTEMBERG.

234.000 hommes.
23.000 chevaux.
300 pièces d'artillerie.

En tout : 1.124.000 hommes, 216.000 chevaux et 1.980 canons.

Il avait été prescrit au général commandant le deuxième corps, de s'établir à Mars-la-Tour ; et afin d'éclairer les routes conduisant à Verdun et à Conflans, des ordres avaient été donnés dans la nuit du 14 aux généraux du Barrail et de Forton ; voici le rapport de ce dernier.

RAPPORT adressé à Son Excellence le maréchal commandant en chef, sur le combat de Puysieux livré le 15 août à Mars-la-Tour.

D'après les ordres de M. le maréchal commandant en chef, la division partit de Gravelotte à cinq heures et un quart du matin pour aller occuper Mars-la-Tour, en se faisant bien éclairer en avant, et sur son flanc gauche, par deux escadrons de dragons ; elle dépassa ainsi Rezonville et Vionville ; en approchant de Tronville nos éclaireurs signalèrent des vedettes ennemies et ne tardèrent pas à apercevoir des détachements assez nombreux de cavalerie.

Je fis soutenir aussitôt l'avant-garde par trois escadrons du 1er dragons sous les ordres du colonel ; et le prince Murat, prenant avec lui l'autre régiment de sa brigade, refoula les détachements prussiens au delà de Puysieux qui était occupé ; il continua ensuite son mouvement de reconnaissance offensive vers les villages de Sponville et de Xonville.

Là, il aperçut l'ennemi en forces assez considérables : deux régiments de cavalerie formés en colonnes, une batterie entre ces colonnes, une autre sur la droite, masquée par un petit bois et une colonne d'infanterie peu profonde.

Après avoir observé avec soin cette position, la brigade Murat se replia vers Mars-la-Tour où je venais d'arriver avec le reste de ma division, en me mettant constamment en communication avec le général du Barrail, commandant la division de chasseurs d'Afrique, qui n'avait que trois régiments, le quatrième n'ayant pu rejoindre.

D'après les renseignements obtenus je fis mettre mes deux batteries en position en avant du village de Mars-la-Tour, et un régiment de cuirassiers à droite, l'autre à gauche ; aussitôt que la brigade de dragons fut ralliée je la fis placer à gauche de l'artillerie, et le régiment de cuirassiers qui occupait cette position rejoignit l'autre régiment de sa brigade (général de Gramont) que je fis placer derrière un pli de terrain pour la défiler du feu de l'ennemi; la brigade de dragons était masquée en partie par le rideau de peupliers de la route qui conduit de Mars-la-Tour à Pont-à-Mousson; à peine ces dispositions étaient-elles prises que l'ennemi ouvrait le feu; notre artillerie ripostait aussitôt; l'engagement dura une heure environ. Le feu de l'artillerie prussienne était exclusivement dirigé sur nos batteries ; trois obus seulement portèrent sur elles, tandis que les nôtres firent sauter un caisson prussien et forcèrent l'ennemi à se retirer.

Le village de Puysieux resta occupé par l'infanterie prussienne. Je fis prévenir M. le général Frossard, commandant du deuxième corps, de la position où je me trouvais, et sur son avis, après être resté deux heures en position devant Mars-la-Tour, *je me repliai sur Vionville où je trouvai la division Valabrègue et les troupes du deuxième corps ; j'avais fait prévenir le général du Barrail du mouvement que j'allais exécuter.*

Dans cette affaire trois hommes du premier régiment de dragons furent faits prisonniers, un officier blessé, personne ne fut tué; nous prîmes deux éclaireurs ennemis.

Pendant le combat, les divisions du Barrail et Valabrègue se rapprochèrent de moi.

G^{al} DE FORTON.

Cette opération, mollement conduite, fut la cause du blocus de Metz ; on a peine à comprendre que trois divisions de cavalerie donnant un effectif de cinq mille combattants, au minimum, dont tous, moins ceux de la brigade de cuirassiers, étaient armés du fusil chassepot, supérieur au fusil allemand et à la carabine, ayant six batteries d'artillerie, et étant commandés par des officiers généraux de la réputation africaine de MM. de Forton, du Barrail, de Valabrègue, on a peine à comprendre que ces trois divisions n'aient pas pris l'initiative d'une offensive résolue qui eût forcément entraîné le deuxième et le sixième corps d'infanterie échelonnés derrière elles depuis la veille !

Et les commandants des corps d'armée, à quoi pensaient-ils ?

La Garde commençait à arriver sur le plateau de Gravelotte en même temps que l'Empereur, et que moi, peu après; il est certain que, si j'avais été tenu au courant, les résultats eussent été différents, car cette offensive exécutée énergiquement sur les têtes de colonnes prussiennes nous aurait évité la bataille du 16. L'inertie du général Frossard en est la cause.

En me congédiant, l'Empereur ne m'assigna aucune heure pour

le lendemain 16 ; et je fus m'établir de ma personne, avec mes aides de camp et officiers d'ordonnance, à la maison de poste située à un kilomètre de Gravelotte, où s'installa, près du quartier impérial, le grand état-major général afin de ne pas perdre un seul moment pour la réception des dépêches ou avis, et les faire connaître à Sa Majesté. Pendant la nuit, j'eus la visite de l'intendant général M. Wolf qui venait en son nom pour connaître la direction qu'allait prendre l'armée. Je répondis : « Elle ne sera fixée définitivement que ce matin quand nous saurons les intentions de l'ennemi que l'on signale sur notre flanc gauche ; si j'avais tout mon monde réuni, je serais disposé à me jeter sur lui pour le refouler vers Pont-à-Mousson. Dans le cas contraire, nous devons aller sur *Verdun*, qui deviendra notre nouvelle base d'opérations, restant prêts à donner la main à Metz au besoin ». L'intendant continua sa route sur Verdun sans obstacle.

Le 16, de grand matin, l'Empereur m'envoya chercher par un de ses officiers d'ordonnance ; pour ne pas perdre un instant, je me rendis seul, au galop, au quartier impérial. Je trouvai Sa Majesté déjà en voiture, avec le Prince impérial et le prince Napoléon. Les bagages étaient partis dans la nuit, sous l'escorte du bataillon de grenadiers de service. La brigade de cavalerie du général de France (lanciers de la Garde et dragons de l'Impératrice) était à cheval pour escorter l'Empereur. Cette brigade fut relevée à Conflans par une brigade de chasseurs d'Afrique, commandée par le général Margueritte ; je ne fus pas prévenu à l'avance de ces dispositions. Je m'approchai de la voiture sans descendre de cheval ; l'Empereur paraissait souffrant, et il me dit ce peu de paroles : « Je me décide à partir pour Verdun et Châlons ; mettez-vous en route pour Verdun dès que vous le pourrez. La gendarmerie a quitté Briey, par suite de l'arrivée des Prussiens ».

Le 16 août au matin, les divers corps de l'armée du Rhin occupaient les positions suivantes.

Sur la route directe de Verdun :

La division de réserve de cavalerie commandée par le général de Forton, en avant de Vionville, devant éclairer la route depuis le 15 août.

Le deuxième et le sixième corps, en arrière, occupant Rezonville, Vionville, Saint-Marcel, etc., etc.; la réserve générale d'artillerie entre Rezonville et Gravelotte; à ce dernier village, la garde-impériale; les premier, cinquième et septième corps du maréchal de Mac-Mahon en retraite sur la Meuse, par Neufchâteau.

Sur la route de Conflans :

En avant de Doncourt, la division de chasseurs d'Afrique commandée par le général du Barrail, devant observer la route depuis le 15; ce qui n'a pas été fait intelligemment.

En arrière, auraient dû se trouver le troisième et le quatrième corps, dont j'ai expliqué le retard : indifférence dans l'exécution des ordres. Je ne me servais pas de la route de Briey, parce que cette route m'offrait des difficultés considérables de terrain aux environs de cette ville, difficultés que j'avais constatées dans mes tournées lors de mon commandement à Nancy. En avant, sur les deux routes du sud qui mènent à Verdun, routes parallèles et peu distantes l'une de l'autre, j'avais l'avantage de garder l'armée plus compacte et de pouvoir faire face à l'ennemi, de quelque côté qu'il se présentât, mes deux ailes restant toujours unies. L'ennemi trouvant les routes libres, et les ponts, en amont, en parfait état de conservation, nous avait gagné de vitesse; filant par Pont-à-Mousson et Corny, il gravissait en toute hâte les défilés de Gorze et de Novéant atteignant ainsi le plateau qui domine Mars-la-Tour pour couper notre ligne de retraite. Cela n'aurait pas eu lieu si l'armée d'Alsace ne s'était pas éloignée de nous en laissant l'ennemi libre de tout entreprendre contre notre armée qui, cependant, s'était lentement retirée sur Metz, afin de couvrir la marche en retraite, ou plutôt en désordre, du maréchal de Mac-Mahon. Et cependant, dans les appréciations des opérations de cette désastreuse campagne, il ne fut tenu aucun compte de cette abnégation, tandis que l'on mît en relief, comme *se dévouant* pour tendre la main à l'armée de Lorraine, la marche de l'armée de Châlons sur Metz; le maréchal de Mac-Mahon aurait mieux fait de ne pas nous abandonner dès le 8 août ! Voilà la vérité, pour ceux qui veulent la connaître.

Quant à la deuxième armée allemande, qui avait pour mission de s'attacher à l'armée de Lorraine, et de mettre obstacle à notre retraite sur la Meuse, elle était placée sous les ordres du prince Frédéric-Charles, à cette époque général de cavalerie, et qui avait fait paraître, quelque temps avant cette guerre, un opuscule militaire intitulé « *L'art de combattre les Français* ». Voici d'après des données officielles quelle était la composition de cette deuxième armée allemande.

Le corps de la Garde; les deuxième, troisième, quatrième, neuvième, dixième et douzième corps d'armée; la cinquième et la sixième division de cavalerie; le tout représentant 181 bataillons, 156 escadrons, 105 batteries, et donnant un effectif de 181.000 hommes, 23.400 chevaux, 630 pièces d'artillerie se chargeant par la culasse, et dont les projectiles étaient tous armés de fusées percutantes. Ce matériel était supérieur au nôtre par la rapidité, la portée, la justesse, et par l'effet moral produit sur de jeunes troupes, effet dû à l'éclat immédiat du projectil, ce qui n'avait pas lieu avec nos obus à fusées *fusantes*.

Notre matériel de campagne, qui avait été supérieur à l'artillerie autrichienne, n'avait pas été modifié, et un grand espoir était fondé sur la mitrailleuse, dont la portée ne pouvait lutter avec celle des pièces prussiennes. Je n'ignore pas que quand la terre est détrempée, et que le choc n'a pas lieu, le projectil s'enterre et est perdu, mais ce léger inconvénient ne détruit pas l'effet moral et destructeur de la fusée percutante; et certes, cet avantage doit être pris en considération pour apprécier les succès des troupes allemandes au début de la campagne. La supériorité du fusil français sur le fusil allemand était incontestable, mais il fallait pouvoir arriver à portée de s'en servir; et d'un autre côté, cette nouvelle arme était inconnue aux soldats réservistes qui complétaient les effectifs. Il ne manque pas de gens qui vous diront: « Sous le premier empire, l'homme de recrue apprenait la charge en douze temps aux étapes ». C'était très bien avec les fusils à silex, mais aujourd'hui, le tire exige plus d'apprentissage.

Immédiatement après le départ subit de l'Empereur, à la précipitation duquel j'étais loin de m'attendre, j'allai au quartier du grand état-major général, et, afin de ne pas perdre de temps en faisant passer mes instructions et mes ordres par l'intermédiaire du général chef d'état-major général, je dictai, en sa présence, aux officiers chargés de les transmettre aux divers corps d'armée, les directions, les emplacements, qu'ils devaient suivre et occuper dans l'ordre de marche, lorsque l'armée entreprendrait son mouvement qui devait commencer après la soupe du matin, comptant lui faire entreprendre une marche forcée afin de gagner la position de Fresne, avant l'ennemi. Peu après le départ de ces officiers d'état-major, je reçus un billet du maréchal Le Bœuf qui me faisait observer que : « Si dans notre marche en retraite nous devons combattre, il est préférable de retarder le départ afin de donner le temps à tous les corps de se concentrer ».

Comme l'Empereur avait commandé jusqu'à son départ, et que le Major-général avait quitté ses fonctions depuis peu, j'ai pensé qu'il devait avoir des données plus exactes que les miennes sur les forces de l'ennemi, et que le conseil qu'il me donnait, rentrant dans les instructions précédentes de l'Empereur (de ne rien livrer au hasard), il n'y avait pas inconvénient à remettre l'heure du départ qui, alors, fut fixé à une heure de l'après-midi. Des ordres furent donnés à cet effet, en ajoutant *que les tentes resteraient tendues* afin de ne pas donner l'éveil à l'ennemi sur nos projets, et pour suspendre le passage de ses troupes de la rive droite sur la rive gauche, par conséquent, dégager d'autant notre direction, car il pouvait supposer que nous allions remonter la vallée de la Moselle, pour faire notre jonction avec le maréchal Mac-Mahon. Que n'a-t-on pas dit à l'égard de ce dernier ordre ! Que je ne voulais pas être sous les ordres du maréchal de Mac-Mahon ; qu'il était dans ma pensée de m'isoler de l'Empereur. La première supposition est absurde, puisque le duc de Magenta était sous mes ordres ; la seconde l'est d'avantage, puisque Sa Majesté prit la résolution de se séparer de l'armée, contrairement à mon avis. Mais la calomnie ne raisonne pas ; son but était d'amoindrir les réputations, et d'affaiblir le pouvoir, par le discrédit et en semant la méfiance.

Que de mal ont fait ces critiques en uniforme ! Ils ont égaré la nation et démoralisé l'armée. N'est-ce pas assez ?

A neuf heures du matin, nous entendîmes le premier coup de canon, dans la direction de Mars-la-Tour. La grande route était encore presque obstruée par les équipages qui rejoignaient la division de cavalerie du général de Forton ; puis, tout à coup, à la vue de quelques cavaliers qui se dirigeaient sur le camp à bride abattue, les charriots du pays, employés par l'intendance, firent les uns demi-tour, tandis que d'autres versèrent dans les fossés de la route. La bataille commençait par une panique des *valets* — comme les appelaient les Romains — et des convoyeurs de l'armée.

Pendant la nuit du 15 au 16 août, aucun renseignement n'avait été donné au sujet des mouvements de l'ennemi par les autorités civiles de Ars-sur-Moselle, de Gorze, etc., etc.; de sorte que nous étions dans la plus grande quiétude, d'autant mieux que les corps les plus à proximité de l'ennemi ne signalaient pas son approche. Nous fûmes donc surpris par sa brusque offensive, et cette bataille de Rezonville fut une bataille imprévue avec toutes ses conséquences. C'est là la vérité.

Des ordres avaient été cependant expédiés, dès le 15, au commandant du deuxième corps pour prendre position à Mars-la-Tour aussitôt l'arrivée du sixième corps à Rezonville, et j'en retrouve la preuve dans la déclaration du général Jarras au général Rivière.

Je retrouve sur mon calpin une note que j'ai dû prendre sous la dictée du maréchal Bazaine, et d'après laquelle les deuxième et sixième corps, devaient attendre des ordres à Rezonville :..... Puis, si le sixième corps rejoint le deuxième, dès que le général Frossard verra la tête de ce corps, il se mettra en marche jusqu'à Mars-la-Tour, et sera remplacé à Rezonville par le sixième corps, ainsi qu'à Vionville. Il s'établira à Mars-la-Tour pour y passer la nuit. Devant lui, se trouve la division de cavalerie du général de Forton, auquel il prescrira de se rendre à Tronville, d'où il éclairera à sa gauche et en avant, mais surtout la route de Saint-Miel.

Pourquoi cet ordre n'a-t-il pas été exécuté ? Il en a été de celui-là comme de tant d'autres ; et plus tard, quand on veut faire la part des responsabilités, on déclare n'avoir rien reçu, en fait d'instructions de ce genre; c'est ainsi que l'on se décharge sur le commandant en chef, seul responsable. Les instructions envoyées aux commandants des corps d'armées pour la marche sur Verdun prescrivaient au deuxième et au sixième corps de suivre la grande route conduisant à cette ville par Mars-la-Tour; le troisième et le quatrième corps devaient suivre la route par Conflans et Etain. Enfin, la garde-impériale, à l'arrière-garde, devait suivre les traces de la colonne de gauche. Les troupes devaient marcher autant que possible par pelotons à demi-distance, et être prêtes à se former en bataille sur deux lignes, par un à gauche ou par un à droite, selon le flanc sur lequel l'attaque aurait eu lieu; ou bien, par un avant en bataille du deuxième et du troisième corps, si l'on avait eu une attaque de front à repousser.

Le départ devait avoir lieu dans la matinée, ainsi que je l'ai exposé plus haut, afin de donner aux troupes le temps de rallier; mais l'ennemi prononça résolument son offensive vers neuf heures du matin par une vive canonnade sur le campement de la division de cavalerie du général de Forton, puis sur le deuxième corps.

Il fallut faire face au danger le plus pressant; veiller sur le flanc gauche, tout en repoussant les attaques de front; faire charger la division de Forton, et, à la demande du général Frossard, qui vint en personne me l'adresser, paraissant fort inquiet sur la situation de ses troupes, j'engageai également les cuirassiers de la garde-impériale, pour ralentir la marche de l'ennemi. Ce beau et excellent régiment d'élite, se conduisit admirablement, et y perdit la moitié de son effectif. Cette brillante charge fut très utile au centre de la ligne de bataille, qui put se maintenir jusqu'à l'entrée en ligne de l'artillerie de réserve, et de la division des grenadiers de la Garde. C'est pendant l'un des mouvements offensifs de l'ennemi, que chargé par des hussards de Brunswich, il y eût du désordre dans le groupe d'officiers qui étaient près de moi, dont les chevaux, mal dressés, *firent demi-tour*, au lieu de me suivre; je fus ainsi séparé d'eux, un moment entouré, et obligé de mettre l'épée à la main pour me dégager. Cette séparation fut d'assez longue durée, et apporta du retard dans l'exécution des mouvements, n'ayant personne auprès de moi que mon porte-fanion M. Deus, pour me mettre en communication avec les corps d'armée.

Au moment du demi-tour de l'état-major général, une batterie que j'avais placée peu d'instant auparavant pour préparer et appuyer la charge des cuirassiers, fut abandonnée par ses servants, qui emmenèrent les avant-trains et les attelages; les pièces furent reprises par le cinquième escadron du 5ᵉ régiment de hussards, qui eut son maréchal des logis chef, du Mas de la Fongère, atteint de deux blessures et fait prisonnier.

Je fus douloureusement impressionné par cette fâcheuse détermination de tout le personnel de cette batterie de la garde-impériale qui, cependant, était protégée par un bataillon, en bataille sur sa gauche, de la division Vergé. Mais, pas plus l'infanterie que les autres armes, n'avait le sang-froid nécessaire. Ce jour-là, le 16, et à ce moment critique, ce bataillon était genoux à terre. Je me dirigeai accompagné de M. le capitaine de France, qui m'avait rejoint, vers la droite, où je ralliai le premier échelon conduit par le maréchal Le Bœuf, à qui j'indiquai la direction de Mars-la-Tour comme l'objectif, le troisième et le quatrième corps devant exécuter une conversion, l'aile droite en avant, afin de refouler les Allemands dans les défilés de Gorze, Chamblay, et dans la vallée de la Moselle si cela était possible. Les autres échelons de ce corps arrivèrent successivement mais lentement, et une de ses divisions n'arriva qu'à la nuit à Gravelotte.

Quant au quatrième corps, comme il avait débouché sur le plateau par Saint-Privat-la-Montagne et Sainte-Marie-aux-Chênes, il eut une assez longue distance à parcourir pour se rabattre sur Doncourt-en-Jarnisy. Voici un extrait de la déclaration faite au Conseil d'enquête par M. le général de Ladmirault commandant ce corps :

Le maréchal Bazaine était aux Moulins-les-Metz; je lui fis dire que, comme j'étais resté en l'air une grande partie de la nuit, qu'il voulût bien me permettre de passer la journée du 15 dans les bivouacs, et je lui promettais d'être le 16 à Doncourt. Mes troupes étaient restées debout toute la nuit, sans manger autre chose que du biscuit, car je leur avais défendu de faire du feu, de peur d'indiquer nos positions à l'ennemi.

Le Maréchal me répondit avec raison qu'il avait donné l'ordre de marche, et que je devais prendre la route de Verdun. Il était alors deux heures de l'après-midi ; comme j'étais tout préparé, je donnai l'ordre de partir, mais de faire le mouvement successivement en commençant par la division qui avait le moins donné la veille, c'est-à-dire, par la division Lorencez qui prit la tête. Je lui indiquai bien son chemin. Selon les instructions, il devait prendre la route de Plappeville, qui descend ensuite par Lessy ; il y avait tout à fait à droite une belle route, celle d'Amanvillers, mais on ne me l'avait pas indiquée, et je ne l'ai connue que bien plus tard..... « Quant à moi, je ne suivrai pas la même route que vous, *malgré mes instructions*. Je me dirigerai vers Saint-Privat, et de là je gagnerai Doncourt par la grande route de Briey. Vous pourrez faire votre retraite sans vous occuper de vos pièces, qui sont mêlées avec les autres. Ne craignez pas *d'appuyer à droite: vous m'y rencontrerez. Venez*..... »

Ainsi, la zone de concentration était à gauche, et cet officier général l'indiquait comme devant être à droite. C'est ce décousu dans les mouvements généraux qui a permis à l'ennemi de menacer très sérieusement le centre de notre ligne de bataille, le 16, de midi à une heure.

Le général continue ainsi :

Pour moi, je suis arrivé avec ma cavalerie, et je me suis mis à Bruville. Là, j'ai trouvé des dépôts que je ne m'attendais pas à trouver : des chasseurs d'Afrique, des lanciers de la Garde, des dragons de l'Impératrice. C'est là que j'ai appris que, le matin du 16, l'Empereur était passé sur la route de Verdun par Etain pour aller à Verdun et qu'il avait été escorté par de la cavalerie de la Garde, qui devait le laisser en chemin. C'est par ces hommes qui revenaient de cette expédition, que j'ai été renseigné, car dans toute la journée du 16, pas plus que le lendemain, je n'ai vu un seul officier d'état-major général, et n'ai été renseigné que par ces troupes sur l'engagement très sérieux du deuxième corps et du troisième corps, ainsi que sur les dispositions réellement habiles du maréchal Bazaine. J'appris que l'on tenait bien, et que l'attaque continuait.

Pourquoi M. le général de Ladmirault n'envoyait-il pas de son côté des officiers d'état-major au grand quartier général pour rendre compte des mouvements effectués et de la position qu'il occupait? Il est toujours facile de reporter les négligences commises sur les autres. On verra plus loin ce que dit M. le général Jarras, chef d'état-major général de l'armée, à l'égard de la reconnaissance des chemins, et si tous les états-majors de corps d'armée, remplissaient leurs fonctions avec le zèle et l'intelligence indispensables en campagne. Mais, laissons poursuivre le général de Ladmirault.

J'étais donc arrivé à midi. Je n'avais pas encore mon infanterie, mais ma cavalerie était là; elle était debout depuis quatre heures du matin, et je lui avais donné près d'une demi-heure de repos.

Je lui fis faire ensuite une reconnaissance du côté de Mars-la-Tour; elle fut très bien faite : mes hussards pénétrèrent dans ce village, et rencontrèrent un peu de cavalerie prussienne. Ils vinrent me dire que les troupes ennemies arrivaient peu à peu, qu'il n'y avait encore que deux ou trois escadrons, mais qu'ils occupaient Tronville, le point le plus culminant de ce côté, et qu'on y avait même vu un peu d'infanterie.

C'était le cas de s'y porter avec ses quatre régiments de cavalerie, formant une division; ayant deux batteries d'artillerie, et tous les cavaliers étant armés de chassepot, il pouvait donner le temps à l'infanterie d'arriver, car la tête de colonne du général Grenier était signalée.

Je fis déposer les sacs à Doncourt, et lui prescrivis (au général Grenier) de prendre position à Bruville, et d'y attendre jusqu'à ce qu'il eût une brigade réunie. Je plaçai donc à Greyère une brigade commandée par le général Pradier. Une seconde brigade arrivait, je la mis à gauche jusqu'à la voie Romaine, à la droite du maréchal Canrobert.

Il était cinq heures du soir quand de Cissey arriva. Je ne veux pas omettre les péripéties de l'attaque opérée par la division Grenier. Elle avait fait un mouvement sur Vionville et Tronville, mais elle n'occupait pas ce dernier village, point culminant qui domine tous les alentours. Il n'y avait là que la valeur d'un régiment, la deuxième brigade et les chasseurs à pied. Je dis alors au général Grenier : « Pouvez-vous occuper Tronville ? — Oui, me répond-t-il, si vous me faites soutenir, mais il faut être soutenu. (Or, je n'avais absolument rien que le 64ᵉ) — Quand de Cissey sera arrivé nous reprendrons notre attaque. Il est signalé, il n'est pas loin, *et je ne veux rien risquer.* » En effet, le général de Cissey arriva vers cinq heures, et c'est également vers cette heure-là qu'arrivèrent les régiments de cavalerie de la Garde qui revenaient par la route de Verdun; je dis à ces hommes : « J'ai là des masses énormes qui me menacent vers la droite. Nos pièces de douze tiennent tête aux leurs; mais cela s'accumule à chaque instant, et quoique l'infanterie ennemie ne soit pas encore descendue de Tronville, on voit des tirailleurs dans la direction de Mars-la-Tour. Ce serait le moment de faire une charge ; débarrassez-moi de ces masses, et ma droite sera sauvée. »

Les officiers qui commandaient ces hommes y mirent un enthousiasme extraordinaire ; il y avait là le général du Barrail, le général de France et le général Legrand qui a été magnifique. Le ravin fut passé, et on alla en avant sur la route de Mars-la-Tour. Au moment où cette cavalerie prenait ses dispositions d'attaque, je la fis prévenir et presser le mouvement. Des masses d'infanterie descendaient dans les haies du côté de Mars-la-Tour, et je craignais pour notre cavalerie : le danger était très grand.

Cependant la charge de cavalerie fut faite avec une vigueur énorme ; la cavalerie ennemie fut bousculée, et obligée de se retirer très loin en arrière ; nous pûmes enlever nos blessés, entre autres le général Legrand, à qui on rendit les honneurs militaires le lendemain, et notre cavalerie se retira ayant bien rempli sa tâche.

Le général de Cissey arriva, et prit rapidement ses disposition ; il se porta en avant de Greyère avec une brigade composée du 97e et du 73e. J'avais laissé le 64e dans le bois de Greyère, et bien m'en avait pris, car il arriva bientôt une masse d'infanterie et une brigade de cavalerie qui engagea une charge. Cette brigade fut anéantie. Drapeaux, soldats, officiers : tout fut détruit ; quatre cents ou cinq cents hommes, au moins, furent tués. L'infanterie fut également fort éprouvée et se retira avec de grosses pertes.

Il était alors cinq heures et demie, cela a terminé la chose.

Nous nous sommes portés en avant, et quoique à bout de forces, nous étions depuis quatre heures du matin debout et nous n'avions pas mangé ; nous avons poursuivi l'ennemi jusqu'à sept heures du soir, aussi loin que possible vers Mars-la-Tour. Puis, la nuit nous avons bivouaqué sur nos positions. La journée était donc bonne pour nous [1].

Le général de Lorencez ne put me rejoindre que le 16, à dix heures du soir. Il m'a été très utile car son arrivée m'a permis de garnir mes avant-postes de troupes qui n'avaient pas combattu, et de laisser reposer les autres, de les faire manger, et de les disposer pour repousser une attaque comme il était probable qu'il y *en aurait une le lendemain* et c'est ainsi que s'est passée la nuit.

Cette déclaration au Conseil d'enquête militaire de 1872 n'est pas l'exactitude même, et la destruction des colonnes de l'ennemi était loin d'être complète, comme le déclare cet officier général. Sans cela, pourquoi craindre une attaque le lendemain d'une victoire aussi assurée que celle décrite —non pas dans le style de Tacite ou de Xénophon— par M. le général de Ladmirault, alors gouverneur de Paris, en vue du parti qui voulait me sacrifier.

---

1. C'est l'appréciation du général de Ladmirault, mais ce n'est pas la mienne.

Cet officier général a eu le tort de retenir près de lui la brigade de cavalerie de la Garde qui avait accompagné l'Empereur, et qui avait été relevée par des chasseurs d'Afrique que commandait le général du Barrail.

Cette brigade composée des dragons de l'Impératrice et du régiment de lanciers m'a fait défaut toute la seconde partie de la journée, car il n'y avait plus en réserve que les régiments de cuirassiers et de carabiniers.

Les résultats de la charge des premiers auraient été plus positifs s'ils avaient été appuyés par les seconds, ce que j'aurais certainement fait si la brigade retenue par le général commandant le quatrième corps m'avait rallié, comme elle devait le faire, parce qu'elle aurait alors formé ma réserve. Mais la faute principale du général de Ladmirault est d'avoir malheureusement opéré tardivement, et de ne pas m'avoir *tenu au courant de ses faits*.

Comme j'ai dit plus haut que je citerais l'opinion émise par M. le général Jarras, chef de l'état-major général, à propos de la reconnaissance des routes ou chemins que devaient suivre les corps d'armée après le passage de la Moselle, voici sa déclaration au Conseil d'enquête militaire à la séance du 17 février 1872 :

Général Jarras. — Le quatrième corps a commencé à passer la Moselle le 14 au matin.

M. le Président. — Ordinairement, on envoie des officiers pour reconnaître les passages, et conduire les colonnes aux ponts. C'est ainsi que l'on agit quand on veut faire exécuter exactement un ordre.

Général Jarras. — Je prie le Conseil de remarquer, que quand on est à la tête d'un état-major général, et lorsqu'il y a à côté des commandants de corps d'armée, d'autres états-majors généraux, il est impossible d'entrer dans des détails aussi grands que ces derniers peuvent le faire. C'étaient les états-majors particuliers des corps d'armée qui devaient fait reconnaître les routes.

Le Président. — Cela se peut, mais enfin vous ne l'avez pas fait.

Le général de Sévelinges. — Personne n'a dû passer par la route de Briey?

Le général Jarras. — Personne : c'était une décision prise.

Le Président. — Cependant nous voyons que le général de Ladmirault y a très bien passé.

Le général Jarras. — Il l'a fait quand il a vu que l'autre route était encombrée.

Le général de Sévelinges. — C'est ce qui a fait qu'il a pu arriver sur le champ de bataille le 16.

Le général Jarras. — Le 16, l'Empereur y est passé; il a eu sans doute pour le faire des renseignements qui détruisaient peut-être les autres. Je ne commente pas d'ailleurs l'ordre qui a été donné, je le répète dans toute son exactitude.

C'est ainsi qu'était appréciée la conduite d'isolement du commandant du quatrième corps !

D'après cet extrait du procès-verbal de la séance du 19 février de 1872, on peut se rendre compte de l'esprit qui dirigeait les membres de ce Conseil d'enquête, dont plusieurs avaient été sous mes ordres il y avait peu de temps ; entre autres, le général d'Aurelles de Paladine qui commandait à Metz quand je commandais à Nancy, et qui me boudait parce que je ne l'avais pas fait nommer sénateur, mais grand-croix de la Légion d'honneur au moment de son passage dans le cadre de réserve; le général de Sévelinges, qui commandait l'artillerie de la Garde lors de mon commandement de la garde-impériale.

Dans tous les cas, le Conseil d'enquête composé conformément au règlement sur le service des places, sortait complètement de ses attributions, bien définies par ledit règlement, en s'immisçant dans les détails du commandement de l'armée, car il n'était institué que pour apprécier les capitulations des places fortes, et non la stratégie ou la tactique d'un chef d'armée qui n'agit, et n'obéit que d'après sa conscience, dans l'intérêt de son pays et de l'armée qu'il lui a confiée ; il n'y aurait pas de commandement possible, en agissant autrement, car le malheureux chef d'armée serait toujours attaqué par la critique de ses subordonnés; c'est dans la nature humaine, mais surtout dans le genre d'esprit des Français qui semblent mériter cette définition : « Notre ennemi, c'est notre chef ».

La bataille du 16 août prit le nom du village de Rezonville, et les Allemands lui donnèrent celui de Mars-la-Tour.

Elle se termina vers neuf heures du soir, les pertes éprouvées des deux côtés furent considérables, et chaque armée coucha sur ses positions ; nous eûmes 16.954 hommes hors de combat entre tués, blessés ou disparus, parmi lesquels six généraux : les généraux de division Legrand (tué) et Bataille (blessé) ; les généraux de brigade Brayer et Marguenat (tués), Letellier-Valazé (blessé), de Montaigu (disparu) et 831 officiers de tous grades.

Les Allemands engagèrent 80.000 hommes et 170 pièces d'artillerie ; ils perdirent 581 officiers et 14.239 soldats.

Rapport adressé à S. E. monsieur le maréchal commandant en chef, sur la part prise, le 16 août, par la division à la bataille de Rezonville.

La division campée en avant du village de Vionville est informée par ses éclaireurs, le 16 août à sept heures du matin, de la présence de l'ennemi dans la direction de Tronville et de Mars-la-Tour. (Cavalerie peu nombreuse.)

Un capitaine de la garde-mobile, M. Arnoux Rivière, me rendit compte qu'il sortait de Tronville une heure avant et que ce village était entièrement inoccupé par l'ennemi.

Les reconnaissances faites par les vedettes des grand'gardes avaient confirmé cette déclaration.

A neuf heures et demie les bagages de la division, l'ambulance, le trésor, qui étaient restés au Ban-Saint-Martin par ordre supérieur, commençaient à arriver à Vionville lorsque les grand'gardes ont prévenu que deux régiments de cavalerie venant de Puysieux et débouchant au sud de Tronville étaient en vue.

La brigade de dragons occupait les crêtes en avant de Vionville ; les batteries ont pris position à droite sur un point élevé qui permettait de battre le plateau en avant de Tronville et le vallon situé au sud de la route.

A peine prenaient-elles position qu'une batterie de dix-huit pièces placée entre ce village et la route n° 3, ne tardait pas à joindre son feu à celui de la première. Nos batteries perdirent rapidement des hommes et des chevaux, les obus pleuvaient sur Vionville, sur la batterie et sur la brigade de dragons.

La position n'était pas tenable, la brigade de dragons se replia en arrière du village et de là sur le plateau de Rezonville, les batteries suivirent le mouvement en les soutenant par leur feu ; la deuxième brigade s'est ralliée au pas sur la division d'infanterie placée en arrière d'elle et a pris position en arrière de cette division et en avant de la troisième brigade de la division de cavalerie de la Garde.

Sur un ordre de Votre Excellence la première brigade s'est appuyée au bois situé au nord de Rezonville, face à la droite et sur une ligne.

La brigade de cuirassiers placée à sa gauche et sur deux lignes, les deux batteries à gauche de cette brigade.

Un officier supérieur de la réserve d'artillerie est venu de la part du général Soleille demander le secours de ces deux batteries pour les mettre en position sur les crêtes du plateau un peu en avant de cette crête.

Vers une heure, une charge de cavalerie prussienne composée de trois régiments (cuirassiers du roi, 16° uhlans et lanciers) a débouché en arrière des crêtes du plateau dans une direction parallèle à la route, à égale distance de cette route et du bois qui la flanque au nord.

Elle a été aussitôt chargée par la brigade de dragons jusqu'au moment où elle a essayé de rejoindre l'armée prussienne en faisant demi-tour.

A ce moment le 7° cuirassiers a été lancé sur son flanc droit pour achever la déroute; le 10° cuirassiers maintenu en réserve a lancé deux de ses escadrons sur la queue de cette colonne qui fut poursuivie pendant un kilomètre environ.

Pendant les deux charges il est à regretter que dans la mêlée de ces troupes, françaises et prussiennes, notre infanterie ait tiré sur la masse.

La division s'est ensuite ralliée sur les points d'où elle était partie.

Une heure après environ je reçus l'ordre de me porter en arrière de Gravelotte où l'on croyait possible l'arrivée d'un corps tournant.

Vers six heures, sur l'ordre de Votre Excellence j'allai reprendre ma première position sur le plateau en prenant mes dispositions pour être prêt à charger.

L'ennemi ne s'était pas présenté dans cette direction, et le feu ayant complètement cessé sur toute la ligne je ramenai ma division à Gravelotte.

Ma division dans cette belle affaire a perdu assez de monde, l'ennemi a cruellement souffert, le régiment des cuirassiers du Roi a été anéanti. Nous avons eu 16 officiers blessés, un médecin disparu, 7 hommes tués, 50 blessés, 81 disparus, 139 chevaux tués ou disparus.

Je suis heureux de pouvoir signaler à Votre Excellence l'entrain remarquable de mes régiments qui ont chargé aux cris de : Vive l'Empereur !

Je vous adresse également le rapport du chef d'escadron Clerc commandant les septième et huitième batteries du 20° d'artillerie à cheval attachées à ma division, pour le temps où il a été séparé de moi d'après les ordres de M. le général Soleille.

G^{al} DE FORTON.

Ce rapport est un épisode de la bataille du 16 août, et vient à l'appui de ce qui a été dit sur l'insuffisance dans le commandement de M. le général Frossard, restant inactif devant ce combat, et venant me demander de faire charger les cuirassiers de la Garde.

L'expression employée par M. le général de Forton à propos

des pertes essuyées par les cuirassiers du Roi était exagérée, car ils n'ont pas été *anéantis*, loin de là.

C'est un tort de ne pas chercher à bien exposer les résultats d'un combat, parce que l'on en tire des conséquences plus ou moins favorables, qui égarent l'opinion.

Ainsi, dans ce cas, la bataille de Rezonville a été appréciée par l'opinion comme une victoire, par suite de l'exagération dans les rapports. On est victorieux quand on reste maître complètement du champ de bataille, et que l'on peut ensuite continuer ses opérations dans la direction voulue. Était-ce notre situation? Bien s'en faut. L'ennemi avait souffert, mais il restait maître des positions d'où il menaçait notre flanc gauche à chaque pas que l'armée aurait voulu faire dans la direction de Verdun. Comment entreprendre une marche dans de pareilles conditions tactiques? C'eût été conduire l'armée à une défaite certaine. Mon expérience et ma conscience me le défendaient. J'en rendis compte à l'Empereur en ces termes :

Le maréchal Bazaine à l'Empereur.

Gravelotte, 16 *août,* 11^h du soir.

Sire,

Ce matin à neuf heures l'ennemi a attaqué la tête de nos campements à Rezonville.

Le combat a duré depuis ce matin jusqu'à huit heures du soir. Cette bataille a été acharnée ; nous sommes restés sur nos positions, après avoir éprouvé des pertes sensibles. La difficulté aujourd'hui gît principalement dans la diminution de nos parcs de réserve, et nous aurions peine à supporter une journée comme celle d'aujourd'hui avec ce qui nous reste dans nos caissons. D'un autre côté, les vivres sont aussi rares que les munitions, et je suis obligé de me reporter sur la route de Vigneulles à Lessy pour me ravitailler. Les blessés ont été évacués sur Metz. Il est probable, selon les nouvelles que j'aurai de la concentration des armés des princes, que je me verrai obligé de prendre la route de Verdun par le nord.

M^{al} BAZAINE.

Vers la fin de la bataille de Rezonville, je fus obligé d'engager les zouaves de la Garde pour soutenir des troupes du deuxième corps ; les vétérans africains montrèrent une grande décision, mais ils ne purent s'empêcher de me répondre aux paroles d'encouragement que je leur adressai avant de les lancer sur l'ennemi : « Si nous déposions nos sacs ? » Il en fut de même des grenadiers de la Garde qui occupaient ce village, où je me rendis à la nuit tombante ; ces grenadiers appartenaient au bataillon du commandant Delloye, et tenaient ferme malgré les retours offensifs des Allemands, dont les obus éclataient dans les rues. Il y eut un moment de panique qui nous obligea à faire demi-tour pendant un instant. Je rencontrai peu après M. le maréchal Canrobert auquel je fis remarquer que l'on aurait dû barricader les rues afin d'y maintenir la résistance ; il ne fit aucune observation, et me parut être très peu entouré d'officiers de son état-major, ainsi que de troupes du sixième corps, fort dispersées.

Cette bataille annonçait que les armées ennemies n'allaient plus nous lâcher; qu'elles étaient maîtresses de leurs mouvements par suite de la retraite précipitée des trois corps de l'armée d'Alsace, et de celle de l'armée de Lorraine qui avait été tardive et indécise, comme direction. Il était presque impossible, quoique ce mot, dit-on, ne soit pas français à la guerre, de réparer des fautes aussi capitales. A qui en incombe la responsabilité ? Chacun à cet égard doit faire son *mea culpa*, et il serait injuste de l'imputer entière à l'Empereur, commandant en chef du 25 juillet au 16 août. Les commandants des corps d'armée ont-ils été, dans l'exécution des ordres donnés, à la hauteur de leur commandement ? Les soldats, à leur tour, ont-ils été comme leurs devanciers de la première République et du premier Empire ? Je n'hésite pas à dire *non;* car ce n'est pas en flattant toujours les masses que l'on peut modifier et retremper le moral et l'énergie d'une nation. Certes, toute vérité n'est pas bonne à dire quand l'amour-propre national est en jeu ; mais il y a des moments dans l'existence d'une nation où il est d'un bon citoyen de *la dire entière*.

Le grand quartier général fut établi à Gravelotte dans la même auberge qu'avait occupée l'Empereur. Les troupes bivouaquèrent sur leurs emplacements, où l'eau manquait ; puis, comme nombre de sacs étaient déposés en arrière, les soldats ne purent se reposer la nuit, et le plus grand nombre jeûna. J'avais envoyé le matin un officier d'état-major, M. le capitaine de France, actif et intelligent, auprès des commandants du deuxième et du sixième corps, afin d'obtenir d'eux des renseignements exacts sur leur situation en vivres, et sur les mouvements de l'ennemi; voici l'extrait de son carnet de notes.

1° Envoyé le 16 août, à six heures du matin, de Gravelotte à Rezonville pour prendre des renseignements auprès des commandants du deuxième et du sixième corps d'armée; j'ai rapporté à M. le maréchal Bazaine les détails qui suivent, écrits sous la dictée du général Frossard et du maréchal Canrobert.

Deuxième Corps.

Renseignements sur l'ennemi: La division du général de Forton, qui est en avant de Vionville, n'a pas été inquiétée cette nuit. Le village de Tronville a été occupé hier par les Prussiens, mais on dit que depuis ils se sont repliés sur Gorze.

Situation en vivres: On attend les vivres que M. l'intendant de Préval doit envoyer de Metz. Il n'y a pas une journée complète de biscuit pour le 17; le deuxième corps n'a que du riz. Il n'y a pas d'avoine pour le régiment de cavalerie du général Lapasset depuis avant-hier 14.

Sixième Corps.

Renseignements sur l'ennemi: Deux hommes venant de Gorze annoncent qu'il y a dans ce village 2.000 ou 3.000 hommes qui y ont passé la nuit; on n'a pas vu d'artillerie.

Le chemin de fer du camp de Châlons est, dit-on, menacé d'être coupé à Clarmont en Argonne (dépêche du camp de Châlons).

Situation en vivres: L'intendant pourra donner à peine un jour de biscuit; il n'y a ni viande, ni café, ni sucre, ni sel, ni riz.

A mon retour je rendis compte à M. le Maréchal, qui me prescrivit d'aller dire à M. l'intendant de Préval, qu'il était très mécontent de savoir que le deuxième et le sixième corps n'avaient pas les vivres nécessaires.

Il était neuf heures du matin, la bataille commençait peu après.

Nos instructions du 13 août, relatives au troisième corps, mais qui avaient été également envoyées aux autres corps d'armée quand je pris le commandement en chef, n'avaient, par conséquent, pas été exécutées.

Quant aux munitions d'artillerie et d'infanterie, le chef d'état-major du général commandant en chef l'artillerie vint me prévenir le 16, à dix heures et demie du soir, qu'il était urgent d'envoyer les caissons de réserve se réapprovisionner à Metz. En outre, le général Soleille me remettait la note ci-après, le 17 dans la matinée, après avoir visité l'arsenal de Metz, ce qu'il aurait dû faire avant. Malheureusement, il en était à peu près de même dans tous les services, et on a peine à comprendre cette indifférence, ce laisser aller presque général.

Je viens de visiter l'arsenal de Metz. Les ressources sont en quelque sorte nulles pour le réapprovisionnement de l'armée, et n'a pu fournir que 800.000 cartouches d'infanterie.

Je demande avec la plus grande instance que des approvisionnements soient envoyés par la voie de Thionville dans la journée de demain.

Le maréchal Bazaine doit faire surveiller cette voie par de la cavalerie pendant la journée.

Prévenir de l'arrivée à Thionville.

Les consommations de la journée du 16 ont été énormes, l'armée est dans une pénurie de munitions inquiétante.

Cette note fut transmise à Paris, sous forme de dépêche télégraphique. Le 17 août, à neuf heures du soir, je reçus de l'Empereur la dépêche suivante :

Je vous félicite de votre succès, je regrette de ne pas y avoir assisté. Remerciez en mon nom officiers, sous-officiers et soldats. La patrie applaudit à leurs travaux.

NAPOLÉON.

CHAPITRE TROISIÈME

La bataille de Rezonville (16 août), qui nous avait été imposée par suite de circonstances que j'ai relatées, mit l'armée dans l'impossibilité de continuer sa retraite le 17, dans de bonnes conditions tactiques. Les Prussiens en s'emparant de Mars-la-Tour dès le matin, et le quatrième corps n'ayant pas pu les en chasser, avaient coupé la route sud de Verdun, que nous aurions été obligés de reconquérir par une nouvelle bataille, contre des masses plus considérables que le 16 août; il en était de même pour la route qui passe par Conflans, très voisine de la première. Restait la direction de Briey-Longuyon, dont j'ai signalé plus haut les inconvénients, et que je n'aurais pu prendre à ce moment, qu'à la condition d'exécuter devant l'ennemi des mouvements qui m'auraient obligé à lui prêter le flanc, et même à lui tourner le dos. D'ailleurs, la troupe n'avait plus de vivres que pour la journée; il était indispensable et urgent de faire les distributions, qui n'avaient pu être faites qu'imparfaitement le 14. A toutes ces raisons venait s'ajouter la pénurie de munitions, déclarée par le général Soleille.

Le 19 août, l'armée vint occuper les fortes positions d'Amanvillers qui s'étendent depuis Rozerieulles jusqu'à ce point. La journée du 17 fut employée à s'établir dans les nouvelles positions, mais les instructions que j'avais données furent à peine suivies, et les lignes ne furent pas solidement couvertes ; les uns, comme le maréchal Canrobert, donnait pour raisons le manque d'outils parce qu'en quittant le camp de Châlons, le parc du génie appartenant à son corps d'armée, ne l'avait pas suivi. D'autres, parce que cela leur semblait inutile, etc., etc.; mais l'ordre avait été donné. En prenant les outils des paysans, ou en les mettant eux-mêmes en réquisition comme travailleurs (moyen que j'ai employé au Mexique lors du siège de Oxaja, et duquel je me suis bien trouvé), nous n'aurions pu être forcés dans nos lignes, c'est ma conviction. L'ennemi aurait certainement éprouvé de très grandes pertes et il aurait hésité à recommencer son attaque le lendemain, à moins d'y laisser la moitié de ses effectifs; nous aurions alors repris l'offensive dans des conditions morales telles, que les résultats eussent été brillants et satifaisants pour l'armée du Rhin et Moselle, et sa marche sur Verdun aurait été assurée, sans coup férir.

On m'a reproché au Conseil d'enquête de n'avoir pas, pendant la nuit du 16 au 17, fait égaliser les munitions dans tous les corps d'armée, en prenant à ceux qui avaient moins consommé — le troisième et le quatrième corps, engagés seulement dans le courant de la journée, et dont deux divisions n'avaient pas donné à cause des distances à parcourir — pour en faire la répartition entre le deuxième et le sixième corps qui avaient le plus consommé. On est étonné que des officiers généraux puissent faire une pareille observation, ou alors, ils ont oublié les péripéties d'une bataille.

Comment après douze heures de lutte, au milieu du désordre dans lequel se trouvaient les divisions des divers corps de l'armée, par suite de la façon dont elles avaient dû être engagées, en raison de l'étendue considérable de notre ligne de bataille, eût-il été possible, dans la nuit du 16 au 17, de faire cette très délicate répartition ? C'était une opération impossible.

L'armée fut déployée par inversion, le deuxième corps à Rozerieulles et le sixième, qui primitivement devait occuper Verneville, fut dirigé dans la journée même du 17 sur Saint-Privat-la-Montagne, cédant à cet égard aux observations de M. le maréchal Certain Canrobert, qui croyait la position difficile à occuper par son corps d'armée qui n'était pas au complet. Cette concession fut une faute, car cette position occupée par l'ennemi le 18, nous fut très nuisible pour la défense des lignes d'Amanvillers, et lui permit d'exécuter le grand mouvement tournant sur notre droite qui décida du sort de cette journée qui aurait dû être à notre avantage.

Voici la lettre écrite à cet égard au commandant du sixième corps :

D'après les observations qui m'ont été transmises par le colonel Lamy, au sujet de votre position à Verneville, je vous autorise à quitter cette position et à aller vous établir sur le prolongement de la crête occupée par les autres corps. Vous pourriez occuper Saint-Privat-la-Montagne et vous relier par votre gauche au quatrième corps établi à Amanvillers.

Je vous prie de me faire connaître la détermination à laquelle vous vous serez arrêté, et de me dire en même temps le point choisi pour votre quartier général, afin qu'il n'y ait pas de retard dans notre correspondance.

J'ajoutai ensuite de ma main ce post-scriptum.

Cette position de Verneville avait été indiquée pour couvrir la retraite du général de Ladmirault, qui est encore à Doncourt.

J'émettais cette opinion sur la lettre rédigée par l'état-major général, afin de complaire au maréchal Canrobert, et j'étais loin de me douter, à ce moment, qu'il en ferait une arme contre moi à l'enquête présidée par M. le maréchal Baraguay d'Hilliers, auquel j'avais dit qu'il était à regretter que Verneville ait été évacué par le sixième corps. Il se crut alors autorisé à dire au maréchal Canrobert, lors de sa déposition, que je rejetais sur lui la perte de la bataille du 18 août, par suite de l'abandon de Verneville.

Le maréchal Canrobert tira alors de sa poche la lettre ci-dessus ; ce qui fit dire au maréchal président, avec ce ton de raillerie qu'on lui connaissait: *Verba volante, scripta manent!* Et je pourrais, comme dans *Le Médecin malgré lui*, au lieu de : « Et voilà pourquoi votre fille est muette.... » ajouter : Voilà pourquoi vous êtes responsable de tout ce qui est arrivé le 18 août ! On ne peut mieux déplacer les responsabilités respectives.

M. le maréchal comte Baraguay d'Hilliers était trop sceptique en toutes choses pour diriger une pareille enquête, et trop passionné pour en faire surgir la vérité. Mécontent de n'avoir pas obtenu le commandement d'une des armées, il éprouvait une certaine satisfaction à censurer tout ce qui avait eu lieu, oubliant qu'en Italie son commandement avait été loin d'être exempt de censure. A Montebello il s'opposa à ce qu'on soutînt le général Forey ; à Marignan, il ne poursuivit pas ce succès, en disant qu'il n'avait pas de vivres ; à Solferino, qu'il ne pouvait continuer son mouvement, faute de cartouches. Ces détails son exacts.

Il croyait que la rudesse dans le commandement suppléait à tout, et son principal argument en réponse aux explications qu'on lui exposait était : « Vous commandiez cependant ! » Politiquement, il évitait de se compromettre, et à l'approche des évènements de septembre, il se démit de son commandement de l'armée de Paris, dans un moment où cette rudesse de caractère aurait pu être utile.

Après m'avoir fait faire les observations relatives à la position de Verneville qu'il trouvait trop boisée, le maréchal Canrobert m'écrivait de ce point le 17 août :

Un dragon, qui m'a rencontré au moment où j'allais tracer le bivouac de mon corps d'armée, m'a dit qu'il était envoyé vers les commandants de corps d'armée pour les prévenir qu'ils devaient se tenir prêts à recevoir et à exécuter l'ordre de reprendre aujourd'hui les positions si glorieusement conservées hier par l'armée du Rhin. Je suis prêt à exécuter cet ordre. Je demande avec instance à Votre Excellence de ne pas publier que je n'ai plus de *cartouches, plus de munitions d'artillerie;* qu'en dehors de la viande, que je fais acheter sur place, je n'ai plus d'approvisionnements. Je le prie de me faire expédier tout ce qui me manque, le plus tôt possible. Nous ferons bien sans cela, nous ferions mieux si nous étions bien approvisionnés.

Comme détail, un habitant de Vaux me signale le retour dans ce village de blessés et de fuyards se dirigeant sur Novéant pour passer la Moselle. Deux prisonniers que l'on m'amène, et que je fais interroger, annoncent des pertes énormes dans l'armée prussienne. D'un autre côté, des renseignements me disent que l'armée ennemie est restée en position à Vionville, compacte et résolue ; on ajouta que ce sont des Bavarois qui occupent cette localité.

Le maréchal de France, commandant le sixième corps,

CANROBERT.

Je rendis compte à l'Empereur en ces termes :

Metz, 17 août.

J'ai eu l'honneur d'écrire à l'Empereur hier soir pour informer Votre Majesté de la bataille soutenue, de neuf heures du matin à neuf heures du soir, contre l'armée prussienne, qui nous attaquait dans nos positions de

Doncourt à Vionville. L'ennemi a été repoussé, et nous avons passé la nuit sur les positions conquises. La grande consommation qui a été faite de munitions d'artillerie et d'infanterie, la seule journée de vivres qui restait aux hommes, m'ont obligé à me rapprocher de Metz, pour réapprovisionner au plus vite nos parcs et nos convois.

J'ai établi l'armée du Rhin sur les positions comprises entre Saint-Privat-la-Montagne et Rozerieulles. Je pense pouvoir me remettre en marche après-demain, en prenant une direction plus au nord, de façon à venir déboucher sur la gauche de la position d'Haudiomont, dans le cas où l'ennemi l'occuperait en forces pour nous barrer la route de Verdun, et pour éviter les combats inutiles qui retardent notre marche. Le chemin de fer des Ardennes est toujours libre jusqu'à Metz, ce qui indique que l'ennemi a pour objectif Châlons et Paris. On parle toujours de la jonction des armées des deux princes. Nous avons devant nous le prince Frédéric-Charles et le général Steinmetz.

J'écrivais ces dépêches selon l'impression du moment et les nouvelles que je recevais de la frontière. Aussi, quel fut mon étonnement quand j'entendis me reprocher cette rédaction, qui rendait cependant bien mes idées du moment! On voulut y lire l'arrière-pensée de ne pas exécuter les instructions de l'Empereur. Quelle absurdité! J'avais tout à gagner en essayant de faire jonction avec les troupes du maréchal de Mac-Mahon placé sous mes ordres, car j'aurais repris l'offensive à la tête de 250.000 hommes. Était-ce donc une ambition malsaine? Mais pour cela, il ne fallait perdre ni son temps, ni ses hommes inutilement; il fallait, surtout, éviter un échec qui aurait été très préjudiciable aux démarches diplomatiques tentées par l'Empereur. Je ne saurais trop le répéter, ma pensée, en établissant l'armée du Rhin sur les positions de Rozerieulles à Amanvillers, donnant les ordres les plus précis *pour que ces lignes soient très solidement fortifiées*, était d'y attendre l'ennemi. Les combats précédents m'avaient montré qu'une bataille défensive, peut-être deux, dans des positions que je considérais comme inexpugnables une fois couvertes par des fortifications passagères, useraient les forces de mes adversaires, en leur faisant éprouver des pertes considérables, qui, répétées coup sur coup, l'affaibliraient assez pour l'obliger à me livrer passage, sans pouvoir s'y opposer sérieusement.

En me maintenant sur le plateau, à bonne portée de la place de Metz pour le ravitaillement, je me réservais toutes facilités pour m'engager dans la direction de Briey, par où j'aurais cherché à gagner la Meuse.

J'espérais pouvoir entreprendre cette nouvelle opération le 19 ou le 20. Quant à la route de Thionville, qui chemine dans la vallée de la Moselle, non seulement elle me présentait le danger d'être canonnée par les deux rives, l'ennemi ayant des troupes sur la rive droite, mais elle m'écartait considérablement de mon objectif. La situation me parut tellement grave sous le rapport des approvisionnements et des munitions, que je fis partir M. l'intendant de Préval pour presser les convois de subsistances, ainsi qu'un de mes aides de camp, le commandant Magnan, afin d'exposer l'état des choses à l'Empereur.

Ici se produit un incident qui a eu de fâcheuses conséquences pour l'entente des opérations, et qui doit être signalé.

En même temps, c'est-à-dire le même jour 17, le maréchal de Mac-Mahon nommé par l'Empereur au commandement de l'armée de Châlons, m'envoya le commandant Broye, un de ses aides de camp qui, une fois arrivé à Verdun, fut rappelé à Châlons sans accomplir cette mission si importante; le résultat d'un entretien avec cet officier aurait probablement modifié les opérations de la fin d'août.

Voici la lettre du commandant à la question que je lui avais posée :

Versailles, 4 *avril* 1872.

La mission dont vous me parlez n'a reçu, en effet, qu'un commencement d'exécution. Le 17 août, le Maréchal ayant été nommé par l'Empereur au commandement de l'armée de Châlons, me fit partir du camp dans l'après-midi pour aller prendre les instructions du maréchal Bazaine sous les ordres duquel il était placé, et que, d'après les derniers renseignements reçus, il supposait sur le point d'arriver à Verdun. Je profitai d'un train qui conduisait dans cette ville un détachement du génie, et je comptais prendre une voiture pour continuer ma route, si c'était nécessaire ; mais en descendant de wagon, le chef de gare me remit une dépêche de M. le maréchal de Mac-Mahon, qui me prescrivait de rentrer immédiatement au camp. Le Maréchal avait reçu depuis mon départ, une dépêche qui l'informait des événements du 16, et de la retraite sur Metz. La voie ferrée n'étant pas libre, je ne pus rentrer au camp que le 18 dans la journée.

Il était environ dix heures du soir quand j'arrivai à Verdun le 17.

Agréez, etc.

L. Broye.

Le commandant Magnan était parvenu au camp de Châlons, avait été reçu par l'Empereur, et devait revenir immédiatement, muni de ses instructions. Le médecin en chef, et l'aumônier en chef de l'armée devaient revenir avec lui; mais retenu à dîner, il perdit du temps, et à son retour, trouva la ligne coupée dans les environs de Longwyon; malgré les travestissements, les stratagèmes et surtout son bon vouloir, il ne put réussir à rentrer au camp sous Metz. Le général Rivière l'a accusé de ne pas avoir fait tout son possible.

Si M. le maréchal de Mac-Mahon avait fait prendre à son aide de camp la voie des Ardennes, il serait arrivé à Metz, et m'aurait renseigné sur les projets du Maréchal et sur les mouvements de l'ennemi dans cette zone; il n'en fut rien malheureusement, et *dans sa déposition, le Maréchal ne dit pas avoir rappelé le commandant Broye.* Comme on m'aurait attaqué, si cela m'était arrivé!

Je tenais l'Empereur au courant de notre situation.

Le maréchal Bazaine à l'Empereur et au ministre de la guerre.

Plapeville, 17 *août.*

J'ai l'honneur de confirmer à l'Empereur ma dépêche télégraphique en date de ce jour, et de joindre à cette lettre copie de celle que j'ai adressée à Votre Majesté hier au soir à onze heures. On dit aujourd'hui que le roi de Prusse serait à Pange ou au château d'Aubigny; qu'il est suivi d'une armée de 100.000 hommes, et, qu'en outre, des troupes nombreuses ont été vues sur la route de Verdun et à Monts, sur les côtes.

Ce qui pourrait donner une certaine vraisemblance à cette nouvelle du roi de Prusse, c'est qu'en ce moment où j'ai l'honneur d'écrire à Votre Majesté, les Prussiens dirigent une attaque sérieuse sur le fort de Queuleu. Ils auraient établi des batteries à Magny, à Mercy-le-Haut et au bois de Pouilly. Dans ce moment le tir est même assez vif. Quant à nous, les corps sont peu riches en vivres (parce qu'on évitait d'en prendre dans les magasins de la place). Je vais tâcher d'en faire venir par la ligne des Ardennes qui est encore libre. M. le général Soleille que j'ai envoyé visiter l'arsenal, me rend compte qu'il est peu approvisionné en munitions (ceci doit s'entendre en dehors de la dotation de la place), et qu'il ne peut délivrer que 800.000 cartouches, ce qui pour nos soldats est affaire d'une journée. Il y a également un petit nombre de coups pour pièces de quatre; et enfin il ajoute que l'établissement pyrotechnique n'a pas les moyens nécessaires pour confectionner des cartouches. M. le général Soleille a demandé à Paris ce qui est indispensable pour remonter l'outillage ; mais cela arrivera-t-il à temps?

Les régiments du corps du général Frossard n'ont plus d'ustensiles de campement et ne peuvent faire cuire leurs aliments. Nous allons faire tous nos efforts pour reconstituer nos approvisionnements de toutes sortes, afin de reprendre notre marche dans deux jours, si cela est possible : je prendrai la route de Briey ; nous ne perdrons pas de temps à moins que de nouveaux combats ne déjouent mes combinaisons.

Ci-joint une note du général Soleille indiquant le peu de ressources qu'offre l'arsenal de Metz qui, je crois, devait être transporté à Bourges, devenu arsenal central.

Le 18 août, vers dix heures du matin, je fus prévenu que l'ennemi apparaissait en grand nombre, sans être pourtant agressif; je n'en réitérai pas moins mes ordres de précautions défensives, surtout au maréchal Canrobert.

Metz, 18 août, 10ʰ du matin.

Monsieur le maréchal Le Bœuf m'informe que les forces ennemies qui paraissent considérables, semblent marcher vers lui ; mais à l'instant où je vous écris, il m'envoie l'extrait ci-joint du rapport de ses reconnaisances. Quoi qu'il en soit, *installez-vous le plus solidement possible sur vos positions;* reliez-vous avec la droite du quatrième corps ; que les troupes soient campées sur deux lignes et sur un front le plus restreint possible. Vous ferez également bien de faire reconnaître les routes qui de Marange viennent déboucher sur votre *extrême droite*, et je prescris à M. le général de Ladmirault d'en faire autant par rapport au village de Norroy-le-Veneur. Si, par hasard, l'ennemi, se prolongeant sur notre front, semblait vouloir attaquer sérieusement Saint-Privat-la-Montagne, prenez toutes les dispositions de défense nécessaires pour y tenir, et permettre à l'aile droite de faire un changement de front, afin d'occuper les positions en arrière, si c'était nécessaire, positions *qu'on est entrain de reconnaître*. Je ne voudrais pas y être forcé par l'ennemi, et si ce mouvement s'exécute, ce ne sera que pour rendre les ravitaillements plus faciles, donner une plus grande quantité d'eau aux animaux, et permettre aux hommes de se laver, ainsi que leur linge. Votre position nouvelle doit vous rendre vos ravitaillements plus faciles par la route de Woipy. Profitez du moment de calme pour demander et faire venir tout ce qui vous est nécessaire. J'apprends que la viande a été refusée hier soir parce qu'elle était trop avancée. Nous n'en sommes pas aux économies, et l'intendant aurait bien pu faire abattre de façon à donner de la viande fraîche.

Je vous envoie la brigade de cavalerie du général Bruchard, qui sera provisoirement détachée du troisième corps, jusqu'à ce que la division de cavalerie qui vous est destinée soit reconstituée.

Je pense que votre commandant d'artillerie a reçu les munitions nécessaires pour compléter vos parcs et caissons.

M^{al} BAZAINE.

C'est dans l'après-midi seulement que je sus, par des sous-officiers qui avaient été envoyés en vigie au fort Saint-Quentin, que nous étions attaqués sur toute la ligne. Je me rendis sur le plateau, où, tout en me rapprochant du champ de bataille, je restais à portée du télégraphe établi au fort de Plappeville (ou des Carrières) par lequel m'arrivaient les renseignements de l'observatoire établi sur le clocher de la cathédrale de Metz. J'étais aussi au meilleur point pour observer la vallée en amont. L'ennemi ayant laissé un corps d'armée sur la rive droite, je craignais un mouvement tournant le long de la Moselle, sur notre aile gauche. On apercevait, en effet, de fortes masses ennemies qui traversaient le pont d'Ars-sur-Moselle, et s'engageaient sur la route de la rive gauche, semblant se diriger vers Metz. Je devais prendre les précautions les plus complètes pour parer à un évènement qui, en nous isolant, eût gravement compromis notre situation, surtout alors que notre ravitaillement n'était pas terminé. Les forts détachés de Metz, inachevés et dont l'armement n'était pas complet, étaient hors d'état de rendre des services sérieux et prolongés, et ce fut avec des batteries prises dans la réserve générale qu'il me fallût couvrir la vallée. Une opération semblable était nécessaire, en avant et à droite du fort de Plappeville, afin de commander la route de Sainte-Marie-aux-Chênes à Woipy (que, contrairement à mes instructions, M. le maréchal Canrobert avait fait occuper), débouché du plateau dans la vallée de la Moselle pour notre aile droite.

J'envoyai le régiment d'artillerie à cheval de la Garde, et

deux batteries de douze de la réserve générale au sixième corps.

Une des brigades des voltigeurs de la Garde (brigade Brincourt) appuya la division Aymar (quatrième du troisième corps) tandis que la deuxième brigade des voltigeurs occupait en arrière les abords du col de Lassy. Enfin, la division de grenadiers partit à trois heures sous les ordres du général Bourbaki, ayant pour instructions de se mettre en communication avec le maréchal Canrobert et le général de Ladmirault.

Note du colonel Melchior, chef d'état-major de l'artillerie de la garde-impériale.

Le 18 août à dix heures du matin, le maréchal Bazaine envoya au général Pe de Aros [1], l'ordre d'envoyer des sous-officiers intelligents au fort Saint-Quentin pour examiner la plaine de la Moselle et lui rendre compte des mouvements de l'ennemi.

Le colonel Melchior plaça lui-même ces sous-officiers et leur donna des instructions. Lui-même se porta sur la droite du fort et, examinant la route d'Ars, vit l'avant-garde prussienne, au bas de Sainte-Ruffine, escalader les hauteurs; sur place, il en donna avis au Maréchal par un billet au crayon.

A une heure, deux heures et trois heures les sous-officiers allèrent successivement rendre compte au Maréchal que des masses considérables passaient la Moselle et montaient par la vallée de Gorze.

Le Maréchal arriva alors sur les deux heures au fort Saint-Quentin.

Le 18, à six heures du soir, lorsque la réserve d'artillerie de la Garde, appelée en toute hâte, passa devant le Maréchal près du fort des Carrières, il dit à l'aide de camp du général Pe de Aros: *Il y a de l'émotion à la droite, et votre présence rétablira la situation.* (Le Maréchal ne pouvait donc pas, en envoyant l'artillerie, avoir dit à l'infanterie de rentrer [2].)

C'est le colonel Melchior qui, ayant pris les ordres de son général, précéda la colonne pour aller prendre au plus tôt les ordres du général Bourbaki qui lui prescrivit d'aller le plus en avant possible et de tirer entre Amanvillers et Saint-Privat.

Il était sept heures et demie du soir, il faisait encore jour, lorsque deux batteries divisionnaires des grenadiers et deux batteries de la réserve à cheval de la Garde se mirent en batterie à hauteur de la pointe du bois qui sépare le plateau d'Amanvillers de la route de Saulny, la gauche dirigée vers Montigny-la-Grange.

---

1. Commandant l'artillerie de la garde-impériale.
2. J'avais, au contraire, dit au commandant de Beaumont DE RESTER!

Le feu s'ouvrit à 1.200 mètres des batteries prussiennes et à portée de mitraille des tirailleurs prussiens qui montaient de Sainte-Marie vers le bois.

Après 500 coups de canon, le feu de l'ennemi cessa et le plateau fut conservé par la division des grenadiers et par la division de Gondrecourt qui avait appuyé l'artillerie placée fortement en avant d'elle. Les Prussiens avaient même abandonné Amanvillers où on alla, vers onze heures du soir, chercher des sacs abandonnés du quatrième corps, ce dont le général commandant ne rendit pas compte.

Les rapports que j'avais reçus durant la journée n'étaient pas inquiétants; j'avais bien aperçu quelques fuyards du côté de Woipy, mais je me bornai à croire ces rapports officiels, et c'est sous leur impression que, recevant une dépêche de l'Empereur qui me demandait s'il fallait laisser à Verdun le grand approvisionnement qui y était, je répondis à Sa Majesté :

Metz, 18 août, 7^h 50 du soir.

J'ignore l'importance des approvisionnements de Verdun, je crois qu'il est nécessaire de n'y laisser que ce dont j'aurai besoin si je parviens à gagner la place.

J'arrive du plateau, l'attaque a été très vive ; en ce moment, sept heures, le feu cesse. Nos troupes sont restées constamment sur leurs positions. Un régiment, le 60°, a beaucoup souffert en défendant la ferme de Saint-Hubert.

Cependant à la nuit, un effort suprême de l'ennemi sur Saint-Privat-la-Montagne, joint à un mouvement tournant tenté sur notre droite après la prise de Saint-Marie-aux-Chênes, rendit la position intenable, et le sixième corps dut évacuer ce point.

L'action fut des plus meurtrières pour l'ennemi qui nous attaqua avec des forces très supérieures et une artillerie formidable (650 pièces et 250.000 hommes, lorsque nous ne pouvions mettre en ligne que 100.000 hommes et 450 bouches à feu). J'espérais que mes ordres réitérés de *s'établir solidement* auraient été mis à exécution, et alors, les fortifications passagères dont les flanquements auraient été armés de mitrailleuses, auraient suppléé au nombre; mais on n'en fit rien, et quand M. le maréchal Canrobert me fit dire à huit heures et demie du soir, que *c'était un désastre*, il était trop tard pour y remédier.

Nos pertes dans la journée du 18 août, dite défense des lignes d'Amanvillers, se montèrent à 12.273 hommes, 589 officiers dont les généraux de Golberg, Henry, Bellecourt, Colin, Pradier, blessés, et Plombin disparu à la prise de Sainte-Marie-aux-Chênes.

Les pertes de l'ennemi furent de 815 officiers, 19.759 soldats.

Me conformant aux instructions contenues dans le titre XIII du *Service en campagne* qui prescrivent : « Le commandant en chef prescrit à l'avance les dispositions à suivre en cas d'insuccès; il indique aux officiers généraux et aux chefs de corps, les mouvements qu'ils auraient à faire dans les différentes chances qu'on peut prévoir et les positions qu'ils devraient successivement occuper, etc. » (Page 129 du *Service en campagne*).

J'avais envoyé M. le colonel Lewal, de l'état-major général, reconnaître les positions en arrière des lignes d'Amanvilliers, et les routes qui y conduisaient pour qu'en cas d'une retraite forcée les commandants des corps d'armée sachent où diriger leurs troupes ; j'adressai à cet effet, à chacun d'eux, les instructions ci-après, qui n'étaient que prévisions.

Quel grief n'en tire-t-on pas contre ma pensée! «C'était la preuve que je ne voulais pas m'éloigner de Metz»..... et beaucoup d'autres balivernes plus absurdes et malveillantes les unes que les autres. Cela ne prouve qu'une chose, c'est que les médisants ne connaissaient pas le règlement sur le service en campagne, et je n'en fus pas étonné.

Grand quartier général de *Plappeville*, 18 *août* (sans heure de l'envoi).

Monsieur le Maréchal,

La Garde restera provisoirement dans ses campements, elle aura en avant d'elle et sur la gauche le troisième corps.

Le deuxième corps se portera par la grande route de Metz, en arrière de Longeville, s'établira perpendiculairement à la route, la droite à la montagne du Saint-Quentin. Il placera de forts avant-postes en avant de Longeville ; il aura, en avant de son extrême droite, la gauche du troisième corps établie à Sey ; et en arrière, la division de cavalerie de Forton.

Le troisième corps prendra les deux routes qui aboutissent à Châtel-Saint-Germain, et viendra occuper le plateau de Plappeville, de la manière suivante : son extrême gauche aux villages de Sey et de Lessy, son centre sur le plateau de Plappeville, et sa droite au village de Lorry.

Le commandant du troisième corps est informé qu'il ne doit pas se servir de la route de Saint-Privat à Plappeville, par les bois de Lorry, car elle est réservée aux mouvements du quatrième corps; il aura à sa gauche le deuxième corps, et à sa droite le quatrième corps.

Le quatrième corps aura sa gauche en peu au delà de Lorry, poussant sa droite jusqu'au Sansonnet par l'arête du côteau du Coupillon; à sa gauche sera le troisième corps, et à sa droite le sixième corps.

Le sixième corps prendra la route de Briey pour venir occuper la nouvelle position, sa gauche au Sansonnet et sa droite au saillant nord du fort Moselle; il aura à sa gauche le quatrième corps.

La division du Barrail sera provisoirement attachée au sixième corps, et campera avec lui; un de ses régiments sera toujours chargé d'éclairer la route de Thionville par de petits détachements poussés très au loin.

Une distribution de vivres sera faite aussitôt que possible; les voitures rechargées, et toutes préparées ainsi que les bagages, etc.

En avant des positions occupées par les corps d'armée, des travaux de défenses accessoires, tranchés-abri et épaulements, devront être faits avec la plus grande hâte, aussitôt que les mouvements seront terminés.

Agréez, M. le maréchal commandant en chef, etc.

BAZAINE.

Extrait du dossier envoyé
par M. le général Henri, chef d'état-major
du sixième corps.
Le lieutenant-colonel d'état-major,
LONCLAS.
Aide de camp du M^{al} Canrobert.

Pour copie conforme :
Le greffier du premier Conseil de guerre,
ALLA.

C'est donc le maréchal Canrobert qui, tout en ne signant pas, a fait de cette pièce un grief contre son chef !

Le 19 août, toute l'armée dut suivre le mouvement prononcé par le sixième corps, la veille dans la soirée, pour occuper les positions désignées entre la place et les forts du Saint-Quentin et de Plappeville. J'adressai à l'Empereur la dépêche ci-après :

Ban-Saint-Martin, 19 août.

L'armée s'est battue hier toute la journée sur les positions de Saint-Privat-la-Montagne à Rozerieulles, et les a conservées jusqu'à neuf heures du soir, moment où le sixième et le quatrième corps ont fait un changement de front, l'aile droite en arrière, pour parer à un mouvement tournant par la droite que des masses ennemies tentaient d'opérer à l'aide de l'obscurité. Ce matin, j'ai fait descendre de leurs positions le deuxième et le troisième corps, et l'armée est de nouveau groupée sur la rive gauche de la Moselle, de Longeville au Sansonnet, formant une ligne courbe passant derrière les forts de Saint-Quentin et de Plappeville. Les troupes sont fatiguées de ces combats incessants, qui ne leur permettent pas les soins matériels; il est indispensable de les laisser reposer deux ou trois jours.

Le roi de Prusse était ce matin à Rezonville avec le général de Moltke, et tout indique que l'armée prussienne va tâter la place de Metz. Je compte toujours prendre la direction du nord, et me rabattre ensuite par Montmédy sur la route de Sainte-Ménéhould à Châlons, si elle n'est pas fortement occupée; dans ce cas, je continuerais sur Sedan et Mézières pour gagner Châlons.

Voici quel était le dispositif de l'armée allemande le 17, dans la nuit, et le 18 août, au matin:

Le neuvième corps, sur le plateau à l'ouest du bois de Vionville.

Le troisième corps avec la sixième division de cavalerie, à Vionville, Flavigny; une partie du corps à Buxières, Chambley.

Le dixième corps, à Tronville; derrière lui, la cinquième division de cavalerie.

Le douzième corps, au sud de Mars-la-Tour et à Puysieux.

Le corps de la Garde, au sud de Hannonville-au-passage.

Le deuxième corps, en marche de Pont-à-Mousson, où il était arrivé la veille, 17.

Le quatrième corps à Boucq (près Toul).

Dispositions pour le 18 (données à cinq heures du matin):

Le douzième corps prendra de suite place comme échelon du flanc gauche; derrière lui et à droite, le corps de la Garde; derrière celui-ci et à droite, le neuvième corps. (Le mouvement commencera à six heures.)

Le douzième corps prendra sa direction sur Jarny; la Garde sur Doncourt; le neuvième passera entre Vionville et Rezonville laissant Saint-Marcel à gauche.

Suivront en seconde ligne, se dirigeant sur les intervalles de la première ligne: à droite, le troisième corps; à gauche, le dixième corps, ainsi que la sixième division de cavalerie sous les ordres du commandant du troisième corps, et la cinquième sous ceux du commandant du dixième corps.

L'artillerie de corps, du troisième corps, restera à la disposition du commandant en chef de l'armée.

A droite, à côté de la deuxième armée, marchera la première armée; le huitième corps, à droite et à l'arrière du neuvième; et le septième contre Metz.

A dix heures du matin :

Le douzième corps à Jarny.

Le corps de la Garde en marche sur Doncourt.

Le neuvième corps à Caubre avec des avant-postes jusque sur la ligne du bois de Genivaud-Verneville et du bois Doseillons.

Le dixième corps et la cinquième division de cavalerie à Mars-la-Tour, Tronville.

Le troisième corps et la sixième division à Vionville.

Le deuxième corps en marche de Pont-à-Mousson vers Buxières.

La conversion à droite commencée par le neuvième corps et le corps de la Garde.

Dispositions à midi :

L'ennemi se trouve sur les hauteurs de Leipsig et dans les bois de Vaud, il y sera attaqué par :

Le corps de la Garde, par Amanvillers.

Le onzième corps, par la Folie.

Le septième et huitième, de front.

En seconde ligne :

Le douzième corps, sur Sainte-Marie-aux-Chênes.

Le dixième   —   — Saint-Alil.

Le troisième   —   — Verneville.

Le deuxième   —   — Rezonville.

A une heure et trois quarts, le neuvième corps a déjà engagé un combat d'artillerie au bois Doseillons.

Trois corps de la deuxième armée : la Garde, le douzième et le dixième, sont disponibles ; et comme réserve au neuvième corps, le troisième corps.

A trois heures et demie, Sainte-Marie-aux-Chênes est prise par la vingt-quatrième division.

A cinq heures et demie, la Garde commence l'attaque de Saint-Privat.

A six heures, le douzième corps arrive sur les hauteurs de Montois-la-Montagne et se dirige sur Roncourt, qu'il occupe vers six heures et demie.

Le dixième corps reçoit à cinq heures l'ordre de soutenir l'attaque de la Garde et se porte de Bailly sur Saint-Alil.

A sept heures et quart le troisième corps reçoit l'ordre d'envoyer une division entre la Garde et le douzième corps, et l'autre en réserve derrière le flanc gauche du neuvième corps.

A six heures et demie, le commandant du deuxième corps fait part que la troisième division est prête à entrer au feu depuis quatre heures, et la quatrième depuis six heures.

A sept heures il reçoit l'ordre d'entrer en ligne d'après ses propres appréciations.

Saint-Privat est pris entre sept heures et demie et huit heures.

L'attaque de la Garde contre Saint-Privat est le signal pour le neuvième corps d'attaquer Amanvillers.

Le troisième corps le soutient avec son artillerie.

Sur le flanc droit, les parties de la première armée (septième et huitième corps) combattent sur la ligne Le Point-du-Jour, Moscou, Leipsig, depuis midi. Le deuxième corps y est engagé plus tard.

Neuf corps d'armée sont énumérés dans cet exposé, comme ayant pris part à la bataille du 18 août, contre les quatre corps français, dont deux étaient incomplets.

Le ministre de la guerre au maréchal Bazaine.

Paris, 18 *août,* 10^h 45 (expédiée à 11^h 50 du matin).

Les renseignements que je vous ai adressés hier sur une concentration de l'ennemi à Saint-Mihel, et surtout à Apremont sont confirmés.

Le préfet de la Meuse est informé de l'arrivée à Void d'une avant-garde prussienne, qui se dit suivie du prince Albert, et se dirigent *sur Châlons.*

Le général de Failly me télégraphie qu'un corps considérable prussien, a fait séjour le 16 à Bayon et qu'il fait préparer à Charmes, sur Moselle, 25.000 rations pour une autre colonne.

Le maréchal de Mac-Mahon au maréchal Bazaine.

Camp de Châlons, 16 *août*, 8ʰ 30 du matin.

Demain soir toutes les troupes sous mes ordres seront réorganisées. Failly est à Vitry-le-Français; Margueritte, avec une division à Sainte-Ménéhould. Si l'armée du Prince royal arrive en forces sur moi, je prendrai position entre Épernay et Reims de manière à me rallier à vous, ou à marcher sur Paris, si les circonstances me forcent à le faire.

Ça n'est pas, probablement, par le contenu de cette dépêche, que M. le maréchal de Mac-Mahon a cru m'avoir mis au courant de l'organisation de son armée et de son effectif.

Le maréchal Bazaine au maréchal de Mac-Mahon.

Bar-sur-Aube, 18 *août*, 10ʰ 50 du matin.

Je reçois votre dépêche du 16 août, ce matin seulement. Le ministre de la guerre vous aura donné des ordres, vos opérations étant en *dehors de ma zone d'action* pour le moment, et je craindrais de vous indiquer une fausse direction.

C'était lui faire comprendre qu'il s'était éloigné de moi.

Le ministre de la guerre devait effectivement envoyer des instructions, ce qu'il a fait, du reste, sous forme de conseils en l'engageant à prendre Verdun pour objectif, d'où le Maréchal aurait pu, avec plus de facilité, faire une diversion en faveur de l'armée sur le point d'être complètement investie. C'était convenu avec l'Empereur, dans le cas probable d'une interruption des communications en avant, celles en arrière restant libres. Le général de Failly commandant le cinquième corps était sous les ordres du maréchal de Mac-Mahon qui ne lui envoyant pas d'ordres m'en référa.

Au général de Failly, à Neuilly-l'Évêque.

Metz, 18 *août*.

Je reçois aujourd'hui votre dépêche du 15, et ne puis répondre à votre demande de séjour. C'est à vous de régler votre marche, selon les événements.

Une Commission fut nommée au 64ᵉ de ligne, composée d'officiers du corps, sous la présidence du lieutenant-colonel, et c'est ce Rapport de la Commission que nous insérons dans cet historique, parce qu'il est vrai.

Ce Rapport sur les faits relatifs au 64ᵉ de ligne de la deuxième division du quatrième corps d'armée, expose simplement les incidents de la campagne de 1870, ainsi que les épreuves que subit en campagne le soldat, *bivouaqué* au lieu *d'être cantonné*.

RAPPORT DE LA COMMISSION.

21 juillet 1870.—*Départ de Calais*. Le 21 juillet, le 2ᵉ bataillon, commandant Lefebvre, du 64ᵉ, les 5ᵉ et 6ᵉ compagnies du 3ᵉ bataillon, commandant Le Moüel, partent de Calais en chemin de fer, suivis par un second train qui amène le reste du 3ᵉ bataillon de Saint-Omer, et prend en route le 1ᵉʳ bataillon, commandant Plan, à Montreuil. Les deux trains arrivent à Thionville dans la soirée du 22 juillet, et le régiment va camper sur les glacis de la place, à gauche de la porte des Allemands, où se trouve aussi le 98ᵉ qui fait avec lui la 2ᵉ brigade de la 2ᵉ division.

Le général Pradier a été nommé au commandement de cette brigade. La division est commandée par le général Roze et fait partie du quatrième corps d'armée, sous les ordres du général de Ladmirault.

La 1ʳᵉ brigade, commandée par le général Véron, dit Bellecourt, comprend le 13ᵉ et le 43ᵉ de ligne, plus le 5ᵉ bataillon de chasseurs à pied.

La première division du corps d'armée était commandée par le général de Cissey, et comprenait, la 1ʳᵉ brigade : 1ᵉʳ et 6ᵉ de ligne, 20ᵉ bataillon de chasseurs ; la 2ᵉ brigade : 57ᵉ et 73ᵉ de ligne.

La 3ᵉ division, ayant pour chef le général de Lorencez, se composait du 15ᵉ et du 33ᵉ de ligne et du 2ᵉ bataillon de chasseurs, formant la 1ʳᵉ brigade ; et du 65ᵉ et 54ᵉ de ligne formant la 2ᵉ.

23 juillet. — La journée est employée *à compléter l'organisation du régiment*. Le 1ᵉʳ bataillon et les *quatre premières compagnies* du 3ᵉ *bataillon touchent leur campement*. Les autres fractions l'avaient reçu avant le départ.

24 juillet. — Le général Pradier passe la revue du régiment.

25 juillet. — Un ordre de la division fait connaître que le général Roze, par suite de maladie, est obligé de quitter le commandement de la division que le général Bellecourt de la 1ʳᵉ brigade exerce par intérim.

26 et 27 juillet. — Ces journées sont passées au camp de Thionville, on se prépare au départ.

28 juillet. — Le général Pradier vient au camp pour donner les ordres nécessaires au départ du 1ᵉʳ bataillon. Ce bataillon, commandant Plan, quitte Thionville à quatre heures du soir et arrive ce soir même à Kœnigsmacker.

Il établit son camp sur la lisière nord du village, où il reste jusqu'au 31 juillet.

29 juillet. — Le 2ᵉ bataillon, commandant Lefebvre, quitte Thionville à cinq heures du matin et se rend à Kédange.

30 juillet. — Chaque bataillon conserve son bivouac.

31 juillet. — Le 3ᵉ bataillon, commandant Le Moüel, part de Thionville à trois heures du soir. On venait d'abattre les tentes, lorsqu'un violent orage éclate. La pluie torrentielle mouillant les toiles et les sacs augmente encore la charge déjà considérable du soldat; on avait distribué à chaque homme *huit jours de vivres*.

Ce bataillon avec l'état-major rallie à Kédange le 1ᵉʳ bataillon venu de Kœnigsmacker. Ce deux bataillons en tête desquels marche le général de brigade, arrivent à une heure avancée de la soirée au delà de Hombourg, à environ trois kilomètres de Kédange, sur la route de Bouzonville, et campent au bord du chemin dans un terrain détrempé par la pluie, sans pouvoir faire la soupe et le café à cause de l'éloignement de l'eau. Néanmoins ces pénibles circonstances ne donnent aucun résultat fâcheux pour la santé des hommes.

1ᵉʳ août. — Le 2ᵉ bataillon, commandant Lefebvre, qui a été maintenu dans son bivouac de Kédange, rejoint la colonne vers six heures du matin, quand on quitte le bivouac d'Hombourg.

Le régiment arrive à Boulay entre trois et quatre heures de l'après-midi, et établit son bivouac dans une plaine à droite de la route et à un kilomètre de Boulay.

2 et 3 août. — Les journées sont passées au bivouac de Boulay.

Le régiment reçoit un *détachement du dépôt qui élève son effectif à 66 officiers et 1887 hommes de troupe* (629 hommes par bataillon).

4 août. — Le régiment part à sept heures et demie de matin pour Téterchen, par un temps de brouillard. Il arrive dans ce village à neuf heures.

Ordre est donné de *verser les shakos à la mairie*[1]. Le général fait ensuite prendre position, à la sortie du village, à droite de la route de Sarrelouis, sur un versant à pente très raide, couronné par un bois taillis. Les hommes ont ordre de faire le café. A quatre heures on quitte le bivouac et, laissant la route de Sarrelouis, le régiment prend celle de Bretnach.

A six heures un nouveau camp est choisi dans *des terres labourées* à 600 mètres de Bretnach, sur la gauche de la route allant de Bretnach à Bouzonville.

5 août. — Un ordre général annonce la nomination au commandement de la division de M. le général Grenier qui entre en fonctions le lendemain.

6 août. — La brigade prend la route de Téterchen à dix heures et demie;

---

1. Pour empêcher les soldats de les jeter.

elle quitte cette route à l'embranchement de celle de Sarrelouis. Le 64ᵉ est installé sur les hauteurs en arrière de Tromborn, la gauche appuyée à la route et la droite au bois de Falk. A la gauche du régiment est une section d'artillerie ; à sa droite et un peu en arrière, le bataillon de chasseurs.

La position a été choisie par le général Pradier ; elle offre l'avantage d'un champ de tir très étendu.

La 1ʳᵉ compagnie du 3ᵉ bataillon, capitaine Darzens, se trouvait de grand'garde à 600 ou 800 mètres en avant de Tromborn, à droite de la route de Sarrelouis.

A droite de cette compagnie en était une autre du 1ᵉʳ bataillon, commandant Plan, placée dans un ravin et masquée par le bois de Falk.

Vers sept heures du soir on prend les armes ; le maire de Merten est venu annoncer l'approche des Prussiens. Le général commandant la division envoie l'ordre de se porter vers les défilés où l'ennemi est signalé. Le général de brigade s'engage dans les bois qui couvrent la contrée, après s'être mis en relation avec la 1ʳᵉ brigade à laquelle on a également donné l'alarme. Les troupes restent une heure environ sous bois, pendant qu'une reconnaissance est poussée en avant par le 5ᵉ chasseurs ; le 13ᵉ et le 43ᵉ sont devant nous.

Les Prussiens ne paraissant nulle part, ordre est donné de rentrer au camp. Alors la nuit est venue, et avec la nuit, une forte pluie d'orage ; le 64ᵉ retrouve son camp inondé, une partie des tentes ont été abattues par l'ouragan. Les hommes s'arrangent de leur mieux en attendant le jour qui leur permettra de réparer les désordres causés par le mauvais temps.

6 août. — Le bivouac est levé à quatre heures du matin.

La division se rend à Boucheporn en passant par Téterchen, Coûmes, Ham-sous-Varsberg. La 1ʳᵉ brigade a pris la tête, le 64ᵉ ferme la marche de la 2ᵉ. L'allongement de la colonne dans les chemins étroits et peu frayés de Téterchen à Coûmes, cause de nombreux arrêts dans les derniers pelotons auxquels ils deviennent très pénibles. Toutefois, après le dernier village, la marche devient plus régulière. Pendant une halte d'une heure à Ham-sous-Varsberg, le régiment couvert par le deuxième bataillon, commandant Lefebvre, qui prend position en avant sur la route de Kreutzwalt, fait le café.

Le maire de Kreutzwalt dénoncé par les habitants comme ayant des intelligences avec l'ennemi, fut arrêté avec sa famille, au moment où il passait en voiture. Le régiment reprend sa marche, interrompue un instant par une fausse alerte donnée par un gendarme qui était venu annoncer la présence d'un parti prussien sur nos derrières. Il est six heures du soir, quand le régiment prend possession de son nouveau bivouac sur les hauteurs qui dominent Boucheporn. Les hommes vont à la distribution de la viande qu'ils *n'ont pas reçue depuis deux jours*, et se hâtent de faire la soupe *dont ils ont le plus grand besoin.* Des hauteurs où se trouve le camp on entend distinctement la cannonade de l'affaire de Forbach et on aperçoit la fumée.

7 août. — Dès cinq heures du matin, ordre est donné de lever le camp. Les hommes, sac au dos, impatients et fatigués, *attendent pendant deux heures le départ.*

Les Prussiens prennent la route de Saint-Avold. Le 64e prend position sur les hauteurs en face desquelles débouche la route de Forbach. Il doit concourir à l'action du quatrième corps d'armée réuni sous le commandement du général de Ladmirault, mais de toute la journée, *il ne se fait aucun mouvement.*

Un bruit vague apporte la nouvelle de nos premières défaites, à peine veut-on y croire, tant est grande la confiance de l'armée.

8 août. — A trois heures du matin un cri : *aux armes!* suivi d'une vive fusillade met tout le monde sur pied. Les hommes restent silencieux derrière les faisceaux: *c'est une fausse alerte.* Après un moment, l'ordre est donné de faire les sacs. A dix heures, le 64e suit le mouvement de retraite commencé par les autres troupes. A deux kilomètres de Saint-Avold, le 64e est arrêté et disposé de manière à protéger la retraite, la cavalerie prussienne arrivant à Saint-Avold. Il reprend ensuite la queue de la colonne suivi du 3e dragon.

Après Longeville, et suivant toujours la route de Bionville, se trouvent des hauteurs, positions magnifiques pour le combat. Ces crêtes sont couronnées d'artillerie; l'infanterie ne s'y arrête pas. Après avoir passé ces hauteurs, la colonne traverse une plaine bordée de forêts. Deux cordons de cavaliers placés à 100 ou 200 mètres de la colonne marchent sur chacun de ses flancs. On se demande à quoi peuvent servir ces cavaliers; est-ce pour prévenir un ennemi embusqué dans les bois? Ils sont trop près des troupes, et ne peuvent les garantir. Ce n'est qu'à dix heures de soir que le 64e arrive à Bionville après une marche longue et fatigante. Il campe à trois kilomètres en arrière du village, près de la ferme de Platecourt.

Les hommes qui n'ont fait qu'un café dans la journée, peuvent difficilement se procurer de l'eau et du bois, et sont même forcés d'y renoncer vu l'heure avancée de la nuit et le mauvais temps qui survient.

9 août. — Dans l'après-midi on reçoit l'ordre de faire mouvement, et à cinq heures et demie le régiment prend la route de Saint-Avold à Metz, qu'il quitte après avoir dépassé Corcelles, Chaussy, et vient camper près de Glatigny, à gauche de la route de Metz à Boulay; il bivouaque à sept heures du matin.

10 août. — Le 64e change de bivouac. Après quelques mouvements, il est disposé un peu en avant de son premier emplacement, la gauche du 3e bataillon, commandant Le Moüel, jusqu'au village de Sainte-Barbe et au hameau de Chenby, qui sont tous deux crénelés et mis et état de défense.

11 août. — Dès huit heures du matin, sous une pluie fine et froide, sur une route défoncée par les eaux et les charriots, le régiment vient prendre position en avant du château de Grimont, sous les canons du fort Saint-Julien. Il reçoit quelques renforts de la réserve qui élève *son effectif à 2.550 hommes et 66 officiers*.

12 août. — A six heures et demie du soir, le régiment prend les armes. Le général place les trois bataillons en grand'garde : le 1er à Failly, le 2e à Villers-l'Orme, le 3e à la Salette, avec le colonel.

Deux compagnies du 1er bataillon (5e et 6e) sont détachées à Vany.

13 août. — Dans la matinée, quelques vedettes prussiennes arrivent jusqu'à un avant-poste. On leur tire quelques coups de fusil qui les mettent en fuite ; le restant de la journée, elles se tiennent hors de la portée de nos armes. Les bataillons conservent chacun leur position respective. On s'occupe de *compléter l'instruction des soldats de la réserve arrivés l'avant-veille*.

14 août. — Les éclaireurs de l'ennemi, seuls, sont en vue. A deux heures de l'après-midi, le quatrième corps reçoit l'ordre de passer sur la rive gauche de la Moselle, au moyen des ponts de bateaux établis dans l'île Chambière. Dans son mouvement, le 64e est arrêté sur la route près du château de Grimont, lorsqu'il entend la cannonade commencée vers le village de Noiseville. Bientôt il est porté vers Mey, village à hauteur duquel chaque bataillon en colonne *par division dépose les sacs;* puis, sur l'ordre du général de division, il est rangé en bataille en deuxième ligne d'abord, et bientôt après en première. La droite du 1er bataillon, commandant Plan, est placée derrière un petit bois, la gauche du 3e près de la route de Bouzonville.

Le 2e bataillon, commandant Lefebvre, ne tarde pas à être engagé dans le bois, pour relever le 5e bataillon de chasseurs à pied *qui a épuisé ses munitions*. Il y entre par une conversion à droite, le trouve libre et le dépasse.

Le commandant Lefebvre déploie une compagnie de tirailleurs dans les vignes qui s'étendent de ce côté, dans la direction de Nouilly et Noiseville ; il couvre son front par une nouvelle ligne de tirailleurs, composée de deux compagnies, et conserve les deux qui lui restent près de lui, afin de recevoir l'ennemi par des feux d'ensemble. La 6e compagnie, capitaine Rémy, se trouvait détachée aux vivres. Le 3e bataillon, commandant Le Mouël, se trouvait en arrière des 1er et 2e quand le général Grenier vint en personne donner ordre à son commandant de se porter au *pas de course à Mey*[1], *qui n'était pas occupé, et dont la position était très importante, d'y faire des travaux de défense et de ne rien négliger pour s'y maintenir jusqu'à la dernière extrémité.* Cet ordre fut immédiatement exécuté, mais il ne fut pas possible de faire tous les travaux nécessaires à une défense sérieuse. Les

---

1. C'est ce mouvement offensif inutile qui retarda le passage de la Moselle par le quatrième corps, et par suite, son arrivée en ligne le 16 août, dans la matinée.

habitants avaient abandonné le village en emportant tous les outils. On dut se borner à établir rapidement des barricades vers l'ennemi, qui tenu à distance par les feux partant des toits des maisons et des tirailleurs déployés en avant des clôtures, se retira sans entreprendre une attaque de vive force.

Le 1er bataillon, commandant Plan, envoie successivement ses compagnies en tirailleurs, occupant plusieurs lignes, dont le front va de l'extrémité nord du bois jusque près de la route où est établie une batterie de mitrailleuses. La fusillade est très vive sur ce point, et tient en respect les colonnes prussiennes qui se pressent vers Nouilly. Nos tirailleurs ne cessent d'avancer, se glissant de sillon en sillon, vers le fond du ravin qui sépare les terres labourées de Nouilly; mais le jour baisse, il devient difficile de distinguer l'uniforme des troupes un peu éloignées.

Tout à coup on entend des cris de : *Cessez le feu, nous tirons sur des chasseurs français!* Il y a un moment d'hésitation : le feu cesse, puis recommence, quelques hommes, ayant meilleure vue, affirmant distinguer la plaque du casque prussien. Les colonnes prussiennes qui ont profité de ce moment de répit pour avancer et se montrer dans le bas du ravin, s'arrêtent et se couchent sans presque plus tirer. Cette manœuvre jette de nouveau l'incertitude dans nos rangs.

Les cris de : *Ce sont des français!* reprennent.

Le feu cesse encore, et les Prussiens se hâtent d'avancer vers la pointe du bois; mais on les distingue mieux, et à 150 mètres on les reçoit par une vive fusillade; leur position est critique.

Alors, l'ennemi, au nombre d'une compagnie environ, lève la crosse en l'air. *Ils se rendent!* crie-t-on. Notre feu cesse à peu près complètement. Les Prussiens s'avancent toujours la crosse en l'air, mais avec quelque hésitation et comme des gens étonnés d'en être quitte à si bon marché; puis, dès qu'ils sont à 25 ou 30 mètres de la lisière du bois, ils s'y précipitent au pas de course; en gagnant les bois ils commencent un feu violent qui prend nos tirailleurs en écharpe. *A la bayonnette!* s'écrie-t-on; et la ligne va se précipiter sur eux, quand de l'extrémité sud du bois, du côté de Mey, partent de nouveaux coups de feu.

En voici l'explication : les trois compagnies du 2e bataillon, commandant Lefebvre, lancées en tirailleurs, avaient longtemps lutté contre des masses prussiennes qui se renouvelaient sans cesse. Le commandant Lefebvre leur avait envoyé une compagnie de renfort, puis une section de sa dernière compagnie, qui gardait le drapeau. Il s'aperçut qu'une colonne prussienne suivait la direction du ravin sans tirer et dans l'intention probable de le couper de Mey. Le drapeau qu'il avait près de lui commençait à être menacé. Il voulut ramener la ligne en arrière. Dans ce moment, il perdit un assez grand nombre d'hommes et lui-même fut blessé. Le commandement du bataillon fut pris par le capitaine Desnos (Charles). Quelques instants auparavant le porte-drapeau avait été atteint d'une balle. Le drapeau fut ramassé par le sapeur Sabot et le capitaine Desnos (Eugène), et remis entre les mains de M. Morée, sous-lieutenant. L'ennemi avait pressé nos troupes et était entré à leur suite dans les bois. Ce sont ses feux qui apparurent tout à coup à l'extrémité sud du côté de Mey; pris en flanc, et menacés sur leurs derrières, les tirailleurs qui se trouvaient entre les bois et la route de Bouzonville furent arrêtés dans leur charge à la bayonnette, et se replièrent dans leur première position. Ils se répandirent derrière les haies, et commencèrent le feu. Mais la nuit était venue, et au bout de quelques instants, la fusillade cessa complètement. D'ailleurs l'ennemi menacé à son tour sur ses derrières par une vigoureuse charge à la bayonnette, faite par la division sur la route de Bouzonville vers Nouilly, s'empressa d'abandonner les bois. Les bataillons du 64e se rallièrent au drapeau dans un champ voisin de celui où il avait laissé ses sacs qu'il alla reprendre. Il alla occuper successivement toutes les positions qu'il occupait avant le combat, et revint faire le café sous le fort Saint-Julien; puis, dans la nuit il passa sur la rive gauche de la Moselle et campa dans le voisinage du polygone. Après le combat, la 4e compagnie du 3e bataillon, capitaine Tarbos, fut envoyée en grand'garde dans la plaine située sur la droite de la route allant de Saint-Avold à Metz. On ne savait alors si le régiment camperait ou non à l'endroit où il s'était rallié. Trois petits postes détachés de la compagnie avaient été placés en avant.

Vers une heure du matin un soldat du régiment vint annoncer son départ pour Metz. La compagnie s'étant reformée, gagna Metz, où elle arriva vers sept heures et demie, retardée dans sa marche par les obstacles de toutes sortes qui encombraient la route.

Dans cette affaire, MM. Meunier, lieutenant, Stachino, sous-lieutenant, ont été tués sur le champ de bataille. MM. Lefebvre, chef de bataillon, Mathon et Ducloux, capitaines, et Langlois, ont été blessés mortellement.

Messieurs Guille-Desbuttes, capitaine adjudant-major, Chalamon, capitaine, Panot et Specht, lieutenants (tous deux disparus), Laurent, porte-drapeau, Durand, Grandjean, Kuntzelmann, Deprey et Menon, sous-lieutenants, ont été plus ou moins grièvement blessés; et M. Caillard d'Aillières, lieutenant-colonel, légèrement contusionné.

Les pertes pour la troupe ont été de :

Tués. 22
Blessés . . . . 118 } 249
Disparus. . . . 109

15 août. — La journée se passe au camp.

16 août. — Le 64e part de son bivouac à six heures du matin, en même temps que le reste de la brigade, sous la conduite du général Pradier. Le

soleil promet une chaleur excessive qui, jointe à la poussière couvrant les routes, rendra la journée dure et pénible. Le 64ᵉ prend la route de Briey, qu'il quitte à hauteur de Sainte-Marie-aux-Chênes, pour se diriger sur Doncourt. *Il dépose ses sacs après avoir dépassé ce village*, et marche à travers champs sur Bruville. Les hommes, épuisés par la chaleur et la soif, *quittent leurs rangs et se dispersent espérant trouver de l'eau.* Devant nous se trouvent déjà deux lignes de troupes, entre autres la division du général de Cissey ; on pense donc avoir quelques instants de répit avant d'être engagé ; il n'en est pas ainsi. Le régiment va prendre position en avant de Bruville. Il est environ une heure de l'après-midi. La bataille est engagée sur la gauche dans la direction de Saint-Marcel et de Gravelotte. Le 1ᵉʳ bataillon, commandant Plan, est rangé sous le commandement du lieutenant-colonel Caillard d'Aillières, vers des massifs de bois pour couvrir l'aile droite de l'armée.

Les deux autres bataillons, commandés par le colonel Léger, gravissent les pentes qui font face à Bruville, et s'établissent sur les bords du plateau d'où l'on découvre Mars-la-Tour.

Bientôt ils sont portés en avant, descendant un ravin dont ils montent les pentes opposées et appuient leur droite à un bois que couvre cette partie de la contrée. Ils soutiennent les mouvements d'une batterie française qui mitraille et repousse la cavalerie prussienne. Cependant le Maréchal donne ordre de battre en retraite. L'ennemi, se portant en force sur notre droite, les deux bataillons reviennent prendre leur première position, qu'ils conservent jusque vers cinq heures. Le lieutenant-colonel d'Aillières, voyant les progrès constants de nos lignes, porte en avant le 1ᵉʳ bataillon, commandant Plan, et vient soutenir une de nos batteries, qui, au point où la ligne de faîte du plateau s'infléchit vers le nord, répond au feu d'une batterie prussienne dans la direction de Mars-la-Tour. Il fait descendre le ravin et aborde le bois, qui de l'autre côté nous fait face. Toutefois notre droite étant menacée, il reporte sa ligne sur le plateau qu'on vient de traverser. Un mouvement offensif des Prussiens force un instant notre batterie à se replier. Notre 1ᵉʳ bataillon se porte en avant, commence un violent feu à volonté à genoux et met en complète déroute les colonnes ennemies. La batterie reprend son feu, que le bataillon soutient jusqu'à la nuit.

Pendant le même temps, les 2ᵉ et 3ᵉ bataillons avaient été portés sur la droite, et s'étaient également trouvés face au ravin sur le versant opposé duquel court la route de Mars-la-Tours à Conflans. Deux bois s'étendent de ce côté ; le 3ᵉ bataillon, commandant Le Moüel, aborde celui de gauche ; le 2ᵉ, avec le colonel, celui de droite. Le 64ᵉ agit isolément, *il est impossible de spécialiser les corps qui sont près de nous.*

Le 2ᵉ bataillon, capitaine Desnos, fait connaître l'ennemi embusqué dans les broussailles ; des feux d'ensemble produisent le meilleur effet. Le feu de l'ennemi est sensiblement diminué, et le bois est enlevé par une vigoureuse charge à la bayonnette, conduite par le colonel lui-même. Le bataillon reste maître de la position jusqu'à la fin de la journée.

Le 3º bataillon, commandant Le Moüel, a laissé des tirailleurs contre le bois qui lui est opposé, leur position un peu dominante leur permet de faire de grands ravages dans les rangs ennemis et bientôt le bois, complètement abandonné, nous reste.

La nuit est venue, de tous les côtés le feu cesse vers neuf heures. A neuf heures, le 3º bataillon, après avoir cherché quelque temps le régiment, trouve le 2º bataillon, commandant Desnos, bivouaqué dans le bois qu'il a enlevé. *A minuit, ils reviennent prendre leurs sacs* sur la position où ils les ont laissés et ils retrouvent le 1ᵉʳ bataillon, commandant Plan, qui les a précédés de quelques instants.

Il y a de grands inconvénients à laisser ainsi les sacs en arrière; par exemple, après cette journée, les bagages sont retrouvés en effet, mais malgré les gardiens qu'on y a laissés, *un grand nombre d'objets a disparu*. D'un autre côté, le soldat chargé comme il était, n'aurait pu combattre, et surtout profiter des situations heureuses. S'il était possible d'alléger assez cette charge pour que l'homme pût combattre sans quitter ses bagages, ce serait un immense progrès. En agissant comme on l'a fait, il peut arriver aussi que l'ennemi s'empare des bagages sans la moindre résistance, à moins donc de distraire du combat un grand nombre de troupes.

Dans cette affaire, M. Ratier, sous-lieutenant, a été fortement contusionné.

Les pertes pour la troupe sont :

Tués. 3
Blessés. . . . 18   } 28
Disparus. . . . 7

17 août. — A huit heures du matin, le 64ᵉ est établi en avant de Doncourt. Dans l'après-midi, l'armée gagne la ferme de Montigny-Lagrange, vers laquelle une colonne prussienne semble se diriger. Elle y prend une position défensive dont cette même ferme est le centre, le régiment vient camper vers Amanvillers, en avant de Montigny et faisant face à Verneville.

18 août. — Une compagnie était de grand'garde en avant du 3ᵉ bataillon, commandant Le Moüel, séparé des deux autres par une haie et une allée de peupliers. Cette compagnie observait le terrain en avant de Verneville. Vers neuf heures du matin, l'ennemi est signalé par cette compagnie; quelques soldats qui étaient allés laver du linge à Verneville, manquent d'être pris par des cavaliers ennemis ; on fait immédiatement prévenir les généraux, il est répondu : «*Vous voyez des Prussiens partout*, il

n'est pas possible qu'ils soient si près, vous avez pris des chasseurs de chez nous pour des Prussiens ». Et comme pour servir de complément à ces paroles, toutes les voitures des officiers furent réquisitionnées et envoyées à Metz, sous prétexte de ravitailler l'armée, les bagages ayant été laissés au camp. Mais à onze heures, force fut bien d'ouvrir les yeux ; sur les hauteurs en avant de Verneville, apparaissait une longue colonne d'ennemis. Une armée de plus de 100.000 hommes, ayant cavalerie et artillerie, fut donc ce jour-là surprise dans son camp, par le fait d'une grande négligence, et de rapports inexacts.

Il est à remarquer que les éclaireurs ennemis, même les simples cavaliers, étaient munis de cartes excellentes ; quant à cela, pour nous, on n'y avait pas songé, ou du moins les quelques cartes qui furent distribuées, étaient insignifiantes.

A onze heures, un coup de canon tiré par une batterie française à notre gauche, fait courir aux armes. Le régiment est déployé en première ligne, en avant d'une allée de peupliers et d'une haie, qui se prolongent parallèlement aux tentes. Pour diminuer les effets meurtriers de l'artillerie, *les hommes se couchent*, attendant le moment d'entrer en action.

Une nuée de projectiles ne tarde pas à enflammer le camp à 50 ou 60 pas derrière nous.

La 2ᵉ compagnie du 3ᵉ bataillon, capitaine d'Azémar, et la 3ᵉ compagnie du même bataillon, capitaine Gérard, sont déployées en avant en tirailleurs et commencent le feu sur l'ennemi qui approche toujours. Vers une heure, le 3ᵉ bataillon, commandant Le Moüel, reçoit ordre de se placer en arrière de la batterie devant laquelle il se trouve. Là, *on fait encore coucher* les hommes, et tout projectile manquant la batterie vient enlever des hommes de ce bataillon. Etre ainsi décimé par un ennemi invisible, sans même pouvoir faire le coup de feu, *commence à porter atteinte au moral du soldat*. Nos batteries ne tardent pas à se taire ; le feu de celle qui était à notre gauche avait duré environ une heure.

A partir de ce moment, les trois bataillons ont à essuyer les boulets de 32 pièces prussiennes qui sont en batteries *sur les hauteurs de Verneville*[1], et qui font pleuvoir sur nous une grêle de projectiles.

A quatre heures de l'après-midi, le colonel reçoit l'ordre de se porter en avant avec son bataillon du drapeau pour boucher une trouée qui se fait à la gauche du 15ᵉ de ligne. Dans une fusillade fort vive, qui dure plusieurs heures, *il épuise ses cartouches* et maintient jusqu'au soir sa position sur le bord d'un ravin qui le sépare de l'ennemi.

Le 3ᵉ bataillon, commandant Le Moüel, est distrait de la brigade pour soutenir la division Lorencez. Il suit pendant la journée le mouvement des

---

1. Ce qui ne serait pas arrivé, si le maréchal Canrobert était resté à Verneville.

troupes auxquelles il est mêlé, et avec lesquelles, le soir venu, il se retire sous les murs de Metz.

A la nuit, le feu qui s'est un instant prononcé d'une manière inquiétante à notre droite, cesse après une charge à la baïonnette, dont les cris et les sons de clairons arrivent jusqu'à nous.

Le 1er et le 2e bataillon conservent la position qu'ils ont occupée pendant la journée, le 1er n'ayant eu que quelques tirailleurs engagés contre les défenseurs de la ferme de l'Envie, dont ils étaient parvenus au bout d'un instant à déloger la plus grande partie. A neuf heures du soir, le général envoie un homme par escouade faire le café en dehors de notre ligne, de manière à cacher nos feux à l'ennemi. Les deux bataillons couchent sur le terrain même de la lutte.

Le 41e et la brigade du général Pradier, moins le 3e bataillon du 64e, commandant Le Moüel, ont donc couché sur le champ de bataille *n'ayant reçu aucun ordre*, et risquant ainsi de se faire cerner.

19 août. — Le lendemain à six heures du matin, le général qui vient de s'assurer que la retraite des troupes françaises vers Metz a commencé la veille au soir, et que sa brigade reste isolée au milieu du champ de bataille donne l'ordre de se retirer.

Le mouvement commence par le 98e suivi par le 2e bataillon, capitaine Desnos, et le 1er bataillon du 64e derrière lesquels marchent deux compagnies du 98e qui étaient de grand'garde et qui ont pris la queue de la colonne. Les deux premiers bataillons du 64e arrivent à la ferme du Chêne près de Lorry, vers neuf heures du matin ; dans la journée, le 3e bataillon, commandant Le Moüel, vint les rejoindre.

Dans la journée du 18, M. Plan, chef de bataillon, a été tué sur le champ de bataille.

Meunier, capitaine adjudant-major, et Ménescal, capitaine, blessés mortellement. M. Laverdure, capitaine, grièvement blessé et disparu (depuis mort entre les mains de l'ennemi).

Messieurs Meyer, capitaine, Brun et Bonnouvrier, lieutenants, Farbos, Desnos (Eugène) et Drillon, capitaines, Bernard, lieutenant, Coudret, sous-lieutenant, fortement contusionnés.

Les pertes pour la troupe ont été de :

Tués. 26
Blessés. . . . 197 } 306
Disparus. . . . 83

20 août. — Le 64e n'exécute qu'un petit mouvement pour asseoir son camp. Le 1er et le 3e bataillon viennent camper sous Plappeville. Le 2e reste pour défendre la ferme du Chêne avec le 43e et 98e ; à notre droite est le corps Canrobert.

22 août. — Le 2ᵉ bataillon, capitaine Desnos, rentre au bivouac que le régiment conserve le reste de la journée.

26 août. — Le 64ᵉ est appelé dans un mouvement général de l'armée à prendre position en avant du fort Saint-Julien et en arrière du château de Grimont, sur la rive droite de la Moselle. A peine est-il entré en ligne, qu'il reçoit l'ordre de revenir prendre l'emplacement qu'il occupait le matin, sous Plappeville, sur la rive gauche.

Ce jour-là, plus d'une demi-journée fut employée pour faire six kilomètres. Seuls, deux ponts de bateaux avaient été établis sur la Moselle. Le mouvement fut commencé à cinq heures du matin et ce fut *seulement à quatre heures* qu'on arriva derrière Grimont. *Au retour, le désordre fut inexplicable, les régiments se coupaient les uns les autres, marchaient dans toutes les directions, et jusqu'à trois ou quatre ensemble sur la route.*

27 août. — Ordre de faire mouvement à midi, puis, contre-ordre. La journée se passe sans bouger.

31 août. — Combat de Servigny : La division se porte en avant pour combattre. Le 64.ᵉ est chargé de garder les positions au col de Lessy. Le 1ᵉʳ bataillon, commandant Le Moüel, est placé à Longeville ; le 2ᵉ bataillon, capitaine Desnos, à Lessy ; le 3ᵉ, capitaine Farbos, est placé au village de Lorry.

Clos et arrêté par les membres de la Commission de rédaction du Rapport sur les opérations du 64ᵉ régiment d'infanterie pendant la campagne de 1870.

E. Desnos,   D'Azémar,   P. Durance,
capitaine au 64ᵉ   capitaine adjudant-major au 64ᵉ   capitaine au 64ᵉ

G. Picard.   D'Elva,
lieutenant au 64ᵉ   sous-lieutenant au 64ᵉ

Le lieutenant-colonel président de la Commission,
G. de Mollaun.

Vu et approuvé : le colonel commandant le 64ᵉ
Léger.

Cet historique du 64ᵉ démontre assez clairement que les effectifs au moment de la déclaration de guerre étaient encore ceux du pied de paix, et que les contingents qui lui ont été assignés plus tard, ne l'ont rejoint que vers la moitié du mois d'août, et cela sans avoir l'instruction nécessaire.

Il signale, également, bien des manquements à la régularité des distributions, aux emplacements des bivouacs ; il montre le défaut de l'entente de la grande guerre de la part des généraux suivant la routine des guerres d'Afrique, telle que se coucher pour se défiler, quitter les sacs etc., et charger les hommes de huit jours de vivres.

J'adressai à l'armée l'Ordre général suivant :

Le 20 août 70.

Officiers, sous-officiers et soldats de l'armée du Rhin !

Vous venez de livrer trois combats glorieux dans lesquels l'ennemi a éprouvé des pertes sensibles et laissé entre nos mains un étendard, des canons et 700 prisonniers. La patrie applaudit à vos succès : l'Empereur me délègue pour vous féliciter et vous assurer de sa gratitude. Il récompensera ceux qui ont eu le bonheur de se distinguer parmi vous.

La lutte ne fait que commencer : elle sera longue et acharnée, car quel est celui de nous qui ne donnerait la dernière goutte de son sang pour délivrer le sol natal?

Que chacun de vous, s'inspirant de l'amour de notre chère patrie, redouble de courage dans les combats, de résignation dans les fatigues et les privations.

Soldats !

N'oubliez jamais la devise inscrite sur vos aigles : *Valeur et discipline !* et la victoire est assurée, car la France se lève derrière vous !

Au grand quartier général du Ban-Saint-Martin, le 20 août 1870.

Le maréchal commandant en chef,

BAZAINE.

L'étendard fut remis, lors de notre rentrée en France, à M. le ministre de la guerre qui m'en accusa réception en ces termes :

Monsieur le maréchal.

J'ai l'honneur de vous accuser réception de l'étendard, pris à Rezonville sur les troupes prussiennes, que vous avez bien voulu me faire remettre. Veuillez agréer, M. le maréchal, l'assurance de ma haute considération.

Le ministre de la guerre,

DE CISSEY.

Ce qui n'empêcha pas certains journaux, afin d'influencer l'opinion publique, de propager cette infamie : que je l'avais rendu à la Prusse ! On ne peut être plus atrocement méchant, ou plus idiot ; on dit, du reste, que ces deux défauts vont de pair dans certaines cervelles.

Quant à la publication de l'Ordre du jour, on trouva que j'avais beaucoup tardé. On ne pouvait cependant pas aller plus vite, car j'aurais voulu faire des citations, mais j'en fus empêché, les chefs de corps n'ayant pas terminé le choix des propositions qui leur étaient adressées en nombre considérable, et cela sans remplir les conditions exigées par l'article 138 du *Service en campagne*, dont on s'écartait beaucoup trop dans toutes les armes ; cette exigence m'a fait nombre d'ennemis.

Comme il m'a été reproché de n'avoir pas maintenu la discipline, je cite cette lettre adressée à Messieurs les commandants du quatrième et du sixième corps.

EXTRAIT DU REGISTRE DE CORRESPONDANCE (N° 318).

25 *août* 1870.

Je suis informé, seulement aujourd'hui, d'un fait des plus graves et des plus regrettables qui s'est passé le 19 août. Un convoi de vivres, destiné à la division Montaudon, a été arrêté par le colonel du 100ᵉ de ligne qui a fait distribuer d'autorité de la viande à tout son régiment, et dont l'exemple a été suivi par le 65ᵉ de ligne, de votre corps d'armée, et par le 12ᵉ de ligne du sixième corps ; de telle sorte que la division Montaudon à son arrivée au bivouac n'a pu toucher que du riz, du sucre et du café.

Bien que le colonel du 65ᵉ de ligne n'ait pas pris l'initiative de cet acte coupable, il n'en a pas moins commis une faute des plus graves et de nature à compromettre sérieusement la discipline de l'armée. Avant de prendre une décision à son égard, je vous prie de vouloir bien m'adresser les explications qu'il pourrait avoir à donner de sa conduite, avec votre appréciation personnelle sur les faits dont il s'agit.

Mᵃˡ BAZAINE.

Le même fait avait eu lieu le 18 pendant la bataille ; un convoi destiné au sixième corps fut *saccagé*, au moment de son arrivée près du campement, par les soldats qui avaient quitté leurs rangs. Il en était de même parfois des bagages et des sacs déposés malgré les gardes qui y étaient affectées. La discipline et le moral laissaient donc à désirer, malgré les affirmations contraires des commandants de corps.

Afin de bien se rendre compte des divers événements de la période d'août, il est utile de reproduire l'interrogatoire de la

Commission d'enquête parlementaire de l'Assemblée nationale, présidée par M. Saint-Marc Girardin.

DÉPOSITION DU MARÉCHAL DE MAC-MAHON COMMANDANT EN CHEF L'ARMÉE DE VERSAILLES.

M. LE PRÉSIDENT. — Nous sommes obligés, M. le Maréchal, de revenir sur un passé pénible pour tout le monde ; mais vous comprenez que les malheurs de Sedan se lient à la *révolution du 4 Septembre*, et qu'il est impossible de ne pas faire porter notre enquête sur cette terrible journée.

Je vous prie de remonter dans votre déposition jusqu'au moment où un Conseil de guerre a été tenu au camp de Châlons, peu de temps après votre arrivée. A ce Conseil assistaient l'Empereur, vous, le prince Napoléon, le général Trochu, le général Schmidt et le général Bertaut, l'organisateur de la garde-nationale mobile.

Le général Trochu en a entretenu l'assemblée.

Je vous demande de nous dire quelles résolutions y ont été arrêtées.

M. LE MARÉCHAL DE MAC-MAHON. — Je suis arrivé à Châlons la veille de ce jour-là (le 17 du mois d'août) ; en arrivant, j'ai rencontré au quartier général, à cinq heures du soir, le prince Napoléon qui causait avec le général Lebrun ; il me fit connaître les événements qui s'étaient passés du côté de Metz : c'était la bataille de Borny.

Le Prince avait l'air préoccupé.

J'entre dans des détails qui ne vous intéressent peut-être pas.

M. LE PRÉSIDENT. — Dites à la Commision tout ce que vous savez, *avec votre loyauté ordinaire ;* nous vous écoutons avec le plus grand intérêt.

M. LE MARÉCHAL DE MAC-MAHON. — Cela se rapporte plus ou moins directement à l'affaire de Sedan. Le prince Napoléon avait l'air très inquiet et très mécontent ; il parlait d'abdication et avait l'air de soutenir cette opinion-là. Je rentrai chez moi pour donner des ordres ; à huit heures je fus appelé par l'Empereur. L'Empereur se trouvait devant le pavillon qu'il habitait-là.

Au moment où je suis arrivé, il y avait le prince Napoléon, le général Trochu, le général Schmidt et le général Lebrun. Ils étaient là depuis un moment ; voici ce que j'ai entendu.

Le prince Napoléon exprimait à l'Empereur ses inquiétudes sur le mouvement révolutionnaire qui avait lieu à Paris. Il dit à l'Empereur qu'à son avis il n'y avait que le général Trochu qui, par ses antécédents et aussi par l'opposition qu'il avait faite au gouvernement auparavant, était en mesure d'arrêter ce mouvement révolutionnaire. Il demanda que le général Trochu fût envoyé comme gouverneur de Paris.

Le général Trochu avait l'air d'approuver assez ce projet-là, et de comprendre qu'il était le seul homme capable d'arrêter ce mouvement. Il ne s'expliqua pas comme je le dis, mais cela résulte de l'ensemble de ses paroles. On voyait qu'il admettait tout à fait l'opinion du prince Napoléon.

Il ajouta que l'Empereur avait eu tort de n'avoir pas en lui une confiance entière; qu'en définitive, il protestait de son dévouement à l'Empereur, et que s'il était réellement envoyé à Paris comme gouverneur, il ferait tout ce qu'un honnête homme doit faire.

L'Empereur ne répondit pas dans le premier moment, mais il sembla assez étonné de cette proposition. Il rentra un moment dans son cabinet, me fit venir auprès de lui, et me dit : « J'ai eu longtemps des préventions contre le général Trochu; le connaissez-vous depuis longtemps d'une manière particulière? Est-ce que je puis compter sur lui? — Sire, lui répondis-je, je connais le général Trochu depuis longtemps, je crois que c'est un homme d'honneur et que vous pouvez compter sur lui. »

C'était tout à fait mon opinion.

Ces Messieurs entrèrent à ce moment dans le salon de l'Empereur. Il fut alors décidé que le général Trochu serait nommé gouverneur de Paris et commandant des troupes de la place.

Le général Trochu accepta, à cette condition cependant, que les 18 bataillons de garde-nationale mobile, qui étaient en ce moment à Châlons, le précèderaient à Paris.

Cette demande ne plaisait pas à l'Empereur. Il y avait eu, par le fait, un mouvement contre le gouvernement, de la part de ces mobiles qui avaient crié : Vive la République! Puis, il y avait eu une scène avec le maréchal Canrobert; bref, ces troupes n'étaient pas disciplinées.

Le général Trochu demandait que les bataillons de *Belleville* et de *Montmartre* qui étaient de trois à quatre mille hommes, fussent envoyés contre les Prussiens.

L'Empereur désigna l'un pour aller à Verdun, et l'autre à Maubeuge. Le général Trochu, ai-je dit, n'acceptait pas le commandement de Paris sans ces dix-huit mille hommes de la garde-nationale mobile.

Comme l'Empereur hésitait un peu, il s'adressa au général Bertaut qui commandait un corps d'armée; ce général lui dit, qu'en définitive, on pourrait tirer quelque parti de ces bataillons commandés par le général Trochu. Comme ce dernier faisait, du commandement de ces bataillons, une condition *sine qua non*, l'Empereur accepta. Ces troupes partirent pour Paris, et le lendemain eut lieu le départ du général.

M. LE PRÉSIDENT. — Il fut question en ce moment du plan général qui serait adopté?

M. LE MARÉCHAL DE MAC-MAHON. — Je ne me rappelle pas s'il en fut question à ce moment-là. Je ne me rappelle pas si c'est l'Empereur ou le prince Napoléon qui exposa que l'Empereur se trouvait dans une position équivoque; qu'en définitive, il avait, d'un côté, quitté le commandement de l'armée, et que, de l'autre, il ne dirigeait plus les affaires de l'État. Je crois que ce fut à peu près à ce moment que l'Empereur dit qu'il voulait retourner à Paris.

Le 18 ou le 19, l'Empereur me dit qu'il partirait à la première heure pour Paris. « Venez déjeuner au quartier général, ajouta-t-il. » Je m'y rendis, et je croyais réellement que l'Empereur allait partir. Mais il reçu une lettre de l'Impératrice, ou du ministre de la guerre (je crois plutôt que c'était de l'Impératrice) qui l'engageait fortement à ne pas revenir à Paris, et en définitive, l'Empereur résolut de retarder son départ qui n'eut pas lieu.

Je me rappelle bien ce discours du général Trochu à l'Assemblée nationale ; il prétend qu'on avait arrêté dans ce Conseil un plan de bataille, et qu'il fût décidé que l'armée dont on me donnait le commandement, serait sous les ordres du maréchal Canrobert. Mais quoique le général Trochu dise que, dans ce moment-là, on décida que l'armée devait aller à Paris, ceci ne me paraît pas exact. Je n'en ai pas entendu parler et, dans le fait, cela ne pouvait pas être dit. Dans le moment où le général Trochu partait, on ne pouvait pas dire que l'armée irait à Paris, puisqu'on ne connaissait pas la bataille de Mars-la-Tour. On savait que le maréchal Bazaine avait combattu à Borny, mais on ne savait pas encore la nouvelle de Mars-la-Tour.

Ce dont je me rappelle très bien, c'est que lorsque le général Trochu fût parti, vers une heure du soir, je reçus le commandement de l'armée de Châlons, sous les ordres du maréchal Bazaine.

Il était arrêté, qu'il n'y aurait plus qu'un seul commandement de l'armée, afin de mettre de l'unité dans les opérations militaires, et que le commandant en chef était le maréchal Bazaine.

Je ne crois pas qu'on ait indiqué un plan de campagne, puisqu'on ne connaissait pas les mouvements de l'armée de Metz et qu'on croyait que le maréchal Bazaine était encore en route pour revenir. Je me rappelle très bien que, vers une heure de l'après-midi, j'étais chez l'Empereur pour *prendre ses instructions*. J'envoyai un de mes aides de camp, *le colonel Broye*, sur les quatre heures, vers le maréchal Bazaine, pour lui faire connaître la position de l'armée et lui demander des instructions plus positives que celles qu'il pouvait me donner par le télégraphe [1].

J'étais chez l'Empereur à une heure. Je lui fis observer que je désirais connaître d'une manière positive les relations qui devaient exister entre le commandant de l'armée de Châlons et l'autre.

L'Empereur me dit qu'il avait remis depuis quelques jours le comman-

---

1. Le maréchal de Mac-Mahon a oublié de dire qu'il avait fait revenir cet officier de Verdun.

dement au maréchal Bazaine, que par conséquent il maintenait cette manière de faire, et que je n'aurais de rapports pour les opérations militaires qu'avec le maréchal Bazaine seul[1].

Je dois dire ici, parce qu'il faut rendre *justice à tout le monde*, que dans toutes les opérations qui ont été exécutées, jamais l'Empereur ne s'est opposé à ces opérations. Ce qui a été fait, a été fait par moi et non par l'Empereur.

Quand j'ai quitté Reims pour aller dans l'Est, au Chêne-Populeux, pour aller du côté de la Moselle, c'est moi, général en chef, qui ai ordonné ce mouvement et non l'Empereur.

C'est une justice à lui rendre et je tiens beaucoup à vous faire connaître la vérité sur ce point.

UN MEMBRE.—Et ce Conseil de guerre?

M. LE MARÉCHAL DE MAC-MAHON.—C'est là que l'Empereur me dit: « Est-ce que je peux compter sur le général Trochu? »

M. LE PRÉSIDENT.—Je vous demande pardon si j'insiste sur une déposition que nous avons entendue, et qui n'est pas celle du général Trochu. Nous avons recueilli ceci : « Les conseils et le langage de M. le général Trochu auraient fini par convaincre l'Empereur de la nécessité de replier l'armée de Châlons sur Paris et de ne pas l'envoyer au secours de Bazaine».

M. LE MARÉCHAL DE MAC-MAHON.—Cela n'a pas eu lieu, selon moi, parce que, en sortant à quatre heures du soir, j'ai envoyé mon aide de camp, le colonel Broye, pour demander des instructions au maréchal Bazaine. En sortant de cette conférence à quatre heures du soir, j'ai envoyé cet officier. En ce moment je n'étais pas fixé[2].

En sortant, j'ai écrit au maréchal Bazaine qu'un ordre de l'Empereur m'avait donné le commandement de l'armée de Châlons, mais sous ses ordres directs ; que lui, il était chargé des opérations en grand.

Je lui donnai l'effectif de l'armée de Châlons. Je n'en disais pas le nombre de peur que ma dépêche ne tombât en entre les mains des Prussiens. Mais je lui faisais comprendre quel était l'effectif de mon armée[3].

Les instructions du maréchal Bazaine étaient du 17, je ne les ai reçues que le 19. Bazaine me répondait : « Je suis trop loin ! » Je n'ai pas conservé sa dépêche, mais j'en donne le sens dont je suis sûr : « Je suis trop loin de Châlons pour vous indiquer les opérations à exécuter ; je craindrais de me

---

1. Ceci répond à tous les commérages débités, imprimés : « Que je suis resté dans le camp retranché de Metz, afin de pas être placé sous les ordres du duc de Magenta».

2. Le colonel Broye fut rappelé de Verdun dès que fût connue la bataille du 16; c'était au contraire le cas, plus que jamais, de l'envoyer comme j'ai envoyé mon aide de camp M. Magnan, par le nord.

3. Je n'ai jamais reçu cette dépêche.

tromper ; par conséquent, je vous laisse libre d'agir comme vous l'entendrez. » Voilà les instructions que je reçus du maréchal Bazaine. Il me laissait libre d'agir comme je voudrais. Par conséquent, c'est moi qui suis responsable des mouvements qui ont eu lieu.

D'un autre côté, l'Empereur ne s'en occupait pas, ayant refusé de conserver le commandement de l'armée, et Bazaine était trop éloigné pour me donner des instructions.

Le lendemain 19, je ne recevais pas encore de réponse de Bazaine. Cependant je croyais que l'armée de prince de Prusse s'avançait ; il avait ses *avant-postes du côté de Verdun*. J'étais dans une position qui n'était pas soutenable.

Châlons est une vaste plaine, une plaine immense ; et comme je comprenais que je serais attaqué par des forces supérieures, je ne pouvais tenir à Châlons, je cherchai s'il n'y avait pas une position de défense qui me permit d'aller soit à Paris soit du côté de l'Est. Je ne la trouvai pas. C'est alors que je me suis décidé à aller à Reims. Bazaine ne prononçait pas trop son mouvement, on pouvait aller d'un côté ou d'un autre.

J'écrivis alors au ministre de la guerre, et je lui dis que j'irais à Reims. *Bazaine approuva ce mouvement*[1].

Ce fut le 20, *je crois*, que je me mis en route. Je partis, et tout le camp de Châlons se dirigea sur Reims où nous arrivâmes le 21. Les ordres furent donnés le 17, et le 20 nous nous mîmes en route.

Déjà à ce moment j'étais un peu inquiet, et j'hésitais à prendre un parti pour aller soit à Paris soit vers l'Est. Le ministre de la guerre, par une dépêche, m'avait écrit de rejoindre Bazaine. Je retrouve cela dans une lettre insérée dans la correspondance impériale que le gouvernement du quatre septembre a fait publier. Je trouve dans une lettre au ministre de la guerre que j'étais un peu inquiet ce jour-là, voici cette lettre :

Le maréchal de Mac-Mahon au ministre de la guerre.

Camp de Châlons, 20 août 1870, 8^h 45^m.

« Les renseignements parvenus semblent indiquer que les trois armées ennemies sont placées de manière à intercepter à Bazaine les routes de

---

1. Je n'en ai pas souvenance. Comment le maréchal de Mac-Mahon pouvait-il, le 19, attendre du maréchal Bazaine une réponse à une demande qu'il m'envoyait probablement par le colonel Broye à quatre heures de l'après-midi, le 17?

Le 20 août, le maréchal de Mac-Mahon se mettait en route pour Reims. Les ordres étaient donnés le 19, c'est-à-dire, au moment où il attendait des instructions du maréchal Bazaine.

En outre, si les avant-postes ennemis étaient autour de Verdun dès le 19, les communications télégraphiques n'étaient plus libres, et les autres difficiles.

Briey, de Verdun et de Saint-Mihel[1]. Ne sachant la direction de la retraite de Bazaine, bien que je sois dès demain prêt à partir, je pense que je vais rester au camp jusqu'à la connaisance de la direction prise par Bazaine, soit au nord, soit au sud. »

Le lendemain ne recevant pas d'instructions de Bazaine, je me dirigeai sur Reims où j'arrivai le 21[2]. Cette marche fut assez pénible, j'avais des troupes qui exécutaient mal les mouvements, et des marins qui n'avaient pas l'habitude de marcher. Beaucoup d'hommes restaient en arrière. Je crus devoir visiter quelques infirmes, ce qui fit que je restai très tard à mon quartier général.

L'Empereur choisit l'endroit où il devait s'établir, et moi je me plaçai à côté, naturellement. Il désirait s'établir dans un petit village du nom de Corcelles et qui est un faubourg de Reims. Je rentrai fort tard, sur les six heures et demie ou sept heures du soir. On me dit que l'Empereur m'avait fait demander. Je me rendis aussitôt auprès de lui. Je n'avais qu'un petit jardin à traverser. Je rencontrai M. de Saint-Paul, ancien directeur au ministère de l'intérieur. Il me prévint que M. Rouher était là, et qu'il insistait beaucoup pour que l'armée se portât au secours de Bazaine.

J'entrai. J'avais réfléchi à tout ce qui se passait, et j'étais décidé déjà à marcher sur Paris. Lorsque j'entrai, M. Rouher était déjà depuis longtemps avec l'Empereur, deux ou trois heures. Il m'expliqua, qu'en définitive, rien n'exigeait que j'allasse à Paris, et qu'il valait beaucoup mieux penser à soutenir Bazaine. *Je lui exposai que je n'irais pas soutenir Bazaine* dans la situation où nous étions : je n'avais pas assez de forces pour me porter au milieu des armées prussiennes. Je lui expliquai que Bazaine était entouré à Metz par une armée que j'estimais à 200.000 hommes; de plus, que le prince royal de Saxe était avec une armée de 60 à 80.000 hommes sous les murs de Verdun (le chiffre exact était de 100.000 hommes). Enfin, que le prince royal de Prusse arrivait avec une armée de 150.000 hommes; que seul, j'allais me trouver en face du prince royal de Prusse, qu'il pouvait en résulter pour moi une position très difficile, que je pouvais être perdu ; c'était un désastre que je voulais éviter.

De plus, comme l'armée de Bazaine, forcée de combattre dans une mauvaise position, n'avait pas pu me rejoindre, il pouvait arriver que, si j'étais battu de ce côté, mon armée ne fût plus d'aucun secours à la défense nationale, et je tenais à conserver cette dernière ressource à la France[3].

Quoique une partie de cette armée fût composée des gardes-nationaux

---

1. La disposition indiquée des trois armées allemandes démontre suffisamment quel eût été le résultat si on avait continué, le 17, la marche sur Verdun.
2. Pourquoi dire alors, précédemment, que j'approuvais le mouvement sur Reims?
3. Alors, pourquoi reprocher au maréchal Bazaine d'avoir cherché à conserver

mobilisés et de régiments de marche, en définitive il y avait encore là de quoi composer une armée très forte ; elle était de 120.000 hommes, c'était la seule dont la France pouvait disposer en ce moment. On pouvait, avec elle, composer une armée du double, de 200.000 à 300.000 hommes, si cela était nécessaire.

Je concluais en disant que, par conséquent, je n'irais pas à *Metz mais à Paris*.

La chose fut bien décidée, et l'Empereur ne fit aucune objection, car il me laissait libre de faire les opérations comme je le jugeais convenable. Dans cette séance, M. Rouher dit : « Puisqu'il en est ainsi, je vais repartir pour Paris, il serait bon que Votre Majesté fît un manifeste expliquant pourquoi cette armée se rend à Paris ».

Alors l'Empereur fit une proclamation, qui se trouve dans un de ces livres qui ont été publiés par le gouvernement du quatre septembre, dans un tome que je n'ai pas, puis il me dit : « Répondez à ma lettre ». Je lui fis un résumé des idées que je voulais exprimer là-dessus. Il les a un peu changées à sa manière, parce que ce devait être proclamé à Paris.

Il nous réunit encore sur les sept ou huit heures du soir. Je lui dis : « Il est possible que si, dans la journée de demain, je n'ai pas de nouvelles de Bazaine, je parte pour Paris ». Ceci est expliqué dans cette dépêche que le ministre de la guerre écrivait à l'Empereur.

Paris, 22 août, 1ʰ 5ᵐ du jour.

« Le sentiment unanime du Conseil, en présence des nouvelles du maréchal Bazaine, est plus énergique que jamais.

« Les résolutions prises hier au soir devraient être abandonnées ».

C'était la résolution d'après laquelle je devais me rendre à Paris. M. Rouher voulait que j'aille à Metz, mais je lui avais expliqué d'une manière tellement positive que j'irais à Paris, que le ministre de la guerre crût devoir écrire comme il le fit à l'Empereur :

« Ni décret, ni lettre, ni proclamation ne devraient être publiés. (C'était cette proclamation que M. Rouher avait faite dans l'idée que j'irais à Paris.)

« Un aide de camp du ministre de la guerre part pour Reims avec toutes les instructions nécessaires. Ne pas secourir Bazaine aurait à Paris les plus déplorables conséquences. En présence de ce désastre, il faudrait craindre que la capitale ne se défende pas.

son armée ? Il faut, en outre, remarquer que le premier corps de l'armée du Rhin avait combattu à Reichoffen, mais le cinquième et le septième corps de l'armée du Rhin (généraux de Failly et Douay), étaient intacts, ou avaient très peu combattu. Le premier corps n'a perdu à Reichoffen que 9.000 hommes.

« Votre dépêche à l'Impératrice nous donne la conviction que notre opinion est partagée. Paris sera à même de se défendre contre l'armée du prince royale de Prusse, les travaux sont poussés très promptement, une armée nouvelle se forme à Paris, nous attendons une réponse par le télégraphe ».

Je n'eus pas connaissance de cette dépêche, ou du moins on m'en expliqua seulement le sens. Le lendemain je donnai des instructions pour faire diriger l'armée sur Paris par des routes différentes pour arriver le plus tôt possible. Mais j'étais toujours sous l'impression de la dépêche que j'avais envoyée depuis longtemps, c'est-à-dire le 20, au maréchal Bazaine, pour lui demander ses instructions, alors que je croyais que les dépêches pouvaient encore passer. Je crois en effet que celle-là avait passé. J'allais donc diriger l'armée sur Paris, lorsque je reçus cette dépêche du maréchal Bazaine :

Ban-Saint-Martin, 19 *août* 1870.

« Le maréchal Bazaine à S. M. l'Empereur au camp de Châlons.

« L'armée s'est battue hier toute la journée sur les positions de Saint-Privat et de Rezonville et les a conservées. Le quatrième corps et le sixième corps seulement, ont fait, vers neuf heures du soir, un changement de front l'aile droite en arrière pour parer à un mouvement tournant par la droite que les masses ennemies tentaient d'opérer à l'aide de l'obscurité. Ce matin j'ai fait descendre de leurs positions le deuxième et le troisième corps, et l'armée est de nouveau groupée sur la rive gauche de la Moselle, de Longeville au Sansonnet, formant une ligne courbe passant par le haut du Ban-Saint-Martin, derrière les forts de Saint-Quentin et Plappeville. Les troupes sont fatiguées de ces combats incessants qui ne leur permettent pas les soins matériels, et il est indispensable de les laisser reposer pendant deux ou trois jours.

« Le roi de Prusse était ce matin avec M. de Moltke à Rezonville et tout indique que l'armée prussienne va tâter la place de Metz.

« Je compte toujours prendre la direction du nord, et me rabattre par Montmédy, sur la route de Sainte-Ménéhould à Châlons si elle n'est pas fortement occupée. Dans ce cas, je continuerais sur Sedan et même Mézières pour gagner Châlons ».

C'est le 22 que je reçus cette dépêche[1] qui me fit penser, *à tort ou à raison*,

---

1. Est-ce le 22 dans l'après-midi ou le 23 au matin que la dépêche reçue le 30 a été expédiée ? Le maréchal de Mac-Mahon s'étant mis en route pour l'Est le 23, je ne pouvais recevoir le même jour avis de ce mouvement, puisque les lignes télégraphiques de Verdun et de Thionville ne transmettaient plus de dépêches sur Metz, et que l'armée du prince royal de Saxe occupait les environs de Verdun. Dans tous les cas, cette dépêche n'était qu'un indice de mes projets *si* j'avais pu les mettre à exécution en présence des trois armées allemandes signalées par le maréchal de Mac-Mahon.

que le *maréchal Bazaine était en route* et que je le trouverais aux environs de Montmédy. Comme en définitive, il me tenait fortement au cœur d'abandonner l'armée de Bazaine pour me transporter sur Paris, quand je reçus cette dépêche je donnai contre-ordre, et je partis pour l'Est.

Voilà la vraie raison et il n'y en a pas d'autres.

Je me mis *en route le* 23 pour aller rejoindre le maréchal Bazaine. On a beaucoup reproché au commandant de cette armée de n'avoir pas été assez vite, de n'avoir pu gagner Metz assez promptement, et d'avoir été cause des événements malheureux qui sont arrivés à Metz.

Je me suis mis en route le 23. Ordre avait été donné pour que les mouvements fussent exécutés le plus vite possible, mais il y a une chose à remarquer : nous étions *mal organisés*. Les intendants qui appartenaient aux différents corps d'armée n'étaient arrivés que la veille, et malgré des ordres précis, malgré toute la surveillance qu'on déploya, le service des *vivres fut très mal fait*. En partant de Châlons, nous croyions que nos hommes emportaient pour quatre jours de vivres.

Je l'avais fait vérifier et je l'avais vérifié moi-même sur deux corps d'armée ; je croyais que les autres étaient dans la même position. Nous nous mîmes à marcher ; *la route de Verdun*[1] était la plus courte, mais le prince royal de Saxe l'occupait avec des forces qu'on *estimait à* 160.000 *hommes*.

J'étais donc obligé de prendre un peu plus vers le nord, pour pouvoir rejoindre Bazaine.

Dès le premier jour au soir, deux généraux commandant des corps d'armée, le général Ducrot et le général Lebrun vinrent au quartier général à Attigny, et me dirent une chose à laquelle j'étais loin de m'attendre, c'est que leurs hommes manquaient de vivres, par suite des fautes commises par les intendants. J'étais encore très près du chemin de fer. Je compris bien que *c'était chose très fâcheuse* que de perdre du temps dans les circonstances où nous nous trouvions, mais comme les plaines des environs de Châlons ne sont pas très riches en grains, je fus obligé d'appuyer à gauche et de venir à Rethel. Cela me fit perdre environ vingt-quatre heures. Je me réapprovisionnai et me remis en marche dans la direction de Stenay. Je croyais que c'était plus court. Laissant sur la droite le corps du prince de Saxe, j'arrivai de cette manière au Chêne-Populeux le 27[2]. Là, je sus que le corps qui se trouvait sur ma droite était attaqué par les troupes prussiennes, de même qu'un autre qui se trouvait à Buzancy. Ceci me fit

---

1. Le 24 août, les Saxons attaquaient Verdun.

2. Le 27 août, le maréchal de Mac-Mahon arriva au Chêne-Populeux, direction de Stenay (qui en est distant d'une marche de six à sept heures) mais non à cette localité même, comme l'annonçait la dépêche venue de Thionville le 29.

Le lendemain, le Maréchal ordonna la retraite sur Mézières. Si le mouvement du maréchal de Mac-Mahon avait continué sur Stenay et Montmédy, il y avait des

supposer que le prince de Prusse n'était pas loin (il avait été signalé du côté de Vouziers) et que, d'un autre côté, le prince de Saxe était à peu près à notre hauteur du côté de Buzancy. *Dans cette position, je crus que nous devions nous replier.* D'ailleurs, je savais par les habitants, et entre autres, par M. de Montagnac, maire de Sedan, que, deux jours auparavant, le maréchal Bazaine n'avait pas quitté Metz; par conséquent, il ne pouvait pas encore être à Montmédy. Je donnai l'ordre de se replier sur Mézières. Il y eut même des bagages et de l'artillerie qui se mirent en route et qui arrivèrent jusqu'à Mézières.

Le ministre de la guerre fut averti de ce mouvement de retraite par la dépêche suivante :

« La première et la deuxième armée, plus de 200.000 hommes, bloquent Metz, principalement sur la rive gauche. Une force évaluée à 50.000 hommes serait établie sur la rive droite de la Meuse pour gêner la marche sur Metz. Des renseignements annoncent que l'armée du prince royal de Prusse se dirige aujourd'hui sur les Ardennes avec 150.000 hommes ; elle serait déjà à Ardeni. Je suis au Chêne-Populeux avec plus de 100.000 hommes. Depuis le 19, je n'ai aucune nouvelle de Bazaine. Si je me porte à sa rencontre, je serai attaqué par une partie de la première et de la deuxième armée qui, à la faveur des bois, peuvent dérober une force supérieure à la mienne, en même temps être attaqué par l'armé du prince de Prusse me coupant toute ligne de retraite. Je me rapproche demain de Mézières, d'où je continuerai ma retraite, selon les événements, vers l'ouest ».

Les ordres furent donnés en conséquence.

Voici par quelle fatalité je crus devoir agir autrement. Vers deux heures du matin, je reçus du ministre de la guerre, une dépêche chiffrée ainsi conçue :

« Si vous abandonnez Bazaine, la révolution est dans Paris et vous serez attaqué vous-même par toutes les forces de l'ennemi contre le dehors. Paris se gardera, les fortifications sont terminées; il me paraît urgent que vous puissiez parvenir rapidement jusqu'à Bazaine.

« Ce n'est pas le prince royal de Prusse qui est à Châlons, mais un des princes frères du roi de Prusse avec une avant-garde et des forces considérables de cavalerie. Je vous ai télégraphié ce matin deux renseignements qui indiquent que le prince royal de Prusse sentant le danger auquel votre marche tournante expose et son armée et l'armée qui bloque Bazaine, avait

chances, après notre démonstration du 26 qui avait donné le change à l'ennemi, pour qu'arrivant assez près de Metz nous entendions son canon, et qu'alors nous fassions un vigoureux effort le 28 (ou le 29) pour nous élever sur le plateau de la rive gauche, et opérer notre jonction.

changé de direction et marchait vers le nord. Vous avez au moins trente-six heures d'avance sur lui, peut-être quarante-huit heures.

« Vous n'avez devant vous qu'une partie des forces qui bloquent Metz et qui, vous voyant vous retirer de Châlons sur Metz, s'étaient étendues sur l'Argonne. Votre mouvement sur Reims les avait trompés comme le prince royal de Prusse. Ici, tout le monde a senti la nécessité de dégager Bazaine et l'anxiété avec laquelle on vous suit est extrême ».

Ceci me faisait hésiter lorsque je reçus une demi-heure après une autre dépêche en ces termes :

« Au nom du Conseil des ministres et du Conseil privé, je vous demande de secourir Bazaine en profitant *des trente heures* d'avance que vous avez sur le prince de Prusse.

« Je fais partir le corps de Vinoy sur Mézières[1] ».

D'après ces renseignements du ministre de la guerre, je crus devoir continuer ma marche pour rejoindre Bazaine que j'espérais encore trouver en route. C'est alors que fût exécuté ce malheureux mouvement, la chose la plus malheureuse qu'il y ait eu dans toute la campagne. Lorsque j'étais au Chêne-Populeux, j'avais donné l'ordre, dans la soirée, de diriger sur Mézières les bagages de tous les corps. Ils se mirent en route, d'autant plus que la veille déjà, ayant su que l'ennemi était du côté de Vouziers et de Buzancy, j'avais retenu tous les bagages de l'armée sur la rive gauche du canal qui passe au Chêne-Populeux. Il s'en suivit que le lendemain, lorsque je donnai l'ordre de marcher en avant sur Stenay, le changement de direction amena sur la route *une confusion qui ralentit tout le mouvement.*

J'avais donné l'ordre de se mettre en route sur Stenay ; nous marchions dans cette direction, et j'étais encore au Chêne-Populeux, lorsque j'appris par un monsieur qui en venait que Stenay était occupé par un corps prussien de 150.000 hommes et que le pont était détruit.

N'ayant pas *d'équipage de pont à ma disposition*, je ne pouvais pas passer la Meuse sur le point que j'avais cru le plus convenable. Je fus encore obligé d'appuyer davantage sur la gauche et d'aller passer plus en aval à Mouzon et à Rémilly.

Je donnai des ordres aux corps pour se rabattre sur Mouzon. Il y eut encore un accident de route, et bien que les chemins ne fussent pas mauvais, nous perdîmes encore du temps.

En définitive, il est certain que dans cette marche en avant *je perdis deux jours, le premier en revenant sur Rethel, le second occasionné* d'un côté par le mouvement que j'avais prescrit pour revenir du Chêne-Populeux

---

1. Auquel le maréchal de Mac-Mahon n'a donné aucun ordre.

à Mézières, et de l'autre par l'obligation où je fus de changer la direction de Stenay pour me rabattre sur Mouzon.

M. LE PRÉSIDENT. — Est-il vrai que les étapes faites par vos troupes, pendant cette marche, n'aient été en moyenne que de quatre lieues?

M. LE MARÉCHAL DE MAC-MAHON. — Les étapes n'étaient pas très fortes; il y a des troupes qui ne sont parties de Rethel qu'après s'être ravitaillées. On ne marchait donc que pendant une demi-journée; les étapes furent courtes, mais cependant d'après la marche de l'ennemi, si je n'avais pas éprouvé ces retards que je vous ai expliqués, je ne sais trop ce qui serait arrivé. Peut-être serions-nous parvenus devant Metz. Nous n'aurions pas eu sur le dos l'armée du prince de Prusse, mais le prince royal de Saxe serait arrivé. Maintenant, je ne sais pas quelles forces se trouvaient devant Metz.

M. LE PRÉSIDENT. — A qui imputez-vous ces retards? Est-ce à l'encombrement des bagages, ou à la nature des troupes que vous commandiez et qui se composaient de jeunes soldats peu habitués à la fatigue?

M. LE MARÉCHAL DE MAC-MAHON. — Il y avait un peu de fatigue de la part d'un corps très nombreux (35.000 hommes) commandé par le général Lebrun. Ce corps était composé principalement de régiments de marche, de *jeunes soldats qui ne savaient même pas tenir leur fusil, et de marins très braves mais peu habitués à marcher; de sorte qu'il restait beaucoup d'hommes en arrière.* Il y avait encore une autre circonstance. Ordinairement, lorsque une armée se porte en avant, elle laisse en arrière ses bagages. C'est ainsi que font les Prussiens qui, quoiqu'on en dise, avaient beaucoup plus de bagages que nous. On a prétendu que c'étaient les bagages de nos officiers qui encombraient la marche, ce n'est pas exact. Je commandais l'armée et je n'avais que deux fourgons pour moi et mon état-major.

L'armée avait aussi peu de bagages que possible, mais énormément moins que les Prussiens. Ceux-ci se portaient en avant, ils avaient leurs communications assurées, tandis que nous, lorsque nous sommes partis de Châlons, dès le second jour, nous avions à craindre d'être attaqués sur notre flanc et tournés par une cavalerie énorme qui pouvait agir aisément dans les plaines de la Champagne. De sorte qu'on était obligé de commander aux bagages de suivre l'armée de manière à pouvoir être protégés. Les bagages d'un côté, et les troupes peu habituées à la fatigue de l'autre, retardaient donc notre marche.

M. LE PRÉSIDENT. — N'avez-vous pas aussi été pris par les pluies?

M. LE MARÉCHAL DE MAC-MAHON. — Je ne crois pas que cela nous eût arrêtés beaucoup, le terrain était sablonneux et la pluie ne nous a pas gênés.

M. LE PRÉSIDENT. — Ces troupes avaient donné à Reims des marques d'indiscipline, des fourgons d'officiers avaient été pillés; l'armée qu'on avait mise entre vos mains n'était pas toute entière composée de bons éléments?

M. LE MARÉCHAL DE MAC-MAHON. — Le premier corps d'armée était composé de troupes d'Afrique d'une très grande valeur. Elles s'étaient battues à Wissembourg et à Frœschwiller d'une manière remarquable, et, pour vous en donner un exemple, je serais heureux de vous parler de cette bataille de Wissembourg. Il est impossible à des troupes de montrer plus d'énergie qu'elles n'en ont montrée.

Le général Douay qui commandait et qui fut tué, ne devait pas aller à Wissembourg. Il avait ordre de monter sur le Pigeonnier, une hauteur des Vosges qui se trouve à l'ouest de Wissembourg.

Faute *de moyens de transport,* — *ils étaient mal organisés,* — il arriva très tard, et resta en position devant Wissembourg, sur une hauteur, le Grisberg. Il n'avait que huit bataillons et trois escadrons de cavalerie. Les troupes se trouvaient dans cette position le 4 août au matin. Il fit faire une reconnaissance par deux escadrons de cavalerie qui passèrent les lignes de Wissembourg.

Il y a par-derrière, des bois qui ne furent pas bien fouillés et la reconnaissance avait déclaré qu'il n'y avait absolument rien, qu'on n'apercevait pas l'ennemi.

J'étais encore à Strasbourg et j'avais écrit que j'irais, le matin, savoir si oui, ou non on devait laisser un bataillon à Wissembourg. Je savais bien que cette ligne de la Lauter ne valait rien, qu'elle pouvait être tournée par la gauche.

Dans le plan que j'avais arrêté, toute l'armée devait être dans les Vosges de manière à assurer les communications de l'autre côté, avec l'armée principale.

Le général Douay monta sur les hauteurs, ayant à sa droite le Pigonnier. Malheureusement, *il arriva trop tard* et resta à Wissembourg. On aurait eu le temps de monter sur les hauteurs, qui ne sont pas à plus d'une lieue de la place, à la faveur des bois.

Je reviens à la manière dont les troupes se conduisirent.

A huit heures, elles furent attaquées par des troupes considérables en continuant une attaque très vive. Celles qui étaient dans la ville, un bataillon du 74e, repoussa deux fois l'ennemi. Enfin, le corps bavarois les tourna par le sud, força la porte à coups de canon et entra : le bataillon fut fait prisonnier. La division ne se composait que de huit bataillons, et je les cite parce que ce sont de bonnes troupes. Il y avait trois bataillons du 74e, trois bataillons des turcos et deux bataillons du 50e, plus six escadrons; en tout, 8.500 hommes environ. Ces troupes furent attaquées par plus de 60.000 hommes.

Après que la ville eût été emportée de vive force, elles se retirèrent sur le Grisberg, un petit mamelon qui est en arrière de la ville. Elles tinrent pendant trois heures et battirent en retraite en bon ordre. Elles avaient deux batteries d'artillerie ; l'une eut toutes les roues cassées et des chevaux tués, toutes les autres pièces sont rentrées.

Une compagnie de turcos et une autre compagnie manquèrent de cartouches et battirent en retraite dans le même ordre que les autres.

En définitive, ces troupes se sont battues d'une manière extraordinaire contre plus de 60.000 hommes, qui ne les ont pas poursuivies. Elles se sont retirées sur le Grisberg, ce qui leur a permis de rejoindre le général Ducrot qui se trouvait à côté, sur la montagne qui conduisait à Bitche.

La valeur de ces troupes est un fait que je suis heureux de vous signaler.

Elles n'ont pas perdu beaucoup de monde : 1.500 hommes en comptant le bataillon qui a été pris. Elles firent éprouver à l'ennemi des pertes considérables par *le fusil Chassepot;* nos soldats qui étaient de vieilles troupes, le laissèrent arriver à 1.000 mètres, assez près pour produire leur effet. Les Prussiens firent retirer leurs tirailleurs, et les masses s'avancèrent pensant que cette petite troupe allait se rendre. Elle ne se rendit pas et fit un feu épouvantable.

Les Rapports prussiens prétendent, qu'en définitive, nos soldats ont tué ou blessé plus de soldats qu'ils n'étaient.

M. LE PRÉSIDENT. — Vous devez être bien heureux de raconter un tel fait, et la Commission éprouve à l'entendre une *joie patriotique.*

Quelle phrase à la Prudhomme !

M. LE MARÉCHAL DE MAC-MAHON. — Les troupes du premier corps à Frœschwiller montrèrent aussi beaucoup d'énergie. La bataille commença à sept heures, par la droite des Prussiens qui fut repoussée. Ils attaquèrent ensuite par le centre, du côté de Wœrth, et mirent en batterie une quantité si considérable d'artillerie qu'on dût se tenir sur la défensive à droite et au centre. Mais, vers une heure et demie, un corps tout entier, fort de 140.000 hommes, tourna notre aile droite qui se composait de 35.000 hommes. Ces troupes combattirent bien, mais je donnai l'ordre de *battre en retraite.*

En définitive, le premier corps n'a perdu à Frœschwiller que 9.000 hommes. On se mit *en retraite* vers les cinq heures et ont fit de très fortes étapes *jusqu'à Saverne qui est éloigné de Frœschwiller d'une distance de douze étapes.*

Le reste des troupes arriva le lendemain vers huit heures et demie en assez bon ordre.

C'est alors que nous avons eu du mauvais temps. Il y a dans notre armée un défaut fâcheux : les soldats ont des petites tentes.

C'est ainsi que la plupart n'avaient ni gamelle, ni ustensiles nécessaires pour manger la soupe. Il y eut un peu de désordre ; mais au bout de deux

12

jours de repos au camp de Châlons, après avoir reçu des ustensiles et des souliers, ces troupes étaient en bon état, et en définitive, on pouvait compter complètement sur le premier corps, malgré sa retraite. C'est ce que je considérais à Sedan comme les meilleures troupes, et de beaucoup. Il y avait encore le cinquième corps qui avait été malheureux, c'était celui du général de Failly.

Le général de Failly avait été mis sous mes ordres la veille de la bataille de Frœschwiller, c'est-à-dire le 5 août, à cinq heures du soir; je lui écrivis de venir me rejoindre immédiatement. Je croyais qu'il avait tout son corps réuni à Bitche où était son quartier général; mais il n'avait qu'une division, et les deux autres se trouvaient à Sarreguemines.

On a beaucoup attaqué ce général, en disant qu'il aurait dû arriver avec tout son corps, mais il n'avait qu'une division avec lui. Il n'y eut donc qu'une division du corps du général de Failly qui arriva, le soir de la bataille de Frœschwiller, à Niederbronn. Une brigade de cette division continua à marcher sac au dos, l'autre retourna à Bitche où elle est restée.

Il ne restait plus que deux divisions avec le général de Failly. Il se mit en route pour me rejoindre du côté de Lunéville. Après la bataille de Frœschwiller, bien que ce cinquième corps fût sous mes ordres, *comme je m'en allais d'ailleurs sur Châlons, je lui écrivis que je ne savais plus ce qui arrivait, qu'il eût à demander des ordres à Metz au quartier général*[1]. *J'allai par Neufchâteau en faisant un détour, craignant d'être attaqué par les troupes du prince de Prusse.* A Nancy on le croyait près d'arriver.

Comme la position de Nancy est très mauvaise, je fus obligé d'appuyer à droite par Baillon au-dessous de Luxeuil. Là, je fus rejoint par le corps du général de Failly. Comme je lui indiquai la route que je suivais, il prit vers le sud, et par conséquent, fut obligé de marcher beaucoup. *Il avait passé à travers du deuxième corps qui avait beaucoup d'hommes en arrière; cela démoralisa un peu son corps qui avait perdu une partie de la confiance qu'il aurait dû avoir en lui.* J'avais encore sous mes ordres le septième corps dont deux divisions venaient de Belfort et qui avaient peu combattu.

J'avais avec moi une division à Frœschwiller, plus le douzième corps qui était très fort. Il était composé de régiments de marche, de jeunes gens qui venaient de tirer leurs premiers coups de fusil au camp de Châlons, et de marins qui montrèrent beaucoup de vigueur à Sedan, mais ils n'étaient pas très bons marcheurs.

---

1. Au général de Failly, à Neuilly-l'Évêque, 8 août, 10^h 50 du matin.
Je reçois aujourd'hui votre dépêche du 15, et je ne puis répondre à votre demande de séjour; c'est à vous de régler votre marche suivant les événements.

Cette armée, en somme, était loin de valoir l'armée de Metz, excepté le premier corps.

Je reprends mon récit que j'avais laissé au moment où je quittai le Chêne-Populeux.

Nous arrivons jusqu'à Mouzon. Le combat de Beaumont eut lieu le 30 août.

Le quartier général était établi à Stenne sur un point très élevé. Je savais que le général de Failly avait été attaqué à Buzancy, et comme il ne pouvait pas continuer sa marche sur Stenay, je lui avais donné l'ordre de se rabattre sur Mouzon, en lui disant de marcher assez vite de manière à passer la Meuse le plus promptement possible. Dans ce moment, il ne s'agissait pas de combattre comme la veille, où il fallait s'assurer de la marche de l'ennemi, mais de passer la rivière.

Malheureusement, l'officier qui était chargé de porter cet ordre avait été obligé de s'arrêter dans un bois, où il fut pris par les Prussiens.

Voyant que le mouvement ne s'effectuait pas assez vite, je fus obligé d'en envoyer un autre, ce qui retarda de trois ou quatre heures.

Le jour de la bataille de Beaumont, j'étais un peu inquiet sur ce qui se passait du côté du général de Failly; j'allai moi-même à Beaumont. J'y trouvai le général de Failly qui arrivait à six heures du matin. Il n'était pas du tout inquiet.

Je lui dis : « Je vous avais écrit de faire un charge de cavalerie, de manière à démasquer les Prussiens et savoir ce que nous avons réellement devant nous ».

Il me répondit : « J'ai cherché à le faire, mais cela n'a pas bien réussi ».

Comme je le pressais, il m'avoua qu'il ne savait pas bien s'il avait devant lui dix mille, ou soixante mille hommes.

Les Prussiens agissaient d'une façon qui ne nous était pas accoutumée. Un rideau très épais couvrait le gros de leurs forces qui se cachaient dans les bois.

Lorsqu'on attaquait la cavalerie qui était en avant, elle se repliait, et de de tous les côtés, sortait des bois de la cavalerie en force pour repousser l'attaque. On ne voyait ni l'infanterie ni l'artillerie, on ne savait ni où elles étaient, ni quel était leur nombre. Notre cavalerie légère n'était pas accoutumée à ce service qu'elle ne faisait pas très bien; et ensuite, les habitants étaient effrayés et l'on n'en pouvait tirer aucune espèce de renseignements.

Le général de Failly ne savait donc pas s'il avait devant lui dix mille, ou soixante mille homme.

Le général Douay, qui était à ma gauche, n'était pas non plus renseigné. Il n'avait eu qu'un engagement de cavalerie.

J'expliquai donc au général de Failly, qui était à Beaumont, qu'il n'avait plus rien à faire que de gagner Mouzon qui est à deux lieues. Il avait, sur la droite, la rivière; devant lui, des hauteurs; il n'avait rien à craindre à sa gauche. Du côté opposé à la rivière était le corps du général Douay. Je lui dis : « Passez le plus vite possible, il faut que nous nous dégagions ».

Je le quittai à six heures et demie ; au moment où je sortais du village, un officier passait à cheval. Je lui demandai d'où il venait; il me dit qu'il allait annoncer au général de Failly que ses dernières troupes étaient arrivées. J'allai voir le général Douay qui était un peu plus en arrière et qui m'inquiétait le plus. Ses bagages n'arrivaient pas; il plaça ses troupes de manière à résister et se mit en route pour appuyer la gauche du général de Failly.

Malheureusement, le corps de Failly n'était pas éclairé et c'est d'autant plus inconcevable qu'il avait combattu la veille avec de la cavalerie et de l'infanterie.

Il fut surpris par le prince royal de Saxe, qui l'attaqua très vigoureusement pendant que les hommes faisaient la soupe, quelques uns même avaient leurs armes démontées. Le général de Failly qui était dans le village, à déjeuner, sortit à cheval et tâcha de rétablir l'ordre. Si on peut lui reprocher, peut-être avec raison, de n'avoir pas habituellement donné des instructions assez précises pour que ses troupes fussent toujours couvertes, une fois l'événement arrivé, il montra beaucoup d'énergie, resta toujours au milieu des dernières troupes qu'il soutînt; il les encouragea et les rallia. Cette surprise fit que le corps était en mauvais état lorsqu'il arriva au sommet d'une crête d'où on aperçoit Mouzon dans un plaine assez étendue.

Je venais de quitter le général Douay et j'arrivais à Mouzon, lorsque j'aperçus des troupes qui combattaient. Un officier du général de Failly vint me prévenir de ce qui se passait. Je fis prendre des troupes qui se trouvaient sur l'autre rive de la Meuse, et qui appartenaient au corps du général Lebrun, pour les envoyer à leur secours. Ce fut le général Grandchamps qui partit avec une division dont la moitié put passer : la cavalerie avec une brigade d'infanterie et l'artillerie.

Dans ces circonstances, il se produit souvent des faits fâcheux; lorsque des troupes en retraite aperçoivent des troupes destinées à les soutenir, elles se persuadent qu'elles n'ont plus besoin de faire d'efforts. Ces troupes qui étaient sur une hauteur, et qui avaient tenu assez bien, voyant arriver du renfort, crurent qu'on n'avait plus besoin d'elles: elles descendirent très vite et en désordre pour passer la Meuse.

Les trois divisions du corps de Failly et une division du corps de Douay qui avait été attaquées également, étaient en désordre de telle sorte que, le 31 au soir, nous avions quatre divisions qui étaient faibles. Je ne crois pas qu'elles aient perdu beaucoup de monde, mais beaucoup d'hommes débandés s'en allaient à droite et à gauche. La nuit arriva. Je crus alors malheureusement pour la troisième fois devoir replier mes troupes sur Sedan. Je donnai des ordres en conséquence. Les premières troupes arrivèrent le lendemain matin, d'autres dans la journée. Nous ne devions pas rester longtemps dans cette position de Sedan, d'autant plus qu'il n'y avait que peu de munitions et qu'il n'était pas facile de les renouveler.

Il y avait là 200.000 rations qui furent distribuées immédiatement. Mais une fois que la fatalité s'attaque à quelqu'un, on dirait qu'elle ne veut plus le quitter. Un convoi de 800.000 rations arrivait par le chemin de fer, sur la rive gauche, et allait être distribué. L'artillerie prussienne tire quelques coups de canon; la machine du train, qui était du côté de Sedan, pousse en avant et emmène les 800.000 rations qui nous promettaient de nous ravitailler. Je fus prévenu de ce fait deux heures après.

On prit position à Sedan. Cette position de Sedan était assez bonne pour la défensive; elle dominait toutes les positions environnantes, mais nous n'étions pas destinés à rester là.

Ordinairement, on donne la veille des ordres pour le lendemain. Les corps étaient arrivés tard. Je ne donnai pas d'ordres pour le lendemain, et voici pourquoi : en me transportant sur la citadelle d'où l'on découvrait assez bien ce qui se passait, je vis que les troupes ennemies de différentes armes se dirigeaient sur la rive gauche de la Meuse pour nous tourner, de manière à se mettre entre nous et Mézières, notre retraite naturelle. On voyait distinctement de l'artillerie et quelques troupes d'infanterie, mais on ne voyait pas très bien, et l'on pouvait supposer qu'il y avait de côté des corps ennemis assez importants.

On prit position autour de Sedan. La position était forte, il y avait cependant un point qui ne parut pas bien gardé et qu'on appelle le Calvaire d'Illy. Le général Ducrot me fit dire par le colonel Robert, qui est aujourd'hui un de vos collègues, qu'il croyait devoir incliner plus à gauche, pour garder ce point. Je lui fis dire que non, et de rester du côté de Givonne.

Ce que je voulais, c'était, en cas de revers, de reprendre notre marche du côté de Carignan. Le général Douay qui était à gauche, du côté de Mézières, vint me dire qu'il n'avait rien à craindre dans les positions qu'il occupait, que cependant il ne se reliait pas très bien avec le général Ducrot à cette position du Calvaire d'Illy. J'étais très embarrassé parce que je voyais des inconvénients à repousser trop loin de ce côté les troupes du général Ducrot. A ce moment arriva le corps du général Wimpffen qui avait pris le commandement du corps du général de Failly. Je lui demandai des nouvelles de ce corps et ce qu'il avait fait pour le rallier.

Je lui avais dit de se mettre le plus près possible de Sedan. Il me répondit qu'il avait encore deux divisions en assez bon état, ce qui formait un corps de 16.000 hommes; qu'il avait réuni les officiers, leur avait parlé, et qu'en définitive, il comptait sur eux. Je lui dis: « Ducrot demande à ce que l'on prolonge sa gauche, le général Douay à ce qu'on prolonge sa droite; mettez-vous entre les deux, près de la position du Calvaire d'Illy, dans les bois de la Garenne ».

Le général Wimpffen me quitta; j'étais tranquille. Si nous étions attaqués sur un point ou sur un autre, nous pouvions nous défendre. Mais nous ne pouvions pas rester là longtemps parce que nous n'avions pas de vivres. La veille du jour de la bataille, je ne savais pas si nous devions nous en aller par la route de Mézières qui paraissait naturelle, mais que je craignais de voir occupée par les troupes que j'avais vu se diriger du côté de Donchery, ou bien s'il ne valait pas mieux culbuter les troupes qui étaient dans l'est et se diriger du côté de Carignan.

Le matin de très bonne heure j'envoyai deux officiers du côté du général Douay, c'est-à-dire du côté de Mézières, pour savoir ce qui s'y passait. Au point du jour je fis venir mes chevaux bridés et j'attendis le retour de ces deux officiers pour prendre une décision.

Après qu'ils m'eurent rendu compte de ce qui se passait du côté de Mézières, je pensai m'en aller du côté du général Ducrot et du général Lebrun qui se trouvaient à droite. A cinq heures et demie je reçus une dépêche du général Lebrun qui avait devant lui des Bavarois et des Saxons.

Il me dit qu'il était attaqué, qu'il avait quelque inquiétude sur la gauche. Cela m'étonnait parce que le général Ducrot était là avec quatre divisions très fortes.

En même temps, je recevais une dépêche du général Margueritte qui était en avant, du côté de l'est, avec sa cavalerie. Il me disait qu'un corps de troupes assez nombreux (c'était la Garde prussienne) s'avançait et que ces troupes montaient sur le grand plateau en face de la position qu'occupait le général Ducrot. Cela me prouvait, qu'en définitive, il n'y avait pas beaucoup de troupes dans l'est, du côté de Carignan. Je montai à cheval et j'allai assez vite pour rejoindre, d'abord, le général Lebrun qui se trouvait à la droite, et le général Ducrot qui était sur les hauteurs. Je trouvai les troupes dans de bonnes conditions. Le général Lebrun avait déjà 35.000 hommes, parmi lesquels des marins. Ces troupes se battaient avec beaucoup d'entrain. Je trouvai que de ce côté cela allait bien, mais je voulais voir ce que faisait l'ennemi qui se prolongeait sur le plateau à droite.

Le général Lebrun tenait les Bavarois devant lui, mais il tâchait de voir ce qui se passait à droite. J'avais bien reçu une lettre du général Margueritte qui me disait qu'il y avait un corps d'armée ennemi de ce côté. J'étais là à examiner ce qu'il y avait à droite de ce corps Bavarois. Je voyais quelques *cosaques*, et l'on disait que c'étaient des Saxons, lorsqu'un obus est tombé et a éclaté. Je fus atteint, mais je crus d'abord que ce n'était rien. Le cheval que je montais avait eu la jambe cassée par le projectile : il fallut descendre de cheval. Ce mouvement fit que je me trouvai mal, ou à peu près.

Lorsque je revins à moi, je dis à un docteur: « Je crois que ce n'est rien ». Il me répondit : « C'est plus grave que vous ne pensez ». Je m'évanouis encore. Voyant que je ne pouvais aller, je me demandai quel était le général le plus en état de prendre le commandement. Je pensai au général Ducrot. J'avais une grande confiance en lui. Il avait très bien dirigé les opérations depuis le commencement de la campagne, et il connaissait très bien le terrain. Je savais bien qu'il y avait des généraux plus anciens que lui, mais je passai là-dessus. Comme je vivais encore, je ne sais pas si légalement je n'avais pas le droit de déléguer le commandement. C'est une question à discuter. Je dis aux officiers qui étaient autour de moi : « Dites au chef d'état-major, le général Faur, que j'ai été blessé, qu'il prévienne le général Ducrot de prendre le commandement en chef, car je suis blessé. »

L'officier qui porta cette nouvelle, est aujourd'hui un de vos collègues, c'était M. de Bastard. Il était environ six heures moins le quart. Je ne voudrais pas, en parlant de ces événements, avoir l'air d'arranger les choses après coup, et surtout avoir l'air de dire que si j'avais été là, les choses auraient été autrement et mieux. Tout ceci n'est pas dans mon caractère; mais je puis dire en toute franchise et sans la moindre prétention que cet accident a été une chose malheureuse, et ce n'est pas à cause du talent de celui qui commandait, mais cela tient à ce fait seul, qu'il commandait. M. de Bastard alla assez vite, mais il ne connaissait pas exactement où était le général Ducrot, et il n'arriva guère auprès du général que sur les sept heures. Je ne sais pas s'il a été blessé avant ou après.

Le général Ducrot chercha à se rendre compte de ce qui se passait.

Comme à sa gauche on combattait très fort, là où était le général Lebrun, il alla d'abord de ce côté. Il vit que l'on se battait bien, mais il y avait des troupes considérables devant nous, il ne savait pas ce qui se passait sur la gauche. Je crois qu'il n'était pas informé qu'il y avait des troupes nombreuses qui devaient avoir traversé la rivière pour nous barrer la route de Mézières. Il pensa que l'on devait battre en retraite sur le point qui semblait le plus favorable et auquel on devait naturellement songer; il donna l'ordre au corps d'armée que commandait le général Lebrun, de commencer ce mouvement de retraite.

Le général Lebrun commanda de se retirer et abandonna les villages de

Bazeilles et de Donchery : toutes les positions par lesquelles on aurait passé si on avait battu en retraite par l'est, c'est-à-dire, par Carignan.

Le général Ducrot fit dire au général Wimpffen qu'il prenait le commandement. Le général Wimpffen, si je suis bien informé, hésita un moment.

Il n'avait pas de chevaux, il était arrivé la veille et ne savait pas comment l'armée était organisée. Il dit : « J'ai bien envie de laisser le commandement au général Ducrot, il s'en tirera comme il pourra ».

Ce fut là, à ce qu'on m'a dit, sa première idée. Lorsque son chef d'état-major, le général Besson qui a été tué au siège de Paris, vint lui dire qu'il y avait de grandes chances pour que la bataille fût un succès, il tira alors de sa poche une lettre du ministre de la guerre qui lui donnais le commandement, au cas où je serais blessé. Il fit dire au général Ducrot qu'il prenait le commandement. Il était neuf heures. Il prit un cheval et alla voir les positions du général Lebrun.

Il les trouva très bonnes et vit que les troupes combattaient très bien. Comme le général Wimpffen savait que les troupes de l'ennemi se portaient sur la route de Mézières, et qu'il entendait le général Douay tirer le canon, il se doutait bien qu'il y avait des troupes derrière lui. Il arrêta donc le mouvement qui avait été ordonné par le général Ducrot, et ordonna de se porter sur la droite.

Les troupes qui étaient très vaillantes, ne comprirent pas très bien que l'on fît abandonner, une heure avant, Bazeilles et Donchery pour les reprendre ensuite.

Elles se remirent en route, mais sans l'élan qu'elles auraient eu si elles n'avaient pas fait un mouvement de retraite, et si, en se portant en avant, elles étaient parties de Bazeilles. Les positions furent reprises, mais cela demanda beaucoup de temps, puisqu'il arriva un moment, vers une heure, où l'ennemi qui arrivait par l'est et par la route de Givonne réunit ses efforts sur le point du Calvaire d'Illy. C'était une position dominante et facile à défendre, mais ils mirent contre ce point une quantité considérable d'artillerie. Le feu de leurs canons se croisait et tous les coups portaient. Les troupes qui étaient là, avaient jusqu'alors combattu très courageusement, mais notre artillerie faiblissait parce qu'elle n'avait plus de coups à tirer, et il faut lui rendre cette justice que tant qu'elle a eu des projectiles, elle a combattu admirablement.

Lorsque les troupes virent que l'artillerie se repliait et que les coups arrivaient de tous les côtés, elles faiblirent. Les officiers qui étaient là, montraient beaucoup d'énergie.

Je dois rendre justice à la belle conduite de la cavalerie. Le général Margueritte fut tué ou blessé. Le colonel de Galliffet devint général. Lorsqu'ils virent que les troupes d'infanterie se repliaient, ils comprirent que si l'ennemi s'emparait de ce plateau, tout était perdu. Ils chargèrent cinq ou six fois et laissèrent la moitié de leurs hommes sur le champ de bataille.

L'armée ennemi, en se concentrant sur ce point, finit par l'emporter et nous avons été obligés de nous replier : c'était notre défaite !

Voilà donc comment les choses se sont passées. Eh bien, il en aurait été autrement si le commandant en chef n'avait pas été blessé. En effet, à six heures et demie il était sur le terrain ; il aurait décidé sa retraite d'un côté ou de l'autre, et il aurait battu en retraite d'un seul côté et avec tout son monde à la fois.

S'il avait battu en retraite avec toute son armée sur Carignan il aurait réussi à passer parce que, par le fait, il n'y avait de ce côté que des Bavarois, un autre corps saxon et la garde-royale.

Or, les corps bavarois et saxons furent tenus en échec pendant toute la journée par le seul corps du général Lebrun qui ne se composait que de trois divisions, et peut-être à la fin, d'une du quatrième corps, général Ducrot. Eh bien, si le général Ducrot s'était porté en avant, il arrivait sur un plateau où il n'y avait rien devant lui.

La Garde n'était pas là, elle était beaucoup plus à droite, du côté de la Chapelle. Il aurait pu se porter sur les hauteurs et arriver avant les Saxons et la Garde qui ne les ont occupées qu'à huit heures et demie. Si celui qui commandait avait été assez heureux pour commander ce mouvement, il est positif que, soutenu par le corps de Douay et par les deux divisions de Wimpffen, on prenait en flanc les Saxons et les Bavarois qui étaient culbutés dans la Meuse.

Je ne puis pas dire que la bataille aurait été gagnée pour cela. Je ne sais pas ce qui serait arrivé après, mais par le fait, tout était dégagé, on se serait retiré avec assez de facilité. En effet, l'armée de gauche commandée par le prince royal de Prusse, n'est arrivée à faire sa jonction qu'à une heure et demie. Or, le mouvement dont je parle avait commencé à sept heures du matin, et de sept heures à une heure il y avait bien le temps de tout culbuter et de s'en aller. Il n'en a pas été ainsi.

Il y a une chose à dire pour répondre à ce que j'entends souvent répéter et qui me blesse beaucoup pour l'armée. On parle toujours de cette «honteuse» capitulation de Sedan. Eh bien, pour être dans le vrai, il faut dire qu'elle a été malheureuse, mais qu'elle n'a pas été honteuse. Ce n'est pas une capitulation proprement dite, c'est une armée qui s'est trouvée acculée à une place et à une rivière, et l'armée ennemie s'est emparée des hauteurs qui dominent cette place et cette rivière.

L'armée française a combattu vaillamment et avec succès, depuis cinq heures du matin jusqu'à une heure et demie ; elle a eu 4.000 hommes tués et 12.000 blessés, ce qui fait 16.000 hommes hors de combat.

L'ennemi avait 240.000 hommes à lui opposer et elle n'avait que 85.000 hommes. Elle a été forcée de se rejeter sur cette mauvaise place de Sedan, et alors, elle s'est trouvée dans une position effroyable. Si cette place n'avait pas été là, les troupes auraient cherché à se faire jour, mais une fois qu'elles se sont vues débordées du côté du Calvaire d'Illy, elles se sont jetées dans les fortifications qui se trouvaient en face. Les autres ont fini par plier, tout cela est venu s'entasser dans la place. On a fait fermer les portes pour permettre aux troupes de se rallier plus facilement; les hommes se sont jetés dans les fossés, ceux qui étaient dedans ont jeté des cordes aux autres. On a ouvert les portes, en définitive, au moment où le feu a cessé. Il était difficile de faire autrement, on ne pouvait plus faire aucune espèce d'efforts, les troupes étaient entassées dans la ville, dans les fossés, dans les ouvrages, vues de tous côtés et entourées de 500 bouches à feu qui leur tiraient dessus. Il n'y avait plus rien à faire. Ce qui le prouve, c'est que le général Wimpffen qui était désespéré de capituler, a fait un dernier effort avec 3.000 hommes qu'il avait pu rassembler. Il a essayé de prendre la route de Balan. Il n'avait pas fait trente pas que ses hommes étaient culbutés. Par conséquent, je crois que tout le monde peut attaquer les opérations militaires qui ont eu lieu, l'emplacement de cette bataille, etc. Ces critiques peuvent être justes et fondées, mais ce que l'on ne peut pas dire, c'est que l'armée ait combattu d'une manière honteuse. La vérité est qu'elle s'est vaillamment conduite.

Je le répète, si à six heures du matin on avait attaqué dans la direction de Carignan, il y avait des chances pour culbuter l'ennemi. Je vous dirai que des officiers saxons ont prétendu qu'ils avaient été pendant longtemps dans de très vives inquiétudes. Le prince de Saxe, qui est venu me voir le lendemain à Sedan, m'a dit qu'il avait donné l'ordre de battre en retraite et que c'était un de ses généraux qui lui avait dit : « Tenons encore un moment ».

Si l'on avait fait un effort à l'est, à six heures du matin, on culbutait les Saxons, les Bavarois et la garde-royale prussienne. Si l'on avait suivi le mouvement du général Ducrot, on avait moins de chances de s'échapper. Cependant, comme il n'y avait que trois corps d'armée ennemie de ce côté, on aurait combattu longtemps, et ce qui aurait pu arriver de plus malheureux, est que pris par-derrière et par-devant, on se fut jeté à droite, en Belgique.

En tous cas, comme il y a beaucoup de bois, une grande partie de l'armée aurait échappé; mais ce mouvement de retraite sur Mézières qui avait été commencé, et ce mouvement opposé commandé par l'autre général ont fait que l'on n'a pas pu résister. L'armée a été entourée et a dû déposer les armes, après avoir eu 4.000 hommes tués et 12.000 blessés hors de combat.

M. le Président. — Je vous remercie Monsieur le maréchal de ce triste récit. Vous n'avez pas pu le faire et nous n'avons pas pu l'entendre sans une profonde émotion.

La séance est levée à midi moins le quart.

Après la lecture de cette déposition du maréchal de Mac-Mahon, il est permis de se poser la question suivante :

Pourquoi le maréchal Bazaine a-t-il été rendu responsable devant le pays de tous les désastres de 1870 ?

Voici la réponse.

Le premier a été nommé président de la République pour rétablir la Monarchie, dont il était le représentant !

Le second, condamné à mort, comme ayant été représentant de l'Empire.

C'est là qu'il faut chercher la vérité.

CHAPITRE QUATRIÈME

La lettre ci-après confirme tout ce qui a été déjà dit relativement à la mauvaise administration des services de l'intendance militaire :

Reims, le 23 *août* 1870.

Monsieur l'intendant en chef,

Ainsi que je vous l'ai annoncé hier au soir par le télégraphe, le convoi est arrivé à Reims, mais malheureusement, cette arrivée a coïncidé avec celle de tout le camp de Châlons (personnel et matériel). De là un encombrement inouï !

Je suis aux prises avec les difficultés les plus sérieuses. Pas de magasin; la gare encombrée ne peut plus rien recevoir; M. Ulhrich parti; le sous-préfet absent; pas un sous-intendant militaire dans la place; une pluie battante sur les voitures parmi lesquelles celles du sixième corps, seulement, sont bâchées. Si je ne fais pas remanier certaines denrées mouillées tout sera perdu. Il faudra probablement faire passer au feu le biscuit qui aura été mouillé en sacs, faire pelleter les avoines et les mettre dans des sacs secs avant de les confier au chemin de fer.

J'ai à faire payer les vétérinaires et je ne sais si le receveur particulier voudra faire honneur à mes ordonnancements. Je n'ai pas de personnel pour tous ces travaux. Enfin, je vais faire pendant toute la journée les plus grands efforts pour mettre tout en ordre.

J'ai l'intention *et le désir* de suivre les mouvements de l'armée pour rejoindre le plus tôt possible le sixième corps. Mais M. de Mac-Mahon se dirige sur *Montmédy par étapes où il se ravitaillera le* 26. Je vous demande la permission d'y aller en chemin de fer, de manière à y arriver en même temps; nos chevaux ont fait 27 lieues en deux jours et demi. M. Sentini en a trois de blessés. Je vais m'efforcer de mettre tout en état avant de partir d'ici.

J'ai été à la gare pour faire réexpédier sur Sedan les wagons partis de Verdun et chargés de biscuit, on ne sait où ils sont. Le chef de gare déclare être trop encombré pour vous rien expédier avant quarante-huit heures. J'espère vaincre ses résistances, mais je vous le dis bien sincèrement, j'ai la conviction que si je n'étais pas ici vous ne reverriez jamais rien du convoi.

J'ai voulu faire payer mes voituriers à qui je dois 70.000 francs, le receveur a déclaré qu'il n'a pas d'argent. La Banque de France refuse son concours au Trésor (*signe du temps*). J'ai heureusement rencontré un inspecteur général des finances attaché au quartier général du maréchal Mac-Mahon, qui a donné l'ordre de disposer en ma faveur de 70.000 francs (appartenant à un particulier) actuellement en caisse.

Voilà où nous en sommes ; il me faudra dans deux jours 90.000 francs pour Kintzinger ?

On m'a trouvé des magasins en ville, je vais y faire réparer ce qui en a besoin.

Je vais travailler à vaincre, pour les expéditions du biscuit que vous demandez, les résistances de la gare. On annonce le général de Liniers, commandant la division, et M. Massot. J'aurai recours à leur autorité. L'armée est partie ce matin pour la Suippe ; M. Ulhrich l'accompagne provisoirement en attendant, m'a-t-il dit, que vous ayez rejoint. En résumé, tout est ici dans le *plus grand désordre*. Je fais inventorier ce que nous avons amené, nous n'avons reçu aucune pièce au départ. On me dit qu'il manque vingt-deux voitures de Montmédy : je les fais rechercher.

Depuis Sainte-Ménéhould je n'avais plus *d'escorte : pas un gendarme, ils étaient partis*. Il ne serait pas étonnant que dans un *convoi qui occupait neuf kilomètres* sur la route, et qui voyageait de nuit, quelques voitures m'aient filé dans la manche. Les miennes étaient numérotées, mais celles requises par M. Richard ne *l'étaient pas et m'ont donné bien de la peine*. J'ai tant crié qu'à présent je ne peux plus parler.

J'ai l'honneur d'être avec le plus profond respect,

Le sous-intendant militaire du sixième corps,

VIGO ROUSSILON.

Pour copie conforme :
Le greffier du premier Conseil de guerre,
P. ALLA.

Après une succession aussi rapprochée de si rudes combats, il ne fallait pas songer à une reprise immédiate de l'offensive. L'armée avait besoin de reprendre haleine, mais surtout de reconstituer ses cadres en officiers de tous grades. Du reste, je consultai à cet égard les chefs des corps d'armée, et leur opinion est consignée dans les Rapports confidentiels ci-après :

Le général Frossard au maréchal commandant en chef.

Ban-Saint-Martin, 21 *août* 1870.

J'ai l'honneur de diriger à Votre Excellence le Rapport qu'elle me demande par sa dépêche n° 100.

1° Le deuxième corps a conservé toute son artillerie, moins un certain nombre de chevaux. Les caissons ont été réapprovisionnés. Les fusils ne sont pas en très bon état, les soldats ayant perdu avec leurs sacs les nécessaires d'armes ; mais ils n'en sont pas moins disponibles pour un bon service.

La perte la plus sensible a été celle des effets et ustensiles de campement; le 6 août, la plupart des régiments avaient été forcés d'abandonner leur camp et y avait laissé tous ces objets. Depuis, ils avaient pu se procurer quelques marmites, bidons et gamelles.

Le 16 août, la panique causée par la retraite précipitée de la division de cavalerie de Forton, a fait perdre de nouveau les ustensiles de campement. Les hommes ne peuvent plus faire la soupe et le café qu'en se repassant, d'une compagnie à l'autre, les quelques marmites qui restent. Cette situation est très fâcheuse, elle rend le soldat triste, mécontent, sans que toutefois il se plaigne.

2° Malgré les fatigues éprouvées par ces troupes, qui, depuis le 6 août, ont combattu quatre fois, et ont presque constamment marché, l'état sanitaire, sauf quelques dysenteries, est bon.

3° Le moral et la discipline ont subi quelques légères atteintes. Les régiments ont éprouvé de très nombreuses pertes; le 8° de ligne, entre autres, est commandé par un capitaine. Beaucoup de compagnies n'ont plus un seul officier. De ce manque de cadres, résulte un défaut de direction et d'ensemble. Les soldats, à la première alerte, sont disposés à *regarder derrière eux, sans qu'il y ait assez d'efforts pour les retenir.* Le lien s'est évidemment détendu, sans que l'on puisse dire, cependant, que la troupe soit démoralisée; elle aurait besoin de se refaire et de reprendre la confiance en elle-même, qui en ce moment me semble un peu altérée.

Le général commandant le deuxième corps,

Frossard.

Elle est à remarquer, cette disposition d'esprit de cet officier général à faire porter sur ses voisins la responsabilité.

Le maréchal Le Bœuf au maréchal Bazaine.

Plappeville, 21 *août* 1870.

Votre Excellence me fait demander l'état matériel, physique et moral du troisième corps. Je m'occupe de réunir les documents de ce Rapport.

L'artillerie a complété ses approvisionnements. La troupe est alignée à deux jours de vivres de campagne, et il en existe trois en réserve dans les divisions. Les distributions se font régulièrement. L'état sanitaire se maintient, malgré la fraîcheur des nuits, et l'accumulation des troupes sur un espace resserré. L'état moral est excellent, surtout chez le soldat ; les officiers, très dévoués, très braves au feu, sont *naturellement un peu enclins à la critique, mais sans aigreur, chacun d'eux ayant son plan de campagne.*

L'Ordre général que vous m'avez adressé ce matin, et que j'ai donné l'ordre de lire dans les camps, fera certainement la meilleure impression.

Le troisième corps a perdu 4.000 hommes, tués, blessés ou disparus dans les affaires du 14, du 16 et du 18 courant.

Il reste au troisième corps un effectif de 40.000 hommes environ. J'aurai l'honneur de vous donner tous les chiffres dès que je les aurai reçus.

Le maréchal commandant le troisième corps,

Le Bœuf.

Le général de Ladmirault au maréchal Bazaine.

Le Sansonnet, 20 *août* 1870.

Par votre lettre du 20 août, n° 100, vous m'invitez à vous faire connaître les conditions dans lesquelles se trouve le quatrième corps d'armée.

Je regarde à peu près comme intactes les conditions matérielles qui peuvent constituer un corps d'armée, c'est-à-dire, que le quatrième corps possède encore tous ses canons. Il manque bien quelques chevaux d'attelage, mais la réduction du convoi, qui est trop lourd, permettrait de fournir les remplacements nécessaires. Les hommes possèdent leurs armes, qui sont en bon état. Leurs effets son bons et peuvent résister encore. Les trois brigades *qui ont perdu* leurs effets de campement sont à peu près pourvues de bissacs, de couvertures et de tentes-abri, elles peuvent bivouaquer et emporter leurs cartouches. L'état sanitaire est bon : les maladies n'ont pas envahi la masse des troupes, *et un jour de repos* remettrait les plus fatigués. Quant aux conditions morales, je pense qu'on peut compter sur le patriotisme et le courage de la grande majorité pour faire face au danger de la situation.

Le corps d'officiers ne laisse rien à désirer, mais beaucoup ont succombé dans les divers combats qui ont eu lieu. Cependant on peut encore pourvoir chaque compagnie d'un officier. Bien des généraux et des colonels manquent, par suite des pertes éprouvées dans les journées du 14, du 16 et du 18 août; mais chaque brigade possède encore un colonel pour la commander.

En somme, je regarde le quatrième corps comme en mesure de *tenter un effort suprême* en prenant la résolution de ne faire *qu'un usage modéré des munitions.* Une disposition qui relèverait singulièrement le *moral de tous* ce serait de pourvoir à toutes les vacances d'officiers supérieurs de tous grades.

Le général commandant le quatrième corps,

DE LADMIRAULT.

Le maréchal Canrobert au maréchal Bazaine.

Sous Metz, 20 août.

Votre Excellence veut bien me demander, à la date de ce jour, un Rapport confidentiel sur la situation matérielle, physique et morale de mon corps d'armée. Je m'empresse de satisfaire à sa demande.

Le sixième corps, organisé au camp de Châlons, était encore en voie de formation lorsque *des ordres et des contre-ordres, en l'appelant tantôt en avant, tantôt en arrière, ont, en définitive, amené un morcellement dans les divers éléments qui le composent.* Les première, troisième et quatrième divisions d'infanterie ont pu être réunies sous Metz, la première et la troisième avec leur artillerie et leur génie, et *la quatrième dépourvue de ces armes.* La division de cavalerie, la réserve ainsi que le parc du génie, sont encore au camp de Châlons, avec les trois quarts de la deuxième division d'infanterie.

Quant aux services administratifs, *ils n'étaient pas prêts à notre départ du camp;* aussi sommes-nous dépourvus de transports réguliers, des services divisionnaires, et d'une partie des ambulances.

Les chefs de l'artillerie, du génie et de l'administration sont également restés au camp, empêchés de nous rejoindre à Metz par l'interruption des communications.

Malgré ces conditions défavorables, la partie du sixième corps qui est ici, sous ma main, s'est présentée aux batailles des 16 et 18 août avec une solidité dont j'ai eu à vous rendre un compte avantageux. A la suite de ces deux journées, où le sixième corps a éprouvé de grandes pertes, plusieurs régiments sont privés de chefs et d'officiers supérieurs; plusieurs compagnies n'ont plus d'officiers, ce qui naturellement atténue leurs forces. Un assez grand nombre d'officiers ont perdu leurs bagages, et beaucoup de soldats leurs sacs, ce qui constitue une situation gênante. Toutefois, le moral des officiers et des généraux encore présents, et celui de la troupe, surtout depuis qu'elle a reçu des munitions et des vivres, m'inspirent une grande confiance.

Le maréchal commandant le sixième corps,

CANROBERT.

Le général Bourbaki au maréchal Bazaine.

Le Sansonnet, 21 août 1870.

J'ai l'honneur de rendre compte à Votre Excellence en réponse à sa dépêche du 20 de ce mois, n° 100, que les troupes de la garde-impériale se trouvent dans d'excellentes conditions matérielles, physiques et morales. Les munitions d'infanterie et d'artillerie sont au complet et en parfait état de conservation. Les armes sont bien entretenues et les réparation s'exécutent chaque fois que les corps stationnent. Sauf quelques effets et ustensiles de campement et de linge et chaussures, dont l'état sera envoyé aujourd'hui même, les hommes sont pourvus de tout ce qui est nécessaire pour assurer leur campement. Les vêtements sont en très bon état, ainsi que les chaussures. La nourriture est abondante et saine, les distributions régulières, les ordinaires bien entretenus. L'état sanitaire est bon ; à peine signale-t-on quelques dérangements causés par l'abus des fruits verts. Celui des chevaux n'est pas moins satisfaisant, bien que l'alimentation, réduite généralement à l'avoine, soit un peu échauffante. Il est bien à désirer que l'on puisse distribuer de temps en temps du foin ou d'autres fourrages.

Le moral de nos troupes d'élite est celui que l'on doit attendre d'elles. Leur plus grand désir est de se mesurer avec l'infanterie prussienne ; elles ne doutent pas du succès. Malheureusement, les pertes éprouvées par la Garde dans les journées des 16 et 18 août, ont réduit les effectifs de 138 *officiers et de* 2.926 *soldats*. Il serait regrettable de les laisser diminuer encore, et Votre Excellence appréciera sans doute l'urgence de donner suite à ma demande de contingents de la ligne pour les corps de Garde.

Le général commandant en chef de la garde-impériale,

BOURBAKI.

Pour faire suite à ces Rapports qui renseignent bien sur l'état de l'armée, il est utile de reproduire ici des renseignements fournis par M. Le Fort, médecin en chef de l'ambulance de la Croix de Genève.

Le 15, je retournai sur le champ de bataille du 14, où je pus constater que la plupart des morts du combat de Borny, avaient été dévalisés : les sacs étaient vides, les papiers, les lettres, les livrets, les objets sans valeur étaient épars sur le sol, mais *l'argent avait disparu*. Pour enlever une bague au cadavre d'un de nos officiers on avait coupé les doigts encore recouverts du gant, et je regrettai que ma qualité de non combattant, en m'interdisant de porter une arme, m'empêchât de brûler la cervelle à quelques misérables paysans lorrains que je trouvai sur le champ de bataille occupés à piller les cadavres de nos soldats, dans la partie de la plaine que n'occupaient les vedettes prussiennes. Le 17 au matin, nous nous retirâmes d'abord à la ferme Saint-Hubert où nous recueillîmes encore quelques blessés, puis, sur le plateau qui domine le village de Rozerieulles où était l'extrême gauche de notre armée. De l'endroit élevé où nous nous trouvions, on distinguait parfaitement les masses de troupes de la nouvelle armée qui, ayant traversé la Meuse à Pont-à-Mousson, se dirigeaient vers nous. On ne pouvait songer à continuer la retraite directe sur Verdun, car la route de Mars-la-Tour nous avait été fermée dès le 16 matin. Il me paraissait impossible qu'on pût songer à se retirer par Conflans et Etain, en défilant ainsi de flanc pendant vingt-quatre heures, en une colonne de plusieurs lieues de longueur, par un chemin distant à peine de quelques kilomètres des positions occupées par une armée victorieusement arrêtée, mais non mise en déroute, et qui se renforçait d'une seconde armée égale en nombre à celle qui venait de combattre. Le 21 je retournai à Gravelotte pour ramener quelques blessés qui y étaient restés, ainsi qu'à Saint-Hubert ; nous continuâmes notre route, mais après avoir fait quelques pas nous débouchâmes sur le plateau : il fut évident pour nous, que nous étions engagés dans un mauvais pas. Nous vîmes, en effet, se dérouler devant nos yeux, dans la vaste plaine qui s'étend en avant de Gravelotte, le spectacle des travaux de défense exécutés par l'armée prussienne, dont plusieurs corps étaient massés en cet endroit. Les arbres de la route tombaient sous la scie et la hache, de manière à nous fermer complètement le passage si nous cherchions par une nouvelle lutte à nous frayer un chemin de vive force. Avec cette activité dont l'armée ennemie nous donnait un exemple trop peu suivi, la plaine dans toute sa largeur était déjà occupée par une ligne de fortifications en terre, reliées par des tranchées-abri, et formant une sorte d'enceinte continue. (C'était des lignes de circonvalation.) Bien qu'on fût au surlendemain d'une bataille, les régiments était à la manœuvre, et quelques compagnies faisaient l'exercice de tirailleurs, comme si l'on eût été en garnison.

On nous croyait abondamment pourvu de tout ; dès l'ouverture de la campagne on s'apercevait que nous n'avions même pas le nécessaire pour faire face à cette guerre entreprise sans motif sérieux, et sans préparatifs suffisants, malgré tous mes appels à M. le maréchal Niel, qui, avant tout, officier général du génie fort distingué, tenait surtout quant à la place de Metz, à ce que les travaux de contre-approche en avant du Front-Sainte-Croix qui avait toujours été considéré comme le point d'attaque, fussent poussés activement, et le reste des travaux urgents en souffrait. La déposition de M. le général de division Coffinières également de l'arme du génie donnera à cet égard des détails intéressants et ignorés.

Décret du général commandant supérieur.

Article 1.—Tout étranger originaire de la Prusse, des pays de la Confédération du Nord, de la Bavière, du grand duché de Hesse, et du grand duché de Bade, et résidant dans ce moment à Metz ou dans les environs, devra, dans le délai de deux jours, c'est-à-dire lundi ou mardi prochain, se présenter au commissaire central de police pour demander un permis de séjour.

Article 2. — Tout étranger originaire des pays ci-dessus indiqués qui n'aura pas, dans le délai fixé, obtempéré à la disposition qui précède, sera mis en état d'arrestation.

Article 3. — Tout étranger qui n'obtiendra pas un permis de séjour quittera le territoire français dans les vingt-quatre heures qui suivront la décision du commissaire central.

Je ne pouvais pas faire autre chose.

M. LE PRÉSIDENT. — Ce n'était pas seulement les domestiques des particuliers qui pouvaient transmettre des nouvelles à l'ennemi, les propriétaires d'hôtel avaient des domestiques allemands qui pouvaient servir utilement les intérêts prussiens, et ils n'ont pas été renvoyés parce que les maîtres garantissaient qu'ils n'étaient pas dangereux; on peut vous faire le reproche de n'avoir pas pris une mesure plus énergique.

M. LE GÉNÉRAL COFFINIÈRES. — J'ai agi ainsi sur la demande des habitants.

M. LE PRÉSIDENT. — On pouvait vous tromper, et dans ce cas-là, il fallait expulser tout le monde.

M. LE GÉNÉRAL COFFINIÈRES. — Permettez-moi de vous dire, monsieur le Maréchal, que je me suis aperçu, après avoir pris cet arrêté, que tout ce qui se passait dans Metz était su au quartier prussien ; à tel enseigne, que dans une sortie qui a été faite du côté de Ladonchamp, on a pris un poste dans lequel on a trouvé le Rapport du jour, et il y avait : « Nouvelle venue par telle voie etc... » J'ai poursuivi à outrance tous ceux que je soupçonnais d'avoir des rapports avec l'ennemi; il y en avait 400 à 500 en prison; je les ai traduit devant le Conseil de guerre, mais je n'ai jamais pu obtenir une condamnation. Il y a même eu jusqu'à un enfant qu'on a pris en flagrant délit; je l'ai fait venir chez moi et je lui ai dit : « Gredin, je vais te faire fusiller sur le champ». Il a avoué qu'il avait peut-être porté vingt lettres, mais il n'a jamais voulu dire d'où elles venaient. Il a été condamné, je crois, à deux mois de prison. Nous n'avions pas seulement à nous défier des Allemands, il y avait encore dans *l'ensemble, des dispositions qui n'étaient pas bonnes;* ainsi, quelquefois, je voyais des gens des villages voisins, et je leur disais : « Comment, messieurs les Lorrains, vous, qui avez la réputation d'avoir un patriotisme à toute épreuve, n'avez-vous jamais coupé un fil électrique, ni un rail de chemin de fer aux prussiens?—Nous n'osons pas, disaient-ils; si nous avions le malheur de le faire ils brûleraient nos villages.» Et puis à moi, dans la ville, on coupait mes fils électriques qui communiquaient avec les forts. J'ai fait, croyez-le bien, à tous ces gens-là, une guerre acharnée; on venait me supplier : « Pourquoi arrêtez-vous celui-ci? J'ai eu en prison plus de 400 personnes suspectes d'espionnage ; il est vrai que je n'ai fait exécuter personne, mais il y avait un Conseil de guerre, je les traduisais devant le Conseil. C'est tout ce que je pouvais faire.

M. LE GÉNÉRAL CHARON. — Il n'y avait pas de Cour martiale?

M. le général Coffinières. — Non, mon général.

M. le Président. — On peut toujours en établir, monsieur le général. Une réunion a eu lieu le 26 août; les corps d'armée avaient été transportés sur la rive droite de la Moselle; n'aviez-vous pas écrit le matin, au maréchal Bazaine, pour lui exposer les dangers que courait la place de Metz s'il s'éloignait de la ville?

M. le général Coffinières. — Non, monsieur le maréchal, voici ce qui s'est passé.....

M. le Président. — Vous n'avez pas écrit?

M. le général Coffinières. — Non, je ne crois pas.

M. le Président. — Vous n'avez pas remis des notes?

M. le général Coffinières. — Je ne m'en souviens pas, mais je ne pense pas, j'en ai parlé au Maréchal de vive voix.

M. le Président. — Le matin, avant la réunion, à six heures environ?

M. le général Coffinières. — Voici ce qui s'est passé : j'étais allé au quartier général, je ne sais pour quelle affaire ; je recontrai le général Soleille, qui était mon camarade, et je lui dis: « Le Maréchal va sortir (l'ordre de marche avait été transmis), nous ne savons pas où sont les troupes qui viennent au secours de Metz (déjà il était question du mouvement du maréchal Mac-Mahon sur Metz ; je ne le savais pas officiellement, mais les bruits en circulaient); nous ne savons pas, dis-je, où elles sont, quelle ligne elles suivent ; je crois, pour mon compte, qu'il serait plus sage d'attendre des nouvelles précises, de savoir dans quelle direction elles arrivent; pendant quelques jours, au moins, on pourrait tenir bon, et profiter de ce temps pour achever d'armer les forts ».

Dans ce moment-là, nos forts n'étaient pas terminés, de sorte que le général Soleille me dit : « Vous avez cent fois raison ; d'ailleurs notre situation n'est pas si mauvaise ; nous avons une position latérale qui, dans un moment donné, peut avoir un très grand effet, si le maréchal Mac-Mahon marche ayant à cheval la direction de l'ennemi ; le chemin de fer lui fait front; nous sommes-là pour couper la retraite; c'est une situation plus ou moins analogue à celle que Napoléon Ier voulait prendre après la bataille d'Arcis-sur-Aube. Votre opinion me semble sage : harcelons l'ennemi; dans quelques jours, nous aurons achevé d'armer les fortifications et quand nous saurons où vient le maréchal Mac-Mahon, nous irons à sa rencontre ».

Nous allâmes trouver le maréchal Bazaine et nous lui fîmes part de cette idée. « Il est possible, nous dit-il, que vous ayez raison, mais tant pis : mon mouvement est prêt, je vais l'exécuter ». En effet, les troupes se mettent en mouvement; seulement, tous les chefs de corps reçoivent une convocation pour se rendre au château de Grimont devant le fort Saint-Julien. Lorsque nous fûmes réunis, le maréchal Bazaine demanda si on avait des observations à faire, et chargea le général Soleille de dire son opinion. Le général

Soleille développa ce que je viens d'avoir l'honneur de vous exposer, disant que le maréchal Mac-Mahon était en route, mais qu'on ne savait pas où il se trouvait, qu'il valait mieux attendre, etc. La discussion s'engagea ; plusieurs de ces Messieurs, notamment le maréchal Canrobert, dit : « Il faut utiliser notre temps, pendant que nous serons ici, à faire des attaques vigoureuses». Ce fut entendu, et c'est sur cette base que l'opération du 26 a été ajournée, à l'unanimité.

M. LE PRÉSIDENT. — Vous avez parlé, dans ce Conseil?

M. LE GÉNÉRAL COFFINIÈRES. — Non, monsieur le maréchal ; c'est le général Soleille qui a été chargé de dire son opinion, et du moment où il a eu exposé son opinion, tout le monde y a adhéré. Il en est résulté que l'opération a été ajournée, et quatre jours plus tard, c'est-à-dire le 31, quand le maréchal Bazaine a su qu'elle était à peu près la position du maréchal Mac-Mahon, il a recommencé son opération, exactement dans les mêmes conditions. Voilà ce qui s'est passé, et *voici maintenant qu'elle était la situation de nos forts. Dans aucun fort, il n'y avait des terrassements de fait, pour ce qui était de la maçonnerie, le fort Saint-Julien avait sa gorge complètement ouverte.*

M. LE GÉNÉRAL CHARON. — On avait fait des travaux confortatifs et des travaux provisoires en bois?

M. LE GÉNÉRAL COFFINIÈRES. — Je vous demande pardon, mon général, il n'y a jamais eu des travaux en bois ; nous avons fait le fossé, et, avec des mottes de terre, nous avons élevé la gorge.

M. LE GÉNÉRAL DE SÉVELINGES. — La gorge était ouverte?

M. LE GÉNÉRAL COFFINIÈRES. — Oui, *à Saint-Julien,* la gorge était ouverte ; il n'y avait *pas d'escarpe, et le bastion était tombé.*

M. LE GÉNÉRAL CHARON. — Il y avait une palissade qui garantissait la gorge?

M. LE GÉNÉRAL COFFINIÈRES. — Pardon, nous avons mis, après, des barricades.

M. LE GÉNÉRAL CHARON. — J'ai été chargé de faire le Rapport, et j'ai dit, dans ce Rapport, qu'au 31 août les forts étaient à l'abri des attaques de vive force.

M. LE GÉNÉRAL COFFINIÈRES. — *Non, mon général, on pouvait entrer de vive force, aussi bien à Saint-Julien que dans Queuleu;* mon commandant du génie, Salanson, pourra vous le dire, et c'est ce qui me préoccupait. M. le général d'Aurelle de Paladines doit se rappeler que nous avions au fort Saint-Julien un officier très méthodique et très lent......

M. LE GÉNÉRAL D'AURELLE DE PALADINES. — Oui, il s'appelait Hartmann ; j'ai demandé nombre de fois au directeur des fortifications de le changer, son état de santé ne lui permettait pas de travailler avec toute l'activité désirable ; toujours on me répondait : « Non, cela le blessera beaucoup, c'est un bon officier, vous verrez qu'il fera très bien ».

M. le général Coffinières. — Il y avait encore quelque chose de *plus grave à Saint-Julien;* c'est que du côté extérieur au bastion d'attaque, le bastion de l'ancienne route traversait le fort; les glacis, qui devraient être taillés dans la profondeur du terrain ne l'avaient pas été, de sorte qu'ils dominaient le fort, *c'était intenable.*

M. le général Charon. — Dans le Rapport que vous avez fait au ministre de la guerre après que vous avez été envoyé à Metz, comme inspecteur général, vous parliez de la situation des forts, et vous aviez soin de dire, pour le Saint-Julien, qu'en y travaillant environ pendant quinze jours, il serait en état; or, c'était au 15 juillet et nous sommes au 26 août.....

M. le général Coffinières. — *Je ne suis pas allé à Metz comme inspecteur général;* c'est une mission particulière qui m'avait été confiée.

M. le Président. — Un officier du génie à Metz, a dit que la gorge était fermée, et que le Saint-Julien était palissadé partout?

M. le général Coffinières. — Le 31 août?

M. le Président. — Non, le 26.

M. le général Coffinières. — A cette date-là, la gorge était abordable; il y avait au Saint-Julien un homme très vigoureux, le commandant d'artillerie Protche, qui ne dormait pas sur ses deux oreilles, car *il disait:* « *On peut entrer de tous les côtés* ».

M. le général Charon. — Je vois dans le Rapport, que, au 14 août, et mieux encore, au commencement de septembre, on était en mesure d'opposer une résistance de vive force que l'ennemi était peu habitué à rencontrer, et qui l'aurait arrêté; quant à l'armement, il était très considérable.

M. le général Coffinières. — Une attaque de vive force sur les ouvrages de campagne est toujours possible; or, tous les officiers que vous pourrez consulter à ce sujet, *vous diront que dans ce moment-là, les forts n'offraient pas plus de résistance qu'une fortification passagère.* C'est ce qui m'a fait dire, à ce moment-là, je suppose, que les forts n'étaient pas en état de tenir quinze jours contre une attaque vigoureuse.

M. le général Charon. — Vous disiez cela au maréchal Bazaine; au moins, vous vous étiez trompé dans le Rapport fait au ministre de la guerre et que j'ai au dossier.

M. le général Coffinières. — Permettez, mon général, la déclaration du duc de Grammont était faite, lorsque le ministre m'a dit: « Vous allez aller en bourgeois à Metz et dans différentes places de la frontière, et vous ferez un Rapport sur l'état de ces places ».

J'arrivai donc à Metz, et je trouvai ces Messieurs ayant leurs ateliers organisés; je vis très bien ce qui manquait, vous l'avez pu voir exposer dans mon Rapport. J'ai dit au commandant Salanson de prendre des mesures très énergiques pour mettre les forts en état de résister d'une manière convenable à une attaque; une espèce d'affiche fut même publiée dans la ville, sur ma demande, pour inviter tous les ouvriers disponibles à aller travailler dans les forts. Ils y allèrent, mais ces braves gens, dans l'émotion de la guerre, voyant arriver les troupes, ne voulaient pas travailler. Lorsque je parlais d'un travail de quinze jours, j'entendais un travail assidu, j'étais dans l'hypothèse d'une situation normale en appelant tous les habitants à faire des terrassements, on aurait obtenu un résultat ; mais nous avions là *des Messins, des Lorrains*, beaucoup *d'Allemands même*; ils voyaient tous les jours passer des troupes; tantôt c'était l'Empereur, tantôt le maréchal Canrobert ; ils quittaient les ateliers puis, les jours suivants étaient marqués par nos désastres; on apprenait la défaite de Forbach et tous ces gens ne travaillaient pas comme ils auraient dû travailler dans l'état normal. C'est pour cela que vous trouvez extraordinaire que j'aie dit qu'en quinze jours on aurait pu mettre les forts en état de défense, alors que huit ou dix jours après ce délai, ils ne l'étaient pas totalement ; vous voyez comment la chose s'explique naturellement.

M. LE GÉNÉRAL DE SÉVELINGES. — Le 31 août, les forts Saint-Julien et Queuleu étaient à peu près fermés?

M. LE GÉNÉRAL COFFINIÈRES. — Sur *certaines parties*, elles avaient une très grande valeur, mais sur la gorge ces deux forts étaient *attaquables comme une fortification passagère.*

M. LE PRÉSIDENT. — N'avez-vous pas parlé au maréchal Bazaine de tout détruire avant de capituler?

M. LE GÉNÉRAL COFFINIÈRES. — Je ne lui ai jamais proposé cela, monsieur le maréchal.

M. LE PRÉSIDENT. — Le colonel Villenoisy ne vous en a-t-il pas parlé, le 27 octobre?

M. LE GÉNÉRAL COFFINIÈRES. — Oui, c'est positif.

Pour copie conforme : Le greffier du premier Conseil de guerre,

P. ALLA.

L'armée française, en manœuvre depuis plusieurs jours, venait de livrer deux sanglantes batailles sans son grand parc de réserve, qui ne l'a jamais rejoint ; elle pouvait éprouver un échec très sérieux dans cette longue marche de flanc, qui aurait eu une influence des plus fâcheuses sur les opérations ultérieures, mais surtout sur le moral du pays.

L'ennemi ne perdit pas un instant pour compléter notre investissement sur les deux rives, en détruisant les ponts sur l'Orne, rendant impraticable la voie ferrée de Thionville, coupant les routes, et épuisant les ressources des villages à sa portée.

Dépêche du maréchal de Mac-Mahon au maréchal Bazaine, expédiée le 20 août, à 11ʰ 35 du matin.

Camp de Châlons, 18 *août*, 3ʰ 35 *du soir*.

Si, comme je le crois, vous êtes forcé de battre en retraite, très prochainement, je ne sais, à la distance où je me trouve de vous, comment vous venir en aide *sans découvrir Paris*.

Si vous en jugez autrement faites-le moi savoir.

Dépêche du maréchal Bazaine au maréchal de Mac-Mahon.

Ban-Saint-Martin, 19 *août*.

J'ai dû prendre position près de Metz, pour donner du repos aux soldats et les ravitailler en vivres et en munitions.

L'ennemi grossit toujours autour de nous et je suivrai, *très probablement, pour vous rejoindre, la ligne des places du Nord. — Je vous préviendrai de ma marche, si je puis toutefois l'entreprendre sans compromettre l'armée.*

Voulant cependant faire une diversion pour aider aux mouvements qu'aurait pu entreprendre l'armée du maréchal de Mac-Mahon (quoique en théorie ce ne soit pas l'armée bloquée qui doive venir en aide à celle libre de ses mouvements), à laquelle le ministre de la guerre avait indiqué Verdun comme objectif lorsqu'elle fut réunie au camp de Châlons, et qui, d'après la dépêche télégraphique du maréchal de Mac-Mahon en date du 18 et citée plus haut, devait être complètement réorganisée le 19, comme conséquence de ma dépêche en date du 19, l'armée de Metz prit position le 26 sur la rive droite de la Moselle.

Mon but était d'attirer l'attention de l'ennemi vers le nord-est, de retarder sa marche sur la Meuse, et, si un combat avait été accepté, et que le résultat en eût été favorable, d'en profiter pour marcher sur Thionville. Mais, le mauvais temps qui survint arrêta tout mouvement dans des terrains aussi détrempés et glaiseux. Comme il était à craindre que la crue des eaux rendît le retour sur la rive gauche difficile et lent, une partie des troupes repassa sur cette rive pour occuper les positions désignées par le commandant supérieur de Metz, pour s'y retrancher par des travaux de campagne, et fournir de nombreux travailleurs pour activer l'achèvement des forts.

Le même jour, les commandants des corps d'armée, et les

chefs d'armes spéciales furent réunis en conférence à la ferme de Grimont et ils émirent l'avis : que l'armée devait rester sous Metz, parce que sa présence maintenait devant elle au moins 300.000 ennemis, qu'elle donnait le temps à la France d'organiser la résistance, aux armées en formation de se constituer, et qu'en cas de retraite de l'ennemi, elle le harcèlerait, et peut-être même lui infligerait une défaite décisive.

M. le colonel Boyer, mon premier aide de camp, eut soin de prendre pendant cette conférence les notes que nous donnons ci-après :

CONFÉRENCE DU 26 AOUT 1870.

Les commandants des deuxième, troisième, quatrième et sixième corps d'armée, le commandant en chef de la garde-impériale, le général commandant l'artillerie de l'armée, le commandant supérieur de la place de Metz, furent appelés au château de Grimont où ils se trouvèrent réunis à deux heures de l'après-midi.

En quelques mots le Maréchal exposa la situation sans émettre d'avis concluant, et donna la parole au général Soleille.

Opinion du général Soleille,
COMMANDANT EN CHEF DE L'ARTILLERIE.

La première chose qui frappe l'imagination dans la situation actuelle, c'est l'analogie qui existe entre cette situation et celle de l'armée française en 1814. A cette époque, en effet, l'armée avait déjà dépassé Verdun et marchait sur Paris, comme le fait aujourd'hui l'armée allemande. L'Empereur Napoléon Ier eut la pensé de réunir les garnisons des places du Nord et de se jeter vers la frontière sur les communications de l'ennemi, pendant que l'armée envahissante irait se heurter contre les travaux de défense qu'il avait ordonné d'exécuter autour de Paris. Mais Paris n'était pas fortifié, le plan de l'Empereur ne put être réalisé.

Aujourd'hui, l'ensemble de ce plan d'opérations est très exécutable. Paris est pourvu d'une double enceinte de forts détachés et de forts bastionnés, et la présence de l'armée du Rhin à la frontière, on peut le dire précisément à la portée des communications de l'armée prussienne, doit singulièrement inquiéter l'ennemi.

L'armée du Rhin a donc un rôle immense à jouer, et ce rôle militaire aujourd'hui, peut devenir et deviendra certainement politique. Metz est en effet, non seulement une grande place de guerre, mais aussi et surtout la capitale de la Lorraine. En admettant un série de revers pour nos armes, et l'obligation pour le gouvernement de traiter avec la Prusse la possession de Metz, la présence de l'armée dans le camp retranché que nous occupons pèserait d'un poids immense dans les décisions à intervenir, et sauvegarderait vraisemblablement à la France la possession de la Lorraine. Il ne faut pas se dissimuler, en outre, que l'armée n'a de munitions d'artillerie que pour une bataille, et qu'il est impossible de la réapprovisionner avec les ressources de la place. Risquer un combat pour percer les lignes ennemies et entreprendre une marche pour rallier Paris, ou tout autre point, ce serait s'exposer à user des munitions, à se trouver désarmé au milieu des armes prussiennes, qui s'acharneraient après nous comme une meute de chiens après un cerf, et à compromettre le sort de l'armé. En restant au contraire dans les lignes que nous occupons, nous maintenons l'armée intacte avec tous ses moyens d'action, nous menaçons constamment les communications de l'armée ennemie qui peut éprouver un échec et se trouver obligée à battre en retraite et à se replier sur la ligne d'opérations.

Nous pouvons changer en désastre un moment rétrograde des Prussiens et nous conservons au pays une garantie puissante dans tous les cas. L'armée ne restera pas inactive pour cela ; elle pourra faire de fréquentes pointes sur le périmètre des lignes ennemies qui n'a pas moins de 50 kilomètres. Elle frappera des coups sensibles, l'inquiétera, et pourra même bouleverser ses travaux, couper ses convois et intercepter ses lignes de communications.

Ces mouvements entretiendront son moral, la tiendront en haleine, et seront même favorables à l'état sanitaire.

Opinion du général Frossard, commandant le deuxième corps d'armée.

Le général Frossard est absolument de l'avis du général Soleille ; il ajoute que l'armée du Rhin par suite des événements accomplis, et il ne voudrait pas étendre cette opinion à l'armée entière, est bien plus propre à la défensive qu'à l'offensive.

Il règne dans cette armée une sorte d'épuisement, pour ne pas dire de découragement, qu'il est aisé de reconnaître. Si l'on se met en marche à l'aventure, on ne pourra plus compter sur elle après un premier combat, fut-il heureux. Si la chance des armes nous était défavorable, il serait impossible de la maintenir ; ce serait une armée dissoute et le prestige qui l'entoure encore s'évanouirait complètement, ce serait une déroute dont les conséquences seraient incalculables.

Comme contre-partie, le général Frossard expose que l'armée prussienne étant en retraite, le caractère propre au soldat français se manifesterait d'une façon entraînante et changerait, sans conteste, en désastre pour l'ennemi, un mouvement rétrograde de sa part.

Opinion du maréchal Canrobert, commandant en chef le sixième corps d'armée.

Son Excellence le maréchal Canrobert se range exactement à l'avis émis par le général Soleille et par le général Frossard, en ce qui concerne la nécessité de ne pas compromettre l'armée par un mouvement offensif, mais il y met une restriction. Le moral de l'armée ne sera maintenu, l'armée ne vivra même moralement qu'à la condition de ne point rester inerte. Frappons des coups de tous les côtés, dit-il, donnons des coups de griffes partout et incessamment.

Sortir de Metz pour s'allonger dans l'intérieur du pays avec des colonnes immenses de bagages, d'ambulances, d'artillerie que nous entraînerons à notre suite et sur une seule ligne, est chose impossible.

La conclusion est : qu'il faut rentrer sous Metz, fatiguer l'ennemi, le frapper partout, et si l'on se décide à partir, laisser tous les *impedimenta*.

Opinion du général Ladmirault, commandant le quatrième corps d'armée.

Il est impossible d'entreprendre une affaire de longue haleine, car à la première on sera usé, faute de munitions.

Opinion du maréchal Le Bœuf, commandant le troisième corps d'armée.

Le maréchal expose tout d'abord en termes très vifs, qu'il n'est point responsable de la situation faite à l'armée du Rhin. Il a supporté jusqu'à ce jour le poids des accusations lancées contre son administration, mais il déclare qu'il n'a été ni consulté, ni écouté, lorsqu'il disait qu'un camp retranché comme Metz était fait uniquement pour permettre de constituer à son abri une armée prête aux exigences d'une situation que pourrait créer l'initiative de l'ennemi.

On ne l'a point consulté ; on ne l'a point écouté et la dissémination de l'armée sur la frontière n'est point son œuvre. Il voulait la concentrer au début de la campagne au lieu de la déployer comme elle l'a été sur la frontière. Conserver l'armée intacte est le plus grand et le meilleur service que l'on puisse rendre au pays ; mais comment le faire sans vivres.

Opinion du général Bourbaki.

Mon désir le plus vif, dit le général, eût été de faire un trou par Château-Salins et de nous donner de l'air; mais si nous n'avons *pas de munitions*, il est clair que nous ne pouvons rien faire.

Opinion du général Coffinières, commandant supérieur.

Le général Coffinières partage l'avis du général Soleille et déclare que la place et les forts ne sont pas encore dans un état défensif suffisant pour supporter une attaque régulière pendant plus de quinze jours; que l'armée doit rentrer sous Metz ; il indique les lignes qu'elle doit occuper sur les deux rives de la Moselle et les travaux qu'elle doit exécuter pour y être solidement établie.

Une discussion s'élève alors et il en ressort que l'armée du Rhin a énormément de cavalerie, et que cette cavalerie ne donne que de très médiocres résultats ; elle va même devenir une gêne pour la place, vu le peu de ressources dont on dispose en fourrages.

La valeur des chefs qui la commandent est appréciée, celle des troupes qui la composent est également jugée.

La question des compagnies de partisans est posée par le général en chef, et il est unanimement reconnu qu'elle doit former la base de tous les mouvements d'attaque. Il faut l'employer pour agir conjointement avec la cavalerie, la placer dans des conditions autres et sous des commandants choisis, l'utiliser contre les avant-postes, les lignes, les convois et les communications de l'ennemi.

Pour copie conforme à l'original :
Le lieutenant-colonel aide de camp du maréchal
commandant en chef,
M. WILLETE.

Quant à la ville de Metz, elle avait besoin de la présence de l'armée pour terminer les forts, moins toutefois celui de Saint-Privat, en avant du remblai du chemin de fer qui, tout en couvrant Montigny, peut servir de couvert à l'assaillant et qui a été laissé inachevé.

En ce qui concerne les redoutes de Montigny, du Coupillon, et de Saint-Éloy, des travaux exécutés pour le camp retranché y ont supléé plus tard.

Malgré ces travaux, on reconnut que la place ne pourrait tenir plus de quinze ou vingt jours sans la protection de l'armée.

Il fut, en outre, convenu dans cette conférence, que pour soutenir le moral des troupes, on ferait des coups de main afin de harceler l'ennemi, et augmenter nos ressources. A cet effet, des compagnies de partisans furent organisées dans les régiment d'infanterie, des pelotons dans les régiments de cavalerie et ces détachements rendirent de très bons services.

Le 29 août, je reçus du commandant de Thionville une dépêche qui me prévenait de ce qui suit:

Dépêche venue de Thionville (commandant de place) arrivée le 29 août.

Général Ducrot commande corps Mac-Mahon. — Il doit se trouver aujourd'hui 27 à Stenay, gauche de l'armée. — Général Douay à la droite sur la Meuse. Se tenir prêt à marcher au premier coup de canon.

TURNIER.

Cet officier supérieur, du grade de colonel dans l'état-major des places, commandait à Thionville.

Le 30 août, à dix heures du matin, je reçus par le retour d'un émissaire que j'avais envoyé à l'Empereur au camp de Châlons, la dépêche suivante, chiffrée; j'appris plus tard qu'elle était du maréchal de Mac-Mahon :

L'Empereur au maréchal Bazaine.

Reçu votre dépêche du 19 dernier, à Reims ; me porte dans la direction de Montmédy ; serai après-demain sur l'Aisne, où j'agirai suivant les circonstances pour vous venir en aide.

Envoyez-moi de vos nouvelles.

Je réunis l'armée, le 31, en avant des forts de Queuleu et de Saint-Julien. Je convoquai sur le terrain, entre midi et une heure, les commandants de corps d'armée. Je *leur lus la dépêche de l'Empereur*, et leur donnai verbalement les premières instructions sur les mouvements offensifs qu'ils auraient à faire à deux heures précises, au signal qui serait donné par une salve de pièces de siège, que j'avais retirées de Saint-Julien pour battre les pentes de la position de Sainte-Barbe.

INSTRUCTIONS SOMMAIRES

Le troisième corps cherchera à aborder la position de Sainte-Barbe par sa gauche (château de Chenly) et prendra position à la cote 317 du bois de Chenly et à Avancy (cote 270).

Le quatrième corps abordera la position de Sainte-Barbe par sa droite (Villers-l'Orme, Failly et Vrémy) et fera son possible pour aller prendre position à Sanry-les-vignes (cote 241 et 243).

Le sixième corps abordera les positions au delà de Chieulles, Charly et Malroy et se portera jusqu'à Antilly où (cote 193) il prendra position, appuyant sa gauche à Argancy (cote 186).

Le deuxième corps suivra la marche du troisième en veillant sur la droite, et est placé sous les ordres du maréchal Le Bœuf.

La Garde en réserve.

J'appelai l'attention de ces Messieurs sur la gravité des circonstances, la nécessité qu'il y avait de réussir, et j'indiquai comme objectif à enlever de vive force, la position de Sainte-Barbe, ayant le projet, en cas de succès, de gagner Thionville par Bettlenville et Kédange, avec les sixième, quatrième et troisième corps, en faisant filer la Garde et le deuxième corps par la route de Malroy.

Les services administratifs restés massés à Chambières et à Saint-Julien, auraient suivi cette dernière route[1]. La division Castagny du troisième corps, qui devait rester à Metz pour concourir à la défense de la place et qui avait reçu l'ordre d'observer Mercy-le-haut et Ars-Laquenexy, aurait couvert ce mouvement à l'extrême arrière-garde, jusqu'à proximité de Chieulles et Vany. C'est dans cette hypothèse que je fis faire des travaux de terrassement pour couvrir les batteries de position, en avant de Grimont et de Saint-Julien.

La rive droite offrait l'avantage de ne pas traverser l'Orne, puis prenant Sainte-Barbe pour objectif, l'ennemi était incertain si je me dirigerais vers l'Est, pour couper ses communications, ou vers les places du Nord, afin de dégager le plateau de la rive gauche.

Des guides, fournis par le personnel des eaux-et-forêts et des douanes, furent donnés à chaque corps, et ces braves gens se montrèrent des mieux disposés à se rendre utiles.

Malgré mes instructions, la salve tirée, les officiers envoyés pour activer l'attaque, le combat ne s'engagea qu'à trois heures, par suite de la lenteur et de l'indécision apportée dans les mouvements d'exécution. Chacun attendait que son voisin de droite ou de gauche eût bien prononcé son mouvement tournant.

L'ennemi fut cependant repoussé vers Sainte-Barbe, et on s'empara de Servigny-lez-Sainte-Barbe, de Noiseville, et de Failly; mais on n'obtint pas les résultats immédiats que j'avais espérés par la prise et l'occupation du plateau de Sainte-Barbe le même jour;

---

1. Ayant pour arrière-garde les détachements de chaque corps qui avaient été laissés à la garde des lignes.

la nuit suspendit le mouvement offensif. (Le règlement du *Service en campagne* indique la nuit comme favorable: article 134).

Les opérations de nuit sont d'une difficulté extrême en présence de l'ennemi sur ses gardes, et avec de gros effectifs comme une armée. Le tempérament de nos hommes est trop impressionnable, une panique aurait eu des effets désastreux.

J'étais si convaincu que l'opération marchait aussi bien que possible, qu'après être resté quelques temps vers Poix, avec le lieutenant-colonel Regley de Kœnigseck, à la tête du 73°, je revins sur les derrières, pour donner les ordres de bivouaquer chacun sur son terrain; et je rentrai entre onze heures et minuit au village de Saint-Julien, pour avoir des nouvelles de la rive gauche.

CHAPITRE CINQUIÈME

Je repartis du village de Saint-Julien le 1ᵉʳ septembre, à la pointe du jour; j'appris alors que les Prussiens ayant fait un retour offensif, pendant la nuit, sur le village de Servigny-lez-Sainte-Barbe, avaient réussi à s'en emparer de nouveau, parce que nos soldats au lieu de s'y fortifier solidement et de bien veiller, s'y laissèrent surprendre, répandus qu'ils étaient dans les maisons du village.

Je n'en donnai pas moins l'ordre de continuer l'opération offensive commencée la veille.

Malheureusement, un brouillard intense retarda l'attaque. Décidé à la pousser très énergiquement, je fis préparer une charge par la Garde et la division de cavalerie de réserve sur un terrain convenable pour enlever les batteries légères de l'ennemi, et retremper le moral de l'infanterie qui ne montrait pas son entrain habituel, et dont un certain nombre d'hommes commençait à établir, en arrière des lignes, cette filière non interrompue d'isolés s'en retournant sans permission dans les lignes, ou même à la ville.

Vers dix heures, M. le maréchal Le Bœuf, qui défendait vaillamment Noisseville, me donna avis par le billet ci-après, qu'étant écrasé par un feu violent d'artillerie (l'ennemi dirigea sur ce village le tir de cinquante pièces) et son flanc droit étant menacé par l'approche de fortes colonnes ennemies, il était contraint à la retraite, ne se trouvant pas efficacement appuyé par les troupes du deuxième corps.

Première quinzaine de septembre de 1870

Billet du maréchal Le Bœuf (au crayon). 1ᵉʳ septembre, neuf heures et trois quarts du matin.

La division Bastoul du deuxième corps ayant battu en retraite, il y a une heure, contrairement à mes ordres, mon flanc droit est entièrement découvert. Je suis enveloppé de feu et de colonnes d'attaque, de front et de flanc. Après avoir tenu jusqu'au dernier moment, je me vois forcé de battre en retraite.

Le Bœuf.

Je demandai des explications; voici les lettres des commandants du troisième et du deuxième corps d'armée.

Le maréchal Le Bœuf au maréchal Bazaine.

Saint-Julien, 2 septembre 1870.

Vous recevrez demain un Rapport sur la part prise par le troisième corps aux combats du 31 août et du 1ᵉʳ septembre.

Je me borne aujourd'hui à vous donner les renseignements demandés par votre dépêche n° 370, sur les incidents qui se sont produits à Servigny, dans la soirée du 31.

La division Aymard était destinée à appuyer l'attaque par la droite de la position, confiée au quatrième corps: la division Metman du troisième corps attaquant par la gauche, dès que la prise de Noisseville aurait permis de se placer à la gauche de ce dernier village, d'où on enfilait l'artillerie ennemie, qui fut forcée, en effet, de se retirer sur Sainte-Barbe. L'opération conduite dans ces conditions réussit bien. Le 20ᵉ bataillon de chasseurs, du quatrième corps, s'établit d'abord, m'a-t-on dit, dans les premières maisons de Servigny. Informé par un officier du général de Ladmirault qu'il avait peine à s'y tenir, j'ordonnai au général Aymard d'attaquer vigoureusement, en se substituant si c'était nécessaire, aux troupes du quatrième corps qui pouvaient être ramenées. Le général Aymard lança aussitôt deux compagnies de partisans, appuyées par le 11ᵉ bataillon de chasseurs, et deux compagnies du 7ᵉ de ligne (division Metman du troisième corps) qui, ayant donné trop à gauche, se rallièrent au 11ᵉ bataillon de chasseurs; la position qui venait d'être abandonnée, me dit-on, par le 4ᵉ bataillon, fut reprise avec beaucoup d'entrain par les troupes du général Aymard, qui les établit en réserve, près du village, à la place du 7ᵉ de ligne sur la droite. Ce régiment était arrivé sur le plateau peu de temps après que les troupes du général Aymard eussent enlevé Servigny. Cet officier général prit le commandement, et s'occupa de rallier les divers corps qui, obligés de franchir deux ravins, et deux croupes garnies de bois et de vignes, se trouvaient un peu en désordre. Malheureusement, le village avait été enlevé de nuit, et le général Aymard eut beaucoup de peine à rétablir l'ordre. Il était environ huit heures du soir. Une maison crénelée tenait encore, et le général Aymard s'occupait d'en faire enfoncer les portes, lorsque vers dix heures du soir, l'ennemi sortit de Poix et de Sainte-Barbe, prononça un mouvement offensif sur les deux flancs de la division Aymard. Le 85° de ligne tint bon quelque temps; il n'en fut pas de même du 44° qui lâcha pied en désordre, et entraîna l'évacuation du village. Toutefois le général Aymard parvint à arrêter le mouvement rétrograde sur le bord du plateau, à 300 mètres du village, et ses tirailleurs se fusillèrent toute la nuit avec l'ennemi embusqué dans le village. Le général Aymard devait attaquer de nouveau dès la pointe du jour, mais l'ennemi s'était rétabli en forces à Servigny, l'artillerie surtout était plus nombreuse que la veille, et c'est alors que je vous fis demander que la division Lorencez appuyât la division Aymard. Au jour, le retour offensif parut impossible.

Le Bœuf.

Le général Frossard au maréchal Bazaine.

Metz, Montigny, le 2 septembre.

Conformément aux ordres que vous m'avez transmis, le général Bastout va se rendre à votre quartier général pour vous donner les explications que vous désirez avoir sur ce qui s'est passé hier.

Il y a une exagération énorme dans ce qui vous a été dit; le mouvement de 500 à 600 mètres en arrière, que le général Bastoul a fait, en très bon ordre d'ailleurs, et lentement, n'a pu avoir les conséquences graves que vous supposez. Ce qu'il a fait n'est pas une retraite, c'est un simple changement de position, et il ne l'a exécuté qu'après avoir vu sur la gauche les troupes de la division Montaudon, du troisième corps, se retirer précipitamment. En tous cas, il a repris sa position presque immédiatement, et il n'a pas eu la moindre difficulté à se faire. La division Bastoul avait été, d'après vos instructions, mise par moi à la disposition de M. le maréchal Le Bœuf, qui lui a donné ses ordres directs pendant toute l'action, et cet officier général n'a contrevenu en quoi que ce soit aux ordres du Maréchal.

Le général commandant le deuxième corps,

Frossard.

Qui avait tort des deux? L'artilleur, ou le sapeur du génie? Le maréchal Le Bœuf, ou le général Frossard? Là, se reproduisait la différence d'appréciation que l'on rencontrait souvent entre les officiers de ces deux armes savantes. On n'a qu'à relire l'opinion émise par le maréchal Le Bœuf à la conférence du 26 août sur les camps retranchés pour s'en convaincre.

Avant d'aller plus loin, je vais donner des explications sur les émissaires que j'ai envoyés, ou reçus à diverses reprises, afin de faire disparaître de l'opinion publique, si faire se peut, toutes les *vilenies de mes calomniateurs*, — car on n'ignore pas que la calomnie laisse toujours des empreintes, — dont les deux principaux, furent les colonels Lewal et D'Andelau, de l'état-major général.

La première dépêche du colonel Turnier commandant la place de Thionville, me fut apportée le 29 par un agent de police de cette ville, M. Flahaut, que je fis repartir le jour même à quatre heures. Quelques heures plus tard, à sept heures, j'envoyai un nouvel émissaire à Thionville portant la dépêche suivante :

> J'ai reçu votre dépêche. Par quelle voie vous sont parvenues les nouvelles qu'elle contient ?

Je n'ai reçu aucune réponse à cette dépêche.

M. le colonel Lewal de l'état-major général, était dans mon cabinet à l'arrivée de la dépêche du colonel Turnier que *je lui fis lire*, en lui demandant s'il connaissait la signature ou l'écriture; *il me répondit que* NON ! C'est à cause de sa réponse, que j'envoyai un autre émissaire le soir, afin de m'assurer de la provenance de cette dépêche et pour ne pas être dupe d'une fausse nouvelle, ruse parfois employée à la guerre.

Le 30, à onze heures du matin, je reçus par la voie de Verdun, rapportée par un de mes émissaires, la réponse à une de mes dépêches du 19 : cette *réponse était chiffrée* et sans date ; je fis appeler le colonel Lewal, qui, effectivement, me dit : « *Il faut partir de suite!* — En paroles, lui répliquai-je, cela peut s'exécuter, mais il y a des dispositions à prendre, et je vais dicter les ordres de mouvements pour demain 31 ».

Le brigadier des forestiers, Scalabrino, avait essayé de m'apporter la *même dépêche le 23*, mais le maire d'Ars-sur-Moselle, nommé André, vétérinaire de son état, ne voulut pas lui en fournir les moyens, *et Scalabrino ne put accomplir sa deuxième mission.* Ce service rendu par M. André, fut récompensé *par une préfecture de la République!*

Je reprends mon récit un instant interrompu. Pendant ces combats du 31 août et du 1er septembre, le général Manèque, chef d'état-major du troisième corps fut blessé mortellement, le capitaine de Vaudrimey, du deuxième corps y fut tué. Des officiers furent blessés à l'état-major du grand quartier général. Le général Jarras et le colonel Lamy eurent leurs chevaux tués sous eux.

En somme, nos pertes furent de :

Entre tués et blessés : { 4 généraux / 142 officiers supérieurs et autres / 3,401 sous-officiers et soldats.

L'ennemi devenait entreprenant, et prenait de l'ascendant par son feu ; il était à craindre qu'il ne nous inquiétât pendant notre retour sur la rive gauche, car ses projectiles fouillaient déjà le terrain entre les deux forts (la redoute des Bottes n'ayant aucune action protectrice puisqu'elle n'était ni achevée, ni armée).

Il fallut renoncer à cette opération afin de pouvoir agir sur les plateaux de la rive gauche, dès que j'aurais eu des nouvelles de l'approche de l'armée de Mac-Mahon.

Le quatrième, le sixième corps et la Garde, repassèrent sur la rive gauche, par les ponts en aval de la Moselle, — l'inondation produite par la Seille, ne permettant pas le passage en amont, — pour s'établir sur des positions plus étendues et plus favorables à l'installation des troupes que ne l'étaient les anciennes.

Je prévins l'Empereur et le ministre de la guerre de notre insuccès par la dépêche suivante :

Saint-Julien-lez-Metz, 1er *septembre* 1870.

Après une tentative de vive force qui nous a amené un combat qui a duré deux jours, dans les environs de Sainte-Barbe, nous sommes de nouveau dans le camp retranché de Metz, avec peu de ressources en munitions d'artillerie de campagne, ni viande, mais du blé pour cinq semaines ; enfin un état sanitaire qui n'est pas parfait, la place étant encombrée de blessés.

Malgré ses nombreux combats, le moral de l'armée reste bon.

Je continuerai à faire des efforts pour sortir de la situation dans laquelle nous sommes, mais l'ennemi est très nombreux autour de nous. Le général Decaen est mort. Blessés et malades, environ 18.000.

Cette dépêche envoyée le 1ᵉʳ septembre, fut expédiée en duplicata le 3, puis expédiée de nouveau le 7.

Le 9 septembre, vers huit heures du soir, l'ennemi ouvrit un feu très vif d'environ 60 pièces d'artillerie, sur les faces du camp retranché occupé par le deuxième et le quatrième corps. Ce feu qui dura un peu plus d'une heure, ne nous causa heureusement que très peu de pertes, quoique les projectiles dépassassent d'un côté le talus du chemin de fer et de l'autre le village de Plappeville.

J'appris presque aussitôt le résultat du combat de Beaumont par un médecin français de l'Internationale qui était allé soigner, sur le champ de bataille, les blessés du 1ᵉʳ septembre ; peu après, les hourras poussés par les avant-postes allemands me firent connaitre la *catastrophe de Sedan*.

Enfin, la nouvelle de la formation du gouvernement de la défense nationale, et la proclamation de la République à Paris, nous parvinrent par un prisonnier qui avait pu s'échapper d'Ars-sur-Moselle.

La connaissance de ces événements produisit une pénible impression sur l'armée. On croyait à une manœuvre de l'ennemi pour influencer son moral, et généraux, officiers et soldats repoussaient comme invraisemblable une révolution éclatant pendant que l'ennemi foulait le sol de la France, et que l'on combattait encore sur ses frontières. Notre loyauté militaire, ne pouvait croire que l'ambition des meneurs d'un parti politique fût capable de sacrifier les intérêts les plus sacrés du pays, pour arriver au pouvoir convoité. Voilà où étaient les traîtres !

Ne recevant aucune confirmation officielle de l'installation du nouveau Pouvoir exécutif, j'écrivis au prince Frédéric-Charles, pour lui demander franchement la signification et l'importance des événements qui étaient survenus. Il me répondit la lettre ci-après qui contenait un morceau découpé du journal « *La Patrie* » :

LETTRE DU PRINCE FRÉDÉRIC-CHARLES AU MARÉCHAL BAZAINE.

Quartier général devant *Metz*, le 16 *septembre* 1870, 8ʰ du soir.

Je regrette de ne pouvoir répondre qu'en ce moment, par suite d'une excursion, à l'estimable lettre de Votre Excellence.

Les renseignements que vous désirez avoir sur le développement des événements en France, je vous les communique volontiers, ainsi qu'il suit:

Lorsque, pendant la capitulation de l'armée du maréchal Mac-Mahon, près de Sedan, S. M. l'empereur Napoléon se fût rendu personnellement à Sa Majesté, monseigneur et Roi, l'Empereur déclara être hors d'état d'entrer en négociations politiques, parce qu'il avait laissé la direction politique à la Régence à Paris.

L'Empereur se rendit ensuite comme prisonnier de guerre en Prusse, et choisit le château de Wilhelmshöhe, près Cassel, pour son séjour.

Deux jours après la capitulation, survint hélas! à Paris, un bouleversement qui établit, sans répandre de sang, la République à la place de la Régence.

Cette République ne prit pas son origine au Corps législatif, mais à l'Hôtel-de-Ville, et n'est pas d'ailleurs reconnue partout en France.

Les puissances monarchiques ne l'ont pas reconnue non plus.

L'Impératrice et S. A. le Prince impérial se sont rendus en Angleterre.

Sa Majesté le Roi a continué sa marche de Sedan sur Paris, sans rencontrer des forces militaires françaises devant lui.

Nos armées sont arrivées aujourd'hui devant cette ville.

Quant à la composition et aux tendances du nouveau gouvernement improvisé à Paris, l'extrait d'un journal ci-joint vous en donnera les détails.

Du reste, Votre Excellence me trouvera toujours prêt et autorisé à lui faire toutes communications qu'elle désirera.

Dès la réception de cette réponse, je convoquai au grand quartier général Messieurs les commandants de corps d'armée, les généraux de division et chefs d'armes spéciales, pour leur en donner connaissance, et j'ajoutai :

Dans les circonstances actuelles, et ignorant les opérations, ainsi que l'importance des armées de l'intérieur, nous devons rester sur la défensive, mais chaque commandant de corps d'armée devra faire exécuter des coups de main dans sa zone d'action, pour inquiéter l'ennemi, le forcer de maintenir de gros effectifs autour de nous, et surtout, augmenter nos ressources [1].

En communiquant à nos troupes ces affligeantes nouvelles, dites-leur bien que la discipline, honneur de l'armée, la loyauté envers le souverain prisonnier, doivent rester intactes, tant que nous ne serons pas déliés de notre serment militaire.

---

1. Malheureusement, cette première quinzaine de septembre fut très pluvieuse, et c'est ce qui entrava beaucoup les opérations.

Comme conséquence des événements politiques accomplis à Paris, j'offris de remettre le commandement au plus ancien, mais aucune observation ne fut faite par les assistants.

Dès la veille, l'Ordre du jour suivant avait été adressé à l'armée:

A L'ARMÉE DU RHIN.

D'après deux journaux français, du 7 et du 10 septembre, apportés au grand quartier général par un prisonnier français qui a pu franchir les lignes ennemies, S. M. l'empereur Napoléon aurait été interné en Allemagne après la bataille de Sedan, et l'Impératrice, ainsi que le Prince impérial ayant quitté Paris le 4 septembre, un Pouvoir exécutif sous le titre de « Gouvernement de la défense nationale », s'est constitué à Paris. Les membres qui le composent sont : (Suivent les noms.)

Généraux, officiers et soldats de l'armée du Rhin !

Nos obligations militaires envers la patrie restent les mêmes.

Continuons donc à la servir avec dévouement et avec la même énergie, en défendant son territoire contre l'étranger, et l'ordre social contre les mauvaises passions.

Je suis convaincu que votre moral, ainsi que vous en avez déjà donné tant de preuves, restera à la hauteur de toutes les circonstances, et que vous ajouterez de nouveaux titres à la reconnaissance et à l'admiration de la France !

Ban-Saint-Martin, le 16 septembre 1870.

Voilà mon crime ! Je n'ai pas reconnu de suite le coup de main du 4 septembre contre l'Empire, issu du suffrage universel !

A diverses reprises (15 et 25 septembre), j'ai tenté de me mettre en relation avec le gouvernement de la défense nationale, et j'ai adressé au ministre de la guerre, en trois expéditions, la dépêche ci-après :

Il est urgent pour l'armée de savoir ce qui se passe à Paris et en France. Nous n'avons aucune communication avec l'extérieur et les bruits les plus étranges sont répandus par des prisonniers que nous a rendus l'ennemi qui en propage également de nature alarmante.

Il est important pour moi de recevoir des instructions et des nouvelles.

Nous sommes entourés de forces considérables que nous avons vainement essayé de percer après deux combats infructueux, le 31 août et le 1er septembre.

Mes missives restèrent toujours sans réponse, et aucun des émissaires qui, parfois, n'étaient autres que des militaires de bonne volonté, ne revint.

Nous n'avions de nouvelles que par les journaux allemands trouvés sur les prisonniers que l'on faisait dans les combats journaliers, ou par les parlementaires, quand ils voulaient bien en donner, ce qui était rare.

Cette première ressource ne tarda pas à nous manquer, par suite des ordres sévères qui interdisaient aux troupes allemandes d'emporter des journaux aux avant-postes.

Dès le 15 septembre, la ration de pain fut réduite à 500 grammes, quantité à peine suffisante pour des hommes jeunes, vivant en plein air et travaillant une grande partie de la journée aux fortifications.

La première quinzaine de septembre ayant été pluvieuse, les opérations se bornèrent aux coups de main des compagnies de partisans.

D'un autre côté, l'état sanitaire, d'après l'extrait du Rapport du médecin en chef de l'armée laissait à désirer: « La gravité qui a pesé jusqu'à présent sur les blessés, s'étend aux maladies internes ».

Dans la soirée du 23 septembre, un bourgeois portant le brassard de la Croix de Genève, se présenta aux avant-postes de la première division (général de Cissey), du quatrième corps, et fut conduit à mon quartier général par M. le capitaine d'état-major Garcin qui l'annonça, à l'officier de service, comme *courrier de l'Empereur*. (Deux ans après, cet officier nia l'avoir annoncé comme tel.)

Cet individu fut conduit dans mon cabinet, où il me déclara se nommer Régnier, et venir de la part de l'Impératrice avec le consentement de M. de Bismarck; il me dit que sa mission était toute verbale, et qu'elle avait pour but de proposer, soit à M. le maréchal Canrobert, soit à M. le général Bourbaki, de se rendre en Angleterre pour se mettre à la disposition de la Régente.

Comme *passe*, il me montra la signature du Prince impérial sur une photographie de Hastings, et me demanda la mienne.

N'en ayant pas, il me pria d'apposer ma signature à côté de

celle du Prince impérial, comme souvenir de notre entrevue, m'a-t-il dit.

Il me donna, du reste, tant de détails sur ses soi-disant relations avec l'Impératrice et son entourage, que malgré l'étrangeté de son apparition, je crus à sa mission, et je pensai, dans l'intérêt général, ne pas devoir repousser l'occasion qui s'offrait de me mettre en communication avec l'intérieur.

En conséquence, je lui répondis : « Vous serez mis en rapport avec ces Messieurs que je vais faire prévenir et que je laisserai libres de prendre un parti. »

Il m'exposa qu'il était à regretter qu'un traité de paix n'ait pas mis fin à la guerre après Sedan ; que l'entretien des troupes allemandes sur le territoire français était une ruine pour le pays; que ce serait un grand service à lui rendre que d'obtenir un armistice pour arriver à la paix ; qu'à cet égard l'armée sous Metz restant la seule organisée, donnerait des garanties aux Allemands si elle avait sa liberté d'action, mais que, sans doute, ils exigeraient comme gage, la remise de la place de Metz.

Je répondis que, bien certainement, si nous pouvions sortir de l'impasse où nous étions, avec les honneurs de la guerre, c'est-à-dire, avec armes et bagages, en un mot entièrement constitués, nous maintiendrions l'ordre dans l'intérieur et ferions respecter les clauses de la convention, mais qu'il ne pouvait être question de la place de Metz, dont le gouverneur, nommé par l'Empereur, ne relevait que de lui.

Tout ce qui précède ne fut qu'une simple conversation à laquelle je n'attachai qu'une importance secondaire, puisque M. Régnier n'avait aucun pouvoir écrit de l'Impératrice ni de M. de Bismarck.

En outre, l'officier général qui accepterait la mission devait sortir incognito du camp retranché, mêlé aux médecins luxembourgeois de l'Internationale qui étaient réclamés par le comité central du Luxembourg, d'après une lettre du 20 septembre, que portait M. Régnier.

Ce personnage semblait donc agir à l'insu de l'autorité militaire allemande, et ce ne fut que plus tard, lors de la remise de la note ci-après, que je fus convaincu de leur attache et de leur entente commune quant à la venue de M. Régnier à Metz :

Note concernant la rentrée du général Bourbaki à Metz, remise par un aide de camp du prince Frédéric-Charles.

Sur l'ordre de Son Altesse Royale, le chef d'état-major général a répondu à la demande faite par M. Régnier pour être autorisé à se rendre à Metz, dans le but de déterminer un général commandant à accepter une mission politique :

Qu'on n'opposerait aucun obstacle au voyage dudit général, mais qu'il était bien entendu que, pendant la durée du siège, ce général ne pourrait rentrer dans la forteresse.

M. Régnier était chargé de faire connaître cette condition au général en question, avant que ce dernier se décidât à entreprendre le voyage.

Son Altesse Royale fut, en conséquence, fort surprise lorsqu'il y a plusieurs jours, le général fit demander d'un territoire neutre s'il pourrait entrer à Metz.

La demande transmise à S. M. le Roi n'a pas encore reçu de réponse, mais le général a fait savoir, depuis, qu'il n'attendrait pas plus longtemps la décision demandée à cet égard.

La soirée étant trop avancée, M. Régnier retourna à Moulins-lez-Metz, où il passa la nuit chez M. Arnoux Rivière, commandant une troupe de partisans, et c'est dans la journée du 24 qu'il eût un entretien en tête-à-tête, premièrement avec le maréchal Canrobert, qui déclara ne pas accepter la mission, et ensuite avec le général Bourbaki, qui au contraire, l'accepta. Le refus du Maréchal était, disait-il, son état de santé.

J'avais si peu entendu le sens de l'interdiction citée dans la note ci-dessus (si toutefois elle a été dite devant moi), que je recommandai au général Bourbaki de revenir le plus vite possible et de me tenir au courant des événements de l'intérieur. Il fut convenu qu'il m'adresserait ses lettres au château de Verneville, d'où on me les enverrait.

Je n'en reçus aucune.

J'avais prévenu à l'avance ces Messieurs que je ne connaissais aucunement M. Régnier, et que leur détermination devait être réfléchie, toute volontaire, et que je ne m'y opposais pas, dans l'intérêt de l'armée et du pays, puisque nous n'avions aucune nouvelle du gouvernement établi à Paris.

Les seules recommandations verbales que je fis à M. le général Bourbaki furent les suivantes :

Exposer à l'Impératrice la situation morale et militaire de l'armée sous Metz ; demander dans quelle phase politique et diplomatique se trouvait le gouvernement de la Régence établi en vertu de la Constitution de 1870; et, s'il n'existait pas, de nous délier de notre serment.

Quoi de plus loyal que cette démarche ?

Je donnai au général Bourbaki mes effets civils, moins la coiffure, et, sur sa demande, afin de régulariser sa position militaire, je lui remis l'autorisation de se rendre auprès de l'Impératrice régente.

Cet officier général partit le 14 à la nuit tombante, muni du passeport de M. Régnier, en compagnie des médecins luxembourgeois, je n'appris son retour à Luxembourg, que par la note allemande citée précédemment.

Comme je ne l'ai pas revu, j'ignore complètement ce qui est advenu pendant cette mission, volontairement et loyalement acceptée par M. le général Bourbaki.

Voilà, dans toute sa vérité, la soi-disant ténébreuse intrigue qui fit quitter l'armée au général Bourbaki. Il aurait peut-être pu la rejoindre avant la capitulation, s'il avait cru devoir attendre à Luxembourg l'autorisation demandée au roi de Prusse, et qui fut accordée.

Pour éviter, à l'avenir, que les étrangers à l'armée fussent admis aussi facilement aux avant-postes, un officier de l'état-major général fut envoyé tous les jours à Moulins-lez-Metz, seul point par où les communications officielles entre les deux armées devaient avoir lieu.

Si l'article 95 sur le *Service en campagne* avait été bien observé, M. Régnier aurait dû être classé parmi les gens suspects et ne pas dépasser le quartier général de la première division du quatrième corps sans autorisation de l'état-major général ; je n'aurais pas alors été surpris comme je l'ai été; en outre, il est regrettable que le général Bourbaki n'ait pas donné de ses nouvelles par un émissaire, comme cela avait été convenu ; notre conscience eût été dégagée, et le nouveau gouvernement reconnu.

Le 29 septembre je reçus par l'intermédiaire de M. le général Stiehle, chef d'état-major général de l'armée allemande, une dépêche télégraphique datée de Ferrières, le 28 septembre, dans laquelle on me demandait si j'accepterais les propositions énoncées par M. Régnier concernant une convention militaire relative à l'armée de Metz, dont la majorité restait fidèle à l'Empire. Je répondis immédiatement à M. le général de Stiehle que je ne connaissais nullement M. Régnier qui s'était présenté à moi comme autorisé par M. le comte de Bismarck, et en outre, comme envoyé de S. M. l'Impératrice régente, mais sans pouvoirs écrits. Que dans notre conversation, par conséquent toute officieuse, j'avais répondu aux idées qu'il émettait sur une convention militaire à intervenir, et que la seule acceptable était la sortie de l'armée avec ses armes et son matériel, mais toujours sans y comprendre la place de Metz.

Bien entendu, M. Régnier ne revint plus.

M. le général Bourbaki adressa au ministre de la guerre du gouvernement de la défense nationale la lettre ci-après :

Monsieur le ministre de la guerre, à Tours.

Monsieur le ministre,

Une aventure des plus extraordinaires m'a fait sortir de Metz.

Un monsieur Régnier est venu voir le maréchal Bazaine.

Il disait que M. de Bismark traiterait avec l'Impératrice à des conditions possibles pour la France.

Le 14 Septembre, je revenais du fort Saint-Julien, vers cinq heures; mon chef d'état-major me dit que le maréchal Bazaine me faisait chercher partout et qu'un officier était porteur d'une lettre pour moi.

Pendant cette conversation je reçus un télégramme du Maréchal qui m'ordonnait de me rendre de suite chez lui.

Le Maréchal me mit en rapport avec ce M. Régnier qui était avec lui depuis plusieurs heures.

Ce M. Régnier me dit entre autres choses qu'il espérait porter bientôt un traité à signer à l'Impératrice.

Le Maréchal me dit que S. M. l'Impératrice désirait avoir auprès d'elle ou le maréchal Canrobert ou moi, et que lui, maréchal Bazaine, me proposait d'autant plus de me rendre auprès de Sa Majesté que ma position d'aide de camp de l'Empereur et de commandant de la garde-impériale me désignait pour cette situation, que le maréchal Canrobert était peu ingambe et qu'il ne pouvait pas aller à Londres.

Je répondis que j'était prêt à faire tout ce qui pouvait être utile à la France et à notre armée. Mais que je ne voulais aucune équivoque sur ma position, et que je ne partirais que sur un ordre du général en chef maréchal Bazaine et avec l'assurance qu'il mettrait au Rapport du jour la cause de mon absence momentanée de l'armée.

Le maréchal m'a donné un ordre écrit.

Devant le maréchal Canrobert, le maréchal Bazaine a pris tous ces engagements.

Le maréchal Bazaine m'a donné ses habits bourgeois, a ôté ses bretelles pour me les donner, m'a procuré une casquette avec la croix des médecins de la Société internationale, et vers sept heures j'ai suivi M. Régnier.

Les avant-postes passés, il a été évident pour moi que les Prussiens savaient qui j'étais, et que je passais avec l'autorisation de M. de Bismarck.

Bref, je suis arrivé à Chislehurst où Sa Majesté m'a dit qu'elle n'avait jamais exprimé le désir d'avoir, ou le maréchal Canrobert, ou moi auprès d'elle.

Cette déclaration dont j'avais le pressentiment, depuis que j'avais lu les papiers publics, m'a frappé au cœur.

Tout en étant couvert par l'ordre de mon chef, je me trouvais en fausse position.

J'ai écrit à lord Grandville, premier ministre de la reine d'Angleterre, pour le mettre au courant de ma position et le prier d'obtenir pour moi l'autorisation de reprendre mon poste.

J'ai sa réponse qui m'assure que, d'après les avis reçus, l'on me laissera rentrer à Metz, que M. de Bismarck en a donné l'ordre.

Je suis à Luxembourg, j'attends une réponse du général Stoltz et je me mettrai de suite en route pour mon poste. Si contrairement à mes désirs je ne parvenais pas à rejoindre nos soldats, je me mettrai à la disposition du gouvernement provisoire, en me rendant en France.

Cela rapidement dit, je vais avoir l'honneur de vous donner des nouvelles de l'armée sous Metz.

Les soldats ont des cartouches pour une journée de bataille.

Les caissons d'artillerie sont moins bien pourvus.

La ration des hommes était à mon départ de 500 grammes de pain par jour et de 400 grammes de viande de cheval.

Le sel manquait, ainsi que les souliers et les couvertures.

La ration de pain devait être réduite à 300 grammes.

Les chevaux recevaient 3 kilogrammes les uns, et 2 kilogrammes les autres, de graines de toute espèce.

Les chevaux souffraient beaucoup, il doit y en avoir bien peu en état de servir.

Les hommes se portaient bien, leur discipline se conservait excellente.

Le Maréchal n'avait reçu aucune nouvelle du gouvernement depuis le 24 août.

Des prisonniers nous ont dit le désastre de Sedan et la création d'un gouvernement de la défense nationale.

Le Maréchal croit être entouré par 250.000 Prussiens.

Si les maladies ne s'implantent pas trop cruellement à Metz et dans le camp, je crois que l'armée peut encore tenir un mois.

Il n'y a plus dans Metz que 12 à 15 mille blessés. Les autres sont guéris ou morts.

Le chiffre des combattants de l'armée sous Metz est d'environ 90.000 hommes.

Mais avec les habitants, les isolés, les différents services, on doit avoir 180.000 bouches à nourrir.

Voilà, à peu près, ce qu'il peut vous être utile de savoir sur la critique position de notre armée du Rhin.

Agréez, Monsieur le ministre, l'hommage de mon respect,

BOURBAKI.

Pour copie conforme : Le greffier du Conseil de guerre,
P. ALLA.

Précédemment, j'ai parlé d'une dépêche du général Stiehle et de la réponse que j'y fis. Il est utile de faire connaître l'une et l'autre; en voici donc le texte.

Ferrières, 28 *septembre* 1870.

Le maréchal Bazaine acceptera-t-il pour la reddition de l'armée qui se trouve devant Metz, les conditions que stipulera M. Régnier, restant dans les instructions qu'il tiendra de M. le Maréchal?

Je répondis au général de Stiehle :

Metz, 29 *septembre*.

Monsieur le général,

Je m'empresse de vous faire savoir, en réponse à la lettre que vous m'avez fait l'honneur de m'envoyer ce matin, que je ne saurais répondre absolument d'une manière affirmative, à la question qui est posée par M. le comte de Bismarck. M. Régnier qui s'est dit l'envoyé de S. M. l'Impératrice, sans pouvoirs écrits, m'a fait savoir que j'étais autorisé à envoyer auprès de l'Impératrice, soit S. E. le maréchal Canrobert, soit le général Bourbaki. Il me demandait en même temps s'il pouvait exposer des conditions dans lesquelles il me serait possible d'entrer en négociations avec le commandant en chef de l'armée allemande, devant Metz, pour capituler.

Je lui ai répondu que la seule chose que je pusse faire serait d'accepter une *convention* avec les honneurs de la guerre ; mais que je ne pouvais comprendre la place de Metz dans la convention à intervenir. Ce sont en effet les seules conditions que l'honneur militaire me permette d'accepter, et se sont les seules que M. Régnier ait pu exposer.

M. Régnier m'avait demandé si, le cas échéant, il pouvait rapporter mes paroles à M. de Bismarck, je n'y ai vu aucun inconvénient ; mais je ne pouvais considéré ce propos comme une ouverture que je faisais au gouvernement allemand, ainsi que la dépêche de Ferrières semblait le présumer.

Pendant la deuxième quinzaine de septembre le temps était devenu plus favorable, on put entreprendre les opérations suivantes, indépendamment des coups de main exécutés presque toutes les nuits par les compagnies de partisans sur les avancés de l'ennemi. Ces compagnies se conduisirent généralement bien, cependant je fus obligé d'en licencier une, par suite des actes de maraudage qu'elle commît dans les villages et les maisons de campagne.

22 septembre, sur Lauvallier.

23 septembre, sur Vany et Chieulles.

27 septembre, sur Mercy et Peltre, et enlèvement du château fortifié de Ladonchamps.

Nos pertes dans ces divers combats, furent de 28 officiers et de 635 sous-officiers et soldats.

L'expédition sur Peltre, fort bien menée par le général Lapasset, aurait pu produire des résultats plus importants, et on devait s'établir à Mercy-le-Haut; ce qui ne fut pas fait, le général Frossard n'ayant pas soutenu. Malgré le secret qui avait été recommandé, cette opération avait été éventée par des ouvriers employés au blindage des wagons, et le train portant le 14ᵉ bataillon de chasseurs à pied fut obligé de s'arrêter avant Peltre, les rails de la voie ayant été soulevés par des coins afin d'amener un déraillement.

Quant au château de Ladonchamps, les troupes l'évacuèrent par suite d'instructions mal interprétées, sur l'ordre du maréchal Canrobert.

Ces combats étaient la conséquence des instructions données, et que je renouvelais souvent: de tenir constamment l'ennemi sur le qui vive, par des attaques incessantes, afin de le forcer à maintenir devant Metz un gros effectif.

Ils avaient en outre pour but, dans chaque corps d'armée, d'étendre leur action extérieure, et surtout d'augmenter les ressources alimentaires et fourragères. Mais leur exécution, par suite des observations sans doute judicieuses de ceux qui en étaient chargés, n'a pas toujours répondu à l'intention et à l'idée qui les avaient fait ordonner.

Quant à l'initiative des commandants de corps, elle a toujours fait défaut ; ainsi l'expédition sur Courcelles-sur-Nied, arrêtée en principe, ne fut jamais exécutée.

CHAPITRE SIXIÈME

Le 1ᵉʳ octobre, le quatrième corps enleva le chalet Billaudel après en *avoir renouvelé l'ordre*.

Le 7 octobre, sur des renseignements donnés par les habitants qui affirmaient que dans les fermes des Grandes et Petites Tapes, à Saint-Rémy et à Bellevue il existait encore des approvisionnements en grande quantité, je mis la division de voltigeurs de la Garde à la disposition de M. le maréchal Canrobert qui fut chargé de diriger cette opération. Le troisième et le quatrième corps devaient y concourir en faisant une diversion sur les deux rives et étendant leur action, le troisième jusqu'à Malroy, et le quatrième jusqu'au Vemon, afin de flanquer les troupes opérant dans la vallée de la Moselle.

Les voltigeurs et les chasseurs à pied de la Garde montrèrent un élan et une bravoure digne de ces corps d'élite, en chassant l'ennemi des villages cités plus haut, dans lesquels on trouva fort peu de fourrages. On dut les évacuer à la chute du jour, les corps chargés d'opérer sur les flancs, n'ayant pas été jusqu'aux points extrêmes indiqués, de sorte que les troupes manœuvrant dans la vallée étaient battues de partout par l'artillerie de position des Allemands.

Quelques projectiles tombés dans les prolonges qui se trouvaient réunies en arrière des lignes, y jeta la panique, et elles retournèrent aux allures vives vers le camp retranché.

Ce glorieux combat nous coûta 3 généraux, 61 officiers, 1,193 sous-officier et soldats tués ou blessés, pour un résultat négatif.

Première quinzaine d'octobre 1870.

Les pertes de l'ennemi furent sensibles, et il laissa près de 800 prisonniers entre nos mains. C'est sur la proposition du maréchal Canrobert que je me déterminai à livrer ce combat, plutôt pour l'honneur de nos armes que pour le résultat que j'en attendais. Cependant, j'aurais tenté d'en tirer parti pour échapper par Sémécourt, Mézières, etc., etc., si les deux rives, selon mes instructions, avaient été tenues par le troisième et le quatrième corps, *ce qu'ils ne firent pas*. Dans l'après-midi, j'avais fait venir les zouaves et le 1er régiment des grenadiers de la Garde, comme échelon de soutien, pour relever à Saint-Rémy et à Bellevue les voltigeurs qui se seraient portés en avant.

Une fois le mouvement bien accentué, j'aurais fait filer par brigades, tous les corps sans bagages, les tentes restant dressées pour donner le change à l'ennemi.

Des ordres avaient été donnés pour faire rentrer en ville les malades et les malingres.

J'avais consulté le colonel Marion, commandant les pontonniers, pour savoir si quelques bateaux contenant les madriers d'un pont de 30 à 40 mètres, pourraient descendre la Moselle en même temps que les troupes, pour effectuer le *passage de l'Orne*.

Mais je n'entrai pas dans de plus grands développements afin d'éviter les indiscrétions qui nous ont été si nuisibles pendant cette campagne.

LETTRE de M. le général Coffinières, en date du 5 octobre 1870.

Je me suis occupé en rentrant à Metz de l'installation des malades venant des corps et même de ceux qui pourront survenir.

Ce problème est bien difficile, car toutes nos casernes et établissements sont combles. J'aurai l'honneur de vous écrire demain matin pour vous faire connaître nos ressources. Je crains bien qu'elles soient insuffisantes.

Le général Soleille demande deux compagnies de pontonniers. Ce sont ces hommes qui servaient les pièces de nos forts.

Je vous prie instamment de les remplacer par d'autres canonniers.

Les petits dépôts sont prévenus de recevoir les malingres des différents corps. Ces malingres seront bientôt des malades.

J'entrevois un chiffre de 25.000 malades, et nous n'avons plus ni médecins ni médicaments, ni ustensiles d'aucune sorte.

Dieu veuille que les 150.000 habitants et garnison, ainsi que votre armée, ne soient pas victimes de la détermination que vous allez prendre[1].

COFFINIÈRES.

En sortant du camp retranché, je trouvai le maréchal Canrobert et le général Lafont de Villiers, qui me firent observer que ce n'était pas ma place, et que je m'exposais trop. Je restai jusqu'à la nuit en avant, et sur la droite de Ladonchamps, suivant les mouvements de l'ennemi qui amenait de gros renforts sur cette ligne d'investissement.

C'est alors que j'envoyai au général de Cissey l'avis de voir s'il n'y avait pas moyen de tenter un coup de main sur Ars, pour faire une diversion, puisque l'ennemi avait son attention dirigée vers le nord, en aval de la Moselle. Cet officier général me fit observer qu'il était nécessaire qu'il fût couvert sur sa gauche par des troupes du deuxième corps, et que l'heure était déjà bien avancée[2].

Cela devenait alors une opération plus longue et plus complexe que les événements ne le permettaient. Je cite le fait, pour prouver le cas d'interprétation des ordres.

Je dus renoncer à ce projet, comme à tant d'autres, car combattre dans une vallée étroite comme celle de la Moselle, en but à la portée actuelle de l'artillerie, lorsque l'ennemi n'est pas chassé des deux rives dominantes, ne peut tourner qu'au désavantage de l'assaillant, et c'eût été commettre une grande faute tactique.

Du reste, M. le maréchal Le Bœuf qui était du même avis, me déclara, lorsqu'il fut question d'opérer dans la vallée, et que le troisième corps appuyé par le deuxième devait suivre la rive droite, que ses troupes seraient compromises, peut-être même refoulées dans la Moselle, et qu'il croyait tactiquement impossible une marche de flanc le long de cette rivière.

Depuis le 14 août, l'armée avait livré trois grandes batailles,

---

1. Je lui avait confié mon projet de sortie.
2. J'avais pu, le matin, arrêter dans ma pensée tous les moyens qui me semblaient propres à l'entreprise. Je dois signaler les indiscrétions regrettables qui ont fait connaître, à un grand nombre, les projets du commandement; ainsi, le matin, le bruit était déjà répandu que la première division allait tenter un coup de main sur Ars.

tenté trois grandes sorties, effectué de fréquentes attaques sur les positions de l'ennemi dont l'effectif a toujours été maintenu à près de 200.000 hommes, munis d'une nombreuse et puissante artillerie.

Les environs de Metz sont accidentés, boisés; ils ont peu de bonnes et larges routes permettant à une armée de se fractionner sans se compromettre, en lui facilitant l'approche des positions à enlever, dans un ordre tactique indispensable à de pareilles opérations offensives, sous le feu destructeur des armes actuelles.

Dans de telles conditions de terrain, toute armée, quel que soit son effectif, réfugiée dans un camp retranché d'où elle ne peut sortir qu'en livrant des combats offensifs sur un front restreint, ayant ses colonnes battues en écharpe par l'artillerie de position, ne peut réussir à percer les lignes d'investissement si une diversion n'est pas faite en sa faveur par une armée de secours qui, sans arriver jusqu'à elle, force l'ennemi à replier ses ailes pour lui faire face.

Cette armée de secours venant frapper sur l'un des points convexes de l'immense circonférence de l'investissement a beaucoup plus de chance d'amener l'ennemi à se replier, que l'armée investie qui ne peut frapper que sur des points de la concavité et a, par conséquent, selon la profondeur de ses colonnes, ses deux flancs longtemps exposés aux feu de l'ennemi.

Le moral de la troupe en éprouve toujours une influence des plus fâcheuses, les pelotons se confondent, les rangs se rompent, et comme elle sait qu'elle a un abri assuré dans le camp retranché et dans la place, cela devient une attraction irrésistible pour un grand nombre.

Pendant cette période, les pertes éprouvées par l'armée du Rhin entre tués, blessés et disparus, furent de 25 officiers généraux, 2,099 officiers de tous grades et 40,339 sous-officiers et soldats.

Les malades étaient nombreux et on pouvait craindre une épidémie.

EXTRAIT du Rapport du médecin en chef en date du 24 septembre.

D'après les documents qui me sont fournis par tous les médecins en chef des corps d'armée et d'après ce que j'ai vu moi-même, j'ai constaté que l'état sanitaire de la troupe hors de Metz se trouve en ce moment dans des conditions peu satisfaisantes.

La dysenterie, les fièvres typhoïdes deviennent plus graves sinon plus nombreuses. Le nombre des malades des hôpitaux de Metz est toujours très élevé, malgré le concours actif des ambulances et hôpitaux temporaires situés hors de la ville. Dans Metz même, l'infection purulente a déjà enlevé un grand nombre de blessés. Les maladies scorbutiques, dysentéritiques graves, apparaissent dans les hôpitaux et nous font redouter une épidémie qui ne peut manquer de se produire prochainement, par cette raison que l'agglomération des malades sur un seul point en sera certainement la cause déterminante.

L'absence du sel dans la fabrication du pain le rend lourd et d'une digestion difficile. La diminution progressive que l'on applique à la ration, et les modifications des rations journalières ne me paraissent pas suffisamment compensées par l'augmentation de la ration de la viande de cheval. Les hommes mangeraient sans doute cette viande avec plaisir pendant longtemps, mais elle finira par provoquer des troubles gastriques, à cause du manque de condiments nécessaires.

Le médecin du quatrième corps m'écrit que les fièvres ont un cachet adynamique plus ou moins prononcé, mais qu'elles ne sont point *encore* le typhus.

Ce typhus qui n'existe point encore, tous les médecins le pressentent dans les conditions exceptionnelles où nous nous trouvons.

Notre situation devenant de plus en plus critique par l'épuisement des approvisionnements, la ration de pain qui depuis le 8 octobre était fixée à 300 grammes fut réduite, le 10 du même mois, à 250 grammes sans blutage, limite extrême d'après l'opinion du médecin en chef de l'armée, surtout pour des hommes vivant en plein air. Les chevaux qui servaient à nourrir l'armée et la ville (celle-ci recevait 50 chevaux par jour) ne mangeant que des feuilles et des écorces d'arbres, succombaient rapidement sous l'influence d'une pareille alimentation et d'une intempérie persistante.

Ne comptant plus sur une armée de secours, et ayant eu connaisance par les journaux pris aux avant-postes ennemis, de l'insuccès de M. Jules Favre, comme de la non convocation d'une Constituante, j'écrivis la lettre confidentielle ci-après aux commandants de corps d'armée et aux chefs des armes spéciales.

Ban-Saint-Martin, 7 octobre 1870[1].

Le moment approche où l'armée du Rhin se trouvera dans la situation plus difficile peut-être qu'ait jamais dû subir une armée française.

Les graves événements militaires et politiques qui se sont accomplis loin de nous et dont nous ressentons le douloureux contre-coup, n'ont ébranlé ni votre force morale ni votre valeur comme armée, mais vous n'ignorez pas que des complications d'un autre ordre s'ajoutent journellement à celles que créent pour vous les faits extérieurs.

Les vivres commencent à manquer et dans un délai qui ne sera que trop court, ils nous feront absolument défaut. L'alimentation de nos chevaux de cavalerie et de trait est devenu un problème dont chaque jour qui s'écoule rend la solution de plus en plus improbable ; nos ressources sont épuisées, les chevaux vont dépérir et disparaître.

Dans ces graves circonstances, je vous ai appelés pour vous exposer la situation et vous faire part de mon sentiment.

Le devoir d'un général en chef est de ne rien laisser ignorer, en pareille occurrence, aux commandants des corps d'armée sous ses ordres et de s'éclairer de leurs avis et de leurs conseils. Placés plus immédiatement en contact avec les troupes, vous savez certainement, Messieurs, ce que l'on peut attendre d'elles, et ce que l'on doit en espérer.

Aussi, avant de prendre un parti décisif, ai-je voulu vous adresser cette dépêche, pour vous demander de me faire connaître par écrit, après un examen très mûri et très approfondi de la situation, et après en avoir conféré avec vos généraux de division, votre opinion personnelle et votre appréciation motivée.

Dès que j'aurai pris connaissance de ce document dont l'importance ne vous échappera pas, je vous appellerai de nouveau dans un Conseil suprême d'où sortira la solution définitive de la situation de l'armée dont Sa Majesté l'Empereur m'a confié le commandement.

Je vous prie de me faire parvenir dans les quarante-huit heures, l'opinion que j'ai l'honneur de vous demander et de m'accuser réception de la présente dépêche.

---

1. A cette date, le *Journal Officiel* disait : « La position de Bazaine est excellente ». Cet article était signé par tous les membres du gouvernement de la défense nationale, et cependant, *le 15 ou le 25 septembre*, une dépêche avait été remise à M. Tachard, ministre de France à Bruxelles, par la femme Antermé dont voici la lettre:

« Ayant été à votre service, ainsi que mon mari, pour porter les dépêches que vous m'aviez confiées, ne sachant ce qu'est devenu mon mari, je me suis échappée de Metz et me suis empressée de venir remettre ma dépêche à Monsieur le ministre de France à Bruxelles, qui l'a immédiatement transmise par le télégraphe en France. »

Depuis la connaissance des événements de Paris, une partie de la population de la ville de Metz, était dans une certaine agitation. La chute de Strasbourg et de Toul mit en ébulition le parti démocratique qui voulait que l'on proclamât la République et que l'on changeât les fonctionnaires.

Ce parti créa des journaux à bas prix pour les répandre dans les camps afin d'y semer l'indiscipline et la méfiance vis-à-vis des chefs de l'armée.

Des officiers, principalement de la garnison de Metz, prirent part à ces menées, pérorèrent dans les cafés, dans les réunions provoquées par les plus turbulents qui voulaient, en outre, le remplacement du commandant en chef et de plusieurs commandants de corps, afin de donner le commandement soit à M. le général de Ladmirault, soit à M. le général Changarnier.

Ils trouvèrent des hommes loyaux qui repoussèrent avec indignation ces projets de *pronunciamiento* militaire.

Des démonstrations tumultueuses eurent lieu devant l'hôtel du commandant supérieur de Metz. Une députation, à la tête de laquelle était un jeune journaliste, M. Colignon, entra même dans les appartements, vociféra devant le général Coffinières et brisa le buste de l'Empereur.

Les émeutiers terminèrent leurs exploits en arrachant l'aigle du drapeau de la mairie.

On disait que je donnais, à dessein, connaissance des mauvaises nouvelles, et que je cachais les bonnes; que l'on savait, au contraire, de source certaine que les armées de province et de Paris avaient obtenu d'éclatants succès et que l'armée allemande était en retraite; enfin, qu'une armée de secours se trouvait dans les Vosges.

Ces fausses nouvelles étaient-elles le jeu d'agents provocateurs pour compromettre l'armée dans une sortie générale? On ajoutait que je recevais tous les jours des nouvelles par l'intermédiaire du quartier général allemand, avec lequel j'aurais été en rapport intime.

Tous ces perfides mensonges trouvaient des crédules parmi la population et dans l'armée ; et, à la sollicitation du général Coffinières, commandant supérieur, j'adressai aux habitants la proclamation suivante :

PROCLAMATION AUX HABITANTS DE METZ.

10 octobre.

Le Maréchal commandant en chef l'armée sous Metz, n'ayant reçu aucune nouvelle affirmant les faits de guerre qui se seraient passés à Paris, se borne à en souhaiter la réalisation et assure les habitants de Metz que rien ne leur est caché. Qu'ils aient donc confiance dans sa loyauté.

Du reste, jusqu'à ce jour, le Maréchal a toujours communiqué à l'autorité militaire de Metz les journaux français et allemands tombés entre nos mains.

Il profite de l'occasion pour assurer que, depuis le blocus, il n'a jamais reçu la moindre communication du gouvernement, malgré toutes les tentatives faites pour établir des relations.

Quoi qu'il advienne, une seule pensée doit, en ce moment, absorber tous les esprits, c'est la défense du pays ; un seul cri doit sortir de toutes les poitrines :

Vive la France!

M^{al} BAZAINE.

Le 10 octobre, un Conseil de guerre eut lieu au grand quartier général, dans lequel il fut décidé, à l'unanimité, que le général Boyer serait envoyé au grand quartier général du roi de Prusse, à Versailles, pour tâcher de connaître la situation réelle de la France, les intentions des autorités allemandes au sujet d'une convention militaire, les concessions que l'on pourrait en attendre dans l'intérêt de l'armée et de la France, ainsi que dans celui de la paix.

Voici les Rapports des commandants des corps d'armée, ainsi que les procès-verbaux des séances du 10 et du 12 octobre.

Le général Coffinières au maréchal Bazaine.

Metz, 8 octobre.

Votre Excellence m'a fait l'honneur de me demander, par sa dépêche confidentielle du 7 octobre, de faire connaître, par écrit, mon opinion personnelle et mon appréciation motivée sur l'ensemble de la situation. Mes réflexions sur cette question peuvent se résumer comme il suit :

Je commence par rappeler, en quelques mots, les événements antérieurs.

A la fin de juillet, l'armée du Rhin complétait son organisation et s'établissait sur la frontière de l'est, depuis Sierck jusqu'à Lauterbourg, sur une longueur *de trente-six lieues.*

Les combats de Wissembourg et de Spickeren firent voir que notre ligne était trop étendue ; un mouvement de concentration sur Metz fut décidé. Notre armée commençait même à passer sur la rive gauche de la Moselle, lorsque s'engagea la bataille de Borny le 14 août. En ce moment, le projet était de rejoindre les forces qui se réunissaient à Châlons; cependant, après les batailles — glorieuses pour nos armes — du 16 et du 18 août, l'armée rentra dans le camp retranché de Metz. La place fut immédiatement bloquée.

Il fut décidé, dans un Conseil de guerre tenu le 26 août, au château de Grimont, que jusqu'à nouvel ordre on resterait sur l'expectative, en manœuvrant le plus énergiquement possible autour de la place. Cependant, la certitude de trouver une armée dans les Ardennes décida le général en chef à se mettre en mouvement pour rejoindre cette armée.

Le 31 août, les plateaux de la rive droite furent occupés dans le but de repousser l'ennemi et de marcher sur Stenay. La bataille de Sainte-Barbe n'eut pas de résultat décisif, et, par une fatalité sans exemple dans l'histoire, l'armée du maréchal de Mac-Mahon était détruite le même jour à Sedan.

Cet événement eut des conséquences très graves. L'ennemi resserra le blocus de Metz, et marcha sur Paris, où se produisaient de grandes complications politiques.

Dix jours de pluies continues rendirent toute opération impossible pendant la première quinzaine de septembre ; mais bientôt le général en chef entreprit des sorties vigoureuses et journalières, notamment vers Peltre, Ladonchamps, etc. L'armée fournissait, en outre, de nombreux travailleurs pour terminer les défenses de la place, et pour construire des lignes aujourd'hui inexpugnables.

La place, de son côté, a exécuté des travaux considérables : le corps de place a été mis en état de défense, les zones de servitude ont été dégagées, des ponts ont été construits, de nombreuses ambulances ont été créées, l'armement de la place et des forts a été mis sur les remparts, on a fabriqué des quantités considérables de poudre et de cartouches. L'ordre a été maintenu dans la ville, et un rencensement a prouvé que la population civile et la garnison normale de Metz avaient des vivres pour cinq mois.

La situation du service de vivres, à la date du 8 octobre au soir, fait ressortir les chiffres suivants, en admettant la ration à 300 grammes.

En blé.	290.000 rations.
— farine.	410.000 —
— pain.	84.000 —
— biscuit.	68.000 —
Total des rations à 300 grammes :	852.000 rations.

Le nombre des rations étant de 160.000 environ, on voit que nous avons encore du pain pour cinq jours, savoir : les 9, 10, 11, 12 et 13 octobre. Nous devons ajouter que la viande de cheval est en grande abondance, que nous avons plus de 3.000.000 de rations de vin et d'eau-de-vie, et que l'armée proprement dite a dans le sac des vivres pour quatre jours ; mais cette réserve ne peut guère compter que pour *deux jours*, à cause des avaries. Si nous comptons d'autre part que la garnison et les ambulances arrivent à rattraper deux jours de vivres, nous pourrions atteindre le 15 ou le 16 octobre.

La ville possède en ce moment 5.000 quintaux de blé ; en prélevant 3.000 quintaux, nous gagnerions encore cinq jours, soit les 16, 17, 18, 19 et 20 octobre.

Telle est la limite extrême à laquelle nous pourrions atteindre, en épuisant toutes les ressources possibles. Mais comme on ne saurait attendre jusqu'au dernier moment, à cause de l'impossibilité de nourrir instantanément 230.000 âmes, nous concluons que l'on doit poser en fait qu'il y a nécessité absolue de prendre un parti avant le dimanche 19 octobre.

La première impression de la bravoure et du patriotisme est de forcer les lignes ennemies, de couper les communications, de braver tous les dangers, pour aller se rejoindre à la nation armée et de laisser la place de Metz se défendre elle-même.

La froide raison fait voir que ce généreux et héroïque projet ne peut amener que des catastrophes. Une armée de 80 à 100.000 hommes, lancée au milieu des forces ennemies qui l'environnent de toute part à grande distance, sans vivres, sans artillerie, sans cavalerie, sans objectif déterminé, et surtout sans lignes d'opérations, serait une armée perdue.

D'un autre côté, nous avons dit que les magasins de la place sont vides, et que la ville ne possède plus que 5.000 sacs de blé. La population civile, la population militaire et les 20.000 malades ou blessés formeraient un total de 130.000 âmes environ, qui vivraient très péniblement avec les 5.000 sacs de blé pendant huit ou dix jours, et la place serait obligée de se rendre[1].

Nous concluons donc : que le départ de l'armée serait funeste, et qu'il doit être écarté comme ayant pour conséquence la perte certaine de la place et la perte probable de l'armée.

Quelques personnes pensent qu'il serait possible de se procurer des vivres en exécutant quelques opérations importantes.

Il nous semble évident que ce but ne saurait être atteint, parce que les environs de la place sont épuisés, et parce qu'une sortie trop lointaine équivaudrait à un départ de l'armée, ce que nous avons reconnu inadmissible.

Il se produit une autre opinion qui prend sa source dans des sentiments

---

1. Les médicaments devenaient également rares.

militaires fort respectables. Il semble impossible à quelques hommes de cœur d'entrer en arrangements avant d'avoir tenté un suprême effort, d'avoir livré un grand combat. Une bataille peut être livrée, et quelle qu'en soit l'issue, on succomberait avec honneur.

Son Excellence Monsieur le maréchal commandant en chef de l'armée peut seul apprécier si cet avis mérite d'être pris en considération. Ce que je me borne à constater, en ma qualité de commandant supérieur de la place de Metz, c'est qu'avec ou sans combat, si quelque *événement imprévu ne vient à se produire*, l'armée et la place de Metz ne peuvent résister au delà du dimanche 19 octobre, parce que les vivres seront alors complètement épuisés.

Le général commandant supérieur de Metz,

COFFINIÈRES.

Le général Desvaux, commandant la garde-impériale,
au maréchal Bazaine.

8 *octobre*.

La dépêche confidentielle de Votre Excellence (7 octobre) a été communiquée à MM. les généraux Deligny, Picard et du Fretay. Après avoir conféré avec eux, j'ai l'honneur de vous faire part des avis qui ont prévalu.

La pensée de s'ouvrir un chemin à travers l'armée ennemie s'offrait la première à l'esprit. Cette tentative a déjà été essayée sans succès ; elle serait encore moins réalisable dans l'état où se trouvent les chevaux, privés de nourriture, et les terrains détrempés par la pluie ; on combattrait avec une cavalerie et une artillerie presque impuissantes, malgré le courage qui anime ces deux armes. Dans tous les cas, la place de Metz, dépourvue de vivres, serait obligée de se rendre.

L'armée du Rhin n'a plus de secours à attendre d'aucune autre armée française. Si nous ne pouvons sortir de Metz, au moins l'ennemi n'aura-t-il pas la force de nous en arracher, tant que l'épuisement des vivres ne marquera par le terme fatal de la lutte.

Je pense qu'il faut prolonger la défense de Metz jusqu'aux dernières limites possibles, le gouvernement pouvant, par suite, traiter plus avantageusement.

Quand les vivres approcheront de leur fin, l'obligation commencera de connaître les conditions que l'ennemi voudra imposer à l'armée du Rhin, pour qui la continuation de la défense sera devenue impossible.

Si ces conditions sont honorables, conformes aux droits et aux usages de la guerre, les généraux précités pensent unanimement que l'armée du Rhin est réduite à accepter ces conditions.

Si, au contraire, l'honneur de l'armée devait être atteint par les stipulations proposées par l'ennemi, les mêmes généraux pensent qu'il faut repousser ces stipulations, et qu'alors l'honneur et le devoir militaire commandent de sortir en combattant.

Le général commandant la garde-impériale,

Desvaux.

P. S. — Les généraux Deligny et Picard ont émis l'avis que toute négociation, au nom de l'armée française, devrait être promptement ouverte, afin de ne pas retarder une sortie par la force dans le cas où l'ennemi prescrirait des conditions inacceptables, ou ferait attendre sa réponse.

Le général Frossard au maréchal Bazaine.

Camp de Montigny, 9 octobre.

Par sa dépêche en date d'hier, Votre Excellence en présentant un exposé de la situation difficile et grave dans laquelle va se trouver l'armée du Rhin, m'a invité à lui faire connaître par écrit, après un examen approfondi des choses et après en avoir conféré avec les généraux de division du corps que je commande, mon appréciation motivée de cette situation et mon opinion personnelle.

Votre Excellence ajoute que, placés plus immédiatement en contact avec les troupes, les commandants des corps d'armée savent ce que l'on doit en espérer.

En réponse à ladite dépêche, j'ai l'honneur, Monsieur le maréchal, de vous adresser les observations suivantes :

Je pense, comme vous, que les circonstances sont rendues très graves par le manque de vivres, qui va être absolu dans quelques jours, et qu'une solution est urgente.

J'ai réuni confidentiellement les généraux de division de mon corps d'armée ; j'ai trouvé chez eux un sentiment unanime, et tous m'ont dit que ce sentiment était aussi celui des chefs de corps sous leurs ordres. Leur opinion est aussi la mienne.

Votre dépêche, Monsieur le maréchal, ne me posait pas des questions précises, mais ces questions se présentaient d'elles-mêmes.

Pour faire sortir votre armée de la situation dans laquelle elle se trouve, il n'y a que deux partis à prendre : chercher à s'ouvrir, les armes à la main, un passage à travers les lignes ennemies, ou conclure avec les chefs de l'armée prussienne une convention qui nous permette de sortir constitués et en armes pour nous reporter dans l'intérieur du pays, sous condition de ne pas prendre part pendant un certain temps à la guerre.

Nos troupes sont braves, disciplinées et confiantes dans leurs chefs; comme le dit Votre Excellence dans sa dépêche, les événements militaires et politiques qui se sont accomplis loin de nous, n'ont ébranlé ni notre force morale ni notre valeur comme armée. En agissant avec la totalité de nos forces dans une tentative pour déboucher, nous pouvons certainement avoir du succès dans une première journée, et le résultat de toutes nos luttes partielles l'a prouvé. Nous ne devons pas nous dissimuler que dans cette première marche, l'armée ne ferait pas beaucoup de chemin ; mais c'est à la seconde tournée, lorsque l'ennemi aurait eu le temps de se concentrer, que les difficultés deviendraient grandes, peut-être insurmontables. Personne ne saurait répondre du succès dans cette seconde phase de la lutte. Vous seriez peut-être exposé, soit à une dispersion de votre armée sans combats nouveaux, soit à sa destruction, et vous verriez se disloquer ainsi dans votre main la seule force organisée qui puisse rester au pays aujourd'hui. Si la seconde journée était à votre avantage, ce serait la troisième qui serait fatalement malheureuse avec des attelages qui, faute de nourriture, ne pourraient traîner votre artillerie.

Quant à la place de Metz, que deviendrait-elle? L'insuffisance de ses défenses du côté de Montigny est telle, *que cette place, au dire des officiers compétents, ne pourrait tenir au delà de huit jours, après qu'elle aurait perdu l'appui de l'armée; dans la première hypotèse, perte possible de l'armée et chute de Metz huit jours après.*

Dans la deuxième, consistant à conclure avec l'ennemi une convention qui permettrait à l'armée de sortir du blocus, mais par l'effet de cette convention qui serait une capitulation honorable, l'armée aurait la faculté de partir avec armes et bagages. Elle demeurerait debout, entière, organisée, prête à être portée sur les points où la nécessité de sauvegarder l'ordre social demanderait son intervention. Une telle convention est-elle possible? Oui, il y en a des exemples assez nombreux quand il s'agit d'une armée comme la vôtre qui n'a pas été vaincue, qui a toujours soutenu l'honneur des armes, et qui est encore en état de faire supporter à l'ennemi des pertes bien cruelles, dans le cas où il voudrait lui imposer des conditions trop rigoureuses ou inacceptables.

Ce second parti, Monsieur le maréchal, est celui que d'accord avec les généraux de division je conseillerais de suivre. Mon opinion est aussi qu'il importe de le prendre le plus tôt possible, pour trois motifs : 1° pour que les soldats ne soient pas découragés par la famine ; 2° pour que nous laissions des vivres à Metz ; 3° pour qu'il reste quelques chevaux à atteler à l'artillerie. Cela suppose, bien entendu que vous n'attendez pas de nouvelles *négociations de paix.*

Le général commandant le deuxième corps,

FROSSARD.

Le maréchal Le Bœuf commandant le troisième corps,
au maréchal Bazaine.

Saint-Julien, 9 octobre.

Conformément à vos ordres, en date du 7 courant, j'ai réuni hier, en conférence, MM. les généraux de division de mon corps d'armée ; étaient présents : MM. de Clérembault, de Castagny, de Rochebouët, Vialla, Montaudon, Metman, Aymar.

J'ai donné connaissance à ces officiers généraux de votre dépêche, et de la copie de la lettre de M. le général Coffinières, faisant savoir à Votre Excellence que les autorités civiles déclarent ne plus avoir de blé que pour *dix jours*, et, d'autre part, que l'administration militaire de la place ne peut assurer à l'armée que cinq jours de pain, qu'il serait possible de porter à *huit* par la réduction à 300 grammes.

Cette situation a surpris les généraux, qui, d'après plusieurs faits à leur connaissance, se montrent convaincus qu'au moyen de recherches rigoureuses, pour lesquelles le commandant de l'armée serait représenté, l'on pourrait trouver encore dans la ville et dans la banlieue des approvisionnements notables en blé, retenus par des particuliers ou par des spéculateurs.

Les généraux de division du troisième corps sont unanimes à penser que l'armée retirée sous Metz a sauvé la ville du bombardement, et rendu d'autre part, au pays, un service considérable, en lui conservant jusqu'à ce jour la Lorraine, et en paralysant 200,000 hommes de l'armée prussienne par la ferme attitude, et par de nombreux combats honorables pour nos armes.

Ils sont malheureusement convaincus aussi qu'après le départ de l'armée, *Metz ne tardera pas à succomber*. Il y aurait donc intérêt à prolonger la situation actuelle, surtout dans les conjectures politiques et militaires où se trouve la France.

Mais, quel que soit le temps que l'on puisse gagner, en recherchant activement et moyennant de large rémunération les approvisionnements *qui se cachent*, en réduisant encore la ration du soldat, et rationnant même la population, la gravité de la situation ne peut échapper à personne.

Jusqu'à présent, le soldat ne souffre d'aucune privation ; il a même été mieux nourri qu'en garnison ; grâce à cette alimentation, à la sollicitude de ses chefs et à la prévoyance de l'administration militaire, les forces et la santé du soldat se sont maintenues en parfait état ; *mais les privations* qui commencent pourront bientôt changer cet état de choses.

Les chevaux ont notablement souffert. Il y a eu nécessité de les employer à l'alimentation ; notre cavalerie, si belle au commencement de la guerre, tend à disparaître. Notre artillerie ne peut plus atteler ses parcs, et bientôt peut-être, la partie active que nous entretenons encore sera elle-même insuffisamment attelée.

Telle est la vérité de la situation présente de l'armée. Quoi qu'il en soit, sommes-nous réduits à ne plus engager d'actions sérieuses? Nous ne le pensons pas, et nous croyons qu'en concentrant nos efforts sur une même partie des lignes ennemies, nous avons des chances d'un succès qui pourrait sauvegarder l'honneur du drapeau, s'il ne peut l'être autrement, d'une manière honorable et hautement avantageuse au pays. L'on ne se dissimule pas cependant les difficultés de cette entreprise, en présence d'un ennemi fort de sa supériorité numérique, et plus vigilant que jamais.

Les généraux du troisième corps et moi, nous sommes d'avis que l'on doit cependant tenter encore la fortune des armes.

Le moral des officiers et celui des soldats sont à la hauteur des circonstances, et l'on peut demander à l'armée un nouvel et grand effort, en lui présentant un objectif bien défini pour cette lutte décisive. Quel serait cet objectif? Vers quelle direction devraient converger nos efforts? Ici, nous avons été unanimes à penser qu'au général en chef, seul, appartenait de la décider. Il peut être convaincu que nous mettrons tout notre dévouement à réaliser sa pensée. Toutefois, dans l'intérêt même du succès, nous réclamons une action commune dans les divers corps d'armée, qui, dans notre pensée, doivent rester tous liés militairement dans la main du commandant en chef, de manière à pouvoir se soutenir mutuellement et concourir à un seul et même but, celui de percer en un même point les lignes prussiennes. Des actions partielles ou isolées ne parleraient pas assez à l'esprit du soldat, et ne nous paraîtraient pas devoir amener des résultats définitifs, si même elles n'avaient pas pour effet à peu près certain, de faire écraser les corps les uns après les autres.

Telles sont, monsieur le Maréchal, les considérations que les généraux de division du troisième corps, avec lesquels je me trouve d'ailleurs en communauté d'idées, m'ont prié de soumettre à la haute expérience de Votre Excellence.

Je termine en vous exposant encore quelques mesures de détail, que les généraux désireraient voir prescrire pour toute l'armée, en cas de mouvement. Les hommes emporteraient le sac, mais allégé des tentes-abri, qui resteraient déployées pour tromper l'ennemi. Votre Excellence n'ignore pas d'ailleurs que les bâtons de tentes-abri gênent beaucoup le soldat dans la guerre des bois. Les bagages seraient réduits; le génie et l'artillerie réduiraient leurs voitures au strict nécessaire.

Le maréchal de France, commandant le troisième corps,

Le Bœuf.

Le général de Ladmirault au maréchal Bazaine.

Plappeville, 9 octobre.

Par sa dépêche confidentielle du 7 octobre, Votre Excellence me fait part des complications qui viennent s'ajouter aux embarras dans lesquels se trouve l'armée du Rhin concentrée sous les murs de Metz. Elle me fait l'honneur de me demander dans cette grave circonstance, mon opinion personnelle sur l'état physique et moral des troupes de mon corps d'armée, sur ce qu'on peut attendre d'elles, sur ce qu'on peut en espérer. La discipline est bonne, la voix des officiers est écoutée, et leur exemple peut exciter le courage et le dévouement chez le plus grand nombre des soldats. Les corps d'infanterie pourraient encore répondre à un grand effort qui leur serait demandé; mais à côté de l'infanterie, bien des éléments disparaissent chaque jour et vont bientôt nous manquer.

Les chevaux de cavalerie ne reçoivent plus de fourrage si ce n'est une quantité insuffisante pour leur nourriture; ils sont sans force ni vigueur, et les pluies froides qui arrivent ne peuvent que hâter leur fin.

Les chevaux de l'artillerie, soumis aux mêmes privations, ne sont pas en meilleur état; ils disparaissent aussi; aujourd'hui ils auraient de la peine à traîner leurs pièces en dehors des routes. Les mulets et les chevaux de l'ambulance sont dans le même cas. Nous avons fait tout ce qui était en notre pouvoir pour aider à leur subsistance en utilisant par une foule de moyens les ressources de l'alimentation; mais aujourd'hui tout est épuisé autour de nous, et l'on ne trouve plus rien. Il ne reste donc de solide que l'infanterie; les pertes qu'elle éprouve dans les petites opérations qui sont faites journellement, n'ont pas abattu son courage; mais elle est seule et privée des appuis qui lui sont indispensables dans les combats. Sans parcs à sa suite, elle ne pourrait renouveler ses munitions, qu'elle épuise si rapidement.

Les hommes soumis à une nourriture réduite, ne pourraient plus fournir de ces marches rapides qui mettent de grandes distances entre soi et l'ennemi. Le mauvais temps, joint aux privations de toute nature et aux fatigues de bivouac, augmente chaque jour le nombre des malades dans une proportion considérable. Mais quoi qu'il en soit de ce triste état de choses, Votre Excellence peut être assurée de trouver parmi les troupes du quatrième corps d'armée le plus énergique dévouement pour tenter d'accomplir les résolutions suprêmes qu'elle jugera convenable de prendre.

J'ai conféré longuement avec les généraux de division du quatrième corps; tous ont approuvé l'exposé que j'ai l'honneur de soumettre à Votre Excellence.

Le général commandant le quatrième corps d'armée,

DE LADMIRAULT.

Le maréchal Canrobert au maréchal Bazaine.

8 octobre.

Par sa dépêche confidentielle d'hier, Votre Excellence, après avoir bien voulu m'exposer la situation des ressources à la disposition de l'armée, lesquelles ne permettent plus de subvenir à l'alimentation des chevaux, ni pour les hommes d'assurer la distribution du pain au delà de huit jours, en réduisant cependant la ration à 300 grammes, m'invite, après en avoir conféré avec mes généraux de division, à lui faire connaître, par écrit, mon opinion personnelle sur la situation, et mon appréciation motivée sur le parti définitif qu'il y a lieu de prendre en présence de cette situation. J'ai réuni mes généraux de division, et après avoir conféré avec eux. Ils m'ont remis une déclaration écrite et unanime, dont les conclusions portent ce qui suit:

« Vu les forces infiniment supérieures qui nous entourent et les tentatives infructueuses qui ont été faites pour franchir les lignes ennemies ; vu la destruction presque totale de nos chevaux d'artillerie et de cavalerie, et l'épuisement complet de nos vivres, les généraux soussignés pensent qu'il y aurait lieu de traiter avec l'ennemi pour obtenir une convention honorable, c'est-à-dire, de partir avec armes et bagages, sous la condition de ne pas servir contre la Prusse pendant un temps qui n'excèdera pas un an.

Dans le cas où les conditions imposées par l'ennemi ne sauraient être acceptées par des gens d'honneur, les généraux de division sont résolus à traverser les lignes prussiennes coûte que coûte ».

En ce qui me concerne, après un examen approfondi des conditions matérielles et morales dans lesquelles se trouve l'armée du Rhin, et en tenant compte des graves événements politiques et militaires qui se sont accomplis loin de nous, je pense qu'il n'est pas possible de renouveler les tentatives infructueuses qui ont été faites pour percer les lignes ennemies et gagner un point de la France dans des conditions qui permettent de rendre des services utiles au pays.

Cette opinion est basée sur les considérations suivantes :

1° L'armée ennemie, dont la force numérique est double de la nôtre, occupe des positions successives dont elle a augmenté considérablement la force naturelle par des retranchements et l'établissement de nombreuses batteries de position, que le nombre de ses bouches à feu beaucoup plus élevé que le nôtre lui permet de garnir, tout en conservant les batteries mobiles nécessaires.

2° L'épuisement chaque jour plus complet de nos chevaux de selle et de trait, qui n'ont plus de ration, ne permet plus de pouvoir compter sur un effet utile de la cavalerie, ni sur la possibilité de faire suivre une artillerie même fort restreinte.

3° En admettant, cependant, qu'on parvienne à percer les lignes, les ressources en munitions et en vivres feraient complètement défaut après deux ou trois marches ou combats; de plus, et avec les chances les plus favorables, on ne peut estimer à moins de la moitié de notre effectif les pertes qu'entraînerait une trouée, en hommes hors de combat, ou pris. Si l'on songe alors à ce que serait la situation morale et matérielle du reste de l'armée, on est en droit de se demander si elle serait en état de soutenir une poursuite obstinée, et si elle n'entrerait pas promptement dans un état de désorganisation qui serait un triste spectacle, sinon même un danger pour le pays, et porterait une atteinte grave à l'honneur du drapeau.

4° Enfin, notre éloignement de Metz, où depuis près de deux mois nous retenons une armée de 220,000 hommes, rendrait cette armée disponible et lui permettrait immédiatement de porter un secours considérable et peut-être décisif à l'armée qui assiège Paris.

Ces considérations étant posées, et par suite l'impossibilité de tenir la campagne reconnue, il est raisonnable et nécessaire, étant donné l'épuisement absolu des vivres, de tenter auprès de l'ennemi une démarche ayant pour but d'amener une convention honorable, toutefois l'honneur militaire et les intérêts de notre pays, qu'une prolongation de résistance peuvent si utilement servir, commandent que cette démarche ne soit faite qu'après que, par tous les moyens possibles que permet l'humanité, nous aurons pu faire vivre l'armée sous Metz.

Si cette convention n'est pas acceptée et que l'ennemi, abusant de ses avantages contre une armée que trois grandes batailles et des combats journaliers lui ont appris à respecter, veuille lui imposer des conditions inacceptables, nous lui ferons savoir que des soldats français de notre trempe ne sauraient s'humilier, et qu'ils préfèrent mourir les armes à la main, en vendant chèrement leur vie.

Le monde et l'histoire jugeront alors laquelle des deux armées a porté plus haut l'honneur de son drapeau.

Le maréchal de France commandant le sixième corps,

CANROBERT.

Il est triste de penser que, trois ans après, les considérants exposés dans ces Rapports confidentiels aient été modifiés, soit dans les Conseils d'enquête, soit au Conseil de guerre. Le gouvernement issu de la révolte étant affermi, les anciennes appréciations se modifièrent, afin d'être dans le ton du jour. On m'a reproché d'avoir consulté trop souvent mes généraux ; mais, c'est ce qui avait été fait dès le début de la campagne, par l'Empereur lui-même. Ma situation était assez grave pour m'éclairer des conseils des commandants de corps d'armée, non pas pour leur faire partager la responsabilité qui m'incombait toute entière, mais pour ne rien négliger qui put être utile à l'armée.

J'espérais plus de franchise de la part de ceux que je consultais, plus d'énergie dans leurs propositions, et surtout, plus de sympathie vis-à-vis de leur chef malheureux, lorsqu'a sonné l'heure de la vengeance politique contre l'Empire.

PROCÈS-VERBAL DE LA CONFÉRENCE TENUE LE 10 OCTOBRE 1870.

Le 10 octobre 1870, à deux heures de l'après-midi, le maréchal commandant en chef de l'armée du Rhin a réuni dans un Conseil de guerre, au Ban-Saint-Martin, MM. les maréchaux de France et les généraux de division commandants de corps d'armée, le général commandant l'artillerie, le général commandant supérieur à Metz et l'intendant en chef de l'armée.

Quarante-huit heures auparavant, le Maréchal avait adressé à tous ces officiers généraux une lettre circulaire par laquelle il leur exposait la situation et leur faisait savoir que nos ressources en pain ne dépasseraient pas huit jours, que faute absolue de moyens d'alimentation, les chevaux de cavalerie et de trait allaient disparaître.

Il les avait invités à recueillir les avis des généraux de division placés sous leurs ordres et à lui faire connaître, par écrit, leur opinion personnelle et motivée.

Après avoir rappelé ces principaux traits de la situation, le Maréchal a ajouté que malgré toutes les tentatives faites pour se mettre en communication avec la capitale, il ne lui était jamais parvenu aucune nouvelle officielle du gouvernement, qu'aucun indice d'une armée française opérant pour faire une diversion utile à l'armée du Rhin, ne lui avait été signalé!

M. le général Coffinières, commandant supérieur à Metz, et M. l'intendant en chef de l'armée furent alors successivement invités à exposer le bilan définitif de nos ressources alimentaires de toutes sortes. Il en résulta qu'en faisant tous les efforts imaginables, en fusionnant les ressources de la ville avec celles de la place et de l'armée, en réduisant la ration journalière de pain à 300 grammes, en rationnant les habitants, en consommant les réserves des forts et en réduisant le blutage des farines au taux le plus bas, sans s'exposer à compromettre la santé des hommes, il était possible de vivre jusqu'au 20 octobre inclus, y compris les deux jours de biscuit existants dans les sacs des hommes.

La ration de viande de cheval devait être élevée à 600 grammes d'abord et poussée à 750 grammes, tous les chevaux étant considérés comme sacrifiés, vu l'impossibilité de les nourrir autrement que par un pacage presque illusoire, et la mortalité faisant chaque jour, chez ces animaux, des progrès effrayants.

M. le général Coffinières déclara ensuite que l'état sanitaire était gravement compromis dans la place, tant par l'accumulation de 19.000 blessés ou malades, que par le défaut de médicaments, de moyens de couchage, de locaux et d'abris, et par l'insuffisance du nombre des médecins. Les Rapports des médecins en chef constatent que le typhus, la variole, la dysenterie et tout le cortège des maladies épidémiques commençaient à envahir les établissements hospitaliers et à se répandre dans la ville.

L'affaiblissement causé par la mauvaise alimentation à laquelle on était réduit, ne pouvait qu'augmenter ces causes morbides.

On constate que les ambulances et les hopitaux sont encombrés, que près de 2.000 malades ou blessés sont encore recueillis chez les habitants, et la conclusion est que, si un nombre considérable de blessés devait de nouveau être dirigé sur la place, il y aurait d'abord impossibilité de les installer, mais surtout danger immédiat pour la santé publique.

Cet exposé de la situation de nos ressources alimentaires et de l'état sanitaire étant connu de tous les membres du Conseil de guerre, on passa à l'examen de la situation militaire.

Après lecture faite au Conseil, du Rapport de S. E. le maréchal Canrobert, commandant le sixième corps d'armée, du Rapport de M. le général Coffinières, commandant supérieur à Metz, du Rapport de M. le général Desvaux, commandant provisoirement la garde-impériale, la situation militaire se résume dans les questions suivantes :

1° L'armée doit-elle tenir sous les murs de Metz jusqu'à l'entier épuisement de ses ressources alimentaires ?

2° Doit-on continuer à faire des opérations autour de la place pour essayer de se procurer des vivres et des fourrages ?

3° Peut-on entrer en pourparlers avec l'ennemi pour traiter des conditions d'une convention militaire ?

4° Doit-on tenter le sort des armes et chercher à percer les lignes ennemies ?

La première question est résolue affirmativement, à l'unanimité, par cette raison que la présence de l'armée sous les murs de Metz y retient une armée ennemie de 200.000 hommes, dont il n'est point possible de disposer ailleurs, et que dans les conditions où elle se trouve, le plus grand service que l'armée du Rhin puisse rendre au pays, est de gagner du temps et de lui permettre d'organiser la défense dans l'intérieur.

La deuxième question est résolue négativement, à l'unanimité, en raison du peu de probabilités qu'il y a de trouver des ressources suffisantes pour vivre quelques jours de plus, à cause des pertes que ces opérations occasionneraient et de l'effet dissolvant que leurs insuccès pourrait exercer sur le moral de la troupe.

La troisième question est résolue affirmativement à l'unanimité, à la condition toutefois d'entamer ces ouvertures dans un délai qui ne dépassera pas quarante-huit heures, afin de ne pas permettre à l'ennemi de retarder le moment de la conclusion de la convention jusqu'au jour, et peut-être au delà du jour de l'épuisement de nos ressources.

Tous les membres du Conseil de guerre déclarent énergiquement que les clauses de la convention devraient être honorables pour nos armes et pour nous-mêmes.

La quatrième question en amène une cinquième :

M. le général Coffinières demande s'il ne serait pas préférable de tenter le sort des armes avant d'entamer des négociations, le succès de cette tentative pouvant rendre les pourparlers inutiles, ou bien le résultat infructueux de notre effort pouvant peser dans la balance, du poids des pertes que nous aurions fait subir à l'ennemi.

Cette question est écartée par la majorité et il est décidé à l'unanimité que si les conditions de l'ennemi portent atteinte à l'honneur des armes et du drapeau, on essayera de se frayer un chemin par la force, avant d'être épuisé par la famine et tandis qu'il reste la possibilité d'atteler encore quelques batteries.

Il est donc convenu et arrêté :

1° Que l'on tiendra sous Metz le plus longtemps possible.

2° Que l'on ne fera pas d'opérations autour de la place, le but à atteindre étant plus qu'improbable.

3° Que des pourparlers seront engagés avec l'ennemi dans un délai qui ne dépassera pas quarante-huit heures, afin de conclure une convention militaire honorable et acceptable pour tous.

4° Que, dans le cas où l'ennemi voudrait imposer des conditions incompatibles avec notre honneur et le sentiment du devoir militaire, on tentera de se frayer un passage les armes à la main.

Ont approuvé et signé :

Le maréchal Canrobert, commandant le sixième corps.
Le maréchal Le Bœuf, commandant le troisième corps.
Le général de Ladmirault, commandant le quatrième corps.
Le général Frossard, commandant le deuxième corps.
Le général Desvaux, commandant provisoirement la garde-impériale.
Le général Soleille, commandant l'artillerie de l'armée.
Le général Coffinières, commandant supérieur à Metz.
L'intendant en chef Lebrun.
Le maréchal Bazaine, commandant en chef l'armée.

Ban-Saint-Martin, le 10 octobre 1870.

Le général premier aide de camp du commandant en chef,
secrétaire du Conseil,

Gal BOYER.

Pour copie conforme à l'original :
Le lieutenant-colonel aide de camp,

H. WILLETTE.

NOTE remise au général Boyer par le maréchal commandant en chef de l'armée du Rhin.

Au moment où la société est menacée par l'attitude qu'a prise à Paris un parti violent et dont les tendances ne sauraient aboutir à une solution que cherchent les bons esprits, le maréchal commandant en chef l'armée du Rhin, s'inspirant du désir qu'il a de servir son pays et de le sauvegarder de ses propres excès, interroge sa conscience et se demande si l'armée placée sous ses ordres n'est pas destinée à devenir le *palladium* de la société.

La question militaire est jugée ; les armées allemandes sont victorieuses, et S. M. le roi de Prusse ne saurait attacher un grand prix au stéril triomphe qu'il obtiendrait en dissolvant la seule force qui puisse aujourd'hui maîtriser l'anarchie dans notre malheureux pays, et assurer à la France et à l'Europe un calme devenu si nécessaire après les violentes commotions qui viennent de les agiter.

L'intervention d'une armée étrangère, même victorieuse, dans les affaires d'un pays aussi impressionnable que la France, dans une capitale aussi nerveuse que Paris, pourrait manquer le but, surexciter outre mesure les esprits et amener des malheurs incalculables.

L'action d'une armée française encore toute constituée, ayant un bon moral, et qui, après avoir loyalement combattu l'armée allemande, a la conscience d'avoir su conquérir l'estime de ses adversaires, pèserait d'un poids immense dans les circonstances actuelles.

Elle rétablirait *l'ordre et protègerait la société dont les intérêts sont communs avec ceux de l'Europe.*

Elle donnerait à la Prusse, par l'effet même de cette action, une garantie des gages qu'elle pourrait avoir à réclamer dans le présent, et enfin, elle contribuerait à l'avènement d'un pouvoir régulier et légal avec lequel les relations de toutes natures pourraient être *reprises, sans secousse et tout naturellement.*

Ban-Saint-Martin, le 10 *octobre* 1870.

Pour copie conforme à l'original :
L'aide de camp,
H. WILLETTE.

Procès-verbal de la conférence militaire tenue le 12 octobre.

Le 12 octobre 1870, à huit heures du matin, sont réunis en conférence, au grand quartier général, Messieurs les commandant des corps d'armée et chefs des armes spéciales, sous la présidence de S. E. le maréchal Bazaine, commandant en chef de l'armée du Rhin, savoir :

MM. Le maréchal Canrobert, commandant le sixième corps.
    Le maréchal Le Bœuf, commandant le troisième corps.
    Le général de Ladmirault, commandant le quatrième corps.
    Le général Frossard, commandant le deuxième corps.
    Le général Desvaux, commandant provisoirement la garde-impériale.

Le général Soleille, commandant l'artillerie de l'armée.
Le général Coffinières, commandant le génie de l'armée et la place de Metz.
L'intendant Lebrun, intendant en chef de l'armée.
Le général Saint-Sauveur, grand prévôt de l'armée.
Le général Changarnier
Le général Jarras, chef d'état-major de l'armée.
Le maréchal Bazaine, commandant en chef l'armée.

Après lecture du procès-verbal de la séance précédente, il est donné connaissance de l'état sanitaire tant de l'armée que de la place de Metz.

M. le maréchal Le Bœuf pense que le tableau est chargé. Son Excellence déclare avoir rétabli les ambulances dans son corps d'armée.

M. le général Coffinières affirme que le Rapport de M. le docteur Grellois expose la situation sans exagération.

Le maréchal commandant en chef prescrit de ne pas tolérer la publication de fausses nouvelles, tactique d'un parti qui cherche à introduire un dissolvant dans l'armée, en tendant à persuader que l'on cache les bonnes nouvelles.

Le chef d'état-major de l'armée est chargé de porter à la connaissance du public toutes les nouvelles contenues dans les journaux saisis sur les prisonniers.

Son Excellence invite le général Coffinières à créer dans la ville de Metz un journal officiel.

Le Conseil passe ensuite à l'examen de la question des vivres et des perquisitions à opérer chez l'habitant.

M. le général Coffinières observe que la garnison de la place n'a de vivres que jusqu'au 13 octobre inclus, et qu'il n'y a d'espoir que dans une réquisition qui, du reste, ne permettra de prolonger la situation que jusqu'au 20 du même mois.

M. le général Saint-Sauveur assure que la ville renferme plus d'approvisionnements que l'on ne pense.

M. le général Frossard déclare que l'habitant doit cacher des dépôts de farine et blé.

M. le maréchal Le Bœuf émet la même opinion.

Ces assertions son déclarées inexactes par M. le général Coffinières. Le commandant supérieur de Metz a institué cinq commissions de recherches qui doivent fonctionner à dater de ce jour. Le résultat de leurs opérations fera bientôt connaître la situation réelle des ressources de la ville.

Les vivres trouvés seront déposés dans les magasins centraux, ainsi que l'excédant des magasins des corps d'armée.

M. le général Frossard déclare avoir déjà fait verser 75 quintaux de grains destinés aux chevaux.

Il est convenu que tout doit aller à la masse commune, de telle sorte qu'un corps n'ait pas plus que les autres.

Les intendants des corps d'armée devront s'entendre avec M. Antoine, sous-intendant militaire de Metz, pour connaître le lieu de versement affecté à chaque denrée.

M. le général Coffinières se plaint de l'affluence dans la place des militaires appartenant à l'armée du Rhin.

La question des vivres étant ainsi réglée, la Conférence traite celle d'un mouvement offensif.

En cas de mouvement, on emmènera le moins possible de voitures ; les attelages de celles qui devront être laissées seront versés à l'artillerie.

En ce qui concerne la quantité de bagages à permettre pour chaque officier, Messieurs les commandants des corps d'armée feront des propositions et le commandant en chef fixera.

Les bagages devront suivre le mouvement de l'armée, à une demi-journée de marche et sans escorte. Ils rejoindront quand ils pourront.

Dans le cas où l'on ne pourrait emmener toutes les pièces d'artillerie, on prendrait de préférence les mitrailleuses. Le parc sera réduit le plus possible, en conservant toutefois, si l'on peut, les cartouches d'infanterie. Les hommes devront en porter au moins cent, et porteront, en outre, la tente-abri et la couverture.

Enfin, le pain devra être touché pour le lendemain, ce qui, avec le biscuit, fera trois jours de vivres. Il est, en conséquence, prescrit de le distribuer tous les jours, le soir.

Du reste, rien ne sera décidé sans l'avis des commandants des corps d'armée ni avant le retour du général Boyer en ce moment en mission.

M. le général Frossard demande l'autorisation de livrer les chevaux d'officiers à la consommation.

Il est décidé que les chevaux d'officiers qui seront bons pour le service de la cavalerie, seront pris, au dernier moment, contre le prix fixé comme indemnité d'un cheval tué.

Le même prix sera accordé pour tout cheval mort de faim.

Cette répartition sera immédiatement faite sur le papier.

Dans chaque corps d'armée, une commission de remonte sera formée pour acheter les chevaux d'officiers aptes au service de la cavalerie, mais cette commission ne devra fonctionner qu'au dernier moment.

Ban-Saint-Martin, le 12 octobre 1870.

Le chef d'escadron d'état-major aide de camp de S. E. le maréchal Bazaine, secrétaire de la Conférence,

H. WILLETTE.

Il fut, en outre, convenu que l'on tiendrait sous Metz le plus longtemps possible ; que l'on ne ferait pas d'opérations autour de la place, le but à atteindre étant plus qu'improbable ; que des pourparlers seraient engagés avec l'ennemi, dans un délai qui ne dépasserait pas quarante-huit heures, afin de conclure une convention militaire honorable et acceptable pour tous. Enfin, que si l'ennemi voulait imposer des conditions incompatibles avec l'honneur militaire et le sentiment du devoir, on tenterait de se frayer un passage les armes à la main.

Du reste, le moment était arrivé où il fallait éviter les combats inutiles. Le recrutement des cadres était devenu insuffisant. Les hôpitaux, les maisons particulières se remplissaient de malades, et le soldat n'avait plus l'énergie de la santé. D'un autre côté, chaque opération sur les villages à notre portée entraînait leur destruction par l'ennemi, qui y mettait le feu après le départ de nos troupes.

D'un autre côté, M. le général Coffinières, comme commandant supérieur de la place, me signalait l'agitation des esprits, la difficulté qu'il éprouvait à remplir ses obligations, et me faisait remarquer qu'étant dans la nécessité de satisfaire aux exigences de l'armée, il était en contradiction soit avec l'article 212 du règlement sur le service en campagne, soit avec les articles 244, 245 du service des places.

Mon devoir, m'écrivait-il le 16 octobre, tel que je le comprends, et j'ai la conscience d'avoir fait tout mon possible pour le remplir, est de repousser des accusations perfides, de ménager tous les intérêts respectables, de calmer l'irritation des esprits, de maintenir l'ordre matériel dans la place sans user de violences souvent plus nuisibles qu'utiles. Les dernières dépêches de Votre Excellence et les observations verbales que vous m'avez adressées hier matin, me font voir que vous n'approuvez pas la manière dont je remplis mes fonctions, et je vous demande d'être remplacé.

Je ne donnai pas suite à cette demande, *in extremis*, et je fis écrire à la municipalité :

Tout ce qu'il sera humainement possible de faire, nous le ferons sans aucune hésitation. Mais je vous prie de faire savoir à vos administrés que pour atteindre ce résultat, désiré par tous, il faut surtout le calme, qui caractérise les gens fermement résolus, et qu'il importe de rester unis, en évitant avec soin tout ce qui pourrait ressembler à l'indiscipline, à la sédition, et aux vaines déclamations ; il importe surtout d'exclure la politique de nos préoccupations, parce que la politique est un dissolvant qui ne peut que troubler l'harmonie qui doit régner parmi nous. Un gouvernement de fait existe en France sous le titre de *Gouvernement de la défense nationale;* nous devons lui obéir en attendant la décision qui sera prise par l'Assemblée nationale élue par le pays ; jusque-là nous devons nous rallier au cri de : Vive la France !

Le parti républicain poussait au départ de l'armée afin de pouvoir proclamer la République, et surtout changer tous les fonctionnaires. Deux capitaines du génie, Rossel et Leroux, étaient les plus ardents, et en véritables clubistes ils péroraient dans les cafés, dans les réunions publiques, cherchant à entraîner l'armée. Aucun commandant des corps d'armée, ni le commandant supérieur de Metz ne m'avisèrent de ces démonstrations contre la discipline, et je n'en fus averti que par le général Changarnier. Je fis venir les deux officiers, et après les avoir réprimandés, les réponses et la tenue du capitaine Leroux ne me satisfaisant pas, je l'envoyai dans un fort. Il en fut autrement de son camarade, dont l'attitude et les réponses, étant très franches, lui évitèrent une punition ; j'avais connu son père, capitaine adjudant-major au quatrième *léger*, lorsque j'y servais en 1839, et j'aurais été très disposé à lui être favorable. Qui eut dit, à cette époque, que Rossel serait fusillé à Satory !

La portion modérée de la population qui était la grande majorité, craignait un mouvement révolutionnaire en l'absence de l'armée, et me faisait connaître ses appréhensions par le maire, M. Félix Maréchal, et par d'autres Messins anciens amis de ma famille qui, du côté paternel, est lorraine; ce qui a fait dire aux inventeurs de nouvelles à sensation, que je voulais me faire nommer duc de Lorraine ! Les méchants, ou les imbéciles, comme malheureusement il y en a tant lorsqu'il s'agit de nuire ou de discréditer toute autorité, furent satisfaits de trouver un prétexte au séjour de l'armée sous Metz; et dirent que je conservais cette armée, afin d'imposer mes vues ambitieuses à mon pays ; cette calomnie fit boule de neige, et devint une avalanche, tant la crédulité humaine est disposée à croire aux mauvaises actions. L'unique pensée qui m'a toujours guidé était *d'être utile au pays*.

L'autorisation demandée pour M. le général Boyer et qui avait été ajournée, fut accordée d'après une dépêche télégraphique du roi de Prusse, en date du 12 octobre.

Cet officier général se mit immédiatement en route pour Versailles, accompagné par deux officiers de l'état-major du prince Frédéric-Charles.

A son arrivée, le 14, à Versailles, où on ne le laissa pas communiquer librement, il fut reçu par M. le comte de Bismarck, qui le remit au jour suivant, à l'issue du Conseil présidé par le roi.

Le général Boyer revint à Metz le 17, toujours accompagné par les mêmes officiers, et une nouvelle conférence eut lieu le 18 au grand quartier général, à laquelle voulut bien assister le général Changarnier, pour entendre le récit de la mission dont le général Boyer avait été chargé par le Conseil tenu le 10 septembre, et dont le procès-verbal fut signé par tous les membres.

Il rendit compte des conditions qui étaient exigées pour que l'armée sous Metz pût sortir avec armes et bagages. Ces conditions se subordonnaient à des engagements politiques à prendre, et aux avantages qui pourraient être accordés à l'armée.

Il exposa, — et lecture fut donnée des notes jointes au procès-verbal de cette séance, — la situation intérieure de la France, telle qu'elle lui avait été dépeinte, c'est-à-dire, sous un aspect des plus sombre, ce qu'il ne pût contrôler, n'étant pas libre.

De la teneur de ces notes, résumé de ses entretiens avec M. le comte de Bismarck, découlent :

1° Le refus déclaré par le gouvernement prussien de traiter avec celui de la défense nationale, si ce n'est sous la réserve de la convocation d'une Assemblée nationale qui, seule, pourrait avoir assez d'autorité morale pour garantir l'exécution du traité à intervenir.

2° Que l'ajournement par ce gouvernement de fait, non reconnu par la Prusse, de la convocation de cette Assemblée, autorisait le gouvernement de la Confédération à conclure que le pouvoir émané du plébiscite de 1870, voté au mois de mai par le peuple français, représentait encore le gouvernement de droit.

En définitive, M. de Bismarck exigeait comme point de départ, et comme bases des négociations à engager, deux garanties préalables.

1° Une déclaration de l'armée en faveur de la Régence.

2° La remise de la place de Metz.

Conditions que nous ne pûmes accepter, parce qu'une déclaration en faveur du gouvernement de la Régence, était mettre sa légitimité en question ; et que l'Empereur seul, pouvait délier le général commandant supérieur de Metz.

PROCÈS-VERBAL DE LA CONFÉRENCE TENUE LE 18 OCTOBRE.

Le 18 octobre à neuf heures du matin, Messieurs :

Le maréchal Canrobert.   Le général Coffinières.
Le maréchal Le Bœuf.   Le général Soleille.
Le général de Ladmirault.   Le général Changarnier.
Le général Frossard.   Le général Jarras, chef
Le général Desvaux.   d'état-major de l'armée.

Ont été appelés au quartier général pour entendre le récit de la mission dont avait été chargé, auprès du quartier royal à Versailles, mon premier aide de camp, le général Boyer.

Cet officier général exposa le but de sa mission, le résumé de ses deux entrevues, à Versailles, avec M. de Bismarck, et conclut en faisant connaître les conditions que poserait le gouvernement prussien pour rendre à l'armée impériale sous Metz, sa liberté d'action pour se rendre sur un territoire délimité par une convention militaire, afin d'y rallier les dépositaires des pouvoirs publics existants en vertu de la Constitution de mai 1870, et de les consulter sur l'opportunité de continuer au gouvernement de la Régence le mandat qui lui avait été conféré par l'Empereur, en vertu de cette Constitution.

Ces conditions sont les suivantes :

1° L'armée sous Metz déclare qu'elle est toujours l'armée de l'Empire, décidée à soutenir le gouvernement de la Régence.

2° Cette déclaration de l'armée coïncidera avec un manifeste de Sa Majesté l'Impératrice régente, adressé au peuple français et par lequel, au besoin, elle ferait un nouvel appel à la nation, pour l'inviter à se prononcer sur la forme de gouvernement qu'elle désire adopter.

3° Ces deux déclarations devront être accompagnées d'un acte signé par un délégué de la Régence et acceptant les bases d'un traité à intervenir entre le gouvernement des puissances allemandes et le gouvernement de la Régence.

La discussion étant ouverte sur le premier point, les membres présents du Conseil de guerre déclarent qu'ils y adhèrent, en ce sens qu'ils se considèrent toujours comme liés par le serment qu'ils ont prêté à l'Empereur, mais qu'ils doutent que l'armée les suive, une fois hors des murs de Metz, toute couleur politique appliquée à son action pouvant donner lieu à des interprétations fâcheuses et devant être repoussée.

Sur le deuxième point, la discussion n'est point ouverte, S. M. l'Impératrice seule pouvant juger de l'opportunité ou de la convenance de l'acte réclamé par les gouvernements allemands.

La troisième condition soulève une discussion de laquelle il ressort unanimement que le maréchal commandant en chef l'armée du Rhin, ne saurait accepter la délégation de la Régence pour signer les bases d'un traité à intervenir, dans le cas où il serait stipulé une cession de territoire.

Il est même admis que, dans aucun cas, le Maréchal ne saurait accepter aucune délégation pour signer le traité, toute son action devant rester uniquement militaire et sauvegarder la situation de l'armée.

Ces trois points posés, on examine la question de savoir si l'armée peut se soustraire à ces exigences.

A l'unanimité, les membres du Conseil déclarent que tout effort pour sortir des lignes ennemies sera vraisemblablement suivi d'un insuccès; mais la question d'honneur des armes se représente toujours, et tout en convenant que les troupes ne suivront pas ou montreront de la faiblesse, que toutes les chances sont pour qu'elles soient ramenées et se débandent, plusieurs membres du Conseil pensent qu'il faudra tenter la fortune des armes quelque désastreux que paraisse devoir en être le résultat.

Le général Frossard déclare nettement qu'il ne pense pas qu'on doive faire cette tentative.

Le général de Ladmirault déclare que nous serons ramenés, que l'on ne saurait compter sur les troupes, mais qu'il est prêt avec ses généraux à obéir.

Le maréchal Le Bœuf dit qu'il ne croit pas au succès, mais néanmoins qu'il faut tenter ce qu'il appelle une folie glorieuse.

Le maréchal Canrobert déclare que c'est une évasion et non une sortie à tenter, mais qu'il ne croit pas au succès, que nous serons dispersés et qu'ainsi, on donnera aux Prussiens l'occasion de compter un triomphe de plus et de s'enorgueillir de cette victoire qui sera un désastre de plus à ajouter à nos revers.

Le général Desvaux déclare qu'il faut sortir, après avoir laissé nos troupes sous Metz jusqu'à ce qu'elles ne puissent plus y vivre, car on peut encore exiger d'elles un sacrifice.

Le général Soleille ne veut pas de sortie. Rien ne l'épouvante plus que la pensée des désordres et des conséquences du désastre inévitable qui suivra cette tentative.

Il est convaincu qu'on ne franchira pas les premières lignes.

Le général Coffinières dit qu'il s'en tient aux conventions de la première conférence qui disent que si on ne peut obtenir des conditions honorables de l'ennemi, il faut essayer de se frayer un passage par les armes.

On revient alors à l'examen de la possibilité de continuer les négociations, dans le but d'arriver à une convention militaire honorable et permettant de concourir au rétablissement d'un gouvernement avec lequel les gouvernements allemands pourraient traiter.

Le général Soleille, le général Desvaux, le général de Ladmirault, le général Frossard, le maréchal Canrobert et le général Changarnier, se prononcent pour l'affirmative.

Le général Coffinières et le maréchal Le Bœuf, se prononcent pour la négative.

En conséquence, le général Boyer se rendra à Hastings pour voir s'il est possible d'obtenir un convention dans le sens indiqué plus haut, mais à la condition expresse que nul traité ne devra être signé ni convenu par le commandant en chef de l'armée.

Il devra également exposer la situation de l'armée à l'Impératrice, et s'il n'est pas possible d'arriver à la situation désirable, il sollicitera de Sa Majesté une lettre par laquelle elle délie l'armée de son serment à l'Empereur et lui rend sa liberté d'action.

Ban-Saint-Martin, le 18 octobre 1870.

Gal BOYER,
premier aide de camp, secrétaire.

Pour copie conforme à l'original :
Le lieutenant-colonel aide de camp,
H. WILLETTE.

Je remis à M. le général Boyer pour l'accréditer auprès de Sa Majesté l'Impératrice la lettre ci-après :

Madame,

Il y a quelque temps, j'ai envoyé le général Bourbaki à Votre Majesté. N'ayant reçu aucune réponse, j'envoie aujourd'hui auprès d'Elle le général Boyer, mon aide de camp, pour l'assurer de notre fidélité. Elle aura la bonté de lui donner ses instructions, et peut avoir confiance en lui.

J'ai l'honneur d'être, avec le plus profond respect, de Votre Majesté, le très obéissant et très dévoué serviteur,

M^{al} BAZAINE.

COMPTE-RENDU, RÉDIGÉ PAR LE GÉNÉRAL BOYER, DE SA MISSION
A VERSAILLES.

Parti de Metz le mercredi 12 octobre, à dix heures du matin; parti d'Ars à onze heures; retenu une partie de la nuit en avant de Nauteuil-Saacy, sur la voie encombrée par des trains de matériel; arrivé à Nauteuil-Saacy à six heures du matin le 13. Départ en voiture à midi; arrivé par la Ferté-sous-Jouarre, Meaux, Lagny et Villeneuve-Saint-Georges; à Versailles à cinq heures du matin, le 14 octobre, vendredi. Logé chez M. Dagnan, 48, rue de Satory.

A midi et demie prévenu que M. le comte de Bismarck m'attend; introduit chez le comte à une heure de l'après-midi.

J'expose en peu de mots le but de ma visite. Quand je prononce le nom de M. Régnier, le comte m'interrogeant du regard, m'interrompt et insiste pour savoir si c'est bien ainsi que je l'appelle, si c'est bien sous ce seul nom qu'il m'est connu. Je réponds que jamais le Maréchal ne l'avait vu ni n'avait entendu parler de lui.

Le comte prend alors la parole, et me dit que M. Régnier s'était un jour présenté à lui comme venant d'Hastings, et lui avait fait voir pour tout moyen d'introduction une photographie au dos de laquelle était la signature du Prince impérial; qu'il lui avait exposé son plan en lui demandant l'autorisation d'aller, ou sonder le Maréchal en faveur de la Régence, ou le décider à prendre parti pour la Régence, puisque c'était dans l'intérêt de ce gouvernement que son plan était conçu. « Cet homme m'a paru sincère, me dit le comte, et il est certain qu'il l'a été; il n'avait point confié son projet à Hastings, où il est fort mal vu et où ses services sont repoussés; il a servi l'Impératrice et il paraît que l'on a été mécontent de lui, à ce point qu'on n'en veut plus entendre parler. » Le comte me développe alors toute sa conversation avec ce Régnier, arrive à l'explication du télégramme qu'il fit passer au Maréchal, et termine en me disant que la réponse du Maréchal qui ne pouvait être ni absolue ni définitive, lui prouve que M. Régnier n'était nullement chargé de stipuler des conditions; il l'avait invité à quitter le quartier général. « Je n'avais d'ailleurs, ajoute le comte, transmis ce télégramme au Maréchal que pour mieux prouver à M. Régnier que je ne fondais pas *grand établissement sur ses stipulations*, car il m'avait déclaré que le Maréchal écartait la ville de Metz de toute combinaison; *or, c'est Metz surtout que nous tenons à avoir.* »

Le comte s'arrêtant, je pris la parole et lui dis que je venais de la part du Maréchal pour répondre à l'idée émise par M. Régnier; que le Maréchal avait attendu longtemps des nouvelles, d'abord, puis le retour du général Bourbaki; que le télégramme dans lequel il était question de la reddition de l'armée sous Metz l'avait fortement ému, et que pour couper court à toute fausse interprétation, pour prouver qu'il avait agi et était encore disposé à agir loyalement, il avait demandé à m'envoyer au quartier général du Roi, pour apporter les explications que je donnais.

J'entrai alors dans le développement de la note qui a été remise au prince Frédéric-Charles. Le comte m'écouta très attentivement. Jusqu'alors nous avions causé dans un cabinet attenant à une salle où se trouvaient des employés du bureau du comte.

Il se leva et me dit : « Il y a à côté des personnes qui comprennent le français ; les murs, comme on dit, ont des oreilles ; allons dans le jardin, nous causerons plus librement. » Et, allumant un cigare, il me montra le chemin.

Objection tirée de la non remise de la place de Metz. — L'Empereur seul peut délier le général Coffinières. — Objection tirée de la difficulté de maintenir l'armée, une fois hors du blocus. — Moyen d'y parer en partie, en faisant faire à l'armée une manifestation en faveur du gouvernement impérial de la Régence. — « Faites attention, me dit le comte, que si vous ne pouvez pas maintenir l'armée, votre situation personnelle deviendra fort périlleuse ; c'est votre vie, vos biens, votre patrie, l'exil en perspective que vous risquez. »

Il insiste alors sur les sentiments qui animent la Prusse. « On ne veut pas le moins du monde repousser la dynastie impériale, ni cette forme de gouvernement qui a maintenu l'ordre pendant vingt ans. »

On traitera, au contraire, plus volontiers avec la Régence qu'avec tout autre gouvernement, parce que, dans l'opinion du comte, c'est encore la forme qui convient le mieux à assurer l'avenir.

Mais, il ne faut pas se dissimuler que c'est la France qui a déclaré la guerre à l'Allemagne, et qu'en ce moment, c'est bien à la France que l'Allemagne fait la guerre.

La situation actuelle de la France ne permet pas de traiter avec un gouvernement qui ne représente aucune chance de durée, et qui, en conséquence, ne donnera aucune garantie sérieuse de paix durable.

M. de Bismarck me raconte alors son entrevue avec l'Empereur, après la capitulation de Sedan ; il dit qu'il croyait sincèrement que l'Empereur allait traiter, aussi fut-il surpris lorsque Sa Majesté lui dit qu'étant prisonnier il n'avait aucun pouvoir, que la Régence seule pouvait traiter. « Et, depuis ce moment, ajoute le comte, j'étais tellement convaincu que le désir de traiter était dans l'intérêt de la Régence, que j'accueillis de suite les ouvertures de M. Régnier, croyant qu'il venait au nom de la Régence, quoique déjà il fut bien tard. »

« Vous m'exposez maintenant les idées et les désirs du maréchal Bazaine. Assurément, l'armée qui est sous Metz est la seule qui reste à la France ; l'armée de la Loire, composée de volontaires, de gardes-mobiles et des derniers régiments qu'on ait pu tirer d'Algérie vient d'être détruite à

Artenay et à Orléans. Elle pouvait être forte de 25.000 hommes de troupes régulières ; vous n'avez plus d'armée et rien ne peut plus venir au secours de Paris. Paris, d'ailleurs, est dans une telle situation que la famine suffira probablement à nous en donner raison. On ne bombarde pas une ville comme Paris, mais peut-être, cependant, nous faudra-t-il, à un moment donné, en venir à cette dernière extrémité. »

Ici le comte me donne quelques détails sur le prix de la viande de cheval à Paris. Il entre, en même temps, dans quelques considérations sur le caractère sauvage et en dehors de l'habitude des nations civilisées que les francs-tireurs donnent à la guerre. « Nous serons sans pitié pour ces gens-là, dit-il, et nous les tuerons tous. »

Revenant à l'idée de laisser l'armée française quitter Metz, le comte me dit qu'il faut ici se préoccuper, non seulement de la possibilité de maintenir l'armée dans l'obéissance, mais aussi de la question du traité à intervenir car, pour ne pas courir les chances de nous rendre une certaine liberté d'action et de voir les négociations pour la paix ne pas aboutir, il lui faudra des assurances de voir ses conditions acceptées quelque exorbitantes qu'elles puissent paraître.

Il faut donc que quelqu'un aille à Hastings ou à Cassel, afin que les deux négociations marchent en même temps. Il pense qu'il vaut mieux que la question se règle à Hastings parce que, traitée ainsi en pays neutre, elle ne paraîtra pas souffrir la pression de l'étranger. « Allez à Hastings, général, me dit-il, *et obtenez de l'Impératrice de remettre Metz, puisque le maréchal Bazaine n'en a pas les pouvoirs, ce sera déjà une garantie pour nous.* »

Il me dit alors qu'il était regrettable que la flotte ne se fût pas montrée favorable à la restauration de la Régence, sans quoi, comme le Nord et les villes commerçantes, telles que Rouen, veulent l'ordre et redoutent la République, il eût été facile, avec le concours de la flotte, de faire du Hâvre, qui, bien qu'un peu agité, veut aussi l'ordre et le maintien de la richesse publique, il eût été facile de faire du Hâvre le pivot de cette restauration.

Ici, comme parenthèse, le comte ajouta : « Car il faut que la France se donne à elle-même son gouvernement; nous ne ferons pas, comme en 1815, la faute de lui en imposer un. Aussi voyons-nous que ce gouvernement républicain actuel n'est pas de bonne foi. Il a, par deux fois, voulu en appeler aux élections, le 2 octobre, puis le 16. Mais, il retarde sans cesse ce moment, parce qu'il sent bien que les élections ne lui seront pas favorables. L'élément conservateur, qui est le plus nombreux en France, ne veut pas de cette république de terreur. Soyez assuré que si on votait aujourd'hui un plébiscite, l'Empereur aurait encore une grande majorité. »

J'interrompis alors le comte pour lui dire que puisque telle était sa pensée, puisqu'il était convaincu que l'armée du maréchal Bazaine était la seule qui restait à la France, il était logique, et était de son intérêt aussi bien que du nôtre, de la laisser partir, le plus tôt possible, et dans des conditions qui lui laissassent la force morale nécessaire pour l'œuvre qu'elle se propose d'accomplir. L'objection perpétuelle se représentait toujours quoique j'assurasse que l'on pouvait répondre de l'armée, ou au moins de sa grande majorité, quelques désertions partielles, mais individuelles, pouvant se présenter.

Poursuivant la série de ses idées, le comte me représenta alors l'état actuel de la France. Paris, entre les mains des républicains ; Lyon, livré toujours au parti exalté, puisque le drapeau rouge y flotte toujours ; le Nord, désireux de voir la paix et ayant demandé qu'on lui envoie des troupes allemandes pour maintenir l'ordre ; l'Ouest, entre les mains du clergé, qui a mis en avant les Charette et les Stoflet, poussant les populations à repousser l'invasion d'un peuple protestant venu pour anéantir le catholicisme ; le Midi, ne s'étant pas encore prononcé d'une façon bien nette, sauf à Marseille où la Commune a pris la direction du gouvernemement. De l'état de l'Europe, de son attitude, le comte ne me dit pas un mot. « Cette république de Paris et de Lyon, me dit-il, décourage même les Américains qui avaient envoyé une députation pour venir s'entendre avec le gouvernement républicain et essayer de s'interposer. J'ai vu ces Messieurs qui sont repartis en me disant qu'il n'y avait rien à faire avec ces gens-là ; ce sont des fous qui ignorent même ce que c'est un état républicain dans l'acception du mot ; un homme sincère, c'est le général Trochu. »

Et comme je me récriais disant que la conversion du général Trochu aux idées républicaines datait du jour où l'on n'avait pas voulu accepter ses théories personnelles et où son ambition avait été déçue : « En tout cas, me dit le comte, l'Empereur avait singulièrement placé sa confiance en le chargeant de veiller sur l'Impératrice, sur la Régence et sur les pouvoirs constituées ; il a trahi cette confiance car il pouvait défendre l'Assemblée. »

— Mais, lui dis-je, les élections ne doivent donc pas avoir lieu le 16 ?

— Il y a désaccord, me répondit le comte, entre Paris et Tours. Crémieux veut que les élections se fassent ; Paris ne le veut pas. Gambetta est même parti en ballon pour aller convaincre son collègue. Il est descendu à Amiens et a gagné Tours par l'Ouest. »

Je remerciai M. de Bismarck de tous ces renseignements si précieux pour nous et lui dis que j'avais hâte de rentrer à Metz pour renseigner le Maréchal et prendre ses ordres. « Vous comprenez, me dit le comte, que notre conversation doit être, de ma part, l'objet d'une conférence avec le Roi. Sa Majesté voudra, sans aucun doute, consulter le général de Moltke et le ministre de la guerre. Demain vous aurez la réponse du Roi et vous pourrez partir. » Je le priai alors de vouloir bien envoyer un télégramme au prince Frédéric-Charles, en invitant Son Altesse Royale à faire savoir au Maréchal que j'étais arrivé à Versailles, le matin seulement, que j'avais eu l'honneur d'être reçu, etc. Il me le promit, puis me remit quelques journaux français pour me mettre au courant de la situation et me congédia. Il était quatre heures du soir. Vers six heures, je fus informé que le Roi devait tenir aujourd'hui Conseil avec le général comte de Moltke et le ministre de la guerre.

Observation du comte de Bismarck, relative à la prolongation de la guerre : « La guerre ne peut durer toujours, mais s'il le faut, nous sommes prêts à prendre nos quartiers d'hiver, quoique cela ne soit pas notre idéal ; nous préférerions de beaucoup rentrer chez nous, et nous n'en sommes même pas sortis volontiers ».

Le 15, à deux heures, le comte de Bismarck, qui m'avait fait prévenir une heure à l'avance, vint me trouver dans le logement qui m'avait été assigné, et me fit part de la résolution qui avait été prise en Conseil. Il me dit que les généraux, ainsi qu'il s'y était bien attendu, avaient spontanément déclaré qu'ils ne renonceraient pas à l'exigence d'une capitulation dans les termes de celle de Sedan, telle que le voulait leur intérêt militaire ; il avait alors pris la parole et représenté au Roi que, sans préjudice de l'intérêt militaire, il devait aussi faire ressortir l'intérêt politique et diplomatique, dans la question dont il s'agissait. Il fut alors convenu que, pour le moment, *on laisserait de côté toute idée de capitulation et que le but à atteindre serait d'obtenir l'assurance que l'armée de Metz voulait rester fidèle à son serment et se faisait le champion de la dynastie impériale. Le Maréchal produirait un acte public, par lequel il le ferait bien comprendre afin que le pays sût qu'il pouvait compter sur son appui, s'il voulait se rallier autour de la Régence.* De cette façon, l'armée prendrait un engagement qui la compromettrait vis-à-vis du parti républicain, et M. de Bismarck verrait l'effet produit en France par cette déclaration. A cela se joindrait un manifeste de l'Impératrice qui, sûre d'avoir un appui dans l'armée de Metz, ferait un appel à la nation, revendiquerait ses droits et demanderait de nouveau au peuple français de les consacrer par un vote. Alors seulement, on pourrait traiter avec chance de voir réussir un plan qui amènerait la paix générale et arrêterait l'effusion du sang. Tandis que dans les conditions actuelles, tout est aléatoire.

Entrevue de Jules Favre ; sa scène de comédie, sa mauvaise foi en ce qui concerne Soissons et le Mont-Valérien ; incident de Straßbourg et de Toul. Le comte revient sur l'opinion des généraux américains, ils sont repartis exaspérés, disant qu'ils avaient cru entrer dans un hôpital de fous habité par des singes. Dépêche du comte de Bernstorff relatant le regret de l'Impératrice d'avoir mal accueilli le général Bourbaki, l'Empereur lui en ayant adressé de très vifs reproches, puisqu'il n'y avait plus à compter que sur Bazaine, qui était resté fidèle ; l'Impératrice aurait dit qu'elle était prête à donner tous les pouvoirs au Maréchal pour traiter et même à abdiquer en sa faveur, la régence de l'Empire. « Oh ! dis-je, le Maréchal n'accepterait jamais une pareille combinaison. — Et certainement, dit le comte de Bismarck, je ne lui conseillerais pas, s'il me demandait mon avis, cela ne ferait que compliquer les affaires et diviser davantage les opinions. »

Lettre de M. le baron Gudin et du comte de Lavalette : est restée sans réponse. — M. Thiers a demandé à venir; on le laisse venir. Il est à Florence revenant de Vienne, après son excursion à Saint-Pétersbourg, où il a été congédié par l'empereur de Russie, avec ces paroles : « Si l'Autriche prend parti dans le différent, je lui déclare immédiatement la guerre.» M. Thiers serait à Florence pour traiter la question de Nice dont M. de Bismarck ne veut pas se mêler; la question de Rome et de l'Italie ne le regardant pas. —Détails navrants du départ de l'Impératrice. —Lettre du comte de Chambord, laissée sans réponse.

Ce document n'est pas signé, mais il est écrit de la main même du général Boyer.

Il fut donc décidé à la majorité de sept voix contre deux, que M. le général Boyer se rendrait en Angleterre, dans l'espoir que l'intervention de l'Impératrice régente auprès du roi de Prusse pourrait obtenir des conditions favorables à la paix et à l'armée.

A l'unanimité, et sur ma proposition, le maréchal commandant en chef ne devait accepter aucune délégation pour signer les bases d'un traité impliquant des questions étrangères à l'armée, celle-ci devant rester en dehors de toute négociation politique. La mission du général Boyer n'avait donc d'autre but que de dégager l'armée de la situation où elle se trouvait, et de la conserver à la France.

Il fallut l'insistance du général Changarnier qui vint à plusieurs reprises au quartier général pour presser le départ du général Boyer, que j'hésitais beaucoup à laisser partir, parce qu'il était déjà bien tard, et que nous allions être réduits par la famine à subir les conditions imposées par l'ennemi. Du reste, dans ma pensée, en y accédant, c'était plutôt pour maintenir le moral des troupes qui souffraient de la faim et de l'intempérie, que dans l'espoir d'une solution favorable à l'armée, toute en sauvegardant l'indépendance de la place de Metz.

C'est dans une de ses dernières visites que M. le général Changarnier, m'exposa ses vues dans le cas du départ de l'armée pour l'intérieur : « Qu'il y aurait lieu d'organiser le gouvernement, ou plutôt le Conseil de la Régence en y plaçant M. Thiers; comme président; M. Drouin de Lhuys et M. l'archevêque de Paris, etc., comme conseillers. » Puis changeant le sujet, tout à coup il me dit : « Je ne suis pas content de la conduite des princes, ils devraient être ici. »

Dans quel but m'adressait-il cette réflexion ?

Il est également utile de reproduire cette seconde lettre de M. le général Desvaux à propos de M. le général Deligny, qui a également écrit ses impressions, au commandant en chef, sous un jour peu favorable.

Le général Desvaux au maréchal Bazaine.
La Ronde, 24 *octobre* 1870.

Je viens de faire savoir aux généraux et aux colonels :

1° Que les négociations continuent ;

2° Que le général Changarnier doit se rendre au quartier du prince Frédéric-Charles.

Mon aide de camp a porté cette communication à M. le général Deligny. Il l'a trouvé avec deux officiers supérieurs. On a causé de la situation, et la possibilité de sortir les armes à la main a été examinée.

Le général Deligny, avec l'ardeur qui le caractérise, a dit :

« Une sortie en ce moment serait *un acte criminel* »; ce qui a été approuvé par les deux officiers supérieurs.

Comme ce langage du général n'est plus en rapport avec celui qu'il a tenu devant moi il y a peu de jours, et dont je vous ai entretenu à la fin de la séance du Conseil, j'ai tenu à vous le faire connaître sans retard.

Le général commandant la garde-impériale,

DESVAUX.

J'étais parfaitement résolu à tenter le sort des armes, dès que j'eus connaissance des dépêches du 24, et à la réunion de ce jour j'invitai ces Messieurs à se décider pour, ou contre la tentative de sortie. Le compte-rendu indique leur opinion, et j'ai dû m'y conformer, parce qu'ils étaient plus en contact que moi avec les troupes, et devaient mieux en connaître le moral. Ai-je bien ou mal fait, de me laisser influencer par cette opinion émise librement par les commandants de corps d'armée ? Ma conscience à cet égard ne se reproche rien, car l'entreprise était difficile, et il aurait fallu une rare énergie chez tous *pour la continuer.*

Le 21 octobre j'avais fais partir plusieurs émissaires pour prévenir le gouvernement de la défense nationale de la situation critique de l'armée et des efforts faits pour communiquer avec lui. Cette dépêche était ainsi conçue :

Metz, 21 octobre 1870.

A Monsieur le ministre de la guerre.

A plusieurs reprises j'ai envoyé des hommes de bonne volonté pour donner des nouvelles de l'armée de Metz. Depuis, notre situation n'a fait qu'empirer, et je n'ai jamais reçu la moindre communication de Paris ni de Tours. Il est cependant urgent de savoir ce qui se passe dans l'intérieur du pays et dans la capitale, car sous peu, la famine me forcera à prendre un parti dans l'intérêt de la France et de cette armée.

Cette dépêche fut remise à Tours le 24, ou le 25 octobre, par M. de Valcour, interprète du général Letellier Blanchard; puis, le *duplicata*, par M. Wojtkiewitch, interprète de l'intendance de la Garde, qui parvint également à Tours.

L'interprète de Valcour après avoir essayé de sortir des lignes était rentré, et se remit en route vingt-quatre heures après. Avait-il déjà à ce moment, l'arrière-pensée de se présenter à Tours tout autrement que comme porteur d'une dépêche, soit pour se donner de l'importance, soit pour être hostile à l'armée, et à son chef? Le Rapport qu'on lui fit faire, et qui porte pour titre *Rapport au gouvernement*, l'indiquerait assez, car il semble impossible de réunir tant de calomnies, tant de fiel, dans un écrit d'un employé de l'armée, s'il n'agissait pas sous une influence politique; et ce qui le prouverait c'est que ce *factum* policier a été inséré au *Journal Officiel* du 23 octobre, sous le titre de *Rapport au gouvernement*, et que son auteur a été nommé chevalier de la Légion d'honneur!

La délégation du gouvernement à Tours ne pouvait ignorer la situation de l'armée, puisque le 25 septembre le général Bourbaki télégraphiait à M. l'amiral Fourrichon, ministre de la marine à Tours :

Le général Boyer a dit à un de mes parents que vivres et munitions vont manquer à Metz et que la capitulation est imminente.

Je vous ai écrit hier. — J'attendrai réponse.

Le délégué du ministre de la guerre à Tours, au lieu de me répondre immédiatement en renvoyant à Metz les interprètes émissaires, adressa deux jours après à M. le général Bourbaki, à Lille, la dépêche télégraphique chiffrée ci-après :

<blockquote>
Le ministre de la guerre à M. le général Bourbaki, à Lille.

Tours, le 27 octobre, 1ʰ 20ᵐ matin.

L'intérêt suprême de la situation exige que le maréchal Bazaine soit averti *qu'en tenant encore il peut tout sauver*[1]. Vous chérissez trop la patrie pour ne pas imaginer le possible et l'impossible pour lui faire parvenir un conseil qui serait dicté tout ensemble par le sentiment *de sa gloire, et du salut* de son pays.

Envoyez donc des hommes à vous qui, avec un avis pressant de vous, pourront lui peindre la situation.

Il faut qu'il soit averti de l'intervention de l'Europe, et réclamer de lui, une prolongation de résistance, sur laquelle nous avons tous droit de compter.

N'épargnez ni l'argent, ni les récompenses.

GAMBETTA.

Pour copie et pour le directeur :
l'employé,
DEMERESSE.   (Lille, bureau central).
</blockquote>

Ministère de l'intérieur
Direction générale des signes télégraphiques
Bureau de Lille.
N° 3.639

Cette dépêche me fut remise plus tard, par le chef d'état-major du général Bourbaki.

Le ministre de la guerre a-t-il cru que j'avais reçu à temps cette importante communication, je l'ignore, mais il me semble, qu'au lieu d'un conseil envoyé par Lille, c'était un ordre qu'il fallait m'adresser directement, si on avait réellement eu l'intention qu'il me parvînt. Quoi qu'il en soit, on tira parti de ce M. de Valcour, neveu de M. le député de Présensé, ministre protestant, pour calomnier l'armée impériale, et mettre hors la loi tous les généraux ; on en attendait un grand effet qui, effectivement, se produisit en insultes contre elle ; et son chef devint un traître à la patrie !

Cette période diplomatique n'a jamais influencé la question militaire, et les ordres les plus précis ont été répétés au Rapport, pour que les compagnies de partisans, ainsi que les grand'gardes

---

1. J'avais donc bien opéré en restant à Metz.

continuent les hostilités contre l'ennemi avec lequel il n'y a jamais eu d'armistice.

Malgré ces ordres et la surveillance prescrite, beaucoup de nos soldats, poussés par la faim, cherchaient à se mettre en rapport avec les soldats allemands, pour déterrer les pommes de terre restant dans les lignes ennemies, et il fallut une défense très sévère, pour mettre fin à cet état de choses.

Je ne reçus plus aucune nouvelle directe de la mission du général Boyer, mais j'appris le 24 octobre seulement, par la dépêche ci-après de M. de Bismarck, reçue par l'intermédiaire du prince Frédéric-Charles, que ces loyales tentatives n'avaient pas pu aboutir, les garanties demandées par l'autorité allemande ayant paru excessives, et leur acceptation ne dépendant en aucune manière des chefs de l'armée.

Dépêche télégraphique du 24 octobre 1870.

Le général Boyer désire que je vous communique le télégramme suivant:

« L'Impératrice que j'ai vue fera les plus grands efforts en faveur de l'armée de Metz qui est l'objet de sa profonde sollicitude et de ses préoccupations constantes ».

Je dois cependant vous faire observer, M. le Maréchal, que depuis mon entrevue avec M. le général Boyer, aucune des garanties que je lui avais désignées comme indispensable avant d'entrer en négociation avec la régence impériale, n'a été réalisée, et que l'avenir de la cause de l'Empereur n'était nullement assuré par l'attitude de la nation et de l'armée française; il est impossible de se prêter à des négociations dont Sa Majesté seule aurait à faire accepter les résultats à la nation française. Les propositions qui nous arrivent de Londres sont, dans la situation actuelle, absolument inacceptables, et je constate à mon grand regret, que je n'entrevois plus aucune chance d'arriver à un résultat par des négociations politiques.

DE BISMARCK.

Le contenu de cette lettre se trouve confirmé par la lettre suivante du roi de Prusse à S. M. l'Impératrice, et dont copie me fut remise à Cassel par M. le général Boyer.

Versailles, 25 *octobre* 1870.

Madame, le comte de Bernstorff m'a télégraphié les paroles que vous avez bien voulu m'adresser.

Je désire de tout mon cœur rendre la paix aux deux nations, mais, pour y arriver, il faudrait d'abord établir la probabilité, au moins, que nous réussirons sans continuer la guerre contre la totalité des forces françaises.

A l'heure qu'il est, je regrette que l'incertitude où nous nous trouvons par rapport aux dispositions politiques de l'armée de Metz, autant que de la nation française, ne me permette pas de donner suite aux négociations proposées par Votre Majesté.

GUILLAUME.

Le 24 octobre, une nouvelle réunion eut lieu pour donner communication de la dépêche de M. le comte de Bismarck. Le Conseil désirant être définitivement et complètement fixé sur les intentions du quartier général allemand à notre égard, pria le général Changarnier de se rendre auprès du prince Frédéric-Charles, pour tâcher d'obtenir, non une capitulation, mais un armistice avec ravitaillement, ou que l'armée put se retirer en Afrique. Malgré l'accueil sympathique qui fut fait au général, sa mission n'eut pas un résultat meilleur que les autres. Il fallut se résigner parce qu'une tentative de vive force qui, déjà précédemment n'avait été considérée que comme un acte de désespoir, n'était dans les circonstances actuelles qu'un véritable suicide, en offrant à l'ennemi une victoire facile sur une armée épuisée, et c'eût été un crime de sacrifier inutilement des milliers d'existences confiées par la patrie à des chefs éprouvés.

CONFÉRENCE TENUE LE 24 OCTOBRE 1870.

Le 24 octobre 1870, le maréchal commandant en chef réunit en conférence à son grand quartier général, MM. les commandants des corps d'armée et les chefs des armes spéciales à savoir, Messieurs :

Le maréchal Canrobert, commandant le sixième corps.
Le maréchal Le Bœuf, commandant le troisième corps.
Le général de Ladmirault, commandant le quatrième corps.
Le général Frossard, commandant le deuxième corps.
Le général Desvaux, commandant provisoirement de la garde-impériale.
Le général Soleille, commandant l'artillerie de l'armée.
Le général Coffinières, commandant le génie de l'armée et la place de Metz.
L'Intendant Lebrun, intendant en chef de l'armée.
Le général Changarnier.
Le général Jarras, chef d'état-major de l'armée.

Après lecture faite des dépêches télégraphiques reçues des autorités allemandes, et du général Boyer, transmises par elles, le Maréchal propose à la Conférence de tenter un effort, et de fixer le point le plus avantageux, pour en assurer, autant que possible, la réussite.

M. le général Desvaux croit que la direction d'Amanvillers et de Saint-Privat-la-Montagne offrirait plus de chance de succès que tout autre, mais il déclare que la forêt de Moyeuvre est impraticable. Il est d'avis de tenter une sortie de vive force.

M. le général de Ladmirault pense que les soldats ne suivront pas leurs chefs, et qu'il en résultera une déroute désastreuse dans laquelle ceux-ci seront insultés.

D'après M. le général Frossard, la discipline se maintient parce que les hommes sont soutenus par l'idée d'une prochaine convention, mais en cas de tentative de vive force, ils ne suivront pas leurs officiers.

Il n'y aura qu'un commencement d'exécution très court, et non suivi d'effet.

Le maréchal Le Bœuf approuve le point d'attaque, mais selon Son Excellence, le moral des troupes a baissé. Elles feraient sans doute leur devoir, mais avec beaucoup moins d'énergie qu'au début de la campagne.

Certainement elles feront le premier effort; quant au second, le Maréchal n'en répond pas. On peut compter sur les officiers. Quant à la troupe, un tiers marchera, les deux autres tiers attendront qu'il y ait un succès.

En résumé, Son Excellence a l'espoir de maintenir son corps d'armée, sans cependant pouvoir en répondre.

Le maréchal Canrobert approuve le point d'attaque, mais affirme que le mauvais temps empêchera la sortie de donner un bon résultat.

D'après Son Excellence, un tiers à peine essayerait de passer, réussirait peut-être, mais ne pourrait vivre, et ne tarderait pas à se débander.

Le soldat ne pouvant rendre les coups de canon qu'il recevrait, se trouverait dans une grande infériorité morale d'où résulterait une prompte désorganisation de l'armée, une fois le percement des lignes ennemies effectué.

Son Excellence pense que cet acte de désespoir, sans augmenter l'honneur de notre drapeau, donnerait un fleuron de plus à la Prusse et serait pour la France une cause de démoralisation.

Le général Changarnier choisirait comme point d'attaque le lieu indiqué, si un combat était possible.

Le général Soleille approuve l'opinion des maréchaux Canrobert et Le Bœuf et des généraux de Ladmirault et Frossard.

D'après son avis, très nettement exprimé, personne ne parviendrait à percer.

L'infanterie aurait à parcourir au moins 3.000 mètres sous le feu d'une artillerie puissante. On perdra beaucoup de monde et c'est l'infanterie qui supportera les pertes.

C'est l'honneur de l'armée qui va se jouer. Jusqu'à ce jour elle a été invaincue, il faut se garder de la laisser se dissoudre par suite d'un acte de désobéissance.

Le général pense donc que le percement des lignes ennemies est une entreprise non seulement inutile, mais même coupable, et que les soldats ne suivront pas leurs chefs dans une pareille entreprise.

Le général Coffinières n'approuve pas l'attaque par le plateau de Plappeville, parce qu'il faudrait commencer par un véritable assaut. Le plateau de la Haute-Bevoye paraît préférable, mais le général considère la discussion de ce point comme inutile, attendu que les hommes ne suivraient pas leurs officiers.

L'intendant Lebrun déclare qu'il n'a plus de vivres. Tout ce qu'il peut faire, c'est de donner un peu de riz et de café pour un jour.

Le général Frossard propose de demander la sortie de l'armée avec armes, matériel et bagages, pour être dirigée dans l'intérieur de la France, à la condition de ne pas porter les armes contre les armées allemandes pendant la guerre.

Le général Coffinières pense que, faire rentrer l'armée prisonnière en Prusse, sera une gêne pour les Prussiens, et que cette considération pourrait aider à une transaction, et propose de demander un armistice sur place à la condition de ne pas combattre.

Le maréchal Canrobert ne croit pas que les Prussiens consentent à une pareille transaction qui serait plus à notre avantage qu'au leur.

Son Excellence propose de leur offrir de réunir l'ancienne Chambre pour traiter, puisqu'ils ne consentent pas à reconnaître le gouvernement de la défense nationale.

Le général Coffinières demande s'il ne conviendrait pas alors d'adhérer pour l'armée aux bases proposées par le quartier royal?

Le général Soleille établit qu'il ne peut s'agir pour l'armée que d'une convention militaire.

Le maréchal Bazaine insiste pour que dans cette transaction, l'on s'efforce de séparer la cause de la ville de celle de l'armée qui seule doit être en question dans les pourparlers à entamer.

Le général Frossard ajoute que si l'on est certain des exigences des Prussiens, il ne reste qu'à remettre l'armée à discrétion.

Le général Bazaine propose au général Frossard de se charger de cette mission délicate, le général Desvaux ne pouvant l'accepter, comme étant contraire à l'avis qu'il a émis.

Le général Changarnier craint que le général Frossard n'ait pas assez de calme et de liant dans le caractère pour mener à bien cette négociation.

Le maréchal Canrobert demande alors au Conseil de vouloir bien donner sa confiance au général Changarnier dont la position indépendante, le caractère et la réputation européenne, sont un sûr garant du succès.

Le Conseil, a l'unanimité, se range à l'opinion de Son Excellence, et le général Changarnier déclare que son dévouement à l'armée du Rhin et à son chef, lui fait un devoir d'accepter cette délicate mission.

En conséquence, le Conseil arrête les conditions ci-après qui devront être l'objet des pourparlers :

1° Demander la liberté de l'armée qui appellera à elle, dans l'intérieur de la France, les anciens Corps constituées, ou une nouvelle Assemblée élue.

2° Demander la neutralisation de l'armée et de Metz où l'on appellerait, pour traiter, cette Assemblée, ou une Assemblée nationale.

Le général Frossard demande que le minimum des conditions acceptables soit :

La reddition de l'armée et de la place, les officiers conservant leur épée et leurs bagages, et les soldats leur sac.

Ban-Saint-Martin le 24 octobre 1870.

Le lieutenant-colonel d'état-major, aide de camp de S. E. le maréchal Bazaine, secrétaire de la Conférence,

H. WILLETTE.

Ci-après une lettre intéressante de M. le général. Desvaux commandant de la garde-impériale, et dont la véracité ne peut faire doute.

Dusseldorf, 12 décembre 1870.

Monsieur le maréchal,

Je viens de lire le Rapport sommaire sur les opérations de l'armée du Rhin, publié par Votre Excellence.

Permettez-moi de rappeler que dans la réunion du 24 octobre (le Rapport cite la date du 25 par erreur), après la lecture des dépêches télégraphiques, vous posâtes les deux questions suivantes :

1° Faut-il tenter une sortie les armes à la main ?

2° Par quel point devrait-on faire la sortie ?

Invité, le premier, à répondre à ces questions, j'ai dit :

1° Oui, il faut tenter une sortie les armes à la main.

2° Par Amanvillers.

J'ai été seul de mon avis sur la première question.

Il fut décidé ensuite qu'un membre du Conseil serait envoyé au prince Frédéric-Charles et mon nom fut prononcé. Je déclarai ne pouvoir accepter cette mission parce qu'elle n'était pas en harmonie avec l'opinion que j'avis émise comme commandant de la garde-impériale.

Le procès-verbal de la séance du 24 octobre a dû relater mes expressions; dans tous les cas, les détails de ces réunions sont encore présents à la mémoire de ceux qui y ont assisté.

J'avais communiqué à quelques officiers de la Garde l'opinion que j'avais soutenue au nom du corps d'armée. Comme il n'en existe pas trace dans le Rapport sommaire, j'ai tenu à rappeler ces faits à Votre Excellence, afin que ceux que j'avais l'honneur de commander alors ne puissent pas douter de l'exactitude de mes souvenirs.

Dans l'armée de Metz, nous avons tous la conscience *d'avoir fait notre devoir; les accusations injustes tomberont devant la vérité. Votre Excellence peut attendre avec confiance le jugement de la France sur cette guerre malheureuse.*

Quant à moi, je suis résolu à demander ma retraite dès que ma captivité aura cessé.

Veuillez agréer, Monsieur le maréchal, l'hommage de mon profond respect.

Le général de division,

DESVAUX.

Dans la journée du 25, j'envoyai M. le général de Cissey pour tâcher d'obtenir que la place de Metz, qui était demeurée indépendante de l'armée, ne fût pas comprise dans la capitulation, et connaître les conditions que l'ennemi imposait. Il lui fut répondu que le quartier général allemand *considérant que la place de Metz serait depuis longtemps tombée en son pouvoir* sans la présence de l'armée sous ses murs, on ne pouvait accepter la séparation; que la convention devait être rédigée par les chefs d'état-major des deux armées, et que les conditions ne pouvaient être que *celles de Sedan.*

En conséquence, il fut décidé à l'unanimité dans la réunion du 26, que M. le général Jarras, chef d'état-major général, serait envoyé au prince Charles pour arrêter et signer une convention militaire par laquelle l'armée française, vaincue par la famine, serait prisonnière de guerre.

RAPPORT DE LA CONFÉRENCE DU 26 OCTOBRE.

La séance est ouverte par le compte-rendu de la double démarche confiée aux généraux Changarnier et de Cissey. Le Conseil passe ensuite à l'exposé de la situation alimentaire.

M. Lebrun déclare ne plus avoir de vivres.

Le général Desvaux n'en a plus que pour la journée du 26.

Le général de Ladmirault n'a plus de chevaux que pour un jour.

Le général Frossard n'en aura plus dans deux jours.

M. le maréchal Le Bœuf peut encore faire vivre son corps d'armée environ quatre jours, mais ne possède plus de riz, sel, sucre ni café.

M. le maréchal Canrobert fait connaître qu'une de ses divisions a encore pour trois jours de vivres, une autre pour deux jours, et la troisième n'en a plus du tout.

Le général Coffinières déclare que, à 300 grammes par ration, la ville a encore des vivres jusqu'au 1er novembre.

Le maréchal Bazaine propose, en raison du mauvais temps, de mettre les hommes à l'abri tant dans les maisons des villages occupés, que dans la ville de Metz.

Le maréchal Le Bœuf préfère conserver son corps d'armée dans la position où il se trouve.

Une partie des hommes sont déjà à couvert.

Faire rentrer les troupes dans Metz serait occasionner des désordres.

Le général Coffinières observe que tous les bâtiments publics sont déjà occupés. On ne pourrait donc loger une partie de l'armée que dans les maisons particulières, et les blessés en occupent un grand nombre.

Le commandant supérieur de Metz déclare que la place livrée à elle-même peut tenir jusqu'au 5 novembre, et qu'en raison de son serment, il ne peut la remettre sans avoir été réduit à la dernière extrémité.

Il propose que, vu les circonstances, le maréchal Bazaine use des pouvoirs que lui confère l'article 4 du règlement sur le service des places.

Le maréchal commandant en chef insiste de nouveau pour que, dans les négociations, le sort de la ville soit distinct de celui de l'armée.

Les membres de la Conférence déclarent que la ville doit suivre la fortune de l'armée qui l'a protégée jusqu'à ce jour.

Le commandant en chef se range alors à cette opinion de la grande majorité.

Le général Frossard soutient qu'il ne peut y avoir deux catégories d'armée.

Si le 16 août on eût opéré la retraite, la place de Metz aurait été bloquée, et, vu l'état de ses forts, n'aurait pas tenu au delà du 15 septembre, après avoir souffert des destructions intérieures. L'armée l'a couverte pendant deux mois, l'a sauvée jusqu'ici; la ville ne peut donc pas vouloir la lutte par cela seul qu'elle a encore des vivres.

Ces ressources de la ville doivent être mises en commun.

Le général Coffinières déclare ne pouvoir rendre la place sans un ordre du maréchal commandant en chef.

Le général Desvaux demande le partage des vivres de la place avec l'armée qui a fait sa position défensive.

La place et l'armée ayant combattu ensemble doivent également succomber ensemble.

Le général Changarnier reconnaît que les soldats de l'armée de Rhin sont plus malheureux que ceux de Gênes.

M. le maréchal Le Bœuf et le général de Cissey déclarent que tous les officiers demandent comme justice le partage des vivres avec la ville.

Le général Desvaux réclame l'égale répartition des vivres.

L'intendant Lebrun demande que la place donne 90.000 rations pour la journée du 27.

Le général Coffinières s'y oppose à moins d'un ordre formel.

Le Conseil décide qu'il sera fait droit à la demande de l'intendant qui prendra la direction générale du service des subsistances dans la ville de Metz.

Le général de Ladmirault demande la rentrée en ville des cavaliers démontés.

Le général Coffinières s'oppose à cette mesure qui encombrerait la ville et rendrait la police impossible.

Le général Frossard désire que l'on demande qu'un régiment et une batterie puissent se rendre en Algérie avec armes et bagages, sur l'engagement de ne pas combattre la Prusse et que les officiers conservent leur épée.

Le général insiste pour le partage des vivres entre la ville et l'armée. Il craint qu'une fois la vérité connue, les hommes soient moins faciles à contenir.

Le général Soleille pense que l'on doit saisir le côté pratique et ne pas oublier que le soldat souffre, que, d'autre part, tel que l'on connaît le caractère prussien, on n'obtiendra pas de grandes modifications à la négociation. La prolonger serait donc exercer une fâcheuse influence sur le soldat. A quoi servira d'avoir fait durer les souffrances du soldat, pour arriver à une solution fatale? Le général demande donc qu'au nom du soldat, on se décide à une prompte solution. Ordre est donné au général Soleille de réunir à l'arsenal les aigles pour y être détruites.

M. le maréchal Le Bœuf demande que les officiers gardent leur épée et les soldats leur sac. Dans le cas où l'ennemi n'accorderait cet honneur qu'aux officiers généraux, il serait refusé, attendu qu'il ne peut y avoir de différence entre les maréchaux, les généraux et les autres officiers.

Le Conseil décide enfin que M. le général Jarras, comme chef d'état-major général de l'armée, se rendra près du chef d'état-major de l'armée allemande, pour régler avec lui les conditions définitives qui devront être acceptées par tous les membres présents.

Ban-Saint-Martin, le 26 octobre 1870.

Le lieutenant-colonel d'état-major, aide de camp de S. E. le maréchal Bazaine, secrétaire de la Conférence,

H. WILLETTE.

A Monsieur le général commandant supérieur, à Metz.

Au grand quartier général, *Ban-Saint-Martin*, 26 *octobre* 1870.

Mon cher général,

Vous avez pris part, ce matin, au Conseil des commandants des corps d'armée et des chefs supérieurs de services, que les circonstances m'ont fait réunir ; vous savez déjà, qu'il a été reconnu, unanimement, que la place de Metz et l'armée étaient inséparables dans leurs intérêts comme dans leur sort. Malgré vos observations sur mes décisions antérieures qui séparaient les vivres de l'armée et ceux de la place, malgré vos observations sur les devoirs qui incombent à vos fonctions, le Conseil, n'ayant égard qu'à la situation grave dans laquelle nous sommes placés, s'est prononcé, énergiquement pour la mise en commun des vivres encore existants, tant dans la place que dans l'armée, et cette opinion me paraissant juste et fondée, surtout en présence des souffrances et des privations qu'endure le soldat, je suis dans l'obligation de vous ordonner de mettre à la disposition de l'intendant général de l'armée, pour le service des troupes campées autour de Metz, les denrées qu'il vous demandera. Ce haut fonctionnaire a mission de s'assurer des quantités existantes dans les corps d'armée et dans la place, et d'en faire, ensuite, une répartition équitable entre tous, de manière à ce que toutes les troupes, qu'elles appartiennent à la place ou à l'armée, soient également pourvues. Vous voudrez bien assurer la stricte exécution des prescriptions de cette dépêche, dont vous m'accuserez réception.

M^{al} BAZAINE.

M. Félix Maréchal, le maire de Metz, m'ayant écrit le 26 pour se plaindre de l'ignorance dans laquelle était le Conseil municipal sur les événements qui s'accomplissaient, j'en fus très surpris, cette mission appartenant au commandant supérieur, et je répondis au maire dans ce sens.

Ban-Saint-Martin, 26 *octobre* 1870.

Monsieur le maire.

Je m'empresse de répondre à votre lettre de ce jour, et vous dire que M. le général Coffinières commandant supérieur de la place de Metz, ayant assisté à tous les Conseils qui ont été tenus au grand quartier général, était en mesure d'exposer au Conseil municipal la situation actuelle du pays, et la marche des négociations pendantes, dans lesquelles nous avons toujours cherché à mettre la ville de Metz en dehors, afin de lui laisser sa liberté d'action.

A l'issue de la séance de ce matin, il a été convenu unanimement, par suite des exigences de l'ennemi et de la pénurie des vivres, que la place et l'armée devaient subir le même sort. En conséquence, M. le général Coffinières a été invité à donner les explications nécessaires pour que les habitants soient au courant des négociations qui ont toujours eu pour but d'améliorer la grave situation dans laquelle se trouve le pays, but que malheureusement nous n'avons pu atteindre.

Recevez, Monsieur le maire, l'expression de ma considération très distinguée,

M^{al} BAZAINE.

Le lendemain 27 octobre, le commandant supérieur adressait aux habitants la proclamation suivante :

Habitants de Metz !

Il est de mon devoir de vous faire connaître loyalement notre situation, bien persuadé que vos âmes viriles et courageuses seront à la hauteur de ces graves circonstances.

Autour de nous est une armée qui n'a jamais été vaincue, et qui s'est montrée aussi ferme devant le feu de l'ennemi que devant les plus rudes épreuves. Cette armée interposée entre la ville et l'assiégeant, nous a donné le temps de mettre nos *forts en état de défense*, et de monter *sur nos remparts* plus de six cents pièces de canon. Enfin, elle a tenu en échec plus de 200,000 hommes.

Dans la place, nous avons une population pleine d'énergie et de patriotisme, bien décidée à se défendre jusqu'à la dernière extrémité.

Si nous avions du pain, cette situation serait parfaitement rassurante; malheureusement il n'en est pas ainsi.

J'ai déjà fait connaître au Conseil municipal que, malgré les perquisitions faites par les autorités civiles et militaires nous n'avions de vivres assurés que jusqu'au 28 octobre.

De plus, notre brave armée, déjà si éprouvée par le feu de l'ennemi, puisque 42,000 hommes en ont subi les atteintes, souffre horriblement de l'inclémence exceptionnelle de la saison et des privations de toutes sortes. Le Conseil de guerre a constaté ces faits, et M. le maréchal commandant en chef a donné l'ordre formel, comme il en a le droit, de verser une partie de nos ressources à l'armée. Cependant, grâce à nos économies, nous pouvons résister encore jusqu'au 30 courant, et notre situation ne se trouve pas modifiée.

Jamais, dans les fastes militaires, une place de guerre n'a résisté jusqu'à épuisement complet de ses ressources, et n'a été aussi encombrée de blessés et de malades. Nous sommes donc destinés à succomber, mais ce sera avec honneur, et nous ne serons vaincus que par la faim.

L'ennemi, qui nous investit péniblement depuis plus de 70 jours, sait qu'il est prêt d'atteindre le but de ses efforts ; il demande la place et l'armée, et n'admet pas de séparation de ces deux intérêts.

Quatre ou cinq jours de résistance désespérée n'auraient d'autres résultats que d'aggraver la situation des habitants. Tous peuvent d'ailleurs être bien convaincus que leurs intérêts privés seront défendus avec la plus vive sollicitude.

Sachons supporter stoïquement cette grande infortune, et conservons le ferme espoir que Metz, cette grande et patriotique cité, restera à la France!

Metz, le 27 octobre 1870.

Le général commandant supérieur,

COFFINIÈRES.

Ainsi, jusqu'au jour fatal de la signature de la capitulation, cet officier général est resté commandant supérieur de la place et avait par conséquent une responsabilité qui lui incombait, puisque les sages dispositions prescrites par le titre XX du *Service en campagne*, n'avaient pas été rigoureusement appliquées dès la déclaration de guerre. Je m'étais renfermé dans l'esprit du troisième paragraphe de l'article 212 de titre ci-dessus qui s'exprime ainsi:

« A l'armée, les commandants de place sont sous les ordres des généraux commandant l'arrondissement dans lequel leur place est comprise, *mais non sous ceux des généraux qui, seuls, ou avec des troupes se trouvent occasionnellement dans le rayon de cette place.* » Je n'avais donc aucun ordre à donner pour que :

1° On fît sortir de Metz les bouches inutiles, les étrangers, et les gens notés par la police civile ou militaire.

2° Pour faire rentrer dans la place, ou empêcher d'en sortir, les bestiaux, les denrées et autres moyens de subsistances.

Ces deux prescriptions furent négligées, et comme conséquence, l'ennemi était très exactement informé de tous nos mouvements, et les denrées emmagasinées dans les villages des environs de Metz servirent à l'armée allemande. Il eût été cependant facile de profiter de la présence de l'armée française, en opérations dans le pays environnant, et en utilisant quelques centaines de voitures civiles, licenciées par ordre de l'Empereur, — afin d'alléger la marche des colonnes, — pour faire entrer dans les magasins de

Metz, toutes les denrées existant dans les villages, surtout dans de ceux qui avaient été abandonnés par les habitants.

On me reprocha également d'avoir trop souvent consulté les commandants des corps, les chefs d'armes spéciales ; cependant l'article 216 du même règlement dit :

« Dans les cas graves, le commandant consulte les commandants des corps, les commandants du génie, de l'artillerie, l'intendant militaire ; *mais, quels que soient les avis, il décide seul, d'après sa propre conviction* ».

Peut-on assimiler la situation dans laquelle se trouvait l'armée du Rhin à une place de guerre ? Je ne le crois pas.

Dans les cadres de cette armée, il y avait de hautes personnalités militaires de grande expérience, et l'Empereur m'avait donné l'exemple en les consultant.

Cette manière de faire n'était certes pas pour décliner la responsabilité de mes actes, loin de là, et la suite des événements l'a prouvé ; mais, je croyais qu'en initiant les commandants des corps d'armée, ainsi que les chefs des divers services, aux péripéties des derniers jours de cette armée, digne d'un meilleur sort, ma loyauté serait au moins sauvegardée. Hélas ! j'étais encore loin de connaître les hommes. Une fois frappé par le malheur, j'ai été très lestement renié, avec ce mot d'ordre : « *C'est un homme à la mer* ». Ils sont toujours les mêmes, en 1815 comme en 1870, de la race des Mirmidons qui :

> Voyant qu'Achille succombe
> Dirent : dansons sur sa tombe ;
> *Les timides vont être des héros.*

Je dois dire que deux grandes personnalités, cependant bien différentes comme caractères et comme principes, m'ont toujours soutenu ; c'est *l'Empereur* et *M. Thiers*. Je leur en témoigne ma reconnaissance : elle s'élèvera jusqu'à eux.

J'arrive à la question des aigles qui, avec raison, a si vivement impressionné l'opinion du pays et de l'armée ; là encore, nous retrouverons l'indifférence, le mauvais vouloir même, dans la transmission et l'exécution des ordres émanant du commandant en chef.

A la réunion du 26 octobre, désirant ne laisser aucune trace de cette mesure, je donnai verbalement, à haute voix, l'ordre au général de division, commandant en chef l'artillerie de l'armée, de faire réunir, par les soins du personnel de son arme, les aigles des régiments pour les verser à l'arsenal, où elles devaient être reçues comme matériel, et immédiatement détruites ; cet ordre fut mal interprété dans quelques corps, ce dont je ne fus informé que tard dans la journée du 27.

Je donnai aussitôt un nouvel ordre écrit, par la voie de l'état-major général ; malheureusement, on avait alors perdu des moments précieux. Le quartier général allemand, très exactement tenu au courant de ce qui se passait dans Metz, avait appris que les aigles de la division Laveaucoupet, dont M. le lieutenant-colonel Billot était chef d'état-major, avaient été portées à l'hôtel du général qui voulait les faire brûler dans sa cour. Comme cette division occupait les forts, on vit très probablement transporter les aigles et les diriger sur la ville ; l'attention des observateurs ennemis fut attirée, et amena un échange de lettres entre les deux chefs d'état-major général des deux armées.

Je chargeai le général Jarras qui retournait au quartier général allemand, de faire observer au chef d'état-major que les aigles n'existaient plus ; qu'à la nouvelle du changement de gouvernement elles avaient été retirées aux troupes (circulaire ministérielle du 20 juin 1848) et versées comme *matière* à l'arsenal où elles avaient dû être détruites.

M. le général Jarras revint dans la nuit du 27 au 28, avec la convention signée ; il n'avait pas réussi en ce sens, que le 28 au matin, il reçut une lettre du général de Stichle se refusant à admettre la raison avancée pour les drapeaux, et remettant tout en question. Ceux que l'on avait envoyés trop tard à l'arsenal pour y être brûlés y étant encore, par suite du retard apporté dans l'exécution de l'ordre, ou d'indifférence dans sa transmission ; j'envoyai l'ordre d'en suspendre la destruction.

J'ai préféré accepter plutôt la responsabilité d'une situation profondément regrettable, mais involontaire, que celle des malheurs dont l'armée et les habitants se seraient trouvés menacés, par suite du manquement à la convention signée, et que celle de faire perdre à la ville de Metz les sérieux avantages qui lui étaient accordés par l'appendice à la capitulation.

Voici, du reste, des lettres relatives à cette question des aigles.

Tours, le 3 décembre 1872.

Le général de Cissey n'a pas été appelé en témoignage par le ministère public parce qu'il était ministre de la guerre lors de l'instruction du procès. Depuis, ni le ministère public, ni la défense n'ont jugé à propos de le faire citer.

S'il l'avait été, il aurait, en ce qui concerne la question des drapeaux, déclaré sous la foi du serment, que le 25 octobre, dans son entrevue au château de Frescaty avec le chef d'état-major général de l'armée allemande, celui-ci lui ayant posé, entre autres conditions si dures pour l'armée française, l'obligation de remettre ses drapeaux au prince Frédéric-Charles, il répondit catégoriquement : « Que les drapeaux étant des aigles, insignes politiques au premier chef, ils avaient dû être remis à l'artillerie, après la connaissance des événements du 4 septembre, et que l'artillerie avait dû les incinérer, ainsi que cela s'est toujours pratiqué après chacun de nos changements de gouvernement. »

Le général *se regarde comme certain* d'avoir rendu compte de cet incident au Conseil réuni le 26 octobre au matin, chez M. le maréchal Bazaine. S'il se trompait sur ce dernier point (*ce qu'il considère comme impossible*), c'est, qu'il en aurait rendu compte le 25 au soir, à Monsieur le maréchal en lui faisant le récit de sa douloureuse mission et en lui remettant la copie du protocole de Sedan, qu'il s'était fait donner par M. le général de Stichle, tant il avait trouvé exorbitantes les prétentions du quartier général allemand.

Le général tient pour certain que l'ordre *de brûler les drapeaux* a été donné par M. le maréchal Bazaine ; sans cela il eut prescrit à ses quatre colonels de les détruire, en présence de leurs corps d'officiers et se fut bien gardé de les remettre à l'artillerie pour les transporter à l'arsenal de Metz, bien que l'ordre lui en eût été donné.

G^{al} DE CISSEY.

LETTRE DU COLONEL MELCHIOR.

Le compte-rendu, dans l'acte d'accusation, de la remise des drapeaux du corps de la Garde, ne me paraissant pas dire exactement la manière dont ce fait a été accompli, je crois devoir en donner le récit entièrement véridique.

Ce récit doit, en effet, démontrer que si l'ordre du maréchal Bazaine *avait été partout, et par tous* compris et exécuté ainsi que nous le fîmes nous-mêmes, les Prussiens n'eussent pu déployer en trophée aucun des drapeaux de la malheureuse armée de Metz.

Le jour même où le général Pe de Arros, commandant l'artillerie de la Garde, reçut de M. le général Desvaux, commandant le corps d'armée, l'ordre donné par le maréchal Bazaine, de verser les drapeaux à l'arsenal de Metz pour y être brûlés, les quatre régiments de voltigeurs de la division Deligny et le bataillon de chasseurs à pied de la Garde envoyèrent, entre cinq et six heures du soir les drapeaux à l'état-major d'artillerie de leur corps d'armée.

Ces drapeaux furent déposés dans un chariot de batterie et conduits sous escorte, mais sans moi, à la chute du jour, à l'arsenal, parce que nous attendions jusqu'au dernier moment possible les drapeaux de la division de grenadiers, drapeaux dont les hampes seules, nous furent rendus plus tard les régiments ayant eux-mêmes détruits leurs aigles.

Tout ému des larmes versées par les vieux sous-officiers qui, esclaves de la discipline venaient, en toute confiance, déposer leurs drapeaux entre nos mains, je promis d'assister à leur destruction. Aussi, dès l'arrivée du général Pe de Arros, au bureau de son état-major, je lui demandai l'autorisation de me rendre, dès le lendemain matin à l'arsenal, pour m'assurer de l'exécution de l'ordre du Maréchal.

Je me présentai, en conséquence, à l'arsenal, lors de l'ouverture des portes et demandai à l'officier supérieur de service, ou de faire brûler devant moi les drapeaux déposés la veille par la Garde, ou de me les laisser brûler moi-même, l'ordre du Maréchal devant d'abord être exécuté dans l'esprit de ce qu'il contenait de plus essentiel, sauf à régler plus tard la question de comptabilité *matière*.

Sur la présentation de l'ordre du général Desvaux, on ne put refuser ma demande, je pris donc mes drapeaux et allai les faire brûler dans l'atelier des forges en présence des soldats de la compagnie d'ouvriers d'artillerie.

Avant d'anéantir ces insignes couverts des marques glorieuses de la bravoure de la division Deligny, je fis découper pour les emporter, comme preuve de la destruction des drapeaux, les numéros des régiments qui y étaient nommés.

Ces chiffres, je les possède encore et les conserve précieusement.

De retour au camp, nous brûlâmes dans notre bureau les hampes dépouillées des drapeaux des grenadiers.

Je vis à l'arsenal plusieurs autres drapeaux, mais il ne m'appartenait pas d'y toucher, et je partis sans m'en occuper.

Tu jugeras, mon cher ami, par ce récit dont je te garantis l'entière vérité, si la destruction des drapeaux de la division Deligny a pu être inspirée par d'autres motifs que ceux de l'exécution sérieuse et des plus *importantes dans les moindres détails de l'ordre donné au nom du Maréchal.*

Colonel MELCHIOR.

LETTRE DE M. S*** CAPITAINE AU 41° DE LIGNE.

Mon colonel,

J'ai conservé un carnet sur lequel j'ai inscrit jour par jour (à l'encre) tout ce qui s'est passé autour de moi et tout ce que j'ai vu, avec mes impressions du moment, pendant toute la campagne de 1870. Je me propose de vous l'apporter à Trianon; peut-être pourrez-vous en tirer quelque chose d'utile. Devant un acharnement pareil à celui de l'accusation, les moindres choses peuvent avoir leur intérêt.

Dans tous les cas, sur ce carnet je retrouve à la date du 28 octobre: « Que les drapeaux ont dû être versés à l'artillerie le 28 à quatre heures du matin et que le colonel Saussier (aujourd'hui général) qui commandait le 41°, m'a fait remettre la cravate du drapeau par le porte-drapeau M. Rollier (j'étais né au régiment et j'avais réclamé le drapeau le 20 octobre, lorsque nous devions marcher en avant, à minuit). M. Rollier a également eu une partie du drapeau. M. Rollier est mort mon lieutenant à la suite de blessures reçues dans la rue de l'Arcade, le 23 mai 1871, contre la Commune. En somme, le drapeau du 41° a été partagé. MM. Renard, capitaine; Meyer, lieutenant; Baron, sous-lieutenant, en ont également eu des débris. La hampe seule a été versée à l'artillerie. C'est dans la nuit du 27 au 28 que le drapeau a été détruit, avec l'autorisation du colonel.

Je ne sais malheureusement pas si les autres drapeaux de la division Castagny ont été détruits. Si je puis me procurer ce renseignement je me hâterait de vous le faire parvenir. Je vais tâcher de retrouver des officiers des différents régiments de la division.

J'ignore également ce qui s'est passé dans les divisions du troisième corps.

Veuillez, je vous prie, mon colonel, assurer Monsieur le maréchal de mon profond respect et de mon entier dévouement, et recevez l'assurance du respect avec lequel je suis votre tout dévoué serviteur,

S***

capitaine au 41° de ligne.

LETTRE DE M. GALY BERNARD.

Le soussigné Galy, ancien ouvrier à la 7° compagnie d'artillerie, a l'honneur de vous informer qu'en lisant les journaux du 29 du mois de novembre dernier, il a remarqué que dans le procès du maréchal Bazaine il était question des drapeaux brûlés à Metz; relativement aux drapeaux des régiments des voltigeurs de la Garde et des chasseurs à pied de la Garde, le sieur Galy Bernard peut certifier que lui-même les a brûlés après en avoir reçu l'ordre d'un colonel dont il ignore le nom, mais il se rappelle que cet officier supérieur n'avait qu'une main ; il certifie aussi que le colonel accompagnait l'homme de corvée qui était commandé pour apporter les drapeaux à l'arsenal, et c'est alors qu'il peut certifier que ces drapeaux ont été brûlés. Il peut le témoigner d'assurance et assurer aussi de reconnaître l'officier supérieur qui en a donné l'ordre, et il peut aussi rendre compte où ont été placés ceux qui n'ont pas été brûlés.

Voici, Monsieur, tout ce que je peux vous dire pour le moment ; mais pourtant, si l'on juge à propos que ma déclaration soit utile je suis tout prêt à vous dire la vérité sur ce que je connais.

J'ai l'honneur, Monsieur, de vous prier de bien vouloir m'excuser de ne pouvoir mieux m'exprimer. En vous témoignant la vérité même, j'ai l'honneur, Monsieur, d'être avec respect, votre très humble obéissant serviteur, le gardien de la paix

GALY BERNARD,
à la 3ᵉ compagnie des gardiens de la paix,
à Lyon (Rhône), caserne Serin.

La convention signée par les chefs d'état-major des deux armées dans la soirée du 27 octobre au château de Frescaty, devait être exécutée le 29 à midi.

Le 28, le Conseil de guerre fut réuni une dernière fois pour entendre la lecture de ce document, et se prononcer sur sa teneur ; ci-après le procès-verbal de cette si triste séance.

L'armement et le matériel furent déposés dans les forts et à l'arsenal. Les officiers conservèrent leur épée, comme hommage réel rendu aux troupes dans la personne de leurs chefs.

Le 29 octobre, je sortis du camp retranché à trois heures de l'après-midi pour me rendre au château de Corny, quartier général du prince Frédéric-Charles, et pour me constituer prisonnier ; en le quittant, le soir même, pour me rendre à Pont-à-Mousson, le prince me transmit l'ordre du Roi de me rendre à Cassel.

CONSEIL DE GUERRE TENU LE 28 OCTOBRE.

Le 28 octobre 1870, *à huit heures et demie* du matin, étaient réunis en Conseil, sous la présidence de S. E. le maréchal Bazaine, à son quartier général, MM. les commandants des corps d'armée, le chef supérieur de l'artillerie et du génie, ce dernier commandant supérieur de la place du Metz :

Le maréchal Canrobert, le maréchal Le Bœuf, le général de Ladmirault, le général Frossard, le général Devaux, le général Soleille, le général Coffinières, le général de Forton et le général Changarnier.

A l'effet d'entendre la lecture de la convention signée le 27 octobre 1870, à dix heures du soir, au château de Frescaty, près Metz, par M. le général chef d'état-major général de l'armée, muni à cet effet des pleins pouvoirs de M. le maréchal Bazaine et de tous les membres du Conseil, lesquels lui ont été conférés dans la séance du 26 octobre au matin.

PROTOCOLE.

Entre les soussignés, le chef d'état-major général de l'armée française sous Metz, et le chef de l'état-major de l'armée prussienne devant Metz, tous deux munis des pleins pouvoirs de Son Excellence le maréchal Bazaine, commandant en chef, et du général en chef Son Altesse Royale le prince Frédéric-Charles, de Prusse,

La convention suivante a été conclue :

Art. 1.— L'armée française, placée sous les ordres du maréchal Bazaine, est prisonnière de guerre.

Art. 2.— La forteresse et la ville de Metz avec tous les forts, le matériel de guerre, les approvisionnements de toute espèce et tout ce qui est propriété de l'État, seront rendus à l'armée prussienne dans l'état où tout cela se trouve au moment de la signature de cette convention.

Samedi, 29 octobre, à midi, les forts de Saint-Quentin, Plappeville, Saint-Julien, Queuleu et Saint-Privat, ainsi que la porte Mazelle (route de Strasbourg), seront remis aux troupes prussiennes.

A dix heures du matin de ce même jour, des officiers d'artillerie et du génie, avec quelques sous-officiers, seront admis dans lesdits forts, pour occuper les magasins à poudre et pour éventer les mines.

Art. 3.— Les armes, ainsi que tout le matériel de l'armée, consistant en drapeaux, aigles, canons, mitrailleuses, chevaux, caisses de guerre, équipages de l'armée, munitions, etc., seront laissés à Metz et dans les forts à des commissions militaires instituées par M. le maréchal Bazaine, pour être remis immédiatement à des commissaires prussiens. Les troupes sans armes seront conduites, rangées d'après leurs régiments ou corps, et en ordre militaire, aux lieux qui sont indiqués pour chaque corps. Les officiers rentreront alors, librement, dans l'intérieur du camp retranché, ou à Metz, sous la condition de s'engager sur l'honneur à ne pas quitter la place, sans l'ordre du commandant prussien.

Les troupes seront alors conduites par leurs sous-officiers aux emplacements de bivouacs. Les soldats conserveront leurs sacs, leurs effets et les objets de campement (tentes, couvertures, marmites, etc.).

Art. 4.—Tous les généraux et officiers, ainsi que les employés militaires ayant rang d'officiers, qui engageront leur parole d'honneur par écrit de ne pas porter les armes contre l'Allemagne, et de n'agir d'aucune autre manière contre ses intérêts jusqu'à la fin de la guerre actuelle, ne seront pas faits prisonniers de guerre; les officiers et employés qui accepteront cette condition conserveront leurs armes et les objets qui leur appartiennent personnellement.

Pour reconnaître le courage dont ont fait preuve pendant la durée de la campagne les troupes de l'armée et de la garnison, il est, en outre, permis aux officiers qui opteront pour la captivité d'emporter avec eux leurs épées ou sabres, ainsi que tout ce qui leur appartient personnellement.

Art. 5.—Les médecins militaires, sans exception, resteront en arrière pour prendre soin des blessés, ils seront traités d'après la convention de Genève; il en sera de même du personnel des hôpitaux.

Art. 6.—Les questions de détail concernant principalement les intérêts de la ville sont traitées dans un appendice ci-annexé, qui aura la même valeur que le présent protocole.

Art. 7. — Tout article qui pourra présenter des doutes sera toujours interprété en faveur de l'armée française.

Fait au château de Frescaty, 27 octobre 1870.

L. JARRAS.—STICHLE.

Le général Jarras a fait la lecture dudit document ainsi que de l'appendice qui y est joint, et après des explications qui ont été demandées et données sur la portée et l'interprétation de quelques articles, le Conseil a reconnu que son mandataire avait usé des larges instructions qu'il avait reçues, d'une manière aussi satisfaisante que le comportait la situation de l'armée, et il a donné son approbation au protocole et à son annexe.

Ban-Saint-Martin, le 28 octobre 1870.

Le secrétaire du Conseil, capitaine officier d'ordonnance du commandant en chef,

GUDIN.

Pour copie conforme à l'original :
Le lieutenant-colonel aide de camp.
H. WILLETTE.

ORDRE DU JOUR DE LA 1ʳᵉ DIVISION DU 4ᵉ CORPS.

Officiers, sous-officiers et soldats de la 1ʳᵉ division : Nous avons longtemps combattu ensemble, et supporté les plus rudes épreuves. Votre courage, votre constance et votre discipline, ne se sont pas un instant démenties, et vous avez excité chez vos ennemis un sentiment d'admiration et de respect.

Malgré vos efforts valeureux, le sort des armes ne nous est pas favorable. Nous ne sommes pas vaincus, mais nous cessons la lutte devant des armées innombrables, *et devant la famine*. Nous avons épuisé *toutes nos dernières ressources*, notre pays ne peut nous demander davantage, car après avoir livré de nombreuses et sanglantes batailles, vous avez fait tout ce que l'on pouvait attendre de vous, pour donner à la France le temps de s'armer et de se défendre. Malheureusement, aucune armée de secours ne peut venir à nous.

Forcés de subir une bien douloureuse fatalité, vous partirez d'ici le front haut, car votre honneur est sauf. Vous allez entrer en Allemagne pour y résider peu de temps, je l'espère. Mais, je suis convaincu que vous subirez cette dernière épreuve avec dignité et calme, comme il convient à des hommes d'honneur. Vous continuerez dans l'exil à vous faire respecter de vos ennemis par votre discipline, par votre fierté, votre résignation, et par les mâles vertus que vous avez montrées.

Avant de me séparer de vous, le cœur brisé par les malheurs de notre patrie, je tiens à vous dire combien je suis fier d'avoir commandé à d'aussi valeureux soldats, et combien je suis profondément affligé de vous dire adieu. Vous emportez mon affection et mon estime.

Tous les corps de la division, ont rivalisé de courage, et en vous remerciant de vos noble efforts, je ne puis oublier de mentionner les services que nous ont rendus, pendant cette longue et mémorable lutte, le 2ᵉ régiment de hussards, les compagnies de partisans de la Moselle et celle des francs-tireurs d'Ars, par une fraternité d'armes qui leur fait le plus grand honneur.

Adieu, soldats, ou plutôt, au revoir! Votre général espère que vous ne serez pas perdus pour votre pays, et que vous aurez plus tard d'importants services à rendre.

Longeville, le 28 octobre 1870.

Le général commandant la 1ʳᵉ division,

DE CISSEY.

Pour copie conforme :
Le lieutenant-colonel chef d'état-major,
FABRE.

J'ai cru devoir reproduire cet ordre du jour de M. le général de Cissey commandant la première division du quatrième corps, que j'avais désiré avoir pour chef d'état-major, et qui, *comme ministre de la guerre signa ma mise en accusation*, après m'avoir assuré qu'il la ferait signer par le ministre de la marine.

C'est une des plus grosses illégalités de mon inique procès. C'est sous son ministère que les princes d'Orléans furent réintégrés dans les rangs de l'armée. Les généraux *hors cadre* furent classés, puis, peu de temps après, M. le duc d'Aumale prit place avec le *numéro un*, en tête de la suite des généraux de division; on faisait ainsi dater sa nomination du 3 *juillet* 1843, c'est-à-dire, après vingt-deux ans d'absence ! La loi sur l'état des officiers, du 19 mai de 1834, dit cependant : « La destitution sera prononcée à l'égard de l'officier, pour résidence hors du royaume sans autorisation du Roi (ou du chef de l'État).

Cette disposion du ministre de la guerre a donc été une violation de la loi en faveur d'un parti politique, et une démonstration contre la révolution de 1848.

A L'ARMÉE DU RHIN !

Vaincus par la famine nous sommes contraints de subir les lois de la guerre en nous constituant prisonniers.

A diverses époques de notre histoire militaire, de braves troupes commandées par Masséna, Kléber, Gouvion Saint-Cyr, etc. ont éprouvé le même sort qui n'entache en rien l'honneur militaire quand, comme vous, on a aussi glorieusement accompli son devoir jusqu'à l'extrême limite humaine.

Tout ce qui était loyalement possible de faire pour éviter cette fin, a été tenté et n'a pu aboutir.

Quant à renouveler un suprême effort pour briser les lignes fortifiées de l'ennemi, malgré votre vaillance et le sacrifice de milliers d'existences qui peuvent encore être utiles à la patrie, il eût été infructueux par suite de l'armement et des forces écrasantes qui gardent et appuient ces lignes. Un désastre en eût été la conséquence.

Soyons dignes dans l'adversité, respectons les conventions honorables qui ont été stipulées, si nous voulons être respectés comme nous le méritons; évitons surtout pour la réputation de cette armée, les actes d'indiscipline comme la destruction d'armes et de matériel, puisque d'après les usages militaires, place et armement doivent faire retour à la France lorsque la paix est signée.

En quittant le commandement, je tiens à exprimer aux généraux, officiers et soldats toute ma reconnaissance pour leur loyal concours, leur brillante valeur dans les combats, leur résignation dans les privations, et c'est le cœur navré que je m'en sépare.

Ban-Saint-Martin, le 28 *octobre* 1870.

Le maréchal de France commandant en chef,

BAZAINE.

CONCLUSION

Il est rare qu'une armée soit appelée à supporter de plus rudes épreuves que celle à la tête de laquelle S. M. l'Empereur Napoléon III m'avait placé. Soumise dès le début de la campagne à l'impression toujours dissolvante des revers, elle livra néanmoins quatre grandes batailles en quinze jours. Victime d'une préparation trop incomplète pour la guerre, elle ne put tirer parti de la bataille de Rezonville (16 août); plus tard, le nombre de ses ennemis triompha seul de sa bravoure et de sa ténacité.

Puis, vinrent les privations sans nombre et le mauvais temps, une pluie froide n'ayant pas discontinué depuis le 8 octobre. Le triste spectacle de 18.000 blessés et malades, les épouvantables nouvelles de l'intérieur n'empêchèrent pas le soldat de donner alors le plus bel exemple de discipline et de courage moral. Malgré mes détracteurs militaires, dont plusieurs ont appartenu à *l'état-major général* de l'armée, ma conscience ne se reproche rien ; elle a toujours été guidée par ces principes, bases du moral et de la discipline de toute armée nationale : Patriotisme, loyauté, abnégation.

Que ces détracteurs interrogent la leur : ils y liront qu'ils ont manqué des qualités nécessaires à leurs fonctions. Critiquant le commandement au lieu de l'aider, ils se sont transformés en *reporters*, se servant des documents n'appartenant qu'aux archives de la guerre, ou en tirant parti de conversations sans caractère officiel, et par conséquent sans valeur.

L'armée du Rhin, qui comptait 42,462 tués ou blessés, parmi lesquels 26 généraux, et 2,097 officiers, fut vaincue par la famine. Elle a contraint l'ennemi à immobiliser autour d'elle de nombreux bataillons pendant plus de deux mois, temps suffisant pour permettre à la France de se lever en armes, si la révolte du 4 septembre n'était pas survenue jeter l'inquiétude dans les esprits et la confusion dans toutes les administrations publiques.

Réfugiée dans le camp retranché de Metz, qu'elle a complété par ses travaux de défense, l'armée n'a pas capitulé *en rase campagne*. Le rôle qui lui incombait était de faire des sorties les plus éloignées possible sur les communications de l'ennemi, ou de percer les lignes de circonvallation, si une armée de secours était venue faire une diversion en sa faveur. Elle devait toujours être prête à entrer en opérations, laissant la ville de Metz à elle-même. C'est dans cet ordre d'idées que j'ai constamment raisonné, et comme conséquence, que le commandant supérieur de Metz a conservé son entière autorité jusque dans les derniers jours.

On ne pouvait donc, comme pour une garnison renfermée dans l'enceinte, réduire les rations dès le début, car le soldat vivant en plein air, et de plus travaillant aux fortifications, n'aurait pu résister; une épidémie en eût été la conséquence.

Une armée renferme dans son sein les mêmes passions, dans ses rangs les mêmes éléments politiques que la nation; je ne devais donc rien cacher, et faire mon possible pour éviter les ferments de discorde qui auraient porté atteinte à la discipline. J'ai considéré le gouvernement de la défense nationale comme un pouvoir exécutif de fait, se rattachant à l'organisation de la résistance du pays, mais non comme un pouvoir politique, le gouvernement de la Régence existant toujours de droit, d'après la Constitution de 1870 votée par le peuple français. Dans sa pensée, nous devions continuer à concourir à la défense du territoire sous la direction de ce pouvoir exécutif, sans que le *serment* qui nous liait à l'Empire fût annulé.

L'Empereur prisonnier était toujours le souverain, l'élu du suffrage universel, pouvant traiter avec l'Allemagne, et revenir se mettre à la tête de l'armée de Metz. Comment alors aurait-on interprété l'article 259 du Règlement sur le service des places qui s'exprime ainsi : «......*Qui l'aura défendue en homme d'honneur et sujet fidèle*, sera présenté à l'Empereur, etc.» Qui de nous lui aurait fermé les portes s'il s'était présenté? Oui, les officiers et les soldats de l'armée du Rhin si rudement éprouvés, puis mis à l'écart et oubliés d'abord dans la distribution des récompenses et des avancements désordonnés que nous avons vus, ont contribué pour une part considérable au triomphe de l'ordre sur l'anarchie. Aussi braves, aussi disciplinés contre l'ennemi intérieur que contre l'étranger, ils ont acquis des titres impérissables à l'estime et au respect des vrais patriotes, et de tous les honnêtes gens.

Une période de quarante années d'existence militaire passée presque en entier loin de la mère patrie, m'a rendu étranger aux partis politiques qui agitent mon pays, à la volonté duquel j'appartiendrai toujours comme soldat, et dont j'attends le jugement.

Les deux lettres ci-après de Leurs Majestés Impériales, reçues à mon arrivée à Cassel, m'ont vengé de mes calomniateurs.

Cassel, Wilhelmshöhe, 13 *octobre* 1870.

Mon cher maréchal,

J'éprouve une véritable consolation dans mon malheur en apprenant que vous êtes près de moi. Je serais heureux de pouvoir exprimer de vive voix les sentiments que j'éprouve pour vous et pour l'héroïque armée qui, sous vos ordres, a livré tant de combats sanglants et a supporté avec persévérance des privations inouïes.

Croyez, mon cher maréchal, à ma sincère amitié,

NAPOLÉON.

Camden-Place, Chislehurst Kent, 7 *novembre.*

Bien chère maréchale,

J'ai reçu votre lettre à mon retour de Wilhelmshöhe. En apprenant la nouvelle de la capitulation de Metz, j'ai compris par ma profonde douleur tout ce que le cœur de l'Empereur allait souffrir et je suis partie sur l'heure sans trop savoir s'il me serait possible d'arriver. Quelques heures avant mon départ, le Maréchal arrivait, et j'ai encore eu le temps de lui serrer la main.

Vous avez raison, chère maréchale, de penser que pour rien au monde, je ferai passer un intérêt dynastique avant l'intérêt de la France ; aussi, jalouse de ses gloires, c'est avec le cœur brisé que je vois ce système d'insultes sur les hommes qui ont si vaillamment combattu pendant plus de deux mois à Metz.

Mais ne vous tourmentez pas : *justice se fera*, et les insulteurs en seront punis par le mépris public.

La délégation de Tours savait parfaitement à quoi s'en tenir sur l'état des vivres à Metz. J'ai envoyé Bourbaki qui ne leur a rien caché. Plus tard même, le général Boyer a été envoyé à M. Tissot pour qu'il pût faire savoir la hâte qu'il y avait de presser l'armistice, si on voulait sauver l'armée.

Enfin, j'ai moi-même fait avertir par télégraphe, *sans le faire directement*, de l'urgence ; *mais on n'a rien fait pour les sauver*, et on crie à la trahison parce que c'était la seule manière de se mettre à l'abri de l'accusation du public. Du reste, *quand on trahi*, on le fait, en général, pour en profiter ; l'intérêt évident pour le Maréchal était de rester à la tête de son armée aussi longtemps que possible ; *mais la faim* désorganise la meilleure des armées. Ils ont donc été vaincus par les privations, jamais par le feu. Nous devons donc, ma chère maréchale, être fières de cette vaillante armée et de ses chefs ; la calomnie qui veut s'attacher à eux ne peut les atteindre.

On me dit que vous vous êtes laissée impressionner par ces *on dit*, je ne le crois pas, et je suis sûre que vous apporterez au Maréchal la seule consolation qu'il puisse avoir en ce moment : le bonheur de vous voir.

Je vous envoie l'article du *Journal de Paris*, vous verrez qu'on dit que c'est le manque de vivres qui a été la cause de la capitulation. Ecrivez-moi, vous savez combien je vous aime.

EUGÉNIE.

L'Empereur m'ayant demandé un Rapport sommaire sur les opérations de l'armée, je le lui remis, et Sa Majesté y fit des corrections (voir à la fin du volume : *Feuille extraite du Rapport sommaire remis à S. M. l'Empereur, à Cassel*) qui ont une certaine importance, en ce sens, que l'Empereur n'aurait pas consenti que ses pouvoirs souverains fussent de nouveau mis en discussion dans une Assemblée qui auraient pu modifier le plébiscite de 1870.

A la même époque de la remise de ce Rapport, je reçus la lettre suivante de M. le maréchal Canrobert interné à Stuttgard ; elle est du 26 novembre, et de sa main :

Mon cher maréchal,

Les journaux annoncent que vous allez publier une brochure sur votre commandement de l'armée du Rhin.

L'état des esprits en France ne permettra pas d'apprécier ce travail avec le calme et l'équité désirables. Il me paraît donc nécessaire, tant dans notre intérêt que dans celui de la vérité, que vous ajourniez cette publication jusqu'à un moment plus opportun. Vous éviteriez, en outre, de livrer vos raisons et arguments aux discussions de presse et de gens qui n'ont ni le droit, ni le pouvoir de juger en connaissance de cause. Attendez des temps plus calmes, moins passionnés et, par tant, plus équitables, et ne cherchez à relever que de l'opinion exprimée au grand jour par un Conseil d'enquête compétent, régulièrement convoqué, et que vous réclameriez vous-même au besoin.

Je saisis cette occasion, mon cher maréchal, pour vous adresser l'expression de mon vieil et affectueux dévouement,

M^{al} CANROBERT.

P. S. Peut-être penserez-vous que quatre lignes dans les journaux sérieux, *annonçant votre détermination*, dans le sens de cette lettre, seraient pour le moment suffisantes.

Peu de temps après, c'est-à-dire, le 19 février 1871, je reçus une nouvelle lettre du maréchal Canrobert, traitant du même sujet, mais avec une autre manière de voir, et avec un style officiel :

Monsieur le maréchal,

Vous étiez notre chef à l'armée du Rhin, où l'opinion publique sanctionnée par l'Empereur vous avait conféré ce redoutable honneur ! Bien qu'une autre position des plus considérables me fût offerte, je n'hésitai pas à venir me placer sous vos ordres, sacrifiant toute question personnelle d'intérêt ou de *susceptibilité*, au désir de combattre pour mon pays !

A peine la fatalité, qui dans cette guerre néfaste n'a cessé de suivre toutes les armées de la France, vous a-t-elle réduit après dix batailles ou combats, et la mort de vos chevaux d'artillerie et de cavalerie, à succomber sous la famine, que de divers côtés, même de votre armée, s'élevèrent contre vous des accusations, des injures monstrueuses, qui s'étendirent parfois jusqu'aux commandants des corps d'armée, et autres généraux vos subordonnés. Le dédain du silence a dû naturellement leur être opposé, tant que la voix de la vérité était étouffée, et que les circonstances ne permettaient pas de juger avec calme et équité.

Mais aujourd'hui que les représentants autorisés de la nation ont pu enfin se réunir, le devoir, l'honneur, la discipline militaire qu'il est si indispensable de rétablir, demandent que notre ancien général en chef en appelle hautement à la justice éclairée du pays, qui dans sa majestueuse impartialité, saura rendre à chacun selon ses œuvres.

Si Votre Excellence partage, comme je ne puis en douter, ma manière de voir, j'en serais d'autant plus heureux qu'en ce qui me concerne, je ne saurais admettre que le silence soit la seule réponse à opposer à toutes les attaques qui se sont produites.

Je vous serais reconnaissant, Monsieur le maréchal, si vous vouliez bien m'adresser votre réponse à Stuttgard, où, comme vous savez, je subis depuis plus de trois mois, avec douleur, cette navrante captivité qui prive les plus vieux, les plus expérimentés soldats de la France, de l'honneur et du bonheur de combattre en tête de nos vaillants compatriotes dans leur terrible lutte contre les envahisseurs!

Veuillez agréer, Monsieur le maréchal, les expressions de mes sentiments de haute considération et de dévouement,

M^{al} CANROBERT,
ex-commandant du sixième corps
de l'armée du Rhin.

L'opinion publique était travaillée par des articles rédigés par des *reporters* qui, en visitant les villes où étaient internés les généraux et les officiers prisonniers, récoltaient tous les racontars; voici ce qu'écrivait, à ce propos, le lieutenant-colonel Lonclas aide de camp du maréchal Canrobert, le 3 mars 1871 :

Je ne sais si vous avez lu dans un des derniers numéros du journal *Le Gaulois*, un article qui doit être attribué à notre ancien camarade d'école M. Wachter, qui est, en effet, passé par ici il y a une quinzaine de jours. Le maréchal Canrobert a été excessivement contrarié de cet article, dans lequel ses paroles et sa pensée ont été singulièrement dénaturées dans un but évidemment hostile à M. le maréchal Bazaine.

Quand donc cessera ce navrant spectacle que nous donnons chaque jour à notre pays, et malheureusement aussi à nos ennemis, du déplorable esprit qui nous anime, et qui n'a pas peu contribué à nos malheurs, ou tout au moins à les aggraver beaucoup.

E. LONCLAS.

A l'appui de ce que j'exposais plus haut, je dois citer cette pièce produite à la dernière heure. Quelles expressions peuvent être assez fortes pour flétrir cette manœuvre déloyale !

EXTRAIT du journal *La République Française* du 3 avril 1873.

Nous avons sous les yeux une lettre adressée pendant sa captivité en Allemagne par M. le général Frossard à un des officiers de son corps d'armée. Nous en extrayons un passage par où l'on pourra juger qu'elle était, à cette époque, l'opinion du commandant du deuxième corps d'armée sur le maréchal Bazaine. Voici en quels termes s'exprimait M. le général Frossard :

« Oui, vous avez raison, on nous a cruellement trompés à Metz, par le tableau lamentable qu'on nous a fait de l'état de la France, au retour du général Boyer de Versailles.

« Nous avons été trompés aussi d'une manière indigne au sujet de l'affaire des drapeaux.

« Je n'ai pas besoin de vous affirmer que le commandant de votre corps d'armée a été dupe, comme les autres, en tout et pour tout. »

Cette lettre du général Frossard est datée de Cologne, *le 22 décembre de* 1870. Nous pourrions au besoin dire à quelle occasion elle a été écrite.

Au Conseil d'enquête militaire le général Frossard s'est exprimé tout autrement puisqu'il disait page 105, je crois, que : « *Le maréchal a été loyal et honnête.*

Pour extrait conforme :
Le greffier du premier Conseil de guerre,
P. ALLA.

Peu de jours après mon arrivée à Cassel j'eus connaissance de la proclamation des *trois délégués* du gouvernement de la défense nationale à Tours.

Elle indique bien, qu'il ne s'agissait pas seulement de la France, mais de la forme républicaine à imposer au pays, sans l'avoir consulté. C'était donc pour un parti politique, pour des personnalités ambitieuses de ce parti, que la France était entraînée à cette guerre à outrance, qui lui faisait perdre le plus pur de son sang, et la ruinait.

Je protestai dans les termes suivants, par une lettre à M. le général Trochu :

Un des actes les plus iniques de la délégation à Tours, est sans contredit la proclamation du 30 octobre adressée au peuple français, dans laquelle je suis signalé à la France, et par suite à l'Europe entière, comme traître à ma patrie. Quel stigmate, va désormais s'attacher à un nom honorable! Peu leur importe.

Sans s'être mis directement en rapport avec moi, sans preuves légales, sur la simple dénonciation d'un interprète attaché à l'armée, que j'avais envoyé à Tours pour donner des nouvelles sur la situation critique de Metz, MM. Crémieux, Glais-Bizoin et Gambetta, se sont empressés de flétrir un maréchal de France qui depuis quarante ans sert loyalement son pays, et dont le nom n'a jamais été mêlé aux intrigues politiques des partis qui le divisent, etc.

Cette lettre transmise à M. Jules Favre par l'autorité allemande ne parvînt pas au général Trochu d'après la lettre qu'il m'écrivit plus tard, et que j'ai jointe à celle de M. le comte de Bismarck, car j'ai tenu à savoir qu'était devenue ma protestation. Je suis alors resté convaincu, que la délégation signataire, a préféré le silence à la *vérité*, et on a laissé cette diffamation suivre son cours.

Le moment est venu de parler, maintenant, de la proclamation des membres délégués du gouvernement de la défense nationale.

MONITEUR UNIVERSEL.

(Lundi, 31 octobre — N° 298).

BULLETIN OFFICIEL DE LA DÉLÉGATION DU GOUVERNEMENT DE LA DÉFENSE NATIONALE.

RÉPUBLIQUE FRANÇAISE

Liberté. — Égalité. — Fraternité.

Tours, le 30 octobre 1870.

PROCLAMATION AU PEUPLE FRANÇAIS.

Français!

Élevez vos âmes et vos résolutions à la hauteur des effroyables périls qui fondent sur la patrie.

Il dépend encore de vous de lasser la mauvaise fortune et de montrer à l'univers ce que c'est qu'un grand peuple qui ne veut pas périr, et dont le courage s'exalte au sein même des catastrophes.

Metz a capitulé!

Un général sur qui comptait la France, *même après le Mexique*[1], vient d'enlever à la patrie en danger plus de cent mille de ses défenseurs.

Le maréchal Bazaine a trahi.

Il s'est fait l'agent de l'homme de Sedan, le complice de l'envahisseur;

---

1. A propos de quoi parler ici du Mexique?

et au mépris de l'honneur de l'armée dont-il avait la garde, *il a livré*, sans même essayer un suprême effort, cent vingt mille combattants, vingt mille blessés, ses fusils, ses canons, ses drapeaux et la plus forte citadelle de la France : Metz, vierge, jusqu'à lui, des souillures de l'ennemi [1].

Un tel crime est au-dessus même des châtiments de la justice.

Et maintenant, Français! mesurez la profondeur de l'abîme où vous a précipité l'Empire. Vingt ans, la France a subi ce pouvoir corrupteur qui tarissait en elle toutes les sources de la grandeur et de la vie.

L'armée de la France, dépouillée de son caractère national, devenue, sans le savoir, un instrument de règne et de servitude, est engloutie, malgré l'héroïsme des soldats, par la trahison des chefs, dans les désastres de la patrie. En moins de deux mois, deux cent vingt-cinq mille hommes ont été livrés à l'ennemi : sinistre épilogue du coup de main militaire de décembre.

Il est temps de nous recueillir, citoyens; et sous l'égide de la République, que nous sommes décidés à ne laisser *capituler* ni *au-dedans ni au-dehors*, de puiser dans l'extrémité même de nos malheurs le rajeunissement de notre MORALITÉ (!), et de notre virilité politique et sociale. Oui, quelque soit l'étendue du désastre, il ne nous trouve ni consternés, ni hésitants.

Nous sommes prêts aux derniers sacrifices, et en face d'ennemis, que tout favorise, nous jurons de ne jamais nous rendre. Tant qu'il restera un pouce du sol sacré sous nos semelles, nous tiendrons ferme le glorieux drapeau de la Révolution française.

Notre cause est celle de la justice et du droit; l'Europe le voit, l'Europe le sent; devant tant de malheurs immérités, spontanément, sans avoir reçu de nous ni invitation, ni adhésion, elle s'est émue, elle s'agite. Pas d'illusions! ne nous laissons ni alanguir ni énerver, et prouvons par des actes, que nous voulons, que nous pouvons tenir de nous-mêmes, l'honneur, l'indépendance, l'intégrité, tout ce qui fait la patrie libre et fière.

Vive la France! Vive la république une et indivisible!

Les membres du gouvernement,

AD. CRÉMIEUX. — GLAIS-BIZOIN. — LÉON GAMBETTA.

Parmi lesquels se distinguait *l'hébraïcus* Crémieux qui disait à un *reporter:* « Mais, monsieur, les armées sont faites pour se faire tuer..! » (*sic*). C'était en robe de chambre, et du coin de son feu qu'il s'exprimait ainsi.

M. l'amiral Fourrichon n'a pas cru devoir signer.

Et dire qu'une nation aussi intelligente que la France, *a cru ce boniment!*

---

[1]. Quelle expression à sensation : *livré!* Quelle énumération à faire frémir !

Quant aux preuves que mes lettres pouvaient parvenir à leur adresse, voici ce que m'écrivait M. de Bismarck.

Berlin, le 20 avril 1871.

Monsieur le maréchal,

J'ai eu l'honneur de recevoir la lettre que vous avez bien voulu m'adresser le 4 avril dernier.

En consultant les papiers qui datent de l'époque de mon séjour à Versailles, j'ai retrouvé la lettre du général comte de Monts, par laquelle il me faisait parvenir celle que vous aviez adressée à M. le général Trochu, le 4 février dernier, avec une protestation de la même date, et que j'ai constaté que la première de ces pièces porte, de mon écriture, l'ordre de faire parvenir vos lettres à leur adresse.

En outre, elle est munie d'une note de celui de mes employés chargé de l'exécution, affirmant qu'elles ont été remises entre les mains de M. Jules Favre.

La lettre de M. le général comte de Monts m'était parvenue le 10 février, et le 11 du même mois, je l'ai invité à informer Votre Excellence que M. Jules Favre s'était chargé de faire parvenir les lettres à leur destination.

Il en résulte, que l'ordre donné par moi à ce sujet, a dû être exécuté *le 10 ou le 11 février.*

Je suis heureux d'avoir pu vous fournir un renseignement auquel vous attachez du prix, et je vous prie, Monsieur le maréchal, d'agréer l'assurance de ma haute considération.

DE BISMARCK.

Le général Trochu, de son côté, me répondait ceci :

Monsieur le maréchal,

C'est par la lettre que vous venez de me faire l'honneur de m'écrire, que je suis informé des marques de souvenir que vous m'avez adressées en janvier 1871 par le quartier général prussien, et depuis, par l'intermédiaire du colonel Gaillard. Aucune ne m'est parvenue.

S'il en avait été autrement, je n'aurais pas manqué d'y répondre, et surtout de me présenter chez vous, avant de quitter Versailles pour me renfermer dans la retraite où je suis. Nous vivons dans un temps où aucun homme ayant le respect de soi, ne peut aller au-devant d'un autre, l'eût-il connu pendant de longues années, s'il n'est à l'avance assuré de ses sentiments.

Au temps des mirages de l'Empire, je me suis refusé à partager les admirations, surtout les admirations militaires qui transportaient le pays. Après les désastres qu'elles nous ont valus, et que j'avais annoncés, je me refuse à partager les colères et les haines qui succèdent aux admirations. Ce sont là des sentiments qui me paraissent très peu dignes.

Ils n'ont pas d'autre objet que de faire retomber sur les victimes de la guerre, des responsabilités qui appartiennent d'abord à ceux qui l'ont voulue et ensuite à la nation toute entière qui a mieux aimé flatter l'Empire que de le contrôler et de le contenir. Si elle avait eu l'âme assez haute, et la perception morale assez claire pour faire carrément son meâ culpâ, elle serait dès à présent sauvée. Mais déjà elle a trouvé, elle aussi, des thuriféraires qui la rejettent dans les erreurs du passé.

Soyez ferme, Monsieur le maréchal, avec la pensée que l'épreuve élève les hommes dont la conscience est tranquille, bien plus haut que les hasards de la plus éclatante fortune.

Gal Trochu.

Le 28 décembre 1870, l'autorité militaire prussienne me fit remettre la dépêche télégraphique qui m'était adressée de Bordeaux par le ministre de la guerre, et qui me prévenait de ce qui suit:

J'ai l'honneur de vous informer que le Conseil d'enquête relatif à la capitulation de Metz, n'ayant pas lieu à l'époque indiqué du 2 janvier, vous n'avez pas à fournir de mémoire justificatif pour cette date.

Un fait assez singulier, c'est que le 25 décembre, une dépêche télégraphique portant le n° 5.103, était ainsi conçue :

Gambetta à Crémieux, justice — De Freycinet et Laurier.

Qui donc a formé un Conseil d'enquête pour juger Bazaine? L'enquête est faite. Personne ne m'a consulté. Je m'y oppose formellement, et je vous prie d'arrêter ces choses. Réponse immédiate.

Gambetta.

C'était parler en dictateur qui sait tout, qui voit tout. J'accusai réception à M. Gambetta de sa dépêche télégraphique par la lettre suivante :

Monsieur le ministre de la guerre,

Vous m'avez adressé, le 28 décembre, une dépêche télégraphique qui m'a été remise par l'autorité militaire prussienne, que signifie-t-elle? A quel titre me l'adressez-vous? Puisque sans m'avoir entendu, sans preuves légales, sur un Rapport calomnieux pour toute l'armée, d'un interprète du commandant du quartier impérial, interprète que vous avez attaché à votre cabinet, et fait chevalier de la Légion d'honneur, vous m'avez accusé de trahison dans une proclamation qui a été affichée dans toutes les communes de France. Par ce fait seul, vous avez commis un déni de justice inqualifiable, et je viens faire appel à votre loyauté, en vous invitant à formuler votre accusation devant l'Assemblée nationale; dans le cas contraire, j'ai le droit de faire appel à la justice de mon pays, et si elle me fait défaut, à celle de Dieu!

M^{al} BAZAINE.

Cette lettre a-t-elle eu le même sort que la précédente?

Je l'ignore, car je n'ai reçu aucune réponse; c'est ce que l'on nomme, en français, *faire le sourd*.

Quoi qu'il en soit, c'est une nouvelle preuve que ce gouvernement, issu de la révolte en présence de l'envahisseur foulant le sol sacré de la patrie, ne voulait pas de la vérité, qui aurait éclairé l'opinion publique; mais on se méfiait de moi par crainte du châtiment qui était dû à ceux qui s'étaient soulevés derrière nous. Voilà la véritable raison; et certes, ils le méritaient bien, car ils ont été la cause de nos revers, en se jouant du patriotisme qu'ils surexitaient dans l'intérêt de leur parti.

Dès notre mise en liberté, je me rendis en Suisse, à Genève, pour y saluer la reine Isabelle II et le prince des Asturies, qui avaient bien voulu offrir de tenir sur les fonds baptismaux mon dernier enfant, qui était né à Cassel; j'ai conservé pour les deux souverains la plus sincère reconnaissance.

Je n'ai donc pas été en Suisse par crainte de me présenter en France, et j'écrivis à cette époque au président de la Commission parlementaire sur le 4 septembre la lettre ci-après :

Monsieur le président,

Je viens protester contre une nouvelle mise en circulation par les journaux, que j'aurais refusé de me présenter devant la Commission d'enquête sur le 4 septembre. N'ayant pas été appelé je n'ai pu refuser, et je suis, au contraire, complètement à votre disposition, si vous jugez utile de m'entendre.

M^{al} BAZAINE.

Je donnai connaissance à l'Empereur de ma lettre écrite au président de la Commission d'enquête parlementaire, et je demandai à Sa Majesté si, en cas de ma rentrée en France, je pouvais accepter un commandement, s'il m'était offert; voici sa réponse.

A Son Excellence le maréchal Bazaine, à Pregny-la-Tour.

Mon cher maréchal,

Je vous remercie d'avoir pensé à moi pour le 15 août, car je tiens à votre amitié dont le nouveau témoignage me touche vivement.

Si vous rentrez en France, vous ferez bien d'accepter un commandement, car aujourd'hui c'est la *société qu'il faut défendre contre des énergumènes.*

Rappelez-moi au souvenir de la Maréchale.

L'Impératrice et le Prince vous font dire mille choses aimables; et moi, mon cher Maréchal, je vous réitère l'assurance de ma sincère amitié.

NAPOLÉON.

Je dois citer ici la protestation du colonel Fay sur ce que j'ai exposé plus haut, de la propention de quelques officiers appartenant à l'état-major général, à critiquer le commandement.

Ban-Saint-Martin, le 24 *octobre* 1870.

Monsieur le maréchal,

Mon chef de section me fait connaître que vous avez témoigné au général Jarras être mécontent de deux autres officiers et de moi, accusés, entre autres choses, de nous occuper de plans de campagne.

En ce qui me concerne, je crois devoir respectueusement protester, Monsieur le maréchal, contre les insinuations qui ont pu provoquer le blâme qui m'est infligé, de conversations sérieuses sur les événements de cette guerre. Je n'en ai eu qu'avec Votre Excellence, qui a bien voulu me laisser incidemment développer deux fois ce que je pensais à ce sujet, ainsi qu'elle a d'ailleurs la bienveillance de le permettre à tout le monde.

Je pourrais, pour me fortifier, en appeler à mes camarades; ils attesteraient que, sans emprisonner ma pensée, je ne me fais instigateur d'aucune discussion, les évite autant que possible, ou n'y prends part qu'avec la plus grande modération, en restant toujours, du reste, dans les strictes lignes de la discipline. Je préfère n'en appeler qu'à ma conscience; mais, fort de son témoignage, je ne m'en crois pas moins obligé d'exprimer à Votre Excellence qu'au terme d'une campagne douloureuse pour tout le monde, et dans laquelle j'ai cherché à faire, dans la limite de mes facultés, tout ce que le devoir m'imposait, je ne suis pas insensible à un reproche, tant immérité qu'il soit, et tel que je n'en ai jamais reçu dans ma carrière.

Veuillez agréer, Monsieur le maréchal, l'assurance de mon profond respect,

Le lieutenant-colonel d'état-major,

CH. FAY.

C'était une péccadille à côté des écrits de M. le colonel d'Andlau, duquel le général de l'état-major général disait à propos de sa manière de servir : « Le colonel d'Andlau avait sous ses ordres le lieutenant-colonel Nugues, *plus assidu, et connaissant mieux son affaire*». Je recevais souvent cet officier supérieur, me livrant à sa discrétion, étant loin de me douter que j'avais devant moi un *reporter* racontant à sa façon, et dénaturant les faits, les actes, les pensées même, dans un but qu'il déguisait, mais qui l'a conduit au fauteuil sénatorial. C'est ainsi que les principes révolutionnaires entendent la discipline, et le respect vis-à-vis de ceux qui représentent l'autorité; ce sont pourtant les délégués du pouvoir souverain qui, aujourd'hui, est le peuple. Voici cette dégradante lettre, extraite de *L'Indépendance Belge* du 22 décembre 1870.

Hambourg, 27 novembre 1870.

Votre lettre du 4 novembre m'arrive à l'instant, et vous voyez que je ne perds pas de temps de mon côté à vous écrire, à vous remercier de votre bon intérêt, et à vous dire que je vais aussi bien qu'on peut aller dans la triste situation où l'incapacité et la trahison ont jeté notre malheureux pays. En présence de semblables infortunes, la nôtre disparaîtrait presque si elle ne devait pas avoir pour conséquence l'extension de l'envahissement, et, par suite, l'aggravation du mal pour cette France déjà si terriblement atteinte.

Vous rappelez-vous ma *ou mes lettres de Metz*, ce que je vous y disais de ce qui se passait alors et ce que je prévoyais déjà en face des imbécillités et des faiblesses dont j'avais le triste spectacle. Mais, hélas ! il y avait une chose que je n'avais pas prévue, et que la Providence réservait comme dernier châtiment de notre orgueil et de notre décrépitude morale, c'était la trahison !

Eh bien ! cette douleur-là ne nous a même pas été épargnée, et nous avons assisté au honteux spectacle d'un maréchal de France, voulant faire de sa honte le marche-pied de sa grandeur; de notre infamie la base de sa dictature ; livrant ses soldats sans armes, comme un troupeau qu'on mène à l'abattoir, et qu'ont remet au boucher; donnant ses armes, ses canons, ses drapeaux pour sauver sa caisse et son argenterie; oubliant à la fois tous ses devoirs d'homme, de général, de Français, et se sauvant furtivement au petit jour pour échapper aux insultes qui l'attendaient, ou peut-être à la fureur qui l'aurait frappé..... Voilà ce que j'ai vu pendant deux longs mois; voilà ce que j'ai dit haut, à tel point qu'il m'a menacé de me faire arrêter ainsi que mon ami S....; mais il n'en a même pas eu le courage, il m'a refusé cette satisfaction! Nous avons assisté à une trame ourdie de longue main, dont les fils ont été aussi multiples que les motifs, et cet homme a obéi à des pensées si diverses, qu'on en est à se demander aujourd'hui s'il n'était pas tombé dans cette imbécillité qui semblait être devenue l'apanage de cette honteuse dynastie et de ses créatures.

Il a d'abord trahi l'Empereur pour rester seul, et se faire gloire à lui-même ; puis, il a manqué à ses devoirs de soldat en ne voulant pas aller au secours de l'armée qui marchait sur Sedan, par haine de Mac-Mahon, et pour ne pas servir à un accroissement d'illustration pour celui qu'il appelait son rival. La catastrophe arrive, le trône est renversé, et il allait se rallier à la République quand Trochu apparaît avec la grande position que la situation lui avait faite ; il ne voit plus pour lui la première place, celle qui peut seule lui assurer les gros traitements dont il s'est habitué à jouir, et il trahit alors la République et la France pour chercher je ne sais quelle combinaison politique qui fera de lui le dictateur du pays sous la protection des bayonnettes prussiennes ; cette combinaison lui échappe, et il se retourne alors vers la pensée impie d'une restauration impériale qui conviendrait à la Prusse et lui assurerait toujours ce premier rôle auquel il aspire sans souci de son honneur, pas plus que de celui de son armée. Mais l'ennemi ne veut plus rien entendre, car il le sait actuellement sans ressources, et il n'a pas même alors le courage de nous faire tuer ; il préfère nous déshonorer et noyer sa honte dans celle de son armée. Voilà ce qu'a fait cet homme! Quelle leçon pour les popularités mal acquises ; quel réveil pour ceux qui ont pu croire un instant aux hommes de cette triste époque! Bien des esprits sagaces ont deviné le mal au début, bien de braves cœurs ont voulu le prévenir, et je vous dirai que ce sera pour moi un honneur d'avoir été un des auteurs de la conspiration qui se formait aux premiers jours d'octobre pour forcer Bazaine à marcher, ou le déposer ; les généraux Aymard, Courcy, Clinchant, Piéchot ; les colonels Boissonet, Lewald, Davoust d'Awerstadt, d'Andlau, nous voulions à toute force sortir de l'impasse vers laquelle on nous précipitait, et que les autres ne voyaient ou ne voulaient pas voir..... Mais il nous fallait un chef, un général de division, dont le nom et l'ancienneté eussent pu rallier l'armée dont nous aurions arrêté les chefs.

Eh bien! pas un n'a voulu prendre cette responsabilité, pas un n'a eu le cœur de se mettre en avant pour sauver du même coup et l'armée et la France. Ah! ils sont bien coupables aussi ces généraux et ces maréchaux, et ils auront des comptes sévères à rendre devant l'histoire et peut-être devant les tribunaux; car, voyez-vous, de pareilles infamies rendent féroces, et j'en suis arrivé aujourd'hui à demander du sang pour y laver l'injure que l'on m'a faite. Je ne sais pas si mon caractère a changé, mais ce qu'il y a de certain, c'est que mes idées sont singulièrement modifiées. D'abord, le nom seul de Napoléon me fait horreur, et il ne me reste du souvenir de cette dynastie que l'affection que je portais à la femme qui, elle du moins, s'est conduite avec cœur et honneur jusqu'à ces derniers jours. Je me jetterais aujourd'hui dans les bras des Rochefort, des Flourens, des Dorian, n'importe qui, pourvu qu'il me donnât un fusil, qu'il pût me dire : « Frappez, frappez ! Vengez-vous ! » Aujourd'hui, j'en suis arrivé presque à comprendre les massacres de 92, les horreurs de la Révolution, et j'ai regretté hautement à Metz ne pas voir arriver les anciens commissaires de la Convention aux armées, qui faisaient tomber les têtes des généraux et ne leur laissaient d'autre alternative que de vaincre ou de mourir !..... Faut-il que j'aie passé par d'assez horribles épreuves pour en arriver là ! Le pensez-vous, vous qui m'avez pu si bien connaître dans des temps meilleurs et déjà si loin.

Mais je ne parle que de moi, pardon ; c'est que je suis dans une telle exaspération, je gémis tellement chaque jour de la position que cet infâme nous a faite, qu'il m'est impossible de m'en distraire absolument.

Cet écrit ne passa pas sans attirer l'attention et l'indignation de quelques hommes de cœur qui adressèrent leurs protestations au rédacteur en chef de *L'Indépendance Belge*.

Cologne, 29 décembre 1870.

Monsieur le rédacteur,

C'est au nom de bon nombre de mes camarades que je viens exprimer la pénible impression qu'a produite, sur nous, la lecture d'une lettre datée de Hambourg, 27 novembre, publiée dans *L'Indépendance* du 22 décembre.

L'auteur, quel qu'il soit, a déjà trouvé son châtiment dans le mépris public.

S'il est celui qu'indique *L'Indépendance* et dont toutes les bouches sont unanimes à prononcer le nom, il a en un jour détruit ce que les siècles s'étaient plu à conserver pur.

En oubliant ses devoirs envers l'Empereur, en oubliant ce qu'il devait à lui-même, en foulant aux pieds les devoirs les plus sacrés de la reconnaissance, il a couvert du voile de l'ignominie le blason d'un des plus beaux noms de France.

Nous, qui ne changeons pas d'opinions avec les événements, nous n'emploierons pas les feuilles de votre journal à inscrire des colonnes de protestations nominatives.

Notre silence n'est-il pas le plus éclatant témoignage de fidélité à nos institutions impériales ?

Nos vœux et nos existences sont pour le souverain qui, pendant vingt ans, a fait de la France l'admiration du monde.

Veuillez, Monsieur le rédacteur, agréer l'expression des sentiments distingués, etc., etc.

Les protestations ci-après ne se firent pas non plus attendre et sont l'expression de beaucoup d'autres inutiles à citer :

A Monsieur le rédacteur en chef de *L'Indépendance Belge.*
Aix-la-Chapelle, le 28 décembre 1870.

Monsieur le rédacteur,

Je viens de lire dans votre numéro du 22 décembre une lettre datée de Hambourg, 27 novembre, dont vous n'êtes pas autorisé à faire connaître la signature. Je suis tenté de croire que cette lettre est apocryphe, ou tout au moins que le nom du véritable auteur ne vous a pas été communiqué. Elle ne peut être attribuée à un grand seigneur, si toutefois vous admettez avec moi que cette épithète doive être réservée aux hommes d'un cœur généreux et d'une âme nourrie de sentiments élevés ; elle ne peut être d'un ancien ami des Tuileries, car l'amitié ne saurait avoir de pareils retours de lâcheté ; elle ne peut venir d'un homme qui a occupé la haute position d'attaché militaire à l'ambassade de France près d'une grande puissance du Nord. Cette position, il l'aurait due à la faveur du souverain dont le nom seul lui fait horreur aujourd'hui. Comment, d'ailleurs, admettre qu'un colonel d'état-major puisse se vanter publiquement d'avoir été la tête d'une sédition militaire en présence de l'ennemi, à l'heure où des circonstances, que je ne veux pas apprécier ici, nous avaient réduits, de l'aveu du plus grand nombre, à subir la loi du plus fort. Comment comprendre qu'on puisse donner sans pudeur de pareils exemples de décrépitude morale !

Cette lettre ne peut être que l'œuvre d'un fou. Si je me trompais, si l'auteur est vraiment celui que vous indiquez, que son nom reste à jamais inconnu, car il vient d'y attacher l'opprobe !

Quel que soit ce malheureux, je m'étonne qu'une pareille lettre ait trouvé place dans votre journal habituellement soucieux de la dignité de ses lecteurs.

Dans les temps de trouble et de bouleversement, les défaillances ne sont pas rares ; ne vaudrait-il pas mieux pour tout le monde leur laisser l'obscurité que cherchent ordinairement les mauvaises actions, au lieu de leur donner l'éclat de la publicité !

Vous pourrez, Monsieur le rédacteur, faire de ma lettre l'usage que vous jugerez convenable.

Veuillez agréer l'expression des sentiments distingués, etc., etc.

Cassel, 27 *décembre* 1870.

Monsieur le rédacteur en chef, je viens de lire, dans le journal *L'Indépendance Belge*, du 22 de ce mois, une lettre, datée de Hambourg, 27 novembre, écrite par un colonel d'état-major : « Grand seigneur, ancien ami des Tuileries, et qui a occupé la haute et exceptionnelle position d'attaché militaire à l'Ambassade française près une grande puissance du Nord. » C'est ainsi que le qualifie l'article d'introduction.

Puisque cet officier supérieur ne craint pas de donner le plus triste exemple d'indiscipline, je n'hésite pas à en profiter pour vous prier de vouloir bien donner place, dans un de vos plus prochains numéros, aux quelques réflexions que me suggère son pamphlet.

On le dit grand seigneur, à ce titre je suis au moins son égal, et je puis dire que ce qu'il vient de faire est indigne de son nom, quel qu'il soit, et de son rang. Il accuse les autres d'avoir failli à l'honneur, je crains bien que sous l'ancien régime il n'eût été appelé à rendre un compte sévère à la cour des Maréchaux, chargée alors de garder l'honneur de la noblesse française.

Mais nous ne sommes pas à ces temps-là, et maintenant que chacun ne vaut que ce qu'il vaut, je dis que comme homme, comme militaire, comme officier, il a commis une mauvaise action. Il a accumulé calomnies sur calomnies dont je le mets au défi de fournir une seule preuve.

Sans doute, il a appris l'art de la guerre dans le cabinet où il écrivait ses dépêches militaires, et c'est là qu'il est devenu le grand général, qu'il se croit être, pour juger ses chefs ; c'est là aussi qu'il a appris qu'un officier avait le droit de conspirer contre ces mêmes chefs lorsque leur conduite n'est pas en conformité avec les idées et les plans qu'il a élaborés.

Je suis heureux de connaître par sa plume, ce dont je ne doutais pas, qu'aucun des généraux de division de l'armée du Rhin n'avait voulu prêter les mains à ses coupables menées ; et loin de leur promettre le jugement sévère de l'histoire et des tribunaux je trouve qu'ils n'ont fait que leur devoir et ont bien fait.

On lui a fait une injure qu'il veut laver dans le sang, parce qu'il aurait été menacé d'être arrêté. Il est faux que cette menace lui ait été faite : en tous cas il s'était bien attiré pareil châtiment.

Il regrette les plus tristes époques de notre histoire, les massacres de 92, dans lesquels ont dû périr plus d'un membre de sa famille. Sont-ce là les sentiments d'un gentilhomme?

Oui, justice se fera un jour, c'est le seul point où je suis d'accord avec l'auteur de la lettre de Hambourg, mais ce jour-là les calomniateurs, abusant comme lui de la confiance que leur chef avait en eux, pour lui prêter les plus vils sentiments, les plus misérables actions, ces gens-là, dis-je, seront confondus et jetés hors d'une armée où de pareilles manières de sentir font tache, où de tels actes sont flétris, comme il doit.

Quant à moi, je ne crains pas de signer ma lettre et d'affirmer sur mes deux noms, qui sont synonymes d'honneur, de loyauté et de fidélité à la patrie, que Monsieur le maréchal Bazaine est pur des infâmes accusations dont il est l'objet. Veuillez agréer, etc., etc.

Ce serait puéril que d'attacher la moindre attention aux vilenies débitées par M. le colonel d'Andlau, je veux seulement relever, que toute *mon argenterie* se composait de six couverts en Ruoltz, et ma *caisse* de quelques centaines de francs. S'il est grand seigneur, il fait peu d'honneur à cette caste ; quant à moi, soldat parvenu, officier de fortune, comme on désignait sous l'ancien régime les hommes sortis des rangs du peuple, j'ai la conscience d'avoir fait tout mon possible pour tirer l'armée de l'impasse où elle avait été menée, et de n'avoir injurié, ni dénigré personne. Je n'ai jamais décliné aucune responsabilité, ma conscience ne se reprochant rien, et je ne pense pas que M. le colonel d'Andlau (général aujourd'hui) pour servir d'exemple, sans doute, puisse, tout grand seigneur qu'il soit, en dire autant. Quant à avoir voulu le faire arrêter, *c'est un mensonge*, et il n'en valait pas la peine.

Sur ma demande, je fus appelé à Versailles pour déposer devant la Commission d'enquête parlementaire de l'Assemblée nationale.

Dans le courant du mois d'octobre 1871, j'écrivais au ministre de la guerre :

Monsieur le ministre,

Les événements si divers et si graves, qui se sont produits durant la dernière guerre, appartiennent tous au domaine de l'histoire, et nul, plus que moi, ne comprend l'utilité de leur libre discussion.

Tout en accordant ainsi à chacun le droit de raconter ce qu'il a vu, et d'en tirer les enseignements que la disposition de son esprit sait y trouver, je ne puis me défendre d'un sentiment profondément pénible, en présence de la conduite de certains officiers qui franchissent les limites de toutes convenances.

Un livre vient de paraître, intitulé « *Metz : Campagne et négociation* » par un officier supérieur de l'armée du Rhin.

Son auteur, s'attribuant un droit qu'aucun militaire ne saurait avoir, dispose de documents officiels qui, jusqu'à présent, n'ont pu certainement être mis à sa disposition.

Le même écrivain s'empare d'anecdotes plus ou moins vraies, de faits dont il dénature l'intention et la portée, falsifie les événements, commet des erreurs de dates qui facilitent la tâche qu'il s'est imposée.

En un mot, cet officier s'applique à créer un long pamphlet dans lequel, incriminant tour à tour tous ses chefs, et les couvrant des accusations les plus odieuses, et cela même, avant que le Conseil d'enquête, chargé d'informer des événements, n'ait prononcé.

En présence d'un manquement aussi complet à tous les devoirs et au plus simple respect, et malgré ma patience, je ne puis m'empêcher, Monsieur le ministre, de signaler à votre attention et à votre justice, l'auteur du livre intitulé « *Metz : Campagne et négociation* » qui n'a pas osé, je le comprends, signer son nom.

Agréez, Monsieur le ministre, etc.

M^{al} BAZAINE.

Le ministre me répondit par la lettre ci-après qui n'est qu'une réponse évasive, car il connaissait parfaitement l'auteur.

Versailles, le 2 novembre 1871.

Monsieur le maréchal,

J'ai reçu la lettre que vous m'avez fait l'honneur de m'écrire pour appeler mon attention sur un livre anonyme, intitulé « *Metz : Campagne et négociation* ».

Je regrette, certes, très vivement les diverses polémiques auxquelles ont donné lieu les événements qui se sont passés l'an dernier, durant la guerre, et il n'a pas dépendu de moi, qu'en ce qui concerne l'armée, toute publication dans ce sens cessât immédiatement ; seulement, quand les auteurs de livres ou de brochures sur ces questions se cachent derrière le voile de l'anonyme, il me devient tout à fait impossible de les atteindre et je me trouve, à mon très grand regret, désarmé vis-à-vis d'eux. Du reste, ces faits auxquels nous avons, les uns et les autres, participé durant cette désastreuse période, sont du domaine de l'histoire et nous pouvons espérer que lorsque le temps aura calmé les esprits, il se rencontrera des plumes impartiales qui feront à chacun la part qui lui revient, et la justice qui lui est due.

Veuillez agréer, Monsieur le maréchal, l'expression de mes sentiments de haute considération,

Le ministre de la guerre,
G^{al} DE CISSEY.

EXTRAIT d'une lettre du général Bourbaki.

Questionné sur l'épisode de ma sortie de Metz par la Commission d'enquête, j'ai répondu à une des interrogations que j'étais persuadé que le Maréchal croyait comme moi-même que la paix était dans l'intérêt de la France, et qu'il voyait que la seule manière de sauver son armée était de faire savoir la position vraie dans laquelle elle se trouvait.

En effet, au 25 septembre, les chevaux mouraient de faim, on en abattait plus de 200 par jour pour servir de nourriture aux hommes de la ville et du camp. Les soldats commençaient à souffrir de cruelles privations. Dans un temps donné, cette armée était donc destinée à prendre un parti suprême. Elle devait *ou capituler, ou se vouer à la destruction.*

J'ai ajouté que j'étais convaincu que le Maréchal m'avait envoyé avec l'espérance que l'on trouverait un remède à cet état de choses.

J'ai ajouté, que j'avais si bien compris que telle était la pensée du Maréchal, qu'après avoir eu l'honneur de voir l'Impératrice, et m'apercevant que malgré son profond chagrin, son dévouement, son abnégation, elle ne pouvait rien, je me mis en route pour retourner à Metz, et je me suis arrêté à Bruxelles pour remettre à M. Tachard, ministre plénipotentiaire en Belgique, une lettre adressé à Monsieur le ministre de la guerre, à Tours, pour mettre le gouvernement de la défense nationale au courant de la situation précaire où se trouvait l'armée de Metz.

BOURBAKI.

Que deviennent les affirmations de M. Gambetta devant une déclaration aussi nette faite par un général dont la loyauté est proverbiale ?

Pendant les quelques jours que j'ai passés à Versailles, je fus voir M. Thiers qui me reçut très amicalement, et me fit cette seule observation : « Pourquoi avez-vous voulu soutenir l'Empire qui, cependant, avait été fort injuste à votre égard au retour du Mexique ? ». Je répondis que ma conduite avait été dirigée par un sentiment de loyauté militaire vis-à-vis de l'Empereur, et que le gouvernement, dit de la défense nationale, ne s'était jamais mis en relations officielles avec moi. Le Président ne me fit pas entrevoir l'avenir qui m'était réservé, et en nous séparant, il me dit : « Vous pouvez compter sur moi ».

Je fus ensuite voir M. le maréchal de Mac-Mahon qui, dans notre conversation, me dit : *« Ici, je vous ai toujours soutenu ».*
— Et avec raison, répondis-je, car mieux que personne, vous connaissez les causes de notre retraite sur Metz. » Nous en restâmes là.

Le 13 octobre 1871, je reçus l'ordre du général de Cissey, alors ministre de la guerre, de comparaître devant le Conseil d'enquête prescrit par l'article 264 du Règlement sur le service des places ; puis, le 18 octobre, une autre lettre du ministre me parvenait, citant le décret impérial du 1ᵉʳ mai 1812, relatif aux capitulations signées en rase campagne, décret lancé par Napoléon Iᵉʳ à propos de la capitulation de Bailen (général Dupont), qui ne pouvait ni devait m'être appliqué, puisque l'on me considérait comme commandant supérieur de Metz, au lieu et place de M. le général Coffinières. Je ne pouvais être à la fois enfermé, bloqué dans le camp retranché sous Metz, et tenir la campagne ouverte.

La question avait, du reste, été tranchée lors de la validité à donner aux grades que j'avais conférés à Metz, validité confirmée par la considération que ces nominations étaient exigées par les besoins d'une armée bloquée dans une place de guerre.

Voici les deux lettres dont il est question plus haut.

Versailles, le 13 octobre 1871.

Monsieur le maréchal,

J'ai l'honneur de vous informer que comme signataire de la capitulation de Metz, vous aurez à comparaître, en exécution de l'article 264 du décret du 13 octobre 1863, devant le Conseil d'enquête institué par la décision de Monsieur le Président de la République, en date du 30 septembre dernier, et qui est composé de Messieurs :

Le maréchal Baraguay d'Hilliers, président.
Le général de division Charon.
Le général de division d'Aurelle de Paladine.
Le général de division d'Antemarre d'Ervillé.
Et le général de division de Sévelinges.

Le Conseil siègera à Paris, au ministère de la guerre.

J'ai l'honneur de vous prier de vous tenir prêt à comparaître devant le Conseil au jour qui vous sera indiqué par M. le maréchal Baraguay d'Hilliers et à m'accuser réception de la présente.

Agréez, Monsieur le maréchal, l'assurance de ma haute considération,

Le ministre de la guerre,
Gᵃˡ DE CISSEY.

Paris, le 18 octobre 1871.

Monsieur le maréchal,

Le Conseil d'enquête, institué par arrêté de Monsieur le Président de la République, en date du 30 septembre dernier, pour examiner, *conformément aux dispositions du décret impérial du 1ᵉʳ mai 1812, et du Règlement du 13 octobre 1863 sur le service des places*, la conduite des officiers généraux ou autres qui ont signé des capitulations pendant la dernière guerre, a commencé ses opérations et se propose de les poursuivre suivant l'ordre chronologique des faits.

En ce qui concerne l'armée de Metz que vous commandiez, j'ai déjà fait réunir et classer, pour les mettre à la disposition du Conseil, *les archives de l'état-major général et celles de la plupart des corps d'armée; mais pour compléter ces éléments officiels il est nécessaire* d'y joindre certains documents que leur importance ou leur nature ont dû faire rester entre vos mains et sans lesquels le Conseil ne pourrait se former une opinion exacte et impartiale sur les événements.

Je vous prie donc de vouloir bien me faire parvenir le plus promptement possible les procès-verbaux de ces divers Conseils de guerre qui ont été tenus sous votre présidence pendant la durée des opérations, ainsi que les correspondances et dépêches tant politiques que militaires relatives à l'armée de Metz qui peuvent se trouver en votre possession. Je vous demande de vouloir bien y joindre un bordereau énumératif de tous ces documents.

Veuillez agréer, Monsieur le maréchal, les assurances de ma haute considération,

Le ministre de la guerre,
G^{al} DE CISSEY.

Le Conseil d'enquête militaire constitué pour examiner la conduite des commandants de place conformément à l'article 264 sur le service des places, n'avait pas à examiner ma conduite comme chef d'armée, et c'est ce qu'il a fait de préférence, ne se conformant en rien à l'esprit de l'article 266, chaque général conseiller faisant un Rapport spécial, à part des délibérations, dans lesquels chacun exposait ses idées sur mes actes et mon caractère. Le règlement prescrit: « Que les membres sont tenus de garder le secret le plus absolu sur les incidents et le résultat de leurs délibérations ». Ce qui ne fut pas observé, parce que encore, contrairement au règlement, deux officiers d'état-major, *dont un était député*, et deux sténographes de l'Assemblée nationale, assistaient aux séances.

Un des membres, M. le général d'Aurelle de Paladine ayant commandé la place de Metz quand je commandais à Nancy, n'aurait pas dû en faire partie, et en outre, il était *député*. Toutes les illégalités furent acceptées par le ministre de la guerre !

M. le général de Cissey qui avait été sous mes ordres, et qui plus est, M. le général d'Aurelle de Paladine, faisaient partie de la Commission d'enquête sur les actes du gouvernement de la défense nationale.

Je n'eus pas à me louer de la direction donnée à l'enquête par le maréchal Baraguey d'Hilliers qui, au lieu de rechercher les causes, cherchait à mettre en évidence les résultats malheureux qui en étaient la conséquence, résultats dont je ne pouvais être rendu responsable. Mes explications furent écoutées pour la forme, mais devinrent inutiles devant le parti pris de me désigner comme seul responsable de nos revers. Je joins ici, un extrait de la déposition produite par le général Jarras, chef d'état-major général de l'armée, partie relative à la capitulation, et aux aigles. Une autre irrégularité fut commise par le ministre de la guerre, celle expliquée par la pièce ci-après, de sorte que, des témoignages qui n'étaient produits qu'à titre de renseignements, ont été pris comme acquis à la cause, sans que les témoins eussent prêté serment.

Sur mes observations à cet égard, on me répondit : « Nous sommes en révolution ! » Jolie excuse pour commettre des dénis de justice ! Quant à moi, je ne fus cité qu'une fois, et il n'y eût que les témoins à charge qui furent appelés devant le Conseil.

Voici la résolution relative à la communication demandée par M. le ministre de la guerre des documents concernant la capitulation de Metz recueillis par la Commission chargée d'examiner les actes du gouvernement de la défense nationale :

L'Assemblée nationale a adopté la résolution suivante :
1° L'Assemblée nationale autorise la Commission d'enquête sur les actes du gouvernement de la défense nationale à délivrer copie à M. le ministre de la guerre de toutes les pièces relatives à la défense et à la capitulation de Metz.

2° Elle autorise le ministre de la guerre à faire prendre communication sur place, par un délégué qu'il désignera, et par l'intermédiaire de M. le président de la Commission, *des dépositions*, ou parties de déposition ayant le même objet. Il ne sera pris ni copie, ni extrait desdites dépositions.

3° En cas de mise en jugement, pareille communication sera faite, sous les mêmes conditions, au défenseur de l'accusé s'il le demande.

Délibéré en séance publique à Versailles, le 8 juillet 1872.

Le Président, JULES GRÉVY.—Les secrétaires, PAUL DE RÉMUSAT.—B^{on} DE BARANTE.—Mis COSTA DE BEAUREGARD.—ALBERT DESJARDINS.

Le Conseil d'enquête ayant émis son avis défavorable, je me constituai prisonnier en mai 1872.

Un officier des chasseurs de la Garde a raconté ceci :

Avant la chute de Metz, j'ai assisté à un dîner où se trouvait le député actuel M. Bamberger, médecin israélite, dans lequel ce dernier (c'était avant Sedan) manifestait déjà, d'une manière non équivoque, la haine la plus aveugle contre l'Empire et l'Empereur ; la plus grande partie des convives faisaient chorus avec M. Bamberger. J'ai donc la conviction que Metz était un nid de ces républicains, qui ont fait pendant la guerre cause commune avec l'ennemi. On peut bien comprendre alors, dans quel esprit a dû être faite la déposition du Conseil municipal de Metz.

EXTRAIT de la déposition du général Jarras, chef d'état-major général, devant le Conseil d'enquête militaire, le 17 février 1872.

.....A la séance du Conseil du 24 octobre, le Maréchal posa cette question : « Que faut-il faire ? »

On la discuta fort longuement, et on finit par admettre que dans l'état où se trouvait l'armée, elle ne pouvait plus se battre et aller chercher l'ennemi (il n'y avait plus de chevaux) ; bref, on conclut à la capitulation.

Ceci une fois admis, on chercha comment on pouvait se mettre en relations avec l'ennemi, et qui on enverrait pour traiter. Le maréchal Bazaine proposa d'abord le général Soleille, qui fut assez heureux pour faire accepter sa renonciation ; le maréchal Canrobert désigna alors lui-même le général Changarnier dans ces termes : « Qui est notre maître à nous tous ; qui fera le mieux possible. » Le général Changarnier accepta sans fausse modestie ; il devait demander que l'armée entière pût sortir avec armes et bagages et revenir soit en France, soit en Algérie. Je crois qu'on se faisait d'ailleurs peu d'illusions sur cette demande et que le maréchal Bazaine exprima lui-même l'opinion qu'elle ne serait pas admise. Cela se passait le 24.

Le 25, au matin, on reçut la réponse du prince Frédéric-Charles, qui annonçait que le prince recevrait le général Changarnier. Celui-ci partit donc vers onze heures du matin et alla trouver le prince, duquel il n'obtint rien. Le prince Frédéric-Charles ne donna pas au général Changarnier les bases de la capitulation ; il lui dit qu'il les ferait connaître au maréchal Bazaine à Frescaty, où il le priait d'envoyer le soir même un officier pour les recevoir.

Le général Changarnier vint rendre compte au maréchal Bazaine de son échec, en ajoutant qu'à cinq heures du soir le général de Stichle, de l'état-major prussien, serait à Frescaty avec les bases de la capitulation.

Le maréchal Bazaine envoya à Frescaty le général de Cissey, aujourd'hui ministre de la guerre, qui rapporta les conditions de la capitulation écrites de la main même du général de Stichle. Cela se passait le 26 au soir.

Le 26 octobre, — sur quoi vous m'interrogez, — le Conseil se réunit vers huit heures et demie du matin. Il s'ouvrit par la communication des bases apportées par le général de Cissey. On les trouva très dures ; mais le général de Cissey fit remarquer qu'on devait s'attendre à n'obtenir aucun adoucissement à ces conditions-là. Le général Changarnier opinait comme le général de Cissey. Alors on agita de nouveau la question de savoir s'il fallait accepter ces conditions ou se battre, car il n'y avait pas d'autre alternative que celle-là. Après un long débat, on conclut à une négociation pour la capitulation, dont les bases étaient connues et acceptées, ainsi que l'a dit le général Changarnier à la tribune.

M. LE PRÉSIDENT. — Le Conseil accepta donc ces bases?

M. LE GÉNÉRAL JARRAS. — Oui, il les accepta si bien, que le général Changarnier, lorsqu'il a traité cette question à la tribune a dit : «..... Les bases qui étaient connues et acceptées ».

Il n'y avait qu'une seule manière de ne pas les accepter, c'était de se battre.

M. LE PRÉSIDENT. — On pouvait encore ne pas les accepter, mais enfin, continuez, général.

M. LE GÉNÉRAL JARRAS. — Il s'agissait de désigner quel était l'officier général qui serait chargé de la signature de la convention. Le maréchal Bazaine me désigna; je protestai hautement, disant que j'avais si peu contribué à la solution des questions qui s'agitaient que c'était pour moi bien dur de mettre mon nom au-dessous d'une telle convention. Je me débattis autant que je pus ; mais je ne fus pas assez heureux pour faire changer l'opinion des généraux présents, et d'un commun accord, ils déclarèrent que cela rentrait dans les fonctions du chef d'état-major.

M. LE PRÉSIDENT. — Alors, vous avez cédé?

M. LE GÉNÉRAL JARRAS. — Je ne cédai pas, j'obéis, et je dus exécuter un ordre qui m'était donné.

En même temps qu'on me donnait l'ordre de me rendre à Frescaty pour signer la capitulation, on me disait que j'avais pleins pouvoirs pour signer, c'est-à-dire, pour mettre au bas un article écrit d'une manière très restreinte approuvant la convention, et aussi pour faire adoucir autant que possible les dures conditions qui nous étaient imposées.

M. LE PRÉSIDENT. — Vous les donna-t-on par écrit, ces pleins pouvoirs?

M. LE GÉNÉRAL JARRAS. — Ils ne me furent donnés que le lendemain, j'indiquerai de quelle manière. Cette question des pleins pouvoirs n'a pas eu d'importance dans la capitulation.

En recevant cet ordre, je priai ces Messieurs de me donner leurs conseils et de me faire connaître ce que je devrais tâcher d'obtenir pour arriver au but que je devais atteindre.

Dans la discussion des bases apportées par le général de Cissey, on avait notamment remarqué qu'il n'était pas question des armes des officiers et qu'il serait désireux que les officiers pussent conserver leurs armes. Je reçus des instructions pour tâcher d'obtenir ce point.

Le général Changarnier n'avait pu obtenir que l'armée pût partir avec armes et bagages. Un membre exprima l'avis qu'on pourrait peut-être pour un petit corps. On me recommanda aussi d'insister sur ce point-là.

Le général Frossard m'envoya aussi une petite note dans laquelle il n'y avait qu'une simple demande qui ne put pas non plus être acceptée. C'était que l'École d'artillerie et de génie pût conserver sa bibliothèque.

Le général Coffinières m'envoya, de son côté, une note assez longue, qui fut acceptée tout entière et forma un appendice au protocole de la capitulation. Elle était relative aux habitants de Metz.

Je partis donc pour Frescaty, où j'arrivai vers sept ou huit heures du soir. J'avais avec moi deux officiers : le lieutenant-colonel Fay, et le commandant Samuel ; le Conseil ne m'avait adjoint personne, mais j'avais pris ces officiers avec moi, parce qu'on n'est jamais trop sûr de soi ; ils pouvaient me rappeler certains points, et de plus je ne savais pas jusqu'à quel point les officiers allemands parlaient le français et j'étais bien aise d'avoir avec moi des officiers parlant l'allemand. En arrivant à Frescaty, le général de Stichle m'emmena seul à seul dans une salle voisine de celle où restèrent les officiers, et il entra en matière avec moi par quelques mots de sympathie pour la fâcheuse situation où je me trouvais personnellement, disant qu'il ferait le possible pour adoucir l'amertume de cette situation.

J'entrai alors en matière, en discutant les bases de la capitulation. Mais, à peine avais-je commencé mon discours, qu'il s'écria : « Vous recommencez une chose déjà terminée : la discussion est épuisée. Le général de Cissey est venu ici, et a rempli ce rôle que vous recommencez. Quant à moi, je n'ai autre chose à faire qu'à rédiger les articles dont le sommaire a été donné au général de Cissey ».

Je répondis que j'en étais bien fâché, mais que j'étais chargé de débattre toutes les questions avec lui, et que si je ne pouvais le faire, je n'avais qu'à rentrer auprès de mon chef, pour y recevoir de nouvelles instructions. Il admit alors la discussion, mais elle fut sans aucune espèce de succès en ce qui concernait les détachements des troupes de toutes armes qu'on voulait faire partir de Metz. En ce qui concernait les épées des officiers, il ne voulait rien accorder non plus et il ajouta que c'était un ordre très-positif du Roi qui s'opposait à cela, parce que des *officiers français avaient violé leur parole*. Il me cita même un officier général, contre lequel sa colère s'épanchait d'une manière particulière, et il termina en disant que l'indignation du Roi était telle, que le prince Frédéric-Charles, lui-même, ne pouvait pas demander au Roi de revenir sur cet ordre.

Je ne me tins pas pour battu et cette discussion dura au moins une heure ; j'exposai tous les développements possibles en pareille matière, et je finis par dire au général Stichle : « Puisqu'il en est ainsi, j'en suis bien fâché, mais j'ai des instructions qui ne me permettent pas de signer, je vais me retirer. »

Le général de Stichle me fit remarquer que, nonobstant cette question-là nous ferions bien de profiter du moment pour rédiger la question de la capitulation. C'est alors qu'on fit entrer les officiers et qu'on débattît les clauses les unes après les autres. Les officiers me firent remarquer qu'il serait bon d'obtenir que les troupes pussent sortir de Metz avec leurs armes pour les déposer ensuite. Le général de Stichle me fit remarquer qu'il n'avait pas qualité pour accorder cette faveur. Nous débattîmes fort longtemps pour arriver à faire deux rédactions, l'une qui admettait que les honneurs de la guerre seraient accordés, l'autre qui ne l'admettait pas. Chacun fit sa rédaction et chaque général devait donner son avis sur ces deux rédactions.

Enfin, et fort tard (nous étions depuis six ou sept heures en séance) je revins au Ban-Saint-Martin.

M. LE PRÉSIDENT. — Toutes les autres clauses furent-elles discutées ?

M. LE GÉNÉRAL JARRAS. — Je les avais discutées en tête-à-tête avec le général de Stichle.

M. LE PRÉSIDENT. — Vous avez discuté la clause qui admet que les officiers qui signeront le revers pourront rentrer dans leurs foyers ; elle était proposée par le général de Stichle, vous l'avez acceptée.

M. LE GÉNÉRAL JARRAS. — J'ai dit au général de Stichle : « Pour moi je ne l'admets pas ; du reste, les officiers ne l'accepteront pas. »

D'ailleurs, en revenant j'ai apporté au maréchal Bazaine le protocole tel qu'il avait été rédigé par nous.

M. LE PRÉSIDENT. — Ainsi vous avez accepté de porter au Maréchal les propositions du général de Stichle, et notamment celle sur le revers ?

M. LE GÉNÉRAL JARRAS. — Toutes ces questions-là avaient été discutées et agréées par le Conseil, puisque les bases y avaient été lues le 26 au matin.

Pour les honneurs militaires et les épées des officiers, j'ai poussé la question à fond, parce que j'ai vu qu'elle avait quelque chance de réussir, et ces deux points ont tourné à mon profit. Mais pour les autres, la discussion avait été repoussée de telle façon qu'il n'y avait pas moyen d'y mettre une modification quelconque. Cela est tellement vrai que le Conseil, en discutant les bases, avait passé très rapidement sur les autres questions, tant il était convaincu qu'il n'y avait pas là-dessus à faire revenir le général prussien.

Je portai donc le 27, au matin, notre rédaction au Maréchal. Après l'avoir lue, il donna son approbation ; seulement dans la journée il déclara qu'il ne fallait pas accepter le défilé de l'armée. Je lui fis remarquer que c'était bien difficile, après avoir lutté la veille pour obtenir cette faveur, d'y renoncer ensuite, mais il y insista beaucoup.

Quand nous nous étions séparés, dans la nuit, du général de Stichle, nous ne nous étions pas donné de rendez-vous à jour et à heure fixes. Il avait été convenu que le général de Stichle, demanderait au prince Charles de vouloir bien écrire au Roi pour demander que les officiers pussent conserver leurs épées ; je lui avait dit que je ne reviendrais pas, tant que cela ne serait pas accordé.

Dans la journée du 27, vers une heure, ou deux, de l'après-midi, je reçus un mot de ce général qui me fit connaître que le prince Frédéric-Charles acceptait la rédaction qui accordait les honneurs de la guerre à nos troupes, et qu'en même temps le Roi laissait les épées et les sabres aux officiers. C'est alors que je fis observer de nouveau au maréchal Bazaine combien il était dur pour moi de rejeter les honneurs de la guerre, après les avoir demandés moi-même ; je reçus de lui la même réponse.

Enfin, un instant avant de partir pour Frescaty, le Maréchal me fit appeler par un de ses officiers d'ordonnance pour me donner des dernières instructions.

M. LE PRÉSIDENT.— Et sans doute aussi vos pleins pouvoirs écrits ?

M. LE GÉNÉRAL JARRAS.— C'est vrai ; la veille, au moment où mes officiers entrèrent dans le salon du général prussien, pour la rédaction du protocole, ce général me présenta ses pouvoirs écrits. A ce moment je m'aperçus que je n'en avais pas, je le lui fis observer et il me répondit : « Qu'à cela ne tienne ! » Ce n'est donc pas l'absence de ces pouvoirs qui m'aurait arrêté ce jour-là, si j'avais voulu signer. Je n'ai pas signé ce jour-là par la seule raison que je n'ai pas voulu le faire sans qu'on nous eût accordé les honneurs de la guerre et les épées.

Les Prussiens étaient, du reste, tellement pressés d'aller ailleurs qu'ils passaient sur tous ces détails.

M. LE PRÉSIDENT.— Et qu'ils auraient peut-être passé sur bien d'autres.

M. LE GÉNÉRAL JARRAS.— Je n'ai peut-être pas été habile négociateur ?.....

M. LE PRÉSIDENT.— Oh ! je ne vous accuse pas..... Continuez, général.

M. LE GÉNÉRAL JARRAS.— Le colonel Fay avait été chargé, le 27, par moi, de faire signer mes pleins pouvoirs, et il me les avait remis.

Le Maréchal me fit donc appeler et me recommanda de refuser le défilé; m'assurant que deux commandants de corps d'armée ne voulaient pas défiler. Il me chargea, de plus, de dire qu'il était d'usage dans l'armée française, après chaque révolution, de brûler les étendards et les drapeaux, qui avaient été délivrés par le gouvernement déchu, et que, conformément à cet usage, *des* drapeaux avaient été brûlés.....

M. LE PRÉSIDENT.— Il n'a pas dit *les* ?

M. LE GÉNÉRAL JARRAS.—Non, il a dit *des*...... de dire que des drapeaux avaient été brûlés dans l'armée, sans en indiquer le nombre, et qu'il en faisait prévenir le prince Frédéric-Charles, afin que, plus tard, il ne fut pas accusé d'avoir manqué à ses engagements. Ce qui prouve que le Maréchal acceptait bien la question des drapeaux, *ainsi que le Conseil*, c'est qu'il n'a pas fait d'autres observations ni sur les drapeaux ni sur le matériel.

En arrivant le 27 à Frescaty, le général de Stichle me prit de nouveau à part un instant et je lui fis connaître les points qui m'avaient été recommandés par le maréchal Bazaine.

Relativement aux drapeaux, le général prussien parut étonné et me dit que je lui disais-là quelque chose de tout à fait inconnu, et je vis très bien que cela signifiait pour lui qu'il n'y croyait pas du tout.

Je passais tout de suite à une autre question, et nous fîmes entrer les officiers pour la rédaction du protocole. Il fut rédigé avec les modifications qu'avait demandées le maréchal Bazaine ; il en résulta que le protocole de de la veille n'était pas en concordance parfaite avec le nouveau. Lorsqu'on arriva à la question des drapeaux, le général de Stichle me posa de nouveau la question, et je dus lui répéter ce que le Maréchal m'avait indiqué De nouveau, il exprima par son geste, du moins, un doute très caractérisé. Lorsque nous en fûmes arrivés à la question des troupes, je renouvelai ma demande relative au détachement qui devait sortir de la place avec armes et bagages. Je répète cela parce qu'il y a une chose que j'ai oublié de dire ici, bien que je l'aie consignée dans des rectifications adressées aux journaux. Je posai de nouveau cette question au général de Stichle qui me répondit en propres termes: « *Qu'au début on avait, en effet, pensé à rendre la liberté entière à toute l'armée française et non pas seulement à un détachement, mais qu'on avait dû y renoncer parce qu'à la réflexion, on avait reconnu qu'une armée, traversant la France pour s'embarquer à Toulon et à Marseille, seraient l'occasion de mouvements dans toute la France ce qui donnait à réfléchir* ». Voilà ce qui m'a été dit textuellement.

M. LE PRÉSIDENT.— Il pouvait le dire, mais il n'en croyait pas un mot.

Je vois la question des drapeaux dans le protocole. Mais quand le Maréchal avait-il donné l'ordre de réunir les drapeaux? Était-ce le 26, ou le 27?

M. LE GÉNÉRAL JARRAS.—Quand je suis parti le 27 à cinq heures du soir pour signer le protocole, je n'avais nullement connaissance de l'ordre de verser les drapeaux à l'arsenal.

M. LE PRÉSIDENT.—Cependant il a été donné à quatre heures du soir.

M. LE GÉNÉRAL JARRAS.—Il n'a pas été donné à quatre heures du soir, et en voici la preuve. Je le sais parce qu'on m'en a rendu compte le lendemain. Le 28 au matin, quand je suis venu, le colonel Nugues, le second du colonel d'Andlau, me rendit compte qu'après mon départ, la veille au soir, le Maréchal l'avait fait appeler et lui avait donné l'ordre de rédiger une lettre à Messieurs les commandants de corps d'armée, de réunir leurs drapeaux, et les envoyer dans des voitures fermées à l'arsenal pour y être brûlés, et d'en prévenir les colonels.

Je ne reçus cette communication que le 28 au matin, après le Conseil où le protocole fut lu, et où il fut reconnu verbalement — il n'y avait pas eu de procès-verbal rédigé — qu'il contenait toutes les conditions qu'il avait été possible d'y introduire. Dès que le colonel Nugues m'apprît ces faits, je retournai auprès du Maréchal, et je lui fis remarquer combien j'avais eu raison de lui faire des observations, et combien peu il était opportun de soulever la question des drapeaux auprès de l'ennemi. Je ne manquai pas de lui dire que mes observations n'avaient pas convaincu le moins du monde le général de Stichle, qu'il avait conservé au moins des doutes, et que ces doutes étaient très fâcheux. Le Maréchal me demanda si la lettre aux commandants des corps d'armée avait été enregistrée sur les registres. « Certainement, lui répondis-je. — Alors, dit-il, il faut la faire enlever ».

M. LE GÉNÉRAL DE SÉVELINGES — Cette lettre était du 27!

M. LE GÉNÉRAL JARRAS. — Oui, du 27, après mon départ. Le colonel Nugues confirmera tout cela.

Je fis remarquer au Maréchal que c'était dur: il insista, parce que les archives, disait-il, pouvant tomber entre les mains de l'ennemi, il ne voulait pas qu'il pût lire cet ordre de brûler les drapeaux. Devant cette réponse et devant son ordre formel, je donnai à l'officier de service l'ordre d'arracher la feuille qui contenait cette lettre et c'est ainsi qu'elle l'a été.

M. LE GÉNÉRAL DE SÉVELINGES. — Cette lettre portait bien qu'on devait brûler les drapeaux.

M. LE GÉNÉRAL JARRAS. — Parfaitement.

Maintenant, le colonel Nugues vous dira — et je puis le dire, puisqu'il m'en a rendu compte — le fait qui va suivre. En raison de la situation que j'avais auprès du Maréchal, position très délicate et qui m'ôtait presque toute autorité, j'avais pris l'habitude de faire signer au Maréchal toutes les lettres qui avaient une certaine importance (autant que cela se pouvait faire) et d'exiger du Maréchal qu'il lût la lettre qui était soumise à sa signature; souvent on donne sa signature de confiance : c'était ce que je ne voulais pas.

Le colonel Nugues fit donc signer la lettre du 27 au Maréchal, après la lui avoir fait lire. Une fois signée, il fit observer au Maréchal qu'il restait à donner un ordre à l'artillerie, pour brûler les drapeaux, et il lui demanda s'il fallait lui apporter cet ordre à signer. Le Maréchal répondit qu'il se chargeait lui-même de donner l'ordre d'exécution de brûler les drapeaux.

Là se bornent mes renseignements, dans l'affaire des drapeaux. Pour moi, j'étais convaincu, quand on m'a rendu compte de cet ordre, adressé aux commandants de corps d'armé, que cet ordre avait été exécuté et que les drapeaux avaient été brûlés pendant la nuit à l'arsenal. Il paraît que cela n'a pas été exécuté[1].

Pour copie conforme :
Le greffier du premier Conseil de guerre,
P. ALLA.

RENSEIGNEMENTS fournis par M. le lieutenant-colonel Nugues de l'état-major général.

Je réponds de suite à vos questions.

1° En ce qui concerne la page déchirée du cahier de correspondance, je suis complètement étranger à ce fait et n'en ai eu connaissance qu'en Allemagne pendant ma captivité. Je n'ai point été interrogé là-dessus par le Conseil, et n'ai pas eu à en déposer. Je sais maintenant que la page en question a été arrachée par l'officier de service, sur l'ordre du général Jarras, le 28 au matin et que le général Jarras revenait à ce moment de chez le Maréchal qui très probablement lui avait donné des instructions à ce sujet.

2° En ce qui concerne les drapeaux voici ce que j'ai déposé :

Dans l'après midi du 27, un officier d'ordonnance du Maréchal (je ne me rappelle pas lequel) vint me dire de sa part d'ajouter en post-scriptum sur une lettre adressée aux commandants des corps d'armée et ayant trait à une toute autre affaire, cette phrase à peu près textuelle :

« C'est par erreur qu'en prescrivant de porter les drapeaux à l'arsenal on a omis de dire qu'ils y *seraient brûlés* ».

Je me rendis chez le Maréchal et lui proposai au lieu de prescrire par un post-scriptum une disposition de cette importance d'en faire l'objet d'une lettre particulière (*j'avais agi ainsi pour ne pas perdre de temps*).

Le Maréchal y consentit de suite et me dicta à peu près les termes de la dépêche. Je lui fis remarquer qu'il fallait en envoyer également une expédition au général Coffinières et au général Soleille. A quoi le Maréchal répondit : « Avertissez simplement Coffinières qu'il ait à faire recevoir les drapeaux à l'arsenal, et quant à Soleille[2] qui pourrait soulever des difficultés ne lui écrivez pas. Je me réserve d'envoyer moi-même directement, et de mon cabinet, au directeur de l'arsenal, l'ordre de brûler les drapeaux quand le moment sera venu ».

Ceci se passait comme je vous l'ai dit dans l'après-midi du 27. La lettre fut signée par le Maréchal dans ces conditions et expédiée vers cinq heures du soir, si je ne me trompe, à la tombée de la nuit et pendant l'absence du général Jarras qui venait de partir pour Frescaty, d'où il ne rentra que dans la nuit.

1. Ce n'est pas exact, puisque plusieurs ont été brûlés.
2. M. le général Soleille était opposé à cette mesure.

Le lendemain matin, je lui en rendis compte. Il poussa une exclamation et me dit : « Cela ne peut se passer ainsi, je vais chez le Maréchal ».

Voilà tout ce que je sais et tout ce que j'ai dit au sujet des drapeaux. J'ai la certitude que mes souvenirs sont exacts.

Je ne me rappelle pas si la dépêche prescrivait de porter les drapeaux à l'arsenal le 27 au soir, ou le 28 au matin. Mais vous pouvez facilement vous en assurer en demandant communication au Conseil qui doit l'avoir entre les mains. Il me paraît naturel que ce fût pour le 28 au matin, l'opération étant difficile à faire la nuit; d'autres l'on faite au jour, le 28.

NUGUES.

Metz, le 27 octobre 1870 (9^h du soir).

Mon cher colonel,

Veuillez vous conformer à l'ordre ci-dessous que je vous adresse textuellement.

Copie d'une dépêche confidentielle reçue à neuf heures du soir par le général commandant la troisième division militaire.

Montigny, le 27 octobre 1870.

Mon cher général,

Monsieur le maréchal commandant en chef ordonne que les aigles de nos régiments d'infanterie soient recueillies, demain matin, par les soins du général commandant l'artillerie et transportées à l'arsenal de Metz *où elles seront brûlées*.

Ces aigles enveloppées de leurs étuis seront emportées dans un fourgon fermé que Monsieur le général Gagneur fera passer à votre quartier général vers dix heures.

Prévenez Messieurs vos colonels et veuillez donner des ordres pour qu'ils se conforment à ces prescriptions, quelque pénible que soit ce sacrifice.

Le directeur de l'arsenal délivrera des récépissés aux corps.

Le général commandant le deuxième corps,
FROSSARD.

Pour copie conforme et notification à Messieurs les généraux de brigade :

Le général commandant la troisième division du deuxième corps,
DE LAVEAUCOUPET.

Pour copie conforme et notification à Messieurs les colonels :

Le général commandant la première brigade de la troisième division,
ZENTZ.

P. S.—Le quartier général de la division est l'hôtel de Metz où demeure M. de Laveaucoupet.

Il faut se servir d'une voiture d'équipage régimentaire,

ZENTZ.

Pour copie conforme :
Le greffier du premier Conseil,
P. ALLA.

Pour copie conforme :
Constantine, le 17 février 1873.
Le colonel du 63e d'infanterie,
GRISET.

A la capitulation de Dresde, on cacha les aigles dans les fourgons. Les Autrichiens les réclamèrent ; il fut répondu que la garnison étant composée de bataillons de divers régiments, les aigles n'y étaient pas. Ce qui fait dire au général de Fézensac dans ses mémoires : « Je n'ai jamais approuvé ces escamotages. C'est fort bien de défendre le drapeau sur un champ de bataille, et il n'y a aucun déshonneur à le rendre par capitulation ».

M. Thiers alors Président de la République, me fit donner connaissance du Rapport du Conseil d'enquête qui me rendait responsable, rédigé dans des termes d'une violence extrême, au lieu de se borner à émettre l'avis prescrit par l'article 267 ; cet avis est envoyé, par le Président, avec toutes les pièces, au ministre de la guerre, qui prend les ordres du chef de l'État.

L'Assemblée nationale ayant eu connaissance du résumé de ce Rapport, qui se rapprochait beaucoup des termes d'un jugement, contrairement à l'article 267 qui dit « *Le Conseil d'enquête ne rend point de jugement*», força M. Thiers à me faire traduire au Conseil de guerre, mesure que, du reste, j'avais provoquée moi-même, par la lettre ci-après, et dont les termes furent adoucis par des corrections faites de sa main. Il était, m'a-t-il dit, complètement opposé à la mise en jugement, et c'est pour cela que l'instruction fut si longue : *dix-huit mois*.

Monsieur le Président,

J'ai l'honneur de vous remercier d'avoir bien voulu me faire donner connaissance du Rapport de la Commission d'enquête sur la capitulation de Metz.

Je n'aurais jamais cru avant cette lecture qu'il fut possible d'accumuler contre un maréchal de France, autant de perfides et malveillantes insinuations, sans qu'il ait été mis en présence de ses détracteurs, et je n'accepte pas les blâmes qui sont énoncés dans ce Rapport.

Il vous appartient, Monsieur le Président, de traduire devant un Conseil de guerre, l'homme qui après avoir servi en soldat, et non sans honneur, son pays pendant quarante ans, est exposé, contre toute justice, à supporter la responsabilité de tous nos malheurs.

J'attends l'ordre de comparaître devant des juges qui m'écouteront et auxquels je dirai toute la vérité.

J'ai contre moi les colères de ceux dont l'impuissant orgueil et le fol aveuglement ont perdu le pays, et qui aujourd'hui espèrent faire oublier les responsabilités terribles qui leur incombent, en essayant de flétrir ma conduite. (*Tout ce paragraphe a été biffé par M. Thiers.*)

J'aurai pour moi l'opinion des honnêtes gens qui me verront lutter contre mes calomniateurs ; ce n'est pas sa vie que le maréchal Bazaine prétend défendre, mais bien son honneur de soldat, son seul patrimoine qu'il veut transmettre intact à ses enfants.

M. Thiers voulait attendre la consolidation de son pouvoir présidentiel : il était loin de s'attendre à ce que le maréchal de Mac-Mahon, commandant alors l'armée de Versailles, allait le supplanter à la Présidence avec une voix de majorité. Son intention était de produire une ordonnance de non-lieu, et d'en donner l'explication par une proclamation au peuple français.

A l'Assemblée nationale il existait une Commission présidée par M. le général Chanzy (qui avait été sous mes ordres au bureau arabe de Tlemcen) pour examiner les Rapports du Conseil d'enquête, et substituer sa décision à celle du chef du Pouvoir exécutif, et de laquelle M. Bamberger faisait partie. On fit faire par l'Assemblée une loi qui modifiait la composition des Conseils de guerre, et contrairement à l'article 2 du Code civil « qu'une loi nouvelle ne peut avoir *d'effet rétroactif* », je fus traduit, et jugé par mes inférieurs.

A M. le général de division Pourcet, Commissaire spécial du gouvernement près le premier Conseil de guerre de la première division militaire.

Le Ministre de la guerre,

Vu les articles 99 et 100 du Code de justice militaire ;

Attendu qu'il résulte de l'avis émis par le Conseil d'enquête convoqué à cet effet, que M. le maréchal Bazaine a causé la perte d'une armée de cent cinquante mille hommes et de la place de Metz ; que la responsabilité lui en incombe tout entière; et que, comme commandant en chef, il n'a pas fait tout ce que lui prescrivaient le devoir ET L'HONNEUR ; (*Cette dernière expression a été ajoutée.*)

Que, par suite, la capitulation signée par lui constitue les crimes prévus par les articles 209 et 210 du Code de justice militaire;

Ordonne qu'il soit informé contre lui par le Rapporteur du premier Conseil de guerre permanent de la première division militaire, spécialement nommé suivant les prescriptions de l'article 12 du Code de justice militaire.

Charge le Commissaire du gouvernement spécial d'assurer l'exécution du présent ordre d'informer.

Fait à Versailles, le 7 mai 1872.

DE CISSEY.

Pour copie conforme : le greffier,
P. ALLA.

Dans la composition du Conseil dont les membres furent nommés par M. du Barrail, alors ministre de la guerre, et M. Ladmirault, commandant la première division militaire, tous deux ayant été sous mes ordres à Metz, on élimina le général comte de Schramm qui, avec raison voulait le présider ; et la liste par ancienneté ne fut pas suivie, afin d'y mettre des officiers généraux qui avaient été de la maison militaire du Roi, M. le duc d'Aumale étant nommé président, bien qu'il fût hors cadre, et qu'il ait été plus de vingt ans à l'étranger.

Le Commissaire du gouvernement fut le général Pourcet, ancien aide de camp du général Changarnier, lorsqu'il commandait l'armée de Paris, et qui, à un déjeuner au quartier général du Louvre, auquel j'assistais, se déclarait prêt à conduire le Prince Président à Vincennes !

Enfin, le Rapporteur fut le général Seré de Rivières.

CONSTATATION DE L'IDENTITÉ DU MARÉCHAL BAZAINE.

Versailles, 21 *mai* 1872.

Devant nous de Rivières, général de brigade, Rapporteur près ledit Conseil de guerre, assisté de M. Alla, officier d'administration, greffier.

Avons fait comparaître devant nous M. le maréchal Bazaine détenu avenue de Picardie, 32, à Versailles. L'avons interpellé de nous déclarer ses noms, prénoms, âge, lieu de naissance, son état, son grade et son domicile.

Il a répondu se nommer Bazaine, François, Achille, âgé de 61 ans, né à Versailles, maréchal de France.

Il a été donné au Maréchal lecture de l'ordre d'informer donné contre lui par M. le ministre de la guerre. Il a fait observer que l'avis du Conseil d'enquête ne fait mention, que comme commandant en chef « il n'a pas fait *ce que lui prescrivait le devoir* MILITAIRE » tandis que l'ordre d'informer mentionne que « commandant en chef il n'a pas fait tout ce que lui prescrivait LE DEVOIR ET L'HONNEUR ». (*C'est au ministère de la guerre que cette modification avait été faite*).

Après avoir donné lecture au Maréchal du présent procès-verbal il a dit ses réponses être fidèlement transcrites ; qu'elles contiennent la vérité et a signé avec nous et le greffier,

ALLA.   M^{al} BAZAINE.   DE RIVIÈRES.

Immédiatement nous avons délivré contre l'accusé mandat de dépôt.

Le général rapporteur,
DE RIVIÈRES.

Pour copie conforme à l'original :
Le greffier du Conseil,
P. ALLA.

Je me suis constitué prisonnier le 11 mai 1872.

Ma protestation contre la *falsification* commise au bureau de la Justice militaire du ministère de la guerre en ajoutant : *et l'honneur*, n'a pas été acceptée ; à quoi servait alors l'enquête ?

Ci-après la déclaration du général comte de Schramm :

Le 18 août 1877, je me rendis à la Courneuve, près de Saint-Denis, pour rendre visite au général Schramm.

Au moment de mon arrivée, le général revenait de Paris. Il me reçut avec la plus grande affabilité.

Suit la partie de notre conversation relative à l'objet de ma visite.

—Mon général, mon plus grand désir, en venant vous trouver, est d'élucider un point d'histoire. Si, par hasard, ma demande vous paraissait indiscrète, veuillez me le dire franchement et ne pas me refuser votre indulgence, en raison du motif qui me guide.

Lors du procès du maréchal Bazaine, votre droit et votre devoir, comme le plus ancien général de toute l'armée française, était de présider le Conseil de guerre appelé à juger sa conduite.

Est-il vrai, comme plusieurs personnes me l'ont affirmé, que ce droit, vous l'avez revendiqué et que, malgré votre juste réclamation, on a passé outre ?

— *Oui mon enfant* (le général Schramm était officier général avant ma naissance, ce titre n'avait donc rien que de très bienveillant), *rien n'est plus vrai !*

—Vous connaissez, mon général, ma respectueuse affection pour le maréchal Bazaine, qui n'est en réalité que la malheureuse et grande victime de nos dissensions politiques. Je ne vous surprendrai donc pas en vous disant que mon idée fixe est la révision de ce triste procès, lorsque le jour sera venu. Mais à toute affaire il faut un grelot, et votre incident en est un. C'est pour ce motif que je vous demande de vouloir bien me donner votre affirmation par écrit.

— Lors de la composition du tribunal, me répliqua le général, j'appris que l'on avait décidé en haut lieu d'en donner la présidence au duc d'Aumale.

Je me rendis immédiatement, pour protester, chez le ministre, le général du Barrail dont le père avait dû autrefois sa réintégration dans l'armée à mon intervention. Je protestai; le ministre m'objecta mon grand âge, et certain article de loi.

A cela je répondis que j'ignorais si, pouvant encore tenir douze heures à cheval, mon âge pouvait être un obstacle; que, quant à la loi, je n'en connaissais qu'une en vertu de laquelle l'ancienneté est un grade, que dans toute réunion d'officiers, la présidence revenait au plus ancien, et que je ne pouvais admettre d'être placé sous les ordres de M. le duc d'Aumale dont, comme général, j'avais dirigé les débuts lorsqu'il était à peine chef de bataillon.

Je ne ferai, ajoutai-je, peut-être pas preuve d'autant d'éloquence que lui, mais j'apporterai du moins une expérience qu'il ne peut avoir; je quittai le ministre en lui disant: «Je serai du Conseil comme président, ou je n'en serai pas».

On me récusait donc comme Président, mais on me désignait comme juge? On m'envoya même des médecins pour constater mon état de santé.

Je ne pouvais répondre par un refus pur et simple sans me mettre sous le coup d'un jugement pouvant entraîner la prison et la destitution. J'invoquai alors d'anciennes blessures constatées par un certificat délivré en 1815, par Larrey et Sue (le père du romancier).

Ce certificat m'avait servi à refuser légalement de reprendre du service sous les Bourbons, mais, en servant de 1830 à 1870 j'ai bien prouvé que mes blessures n'étaient pas un obstacle réel. J'invitai les docteurs à me visiter, tout en leur disant que je ne supposais pas qu'ils pussent contredire des princes de la science, leurs anciens maîtres, *et je fus déclaré exempt de siéger.*

Dans ces conditions, je ne peux plus, vous le comprenez, vous donner la pièce que vous me demandez, *mais je vous autorise complètement à dire et à écrire toute notre conversation.*

Je compris très bien que le général ne pouvait se déjuger et qu'à toute protestation on opposerait le procès-verbal médical, et je n'insistai pas.

Et cependant il est évident, d'après ce qui précède, que ces blessures, antérieures à 1815 n'auraient pas plus empêché le général de siéger comme président qu'elles ne l'empêchèrent de servir son pays de 1830 à 1870. Il est évident qu'elles furent uniquement un prétexte destiné à riposter à un déni de justice.

« Si je ne suis pas bon pour présider, je ne veux pas être bon pour siéger sur un fauteuil de simple juge », telle avait été la pensée du général.

Le général me dit encore :

— J'ignore la marche qu'eussent suivi les débats sous ma direction, mais ce que je sais, c'est qu'ayant suivi le Maréchal dans sa carrière, dès ses débuts, j'ai apprécié son intelligence, son courage et ses services que j'ai aidé à récompenser. Ce que je sais, c'est qu'il n'est pas dans la carrière, ni dans la Légion d'honneur, un grade qui ne lui ait été concédé pour un fait de guerre, et que je n'aurais pas manqué à mettre ce long et glorieux passé sous les yeux des juges.

Je ne pus m'empêcher de lui répondre :

— Là est peut-être, mon général, le motif réel de votre exclusion.

La conversation continua longtemps encore sur les événements de Metz, sur le procès et sur certains personnages qui y ont joué un rôle.

— C'est ainsi qu'on écrit l'histoire ! me dit tristement le général.

Je le quittai enfin, après un visite de près de deux heures qui se termina par l'invitation à le venir voir souvent, et je retournai à Paris charmé de l'accueil que j'avais reçu, émerveillé d'avoir trouvé dans le général un homme aussi sain de corps et d'esprit malgré son âge, car il me déclara qu'il avait quatre-vingt-quatre ans.

Le Rapporteur, M. le général de Rivières avait été deux fois sous mes ordres, la première fois à l'armée d'Italie comme chef de génie de ma division, la seconde fois à Metz quand je commandais le troisième corps d'armée. Ses premières paroles furent, quand il vint me faire la signification de ma mise en accusation : « Vous savez, je ne suis pas impérialiste ! » — Faites votre devoir, lui répondis-je, et voilà tout. » Pendant toute l'instruction il a été ironique, répétant souvent : « Ah ! vous vouliez conserver votre armée pour en imposer à la France après la chute de Paris, que vous ne croyiez pas capable de se défendre si longtemps, etc. » Et tant d'autres balivernes.

Il ne s'est, en rien, conformé à l'esprit de l'article 108, en ne citant pas dans son Rapport les circonstances à décharge, et son avis n'ayant pas été donné avec indépendance ; quant aux témoins, il n'a recherché que ceux à charge.

Voici à cet égard, comment s'exprime le général de Cissey sur *son caractère*, et sur le *ton* de son Rapport :

Toul, 24 octobre 1873.

Je n'ai fait que traverser Paris, et n'ai pas pu vous prévenir de mon passage. En arrivant j'ai trouvé une lettre du maréchal Bazaine, qui me demande un renseignement, j'ai répondu de suite regrettant de n'avoir pas pu le faire, car je comprends que dans sa situation on se blesse facilement de tout ce qui peut paraître négligence ou oubli, de la part de ceux que l'on considère comme des amis. J'ai répondu au Maréchal une lettre d'affaires parce que j'ai pensé qu'il était possible qu'il en fît donner lecture au Conseil de guerre. Quant aux appréciations sur le général de Rivières, je ne puis que lui dire que j'ai été très surpris de la passion mise dans son Rapport. Rivières s'était bien conduit au siège de Paris; il a montré une rare intelligence avec beaucoup de bravoure et d'initiative. M. Thiers le connaissait, et avait compté sur son tact et sur sa finesse, mais il faut aussi compter sur la faiblesse et l'ambition des hommes. Le général Rivières a été très poussé par deux officiers[1] qu'il avait demandé comme adjoints. Du reste, l'exagération de ce Rapport a produit un revirement dans l'opinion publique. Je viens de courrir beaucop, j'ai vu beaucoup de gens d'opinion et de situation très différentes, et je les ai trouvés unanimes, surtout les magistrats, qui cependant partagent l'opinion de M. Dufaure, que l'on ne pouvait pas obliger le Rapporteur à refaire son travail et à lui donner une autre forme. Dites tout cela de ma part au Maréchal. S'il me fait appeler comme témoin, je dirai ce qui est dans ma lettre. Je n'ai rien d'autre à dire, ni pour ni contre, j'étais commandant de division, et n'avais avec lui que des relations officieuses. J'ai dû même être très sobre dans mes relations à cause de la susceptibilité de Jarras, qui n'ignorait pas que le Maréchal m'avait demandé pour chef d'état-major.

G^{al} DE CISSEY.

M. le général de Rivières espérait que M. Thiers resterait au pouvoir, et qu'il en tirerait parti ; il changea, comme on dit vulgairement dans l'armée, *son fusil d'épaule*, à l'avènement du Septennat, et il en fut récompensé par sa nomination au grade de général de division et à la présidence du Comité de son arme, le génie, qu'en Afrique, nous appelions le *génie malfaisant*.

Quant au général Pourcet, il fut dans son réquisitoire aussi

---

1. Ces deux officiers étaient le commandant de Salas, de l'état-major, et le lieutenant-colonel Coste, du corps du génie.

violent que possible, injurieux même, et posa au Conseil de guerre les griefs suivants : 1° Le Maréchal est-il coupable d'avoir le 28 octobre, comme commandant en chef de l'armée du Rhin, capitulé en rase campagne ? 2° Cette capitulation a-t-elle eu pour but de faire poser les armes aux troupes ? 3° Le Maréchal a-t-il traité avec l'ennemi verbalement ou par écrit, sans avoir fait préalablement tout ce que lui prescrivaient le devoir et l'honneur? 4° Le maréchal Bazaine mis en jugement après avis du Conseil d'enquête, est-il coupable le 21 octobre 1870 d'avoir capitulé avec l'ennemi et rendu la place de Metz dont il avait le commandement supérieur, sans avoir épuisé tous les moyens de défense dont il disposait, et sans avoir fait tout ce que lui prescrivaient le devoir et l'honneur ?

Le Conseil prononça à l'unanimité ma culpabilité sur les quatre questions qui lui avaient été soumises par le Commissaire du gouvernement: je fus condamné à mort, et par suite à la dégradation!

C'est assez singulier, que l'on puisse, *le même jour*, *capituler en rase campagne*, et dans une place bloquée; il fallait du bon vouloir de la part des juges. Puis, je n'ai jamais été commandant supérieur de Metz, et le général rapporteur a été forcé de déclarer dans son Rapport (quatrième partie, troisième section: Étude sur les subsistances): «*L'armée et la place de Metz ont tenu jusqu'à leur dernier morceau de pain*». Que voulait-on de plus ? Il m'a été assuré que l'unanimité avait été obtenue à condition que l'on écrirait et signerait, également à l'unanimité, une demande en grâce au Président de la République, M. le maréchal de Mac-Mahon, ce qui effectivement eût lieu le jour-même; c'est cette demande, signée par tous les membres du Conseil, que je joins ici.

A Monsieur le ministre de la guerre.

Trianon, le 10 décembre 1873.

Monsieur le ministre,

Le Conseil de guerre vient de rendre son jugement contre M. le maréchal Bazaine.

Jurés, nous avons résolu les questions qui nous étaient posées, en n'écoutant que la voix de notre conscience. Nous n'avons pas à revenir sur le long débat qui nous a éclairés. A Dieu seul, nous devrons compte des motifs de notre décision.

Juges, nous avons dû appliquer une loi inflexible et qui n'admet pas qu'aucune circonstance puisse atténuer un crime contre le devoir militaire.

Mais ces circonstances que la loi nous défendait d'invoquer en rendant notre verdict, nous avons le droit de vous les indiquer.

Nous nous rappellerons que le maréchal Bazaine a pris et exercé le commandement de l'armée du Rhin, au milieu de difficultés inouïes ; qu'il n'est responsable ni du désastreux début de la campagne, ni du choix des lignes d'opérations. Nous vous rappellerons qu'au feu, il s'est toujours retrouvé lui-même; qu'à Borny, à Gravelotte, à Noisseville, nul ne l'a surpassé en vaillance, et que le 16 août, il a, par la fermeté de son attitude, maintenu le centre de sa ligne de bataille.

Considérez l'état des services de l'engagé volontaire de 1831; comptez les campagnes, les blessures, les actions d'éclat qui lui ont mérité le bâton de maréchal de France.

Songez à la longue détention qu'il vient de subir, songez à ce supplice de deux mois pendant lesquels il a entendu chaque jour discuter son honneur devant lui, et vous vous unirez à nous, pour prier le Président de la République de ne pas laisser exécuter la sentence que nous venons de prononcer.

Recevez, Monsieur le ministre, l'assurance de notre respect.

Le Président :
Henri d'Orléans.

Les Juges :

Gal de la Motterouge (infanterie).
Gal Bon de Chabaud la Tour (génie), ancien aide de camp du Roi.
Gal Princeteau (artillerie), ancien officier d'ordonnance du Roi.
Gal Besayre (cavalerie).
Gal de Malroy (état-major).
Gal Tripier (génie).

S. M. la reine Isabelle II, voulut bien me donner un témoignage de son intérêt en m'écrivant le 11 décembre, à minuit :

Cher Maréchal,

Aujourd'hui plus que jamais, je suis votre amie ; je m'offre à vous pour ce qui peut vous servir. Dites-moi ce que je puis faire, et je le ferai, quoique ce soit.

Vous savez que vous pouvez toujours compter sur l'affection et la véritable amitié que lui porte son amie

Isabel de Borbon.

Aucune expression ne peut rendre ma reconnaissance.

Les marques de sympathie devant le malheur qui m'accablait vinrent adoucir l'amertume de la situation que me créait l'esprit de parti, et les lettres qui suivent ont été pour moi une grande consolation dans ma peine ; je les reproduis afin de montrer que je n'étais, heureusement, pas abandonné par tout le monde.

TÉLÉGRAMME.

Paris, de Chislehurts n° 8576. 34. 12-12. 11-m.—Monsieur Rouher, 4, rue de l'Elysée, Paris.— Je suis vivement émue de la sentence. Faites savoir au maréchal Bazaine que je voudrais pouvoir adoucir ces cruels moments. Accusez réception.—Comtesse de Pierrefonds, Chislehurst.

Paris, le 11 décembre 1873.

Maréchal,

Votre courage est au-dessus des violences humaines, je n'ai point à essayer auprès de vous d'inutiles consolations.

Des passions politiques implacables, des haines voilées, cette basse envie qui croit se grandir en cherchant à abaisser ce qui est au-dessus d'elle, ont égaré des convictions et entraîné la plus déplorable des sentences, non pas seulement contre vous, mais au préjudice de l'honneur et de la dignité de l'armée française, au détriment des intérêts de la patrie.

Mais il ne dépend pas de quelques hommes de faire de vous un coupable, et la conscience publique indignée ne permettra pas qu'on en fasse un martyr. La vérité et la justice ne laisseront pas à la postérité le soin de détruire l'œuvre d'iniquité qui vient de s'accomplir. La réparation solennelle sera prochaine. Pour moi, au moment où ses ennemis outragent la victime, je m'honore de son amitié, je sens mon affection pour elle s'élever à la hauteur de son infortune, et je prie Dieu de la protéger.

ROUHER.

Paris, le 12 décembre 1873.

Mon cher maréchal,

J'ai réprouvé le procès ; je n'ai pu croire à la condamnation ; je ne comprends pas la commutation. Bientôt la conscience publique devancera l'histoire. Je vous ai déjà fait dire mes sentiments, mais je tiens à vous dire moi-même, que j'avais dans la prospérité, et je vous conserve dans le malheur la plus haute estime et la plus réelle affection.

Votre bien dévoué,

SCHNEIDER.

Londres, 17 *Décembre* 1873.

Mon cher maréchal.

Je vous suis bien obligé pour la peine que vous avez prise de remarquer ma lettre parue dans le *Times*.

Cette lettre n'était pas destinée à être mise sous vos yeux, mais était écrite pour mes compatriotes et frères d'armes, afin de les prévenir de ne pas ajouter foi aux accusations antilibérales et injustes dirigées contre un officier d'un caractère aussi élevé que le vôtre, avec lequel j'ai eu l'honneur et le plaisir de servir.

Je suis heureux d'avoir l'occasion de vous exprimer personnellement ces mêmes sentiments, et de vous assurer combien toutes les classes de ce pays sympathisent profondément avec leurs anciens alliés, dans ces malheurs qui les ont accablés pendant cette dernière période si pleine d'événements.

Je suis, mon cher maréchal, avec la plus sincère considération, votre très dévoué,

J. F. BURGOYNE,
Feld maréchal.

Paris, le 12 *décembre* 1873.

Monsieur le maréchal,

Il m'est impossible de vous exprimer mes sentiments comme je les éprouve. L'horrible injustice qui vous frappe, la persécution dont vous êtes la victime, ajoutent la gloire du martyr à celle dont on n'a pas pu vous dépouiller.

Ne perdez pas confiance, vous ne tombez pas, on s'abaisse autour de vous. La fidélité dans la captivité est plus grande, beaucoup plus grande que le parjure ou la défaillance entourés de faux honneurs.

La justice de Dieu vient aussi dans ce monde et souvent plus vite qu'on ne le croit ; l'avenir est à lui.

Monsieur le maréchal, veuillez me compter au nombre de ceux qui vous honorent et qui restent fidèles à leur amitié.

Je voudrais pouvoir vous en donner des preuves plus marquantes.

Votre affectionné,

DUC DE GRAMONT.

Paris, 12 *décembre* 1873.

Monsieur le maréchal,

Permettez-moi de vous exprimer ma profonde sympathie.

Plusieurs de ceux qui portent mon nom, Monsieur le maréchal, ont reçu de vous des preuves de bienveillance que nous n'aurions jamais oubliées et qui maintenant resteront gravées dans notre cœur.

Vous avez donné à la France, à l'armée, à vos juges, le plus noble exemple de courage et d'abnégation. Un jour viendra bientôt où vos ennemis seront confondus.

Veuillez agréer, Monsieur maréchal, ainsi que Madame la maréchale, l'hommage de mon inaltérable dévouement,

B^{on} DE BOURGOING.

Versailles (Viroflay), le 13 décembre 1873.

Madame la maréchale,

Immédiatement après avoir reçu votre lettre j'ai écrit à Monsieur le Président de la République, et je m'empresse de vous transmettre la réponse que je viens de recevoir ce matin.

Veuillez agréer, Madame la maréchale, l'hommage de tous mes bien dévoués respects.

† F. ÉV. D'ORLÉANS.

Versailles le 12 décembre 1873.

Monseigneur,

Je m'empresse de répondre à la lettre que vous venez de m'adresser.

Personne, je le pense, n'a éprouvé une douleur plus vive que la mienne, en apprenant la condamnation du maréchal Bazaine. Mais, en lisant le jugement de sept généraux pour lesquels j'ai une estime profonde, reconnaissant la culpabilité sur les quatre chefs d'accusation présentés, je n'ai cru, en conscience, pouvoir commuer la peine de mort prononcée, en une peine inférieure à celle de la détention.

Je ne connais point les règlements qui régissent les maisons de détention. Mais vous pouvez être persuadé que je comprends toute la douleur de Madame la maréchale, et que je ferai mon possible pour l'adoucir autant que je pourrai le faire dans la limite de mes attributions.

Veuillez agréer, Monseigneur, l'assurance de ma haute et respectueuse considération.

M^{al} MAC-MAHON.

4 décembre 1873.

Monsieur le maréchal,

Il est bien dur de voir un Pourcet, général médiocre, se permettre de jeter un blâme continu sur son supérieur. Votre Excellence n'eût pas dû accepter de comparaître devant un autre tribunal que celui des maréchaux de France. J'ai l'espérance, avec tous ceux qui tiennent à la dignité de l'armée, que vous trouverez un moment avant la fin des débats si douloureux pour vous, de flétrir cette organisation si défectueuse de la législation militaire.

Veuillez agréer, Monsieur le maréchal, l'expression des sentiments de respect que m'inspire le malheur, surtout quand il est soutenu avec fermeté et stoïcisme.

Gal CLINCHANT.

Paris, 19 *décembre* 1873.

Monsieur le maréchal,

Je n'avais pas le droit de disputer à vos anciens amis les consolations des premiers jours. Je désirais, d'ailleurs, laisser le calme se faire dans mon esprit avant de m'incliner avec respect devant une grande infortune imméritée.

A la hauteur où vous placent vos services et vos malheurs, vous êtes de ceux qui ont le droit de faire appel au jugement de la postérité.

Pendant deux mois et demi, vous avez tenu en respect un ennemi bien supérieur en nombre, et après lui avoir livré les plus grandes batailles et les plus sanglantes, vous n'avez cédé qu'à la famine. Après avoir donné à votre armée l'exemple du plus grand courage, vous avez donné à votre pays, s'il eût été gouverné, le temps de faire une paix devenue nécessaire.

Des passions diverses, aveugles, généreuses ou coupables, ont été déchaînées sur la France. Le faux patriotisme qu'aggrava les maux de la patrie l'a emporté sur le vrai patriotisme qui ose les arrêter. Dans une situation affreuse où toutes les lois étaient violées vous avez agi suivant votre conscience. Vous l'avez dit et je vous crois.

Ce témoignage de votre conscience auquel répond la conscience de beaucoup de gens de bien doit être votre consolation suprême, en attendant que l'histoire vous replace au rang qui vous appartient parmi les plus braves soldats de la France. Ce n'est pas vous qui avez mêlé la politique à la guerre, car un maréchal de France avait bien le droit de conseiller la paix, et en la conseillant au commencement d'octobre, vous donniez un avis salutaire qui devait être écouté par des hommes d'État dans l'intérêt du pays, sous la République aussi bien que sous l'Empire.

Veuillez agréer, Monsieur le maréchal, l'hommage de mon plus profond respect,

DE FORCADE.

28 *septembre* 1874.

Monsieur le maréchal,

Votre lettre me parvient bien loin de Paris. Je suis très touché des sentiments que vous voulez bien m'exprimer et je vous en remercie sincèrement.

J'avais chargé votre excellent frère de vous dire tout mon bonheur en vous sachant libre et d'exprimer à Madame la maréchale toute mon admiration pour son héroïsme.

Au premier moment je ne savais où vous écrire, vos lettres devaient aussi être ouvertes à la poste, et j'ai une horreur invincible de livrer mes sentiments à la police.

Le tribunal de Grasse a voulu absolument organiser votre sortie de l'île à sa façon. C'était un parti pris ; mais qu'importe, cela ne change rien à l'intérêt si palpitant qui s'y rattache.

Je ne vois aucun danger pour Madame la maréchale à venir en France. Elle n'est pas poursuivie et ne saurait l'être. Il est vrai que nous sommes en état de siège et que l'administration a le pouvoir le plus extraordinaire, mais il me semble à peu près impossible qu'on interdise la France à Madame la maréchale. Il faudrait une loi, ou au moins un prétexte.

Croyez toujours, Monsieur le maréchal, à mon affection la plus respectueuse et la plus dévouée

Veuillez offrir à Madame la maréchale mes hommages les plus respectueux.

Ch. Lachaud.

Châlet de Prangins, près Nyon, Canton de Vaud (Suisse),
29 septembre 1874.

Monsieur le maréchal,

J'ai lu avec grand intérêt la lettre que vous m'envoyez, et j'ai suivi toutes les péripéties de l'île Sainte-Marguerite.

Quels enseignements pour l'histoire de tous les événements! Je ne suis pas étonné de vos réflexions sur la presse.

J'ai admiré le dévouement de Madame la maréchale, à laquelle je vous prie de présenter mes hommages.

Recevez, Monsieur le maréchal, l'assurance de tous mes sentiments.

Jérome Napoléon.

Dax, 14 *décembre* 1874.

Excelentísimo señor mariscal Bazaine.

Mi distinguido amigo y muy digno general: Con el más vivo interes he seguido paso á paso todas las fases de vuestro célebre proceso.

Comprendí desde luégo su índole, y preví el resultado. Aparece instruido, no para inquirir, sino para probar lo que, en mi buen sentir y el de toda persona honrada y competente, no se ha podido ni era posible que se probase.

¡Ha sido un proceso político donde resalta el sello de la pasion y de otros sentimientos ménos nobles !

Se necesitaba una víctima ilustre, ET VOILÁ TOUT.

Rehusando la apelacion, ha estado V. muy digno. Digna y noble ha sido igualmente su actitud ante ese grande y merecido infortunio, que faltaba, sin duda, para hacer resaltar más y más la grandeza de su alma.

El acto del Tribunal firmando la instancia colectiva en que se pide la conmutacion de la pena da lugar á suponer que la conciencia no tardó mucho en hacer su oficio, como tampoco la Historia podrá tardar en hacer á V. la justicia que los hombres le han negado. No lo dude usted.

Miéntras tanto, en las privaciones y amarguras de su ostracismo le acompañarán constantemente la admiracion y sinceras simpatías de sus numerosos amigos, entre los que ruego á V., señor mariscal, que cuente siempre, y ahora más que nunca, á su atento y afectísimo S. S., Q. B. S. M.,

El general español
EUSTAQUIO DIAZ DE RADA.

Felicito cordialmente al digno y elocuentísimo Sr. Lachaud.

Peu de temps avant sa mort, l'empereur Napoléon III, dont on ne peut nier la bonté, m'écrivait :

Cowes, le 17 août 1872.

Mon cher maréchal,

J'ai été bien sensible à votre bon souvenir pour le 15 août, et je viens vous en remercier. Nous pensons souvent à vous, et nous ne comprenons pas sur quoi peut porter l'accusation dont vous êtes l'objet.

J'espère que vos tribulations auront bientôt un terme. Ce procès prouvera que vous avez fait tout ce qui était en votre pouvoir de faire.

Rappelez-moi au souvenir de la Maréchale, et croyez à ma sincère amitié.

NAPOLÉON.

Après le prononcé du jugement, je restai encore quelques jours à Trianon, où la reine Isabelle II, accompagnée de S. A. R. l'Infante, princesse des Asturies, me fit l'honneur de sa visite pendant ma détention à Versailles ; la Reine, déjà, m'avait honoré d'une pareille visite, mais cette fois, accompagnée du roi Alphonse XII. J'exprime ici ma bien sincère reconnaissance à l'illustre famille royale d'Espagne, pour ne m'avoir pas renié, quand le malheur immérité est venu jeter la nuit autour de moi, et frapper aussi ma famille.

Je fus dirigé sur l'île Sainte-Marguerite où, sur la côte nord, à la pointe de la Croisette, s'élève le fort construit par Richelieu, qui acheta l'île en 1637 ; ce fort, complété par les Espagnols, et réparé sur les plans de Vauban, est devenu célèbre comme prison d'État, par la captivité du mystérieux personnage, connu sous le nom de l'Homme au masque de fer.

Je devais être embarqué à Antibes. Au moment de mon arrivée, il y avait un attroupement de bons citoyens qui se mirent à crier : *« A l'eau le bourreau! »* Qu'avait-on donc pu dire à ces gens si furieux contre moi ? Et c'est la première fois que j'entendais cette épithète, qui prouve combien on peut égarer le peuple ; car qui me connaît, sait que je ne tuerais pas une mouche ; et je n'ai jamais été, dans ma carrière, *ni cruel, ni inhumain*.

A Sainte-Marguerite, le service de surveillance était composé d'agents civils en uniforme, sous la direction de M. Marchi qui, malgré ses bonnes intentions à mon égard, était obligé à certaines mesures qui me froissaient, telles que l'ouverture de mes lettres, l'obligation de lui soumettre celle que j'écrivais. Je savais que ses instructions étaient de me parler *le chapeau sur la tête*, et qu'il avait demandé si je devais porter le costume gris des détenus : le costume de l'infamie ! Cela dépassait les bornes de la patience, et je me décidai à m'évader, coûte que coûte.

Une famille anglaise habitant une villa en face de l'île, et des officiers en retraite, vivant sur la côte, m'offrirent leurs services ; j'acceptai ceux du capitaine Doineau, qui se mit d'accord avec la Maréchale et son neveu M. Rul, du Mexique ; mais il paya son dévouement à son ancien chef, en Afrique, par plusieurs mois de prison. Cela se passait sous le gouvernement *des Ducs, et de l'ordre moral*, qui fonctionnait pour ramener la France à une monarchie bourgeoise-constitutionelle ! Nous nous servîmes de tous les bouts de corde que l'on pouvait se procurer, à l'aide desquels nous pûmes en confectionner une assez forte, et presque assez longue pour opérer ma périlleuse descente. Les lettres ci-après adressées au ministre de la justice, donnent quelques détails sur cette évasion, que certains esprits attribuèrent à l'initiative du gouvernement du Septennat qui, du reste, ne l'a jamais fait démentir.

Arrivé à Gênes, avec quel bonheur je respirai l'air de la liberté, loin des sbires de ce qui était appelé le gouvernement de l'ordre moral !

A Monsieur le ministre de l'intérieur.

Cologne (?) août 1874.

Monsieur le ministre,

M. le lieutenant-colonel Willette mon ancien aide de camp, et aujourd'hui mon ami, n'a aucune responsabilité à encourir pour mon évasion. Il ignorait ma résolution, et nous nous sommes séparés, dans la soirée du 9, à l'heure habituelle. Mon domestique, Auguste Bareau, âgé de 18 ans, qui n'entrait que rarement le soir dans ma chambre, est dans le même cas.

J'ai fait seul, de concert avec ma femme et son neveu, ce qu'il y avait à faire pour opérer ma descente périlleuse, et je m'en suis tiré au prix de fortes contusions, et de déchirures à mes vêtemens et à ma peau.

Le directeur et ses agents ne se sont jamais relâchés de leur rigoureuse surveillance. Leur service s'est constamment fait avec une régularité sévère, et aucun d'eux ne doit être rendu responsable.

M. Marchi dont je n'ai eu qu'à me louer, malgré sa délicate mission, est reavecsté moi jusqu'à près de dix heures du soir. C'est en le quittant, et après avoir dit adieu au colonel Willette, dont le départ était arrêté depuis quelques jours pour le lundi 10, de grand matin, qu'au lieu d'aller dans ma chambre, j'ai pu me dérober à la vue du gardien qui venait fermer ma porte, et devait être persuadé que j'étais rentré.

J'ai été très péniblement froissé de me voir appliquer le règlement du 25 mai 1872 relatif aux maisons centrales. Je me suis vu privé de la faculté de prendre de l'exercice autrement qu'en piétinant, huit mois durant, dans un espace restreint exposé toute la journé au soleil brûlant du midi. Je m'attendais à être laissé sous la garde du commandant militaire du fort.

Si je n'avais pas été soumis à un régime humiliant, auquel mon passé devait me soustraire, et qui était pour moi pire que la mort, j'eusse fait comme à Versailles et à Trianon, je n'aurais rien tenté pour recouvrer ma liberté, par respect pour l'habit militaire que j'ai très honorablement porté pendant près d'un demi-siècle.

Enfin, Monsieur le ministre, je me suis senti autorisé à agir comme je l'ai fait, parce que cette maxime de droit public que « nulle sentence n'est légitime, si elle n'est rendue par les pairs de l'accusé », maxime respectée même au milieu de l'anarchie et des violences du moyen-âge, n'a pas été respectée pour votre serviteur,

M^{al} BAZAINE.

Spa, 16 août 1874.

Monsieur le ministre,

A mon arrivée ici, je lis dans les journaux que plusieurs arrestations ont été faites, par suite de l'évasion du Maréchal; il était dans mes intentions de vous écrire à cet égard, mais aujourd'hui c'est un devoir.

Ne cherchez pas des complices, parce qu'il n'y en a pas. C'est mon neveu M. Alvarez de Rul, et moi, qui avons tout fait. Voyant que les conditions de la captivité du Maréchal ne se modifiaient pas, et que je voyais qu'elles abrégeaient son existence, je me suis décidée à le faire évader. J'ai prié mon neveu, dont la position indépendante lui permettait de le faire, de me venir en aide, nous promettant tous deux de faire tout par nous-mêmes, afin de ne compromettre personne.

Voici les détails précis de ce qui s'est passé, espérant éclairer la justice, et éviter ainsi que des innocents gémissent plus longtemps en prison. J'ai quitté Spa le 29 juillet accompagnée de mon neveu, dont le dévouement a été à toute épreuve; nous nous sommes rendus à Gênes et y sommes arrivés le 3 août; le 6, nous avons loué à la Compagnie Peirano Danovaro, un bateau à vapeur de plaisance, disant que c'était pour faire un tour dans la Méditerranée, sous la condition que le bateau serait complètement à notre disposition. Nous avons quitté le port de Gênes à cinq heures du matin le samedi 8 août, et nous sommes arrivés à port Maurice dans la matinée, où le mauvais temps nous a forcés d'y passer la nuit; le lendemain 9, nous sommes partis à huit heures du matin pour Saint-Reims, où nous avons passé la journée. A trois heures nous avons donné l'ordre au capitaine de partir pour le golfe Juan, en lui disant que nous allions prendre un domestique dans une villa située sur la côte, car le capitaine ne savait rien de notre projet. Le Maréchal avait été prévenu au moyen de mots écrits dans mes lettres avec de l'encre sympathique, que dès l'arrivée au golfe Juan d'un vapeur, il prenne ses dispositions pour descendre dans la soirée. Le capitaine au moment d'aller faire viser sa patente au golfe Juan, nous a demandé où nous voulions aller, et à quelle heure. Nous lui avons répondu: «Nous allons dans une villa tout près d'ici, ramener un domestique, et peut-être une femme de chambre, et repartirons la nuit pour Nice vers minuit», comptant revenir le lundi, si le Maréchal n'avait pu descendre le dimanche. A sept heures et demie nous avons quitté le bateau dans un canot du bord et nous nous sommes faits débarquer près de la Croisette afin de ne pas même compromettre les matelots du bord; de là nous avons gagné la Croisette à pied, où nous avons loué un canot pour faire une promenade.

La mer étant très mauvaise et, sachant à peine l'un et l'autre ramer, nous ne sommes arrivés aux pieds du fort (face Saint-Juan) qu'entre neuf heures et demie et dix heures; là nous avons *vu* descendre le Maréchal par la corde, et pour lui indiquer où était la barque, nous avons frotté une allumette; le Maréchal a immédiatement répondu par une allumette aussi, pour nous indiquer à quel point il en était de sa descente; et peu après, il s'est jetté à la mer pour gagner la barque, dans laquelle mon neveu l'a fait monter. Le Maréchal était contusionné et ses forces étaient à bout.

Nous avons été ensuite tous les trois à la recherche du canot du bord qui devait nous attendre à l'endroit où nous l'avions laissé. Après l'avoir retrouvé en surmontant de grandes difficultés, nous avons changé de canot faisant remettre l'autre sur la côte par un des matelots.

Une fois arrivés à bord nous avons donné, mon neveu et moi, l'ordre au capitaine qu'il fallût réveiller, parce qu'il était une heure du matin, de faire route immédiatement pour Gênes où nous avons débarqué le 10 août à onze heures du matin.

Voici la vérité, Monsieur, et j'ai l'honneur de vous saluer,

La maréchale BAZAINE.

20 *août* 1874.

Mon cher maréchal,

Je suis très contente que vous ayez pu échapper, et j'aurais vivement souhaité vous aider; j'espère que vous viendrez en Angleterre et que je vous verrai. Ma famille sera très heureuse d'avoir l'honneur de vous recevoir ainsi que la Maréchale, et vos chers enfants.

Agréez, cher Maréchal, l'assurance de ma bien vive sympathie, et croyez à mon plus affectueux dévouement

« LA ROBE BLEUE » (*Charlotte Campbell*).

Pendant ma longue détention préventive à Versailles, j'ai été en but à toutes les attaques odieuses d'une certaine presse; et quand je m'en suis plains à l'intègre M. Dufaure, ministre de la justice, il me fit répondre « qu'il ne pouvait en être autrement dans ma situation. » La loi ne me protégeant plus comme accusé, le terrain fut bien préparé dans l'opinion, et chacun pouvait dire: « Si nous n'avions pas été trahi, nous serions aujourd'hui à Berlin! » Et le traître? C'était Bazaine, le soldat qui avait trouvé son bâton de Maréchal dans sa giberne!

Sortant des rangs, et non des Écoles spéciales, j'ai excité des jalousies qui, devenues des inimitiés, me rendirent l'exercice du commandement en chef difficile, et plein d'écueils dans les relations de service. Ainsi, que penser de la conduite des commandants de corps d'armée (à l'exception du loyal général Desvaux) qui ont toujours été consultés dans les cas graves et vis-à-vis desquels je me suis toujours conduit en camarade, leur accordant, même au dernier moment de la triste séparation, les récompenses qu'ils me demandaient pour les officiers de leur état-major personnel ; plus tard, lors de notre rentrée d'Allemagne, *seulement*, ils se sont tournés contre leur ancien chef malheureux, et se sont mis à hurler avec les loups ; c'est un moyen facile de décliner toute responsabilité.

Pourquoi M. le maréchal Canrobert après s'être entretenu avec Régnier ne m'a-t-il pas fait part de ses impressions ? C'eût été agir en loyal camarade, et son ancienneté sur moi lui donnait le droit de conseils. En outre, il a affirmé la *véracité* du colonel Lewal, son ancien aide de camp, dont le caractère porté à la critique avait été répréhensible au Mexique. Pourquoi enfin, n'avoir pas reproduit, dans sa déposition devant le Conseil de guerre, l'ordre qu'il avait donné dans la soirée du 16 août, au colonel commandant les chasseurs de la Garde, celui d'arrêter la retraite en désordre de l'infanterie, et dont le Rapport s'exprime ainsi:

Je viens de dire que je donnerais une preuve à l'appui du découragement de notre infanterie à la fin de la journée, la voici. Il était sept heures et demie environ, nous étions avec le régiment des guides près du village de Rezonville, devenu depuis plus de trois heures l'objectif central des pièces allemandes ; nous nous attendions à charger, d'un moment à l'autre pour appuyer les grenadiers de la Garde qui soutenaient et repoussaient la dernière attaque. Tout à coup, nous voyons sortir du village une masse d'infanterie marchant au pas, sans désordre apparent, mais composée d'un *pêle-mêle* d'un grand nombre de régiments, les officiers confondus dans la masse. Il se forma bientôt un intervalle dans lequel était le maréchal Canrobert. Le Maréchal vint à moi, me parla avec une vive émotion, que je partageai, du spectacle que j'avais sous les yeux, et me pria, si dans quelques instants, je n'avais pas d'ordres de mes chefs, ou si je jugeais qu'il n'y avait plus chance pour nous de charger, d'envoyer deux escadrons au bas de la côte pour arrêter cette masse sourde et aveugle à force de découragement. Les deux escadrons furent envoyés ; mais ils trouvèrent un tel encombrement sur le côté de la route, que leur marche fut lente ; la tête de cette masse avait avancé, la nuit tomba tout à fait, et ils ne purent remplir leur mission, etc.

C'était la vérité, car pendant toute la nuit du 16 au 17, les clairons ont sonné des appels pour rallier leurs hommes.

Les trois années écoulées avaient altéré la mémoire de beaucoup, et les faits passés se présentaient sous un autre aspect, plus politique que militaire.

Il en a été de même de M. le général de Ladmirault, qui a déposé comme gouverneur de Paris, plutôt que comme commandant le quatrième corps. Hors, voici ce qu'expose M. le lieutenant-colonel Commerçon, ancien chef de bataillon au 13e de ligne, qui faisait partie de la deuxième division du quatrième corps :

Le 16 août (Rezonville), la batterie d'artillerie qui appuyait les mouvements du bataillon que je commandais a disparu vers quatre heures et demie ou cinq heures du soir. Cette retraite était amenée par *le manque de munitions*, car elle était intacte. En m'apprenant cette nouvelle, le général de division me dit: « N'en parlez pas à vos hommes *pour ne pas les décourager* ».

Le 18 août, le feu de nos batteries, écrasées par l'artillerie prussienne, s'est éteint d'assez bonne heure. Vers six heures, la plupart des pièces étaient démontées ; et je pense que la cessation de leur feu, fut la conséquence de ce désastre et du manque de munitions, car les pièces en état ne tiraient plus.

Ce n'est pas tout. Ce même jour, 18 août, par une série de circonstances que je m'abstiens de qualifier aujourd'hui, plusieurs bataillons, ou *régiments du quatrième corps, ont perdu complètement leurs bagages*. Officiers et soldats, nous n'avons conservé que ce que nous portions sur nous, et nous portions peu de chose. Les soldats privés de leurs sacs et de leurs tentes sont restés de longues semaines sans *savoir où mettre leurs cartouches et leurs vivres*, de sorte qu'une énorme quantité a été détériorée par les pluies presque continuelles de la fin du mois d'août, et du mois de septembre. Je parle toujours du quatrième corps ; j'ignore, ou veux ignorer, ce qui s'est passé dans les autres.... A l'audience du 8, dont je lis à l'instant le compte-rendu, M. le général Ladmirault dit : « Les sacs étaient intacts... » Je regrette d'avoir à contredire le témoignage d'un chef aussi honorable comme homme et comme soldat, mais il oubliait, à ce moment, que les sacs du 20e bataillon, du 13e de ligne, du 73e n'existaient plus depuis le 18 août, et que cette perte n'avait pas encore été réparée le 26 août, et même le 31 août.

COMMERÇON.
Lieutenant-colonel en retraite.

A propos de la démonstration du 31 août, sur Sainte-Barbe, M. Lejeune, sous-intendant militaire, étant près de Saint-Julien au passage du quatrième corps, demanda au général Ladmirault pourquoi il se retirait ? Il lui fut répondu : « *Qu'il était impossible de percer* ».

M. Thiers ayant recommandé de grands ménagements dans la défense, ces déclarations n'ont pas été produites au procès, pour éviter d'amoindrir la réputation d'officiers généraux placés à la tête de commandements importants ; mais elles n'en existaient pas moins, en compagnie de bon nombre d'autres signées par leurs auteurs, et qui prouvent que toutes les responsabilités n'incombent pas au *fusilier Paco!* (François.)

Il est utile de rappeler que, comme commandant la première division militaire, M. le général de Ladmirault a composé le Conseil de guerre à son choix, d'accord avec le général du Barrail ministre de la guerre à ce moment, et que cet officier général avait été sous mes ordres au Mexique et à l'armée du Rhin. Quelle illégalité !

En fait, je n'ai exercé le commandement en chef d'une *manière effective*, que le 16, à partir du départ de l'Empereur, et voici à cet égard un extrait de la déclaration de M. le général Lebrun, aide de camp de Sa Majesté et aide major-général du maréchal Le Bœuf.

Le lendemain des affaires malheureuses de Forbach et de Spickeren, la première pensée de l'Empereur fut de reporter l'armée à Châlons. Dans les jours suivants, il se produisit une sorte de temps d'arrêt pour l'exécution, et pendant lesquels divers projets furent *discutés*[1], entre autres celui de faire prendre à l'armée une position défensive sur la rive gauche de la Moselle, la droite à Toul, la gauche à Dieuloir, position qui dans toute éventualité fâcheuse assurait la retraite sur Châlons et Paris.

La préférence fut donnée dans ce moment à une première position que que l'armée devait occuper, et occupa effectivement en avant de Metz sur la Nied française, au moment où M. le maréchal Bazaine en prit le commandement ; l'Empereur avait repris le projet de retraite sur Châlons ; le maréchal n'avait plus qu'à l'exécuter. Ma conviction est qu'il y avait accord en ce moment entre le maréchal Bazaine et l'Empereur sur l'opportunité de ce mouvement.

---

1. Je n'ai pas assisté à ces discussions.

C'est une erreur, car c'est le 16 seulement, au moment du départ de Sa Majesté, que l'ordre a été donné, et que les instructions pour la marche furent *dictés par moi*, aux officiers de l'état-major général : je n'ai donc eu aucune initiative.

M. le général Seré de Rivières, Rapporteur, remercia le général Lebrun avec un ton de magister : « Je vous remercie, Monsieur le général, d'avoir bien voulu m'éclairer sur ce point ».

Je doute qu'il l'ait été jamais, puisqu'il m'a déclaré ne rien savoir en stratégie.

Ayant demandé avec insistance à exposer ma conduite devant un Conseil de guerre, je ne veux pas récriminer contre l'acte en lui-même, mais sur la composition dudit Conseil, qui n'offrait ni indépendance, ni compétence ; toute l'instruction, du reste, avait été faite au point de vue d'un procès de tendance, et les débats ont été dirigés dans le même ordre d'idées.

Autre temps, autres principes, dit-on : en 1706 *quatre-vingt mille hommes* de troupes au service de la France, enfermés dans les lignes retranchées de Turin, capitulèrent devant 35.000 alliés de dix nations différentes, commandés par le prince Eugène de Savoie. La cour de France donna des éloges aux généraux, au nombre desquels se trouvait M. le duc d'Orléans, qui y fut blessé.

Il n'y eût ni enquête, ni Conseil de guerre, et cependant l'honneur militaire à cette époque était bien aussi susceptible qu'aujourd'hui, s'il ne l'était davantage, surtout dans l'observation du serment prêté de la parole donnée.

Après la capitulation de Dresde, le maréchal Gouvion Saint-Cyr ne fut pas mis en cause, ainsi que tant d'autres que l'histoire cite.

Puis, lors de la défection de Dumouriez, est-ce que l'on poursuivit plus tard en France les officiers généraux et autres qui le suivirent, parmi lesquels étaient Égalité, Valence, les deux frères Thévenot, etc. Leur crime n'était rien moins que *désertion à l'ennemi!*

N'étant qu'un officier de fortune, selon l'ancien régime, je fus sévèrement traité par le gouvernement *des Ducs*; et cependant il y a dans le métier de soldat quelque chose de si noble, le sacrifice de la vie est si sublime, que ceux qui par état sont toujours prêts à l'offrir, ont droit à des égards, même quand ils méritent un acte de sévérité. Ce qui n'eût pas lieu pour moi malgré mes services ; mais je dois à la vérité de dire, que le gouvernement paya les frais du procès *sur les fonds secrets*.

Indépendamment du peu d'égards que l'on gardait vis-à-vis de moi, j'ai été frappé dans mes affections les plus chères.

Pendant que j'étais détenu à Versailles, la Maréchale et mes enfants furent attaqués de la rougeole ; l'autorité me fit attendre pour me permettre d'aller visiter ma famille au couvent où elle s'était retirée, et le chemin que j'avais à parcourir était surveillé par des agents de la police secrète. J'étais cependant accompagné par un officier, et on aurait dû se souvenir que je m'étais constitué prisonnier volontairement.

En outre, ma belle-sœur, madame Géorgine Bazaine, étant venue à Cannes pour me voir à Sainte-Marguerite, fut tellement émotionnée par ma détention, qu'elle tombât gravement malade, et mourut, sans que je puisse la voir à ses derniers moments. La réponse du ministre de l'intérieur, ou de la justice, — je ne sais lequel, — du *ministère de l'ordre moral*, n'ayant répondu que quand la mort avait résolu la question !

Je ne veux pas terminer ce travail sans exprimer ma reconnaissance aux officiers qui ont servi près de moi comme aides de camp et officiers d'ordonnance, pendant cette rude campagne, et à ceux qui m'ont tenu compagnie durant la longue détention que j'ai subie à Versailles, entre tous au lieutenant-colonel Willette. Ils ont été loyaux et dévoués. Je reproduis, également pour les en remercier, la lettre qui m'a été adressée, signée par tous les officiers de la Légion étrangère, que j'avais eu l'honneur de commander pendant cinq ans, tant en Afrique qu'en Crimée.

Saïda, le 20 août 1870.

Monsieur le maréchal,

Le régiment étranger s'est adressé partout pour marcher au feu et pour qu'on lui accorde à l'armée la place à laquelle lui donne droit son glorieux passé.

Vous venez d'être appelé à la tête de nos soldats, et le régiment ne peut oublier que c'est dans ses rangs que vous avez fait vos premières armes, et que plus tard, devenu son colonel, vous l'avez mené à la victoire.

Il n'a plus d'espoir qu'en vous, et vous supplie avec la plus vive instance de l'appeler à l'ennemi.

Nous sommes avec le plus profond respect, Monsieur le maréchal, de Votre Excellence, les très humbles et les très dévoués serviteurs.

Les officier du régiment étranger,
(*Suivent les signatures, au nombre de* 88).

J'aurais eu encore bien des choses à dire sur les défaillances de quelques-uns, pendant ces jours sombres et de triste mémoire, mais je préfère garder dans mon esprit certaines appréciations personnelles et certaines impressions, me contentant de dire mon *mea culpa, mea culpa, mea maxima culpa*, pour avoir compris si humainement, ce que l'on est convenu d'appeler le *Devoir*, que ne définit aucune loi, aucun règlement, et qui ne peut l'être pour un maréchal de France, que la conscience et le bien de la patrie peuvent seuls inspirer et diriger dans ses actes militaires et politiques, surtout, lorsqu'il est livré à lui-même, comme je l'ai été en 1870, par l'abandon complet des gouvernements du moment.

J'ai été fanatiquement *chauvin*, et je suis resté très bon patriote malgré toutes les souffrances morales que j'endure depuis douze ans, me bornant à faire des vœux pour la grandeur et le bonheur de ma chère patrie, — phare du monde, — pour le progrès humanitaire, pour celui des sciences et des arts, et surtout pour la liberté!

FIN

APPENDICE

ANNEXE I.

GÉNIE.

DIRECTION DE METZ. — PLACE DE METZ.

NOTE SUR LE PROJET DES FORTS DE LA RIVE GAUCHE DE LA MOSELLE A METZ.

Les forts extérieurs de la place de Metz ont été assis sur le terrain de manière à constituer les éléments d'un vaste camp retranché où une armée de défense put trouver tour à tour soutien ou refuge. Grâce aux ressources que présente la configuration du terrain, trois ouvrages suffisent pour assurer à la défense la possession de la ligne d'horizon et rejeter les opérations de l'ennemi contre les forts extérieurs sur un terrain d'où il ne verrait pas la place. La défense trouvera d'ailleurs en arrière de ces ouvrages et sous leur protection de vastes emplacements dont elle pourrait tirer un grand parti soit pour ses campements, soit pour masser les grandes sorties destinées à détruire les cheminements de l'ennemi.

Les dispositions prescrites pour l'occupation des hauteurs de Saint-Julien et de Queuleu ne laissent rien à désirer à cet égard. Il n'en est pas de même malheureusement du mode d'occupation qui vient d'être adopté pour les hauteurs de la rive gauche,

Le massif formé par ces hauteurs se rattache au grand plateau qui s'étend entre la Moselle et la Meuse ; il est circonscrit par les vallons de Montvaux et de Saulny, qui tous deux descendent vers la plaine de Metz et sont parcourus par de bonnes routes venant chacune de Briey.

Si jamais l'ennemi attaque Metz, un corps considérable de l'armée de siège opérera sur la rive gauche de la Moselle et entrera en France par Briey[1], après avoir pris ou masqué les places de Longwy et de Thionville. Dans le cas où l'organisation des défenses de cette rive ne serait pas assez solide pour déjouer de grands efforts, nul doute qu'il ne cherchât à s'en emparer pour de là brûler la ville en détruisant une grande partie des établissements militaires et hâter la reddition de la place. Ces résultats pourraient même être obtenus d'emblée, du moins en partie, par l'ennemi[2], si

---

1. L'ennemi est venu par Pont-à-Mousson au lieu de venir par Briey.
2. C'est ce qui a décidé le maréchal Bazaine à occuper les lignes d'Amanvillers.

on laissait l'attaque prendre pied sur les hauteurs de la rive gauche. Le mode d'organisation adopté pour la défense du mont Saint-Quentin et du plateau des Carrières, laisse malheureusement une porte ouverte à cette dangereuse éventualité.

Le mont Saint-Quentin est formé comme l'on sait par un plateau allongé de 250^m de largeur moyenne et de 1.200^m de longueur environ. Perpendiculairement à l'axe du Saint-Quentin, s'étend dans la forme de la branche verticale d'une T, le plateau des Carrières, un pli de terrain connu sous le nom de col de Lessy, le sépare en deux hauteurs ; la pointe est du Saint-Quentin regarde vers la place ; la pointe ouest est tournée vers la région des attaques, et de cette extrémité on découvre le vallon de Montvaux, la route de Briey et les pentes que suivra le chemin de fer projeté de Metz à Verdun.

D'après le projet présenté pour la défense des hauteurs de la rive gauche, on avait combiné l'occupation de la pointe ouest et de l'extrémité du plateau des Carrières, de manière que les ouvrages placés sur ces points se prêtent un mutuel appui. De plus, une ligne creusée dans le roc, suivant le faîte des Carrières et passant par le col de Lessy interceptait la trouée entre ces deux ouvrages et interdisait à l'ennemi toute vue sur la place. Ces lignes d'une grande solidité passive n'auraient pas exigé une défense directe, appuyées qu'elles étaient sur les ouvrages qu'elles réunissaient.

Au lieu de ce système bien approprié aux ressources que présente le terrain par la défense, on s'est décidé à occuper la pointe est [1]. Cette organisation serait pourtant bien loin de présenter le degré de résistance qu'il est indispensable d'atteindre. Qui pourrait en effet empêcher l'ennemi, arrivé à couvert au pied du Saint-Quentin par le vallon de Montvaux, de remonter le vallon de Lessy et se venir de loger sur la pointe ouest laissée sans défense et profitant des pentes qui échappent aux vues des Carrières, de la pointe est de la place. Une fois établi sur ce point, il cheminerait sans obstacles sur le plateau et bientôt dépassant la gorge du fort des Carrières, il pourrait battre l'intérieur de cet ouvrage et ses communications, tandis que logé en même temps au col de Lessy ou sur les pentes sud de Saint-Quentin, il plongerait dans la plaine de la Moselle et pourrait canonner tout à son aise le fort Moselle et la place. Il n'y aurait d'autre moyen de l'arrêter qu'en exécutant une série de sorties [2]. Mais avant de le joindre il faudrait parcourir un espace découvert soumis à son feu et rien ne prouve qu'une opération ainsi engagée parvînt à réussir. N'y a-t-il vraiment pas un contre-sens regrettable à négliger ainsi les résistances passives que pré-

---

1. C'est ce que l'ennemi a tenté de faire le 16 août.
2. Cette opinion de ce général sur les sorties est bonne à relever. C'est la vraie. Pourquoi disait-il autrement comme Rapporteur ?

sente la terrain et à en être réduit à se défendre au moyen de sorties d'un succès plus que douteux. Ajoutons que dans ce système, il ne peut plus être question de lignes et que l'on perdrait ainsi sans aucune compensation l'appui que l'on trouverait dans ces obstacles inertes il est vrai, mais très difficilement franchissables. En un mot, et ceci peint d'un seul trait la position, ayant un grand redan à défendre, on se contenterait d'en occuper la gorge en abandonnant le saillant aux entreprises de l'ennemi.

Il serait vraiment bien malheureux que l'on donnât suite à un semblable projet. Il faut espérer qu'il n'en sera rien et qu'en appelant sur ce point l'attention du ministre, Son Excellence reviendra sur la solution indiquée par le Comité, contrairement aux dispositions du projet qui avaient obtenu tout d'abord l'approbation du ministre.

Il existe un autre point sur lequel il serait également bien important de provoquer une solution à bref délai, savoir: l'organisation des casemates à canon et des batteries blindées, particulièrement en ce qui concerne la constitution du masque destiné à défendre la tête des voûtes ou des blindages. On a construit cette année à Metz un certain nombre de batteries casematées ou blindées. Elles seraient impuissantes si elles n'étaient pas promptement munies d'un masque. Si des hostilités venaient à éclater au printemps, on se trouverait dans un grand embarras et cependant ce n'est pas le temps qui a manqué pour combler cette lacune. Il serait vraiment indispensable de voir sortir une décision sur ce point afin de ne pas prolonger une situation vraiment fâcheuse.

Metz, 5 décembre 1867.

Le lieutenant-colonel commandant du génie,
SÉRÉ DE RIVIÈRES

ANNEXE II.

Au lieu d'une carte, que le texte indique à la page IV (*Considérations générales*), il nous paraît plutôt utile et opportun de donner des explications complètes afin d'éclairer amplement le lecteur sur la question dont il s'agit.

Renseignements adressés au maréchal Niel, ministre de la guerre.

L'administration des ponts et chaussées du grand duché de Bade, vient de terminer, dans les environs de Fribourg, l'établissement de trois voies de communication reliant les localités importantes de Buikheim, Sasback et Weisweil avec le Rhin. Ces trois routes sont les suivantes : 1° Route partant de Weisweil : A partir de la digue insubmersible, elle longe un bras du Rhin dit Alt-Rhein, et vient aboutir au Grand-Rhin, vis-à-vis de la borne kilométrique 81, et dans la direction du village français de Schoüan. 2° Route partant du village de Sasbach : elle longe le pied du soulèvement dit le Limbourg, et débouche sur le Grand-Rhin en face de la borne 71,5. 3° Route partant du pied du château ruiné de Sponneck, au bas de mamelon de ce nom, et allant gagner le bord du fleuve en traversant une île boisée appelée Schosskopf : elle débouche en face du kilomètre 68,5, et, sur la rive badoise, se relie, à partir du Sponneck, avec le village de Wyhl et avec le bourg de Burckheim. Nous remarquerons enfin que ces trois routes, établies dans d'excellentes conditions de viabilité, se raccordent par une chaussée de premier ordre, avec la station de Malterdingen, sur le chemin de fer de Carlsrühe à Fribourg. L'établissement de ces trois routes a été concerté entre la direction des travaux du Rhin de France et celle du grand duché de Bade, par acte authentique en date de 1866. A peine décrétées, leurs constructions ont été poussées avec une extrême célérité par l'administration badoise et il est permis de penser que les éventualités de guerre entrevues dans le courant de 1867, n'ont pas été étrangères à cette exécution rapide, qui a été portée à la connaissance de l'administration française par lettre en date du 21 décembre 1867. De son côté, la direction des travaux du Rhin français a annoncé qu'elle construirait, en prolongement de ces trois routes, trois chemins qui iraient rejoindre les bourgs français de Schoüan et de Markolsheim, mais ces voies de communication ne sont encore qu'amorcées, et leur exécution ne sera achevée que dans un avenir assez éloigné. Enfin, il a été convenu par les deux administrations que, entre les points de la rive du Rhin où aboutissent les route badoises et françaises, l'on établirait des bacs volants destinés à établir communications régulières entre les populations riveraines qui ont entre elles des relations commerciales assez considérables.

Réduite à ces termes, l'exécution rapide des trois routes badoises que nous venons de signaler, et celle des routes françaises projetées, n'a rien qui puisse attirer l'attention.

Il en est tout autrement si l'on se reporte aux souvenirs du passé qui nous indiquent la fréquence des passages du Rhin à Markolsheim, et surtout si l'on considère la configuration topographique du cours du Rhin en cet endroit, configuration que nous allons essayer de faire connaître en quelques mots.

Entre les villages de Burkheim et de Sasbach, le Rhin décrit un lacet considérable dont la convexité est tournée vers l'est. Les deux sommets de ce lacet sont déterminés par deux soulèvements émergeant au milieu de la plaine allusionnelle où coule le Rhin, comme fait la hauteur singulière sur laquelle est bâtie la ville de Vieux-Brisach.

Le premier de ces soulèvements est le Sponneck; le second, au nord du précédent, est le Limbourg.

Dans des temps plus reculés, deux châteaux-forts, ceux de Sponneck et de Limbourg, avaient été édifiés à mi-côte sur ces mamelons. En arrière, un autre mamelon s'élève, c'est celui appelé l'Eichen, il touche au sommet de la courbe orientale que décrit le Rhin.

De l'autre côté, sur la rive française, il n'y a que des plaines basses, des îles boisées; mais en face des deux premières routes badoises, le terrain est parfaitement ferme, sans interruption, ce qui rendrait de débouché très facile.

En résumé, les soulèvements de la rive droite ont un commandement absolu sur l'autre; il saute donc aux yeux que, dans de telles conditions, le point dont nous nous occupons est un des plus favorable que l'on puisse rencontrer pour opérer un passage du Rhin, en venant de la rive droite, et attaquer la rive française. En effet, profitant du rentrant formé sur son territoire pour faire converger ses feux, des hauteurs qui s'élèvent à pied sur le bord du fleuve pour y asseoir de puissantes batteries, est enfin, des bras du Rhin qui forment l'île de Hasen-Kopf, l'ennemi peut cribler de projectiles le terrain sur lequel doivent déboucher des colonnes, masquer tous ses préparatifs de passage, et réunir à l'abri tout le matériel destiné à une opération de ce genre, à laquelle le chemin de fer peut amener, en un très petit nombre d'heures toutes les troupes que l'on aurait concentrées entre Kehl et Rastadt. L'histoire est là, d'ailleurs, pour nous apprendre que sur la ligne de Carlsrühe à Fribourg, il est des points importants que les

Allemands ont toujours occupés en cas de guerre contre la France, et qui ont toujours reçu de fort rassemblements de troupes, soit pour couvrir les débouchés de la Forêt-Noire, soit pour servir de point de concentration aux forces destinées à envahir la France.

Parmi ces positions, la plus remarquable est celle du camp de Bhül, si célèbre en 1796 : elle est formée par une croupe très allongée et au sommet presque aplati, que projette la Forêt-Noire sur la plaine du Rhin, tout près d'Offenbourg, sur la rive droite de la Kinzig. Elle peut être occupée par une armée considérable ; et au point de vue stratégique, elle présente les propriétés suivantes : elle couvre le Ruiebis et Fiendenstadt ; elle surveille le débouché du Val-d'Enfer ; elle donne la possession des hautes vallées de la Kinzig, de la Rench, de la Mürg, du Meckar.

Cette position est à 5 kilomètres de la station du chemin de fer badois à Offenbourg, d'où part un petit tronçon qui dessert la vallée de la Kinzig ; et nous n'avons pas besoin de faire remarquer que pour arriver de Mayence, de Franckfort à Bühl par Carlsrühe, et de Stttugard et Wurtzbourg à Bühl, par Bruchsal et Mulhacker, il faut à peine une demi-journée. Il y a donc évidence que, en cas de guerre entre la France et l'Allemagne, un corps d'armée considérable pourrait être massé à Bühl, à 45 kilomètres à peine du point de passage entre le Limbourg et le Sponneck, dont nous venons de parler.

Mais le passage à Markolsheim n'est pas seulement bon en lui-même, et par les conditions intrinsèques qu'il réunit à un point tel que sa configuration répond à toutes les circonstances topographiques exigées par l'art militaire pour le choix d'un passage de fleuve.

Une pareille opération présente encore des avantages considérables, provenant de la situation de Markolsheim par rapport à la configuration des Vosges, cette barrière de la France.

En effet, Markolsheim se trouve situé sur le Rhin, à hauteur du bourg de Ribeauvillé auquel il est relié par une grande route de terre traversant le canal du Rhône au Rhin ; l'Ill est le chemin de fer de Strasbourg à Bâle. La distance entre les deux points est de 20 kilomètres. Une fois arrivé à Ribeauvillé, l'ennemi se trouve à même de se servir de quatre des principaux passages des Vosges. Ainsi, il peut : 1° Par la route de Ribeauvillé à Sainte-Marie-aux-Mines, passer par le col de ce nom et tomber sur Saint-Dié. 2° Suivant la route de Ribeauvillé à Sainte-Marie, puis en descendant la vallée de la Liepvre, il tourne Châtenois et Schlestadt, masque cette dernière place, et, se dirigeant par le col de Saales, si praticable et si facile, il atteint Senones. Le passage une fois franchi, il peut aussi se saisir de la haute vallée de la Brusche dont le cours le conduit à Schirmeck, d'où il lui est facile de gagner Raon-sur-plaine, et Mutzig. Remarquons qu'en occupant Mutzig, l'ennemi atteint deux résultats considérables : il détruit l'établissement si important de notre artillerie, et en s'établissant sur les hauteurs qui dominent Mutzig, et qui s'étendent jusqu'à 4 kilomètres de Strasbourg, non seulement il observe cette grande place de guerre mais il lui est facile de prendre en flanc tout mouvement de troupes qui tenteraient de sortir de la place pour marcher vers le Haut-Rhin; 3° Il peut de Ribeauvillé, gagner la route de Kintzheim; puis de là, s'élever jusqu'au Bonhomme dont il franchit le col pour retomber sur la vallée de la Meurthe à Fraise et à Saint-Dié. 4° Enfin, il peut, en descendant plus au sud, gagner Turckheim, remonter la vallée de Munster et aller passer le col de la Schlucht d'où il descend, par les lacs de Retournemer et de Gerardmer, jusqu'à Remiremont.

Une fois ces cols franchis, et une fois porté de l'autre côté des Vosges, l'ennemi peut, à son choix, passer vers Langres ou vers Nancy, et, tout d'un coup, en pointant sur cette dernière ville, il s'installe au cœur de la Lorraine, sur les derrières de nos troupes qui combattent sur la frontière du nord-est. Dans tous les cas, sa position à Ribeauvillé lui permet de couper l'Alsace en deux, d'isoler Belfort de Strasbourg, et d'intercepter les communications entre nos provinces du centre-est et l'Alsace.

On nous objectera qu'une telle entreprise, dont les résultats stratégiques sont cependant incontestables, demanderait une audace de vues et d'exécution, que l'on ne saurait s'attendre à rencontrer chez nos adversaires.

Nous répondrons que, outre les preuves d'audacieuses conceptions que l'état-major prussien a données dans les campagnes de Bohême et du Main en 1866, les conditions politiques de l'union militaire entre les États du Sud de l'Allemagne et la Prusse forceront cette dernière, qui doit chercher surtout à couvrir ses alliés contre notre offensive, à réunir une armée vers le Haut-Rhin, et à franchir le fleuve entre Huningue et Strasbourg.

Dans cette hypothèse, il n'est pas téméraire d'affirmer que les Allemands, qui connaissent les propriétés topographiques de la rive droite en face de Markolsheim, n'hésiteraient pas à choisir là leur point de passage.

Qu'on se rende compte, en effet, de la situation. Complètement maîtres du Rhin à partir de Germersheim, appuyés sur des places de premier ordre, les Allemands peuvent à volonté prendre l'offensive sur notre frontière nord-est, ou rester sur la défensive. Ils ont même tout avantage à prendre ce dernier parti au début des hostilités. Quelques vigoureuses démonstrations suffisent pour appeler notre attention plus au nord; et lorsqu'ils nous verront engagés de ce côté, ils auront intérêt à porter leurs principales actions sur le Haut-Rhin et sur la partie sud des Vosges. S'ils parviennent à saisir les passages importants de ces montagnes que nous avons citées plus haut ils tournent nos armées échelonnées entre Rhin et Moselle, et, prenant pour premier objectif Nancy, ils font de la sorte converger toutes leurs forces sur ce point important.

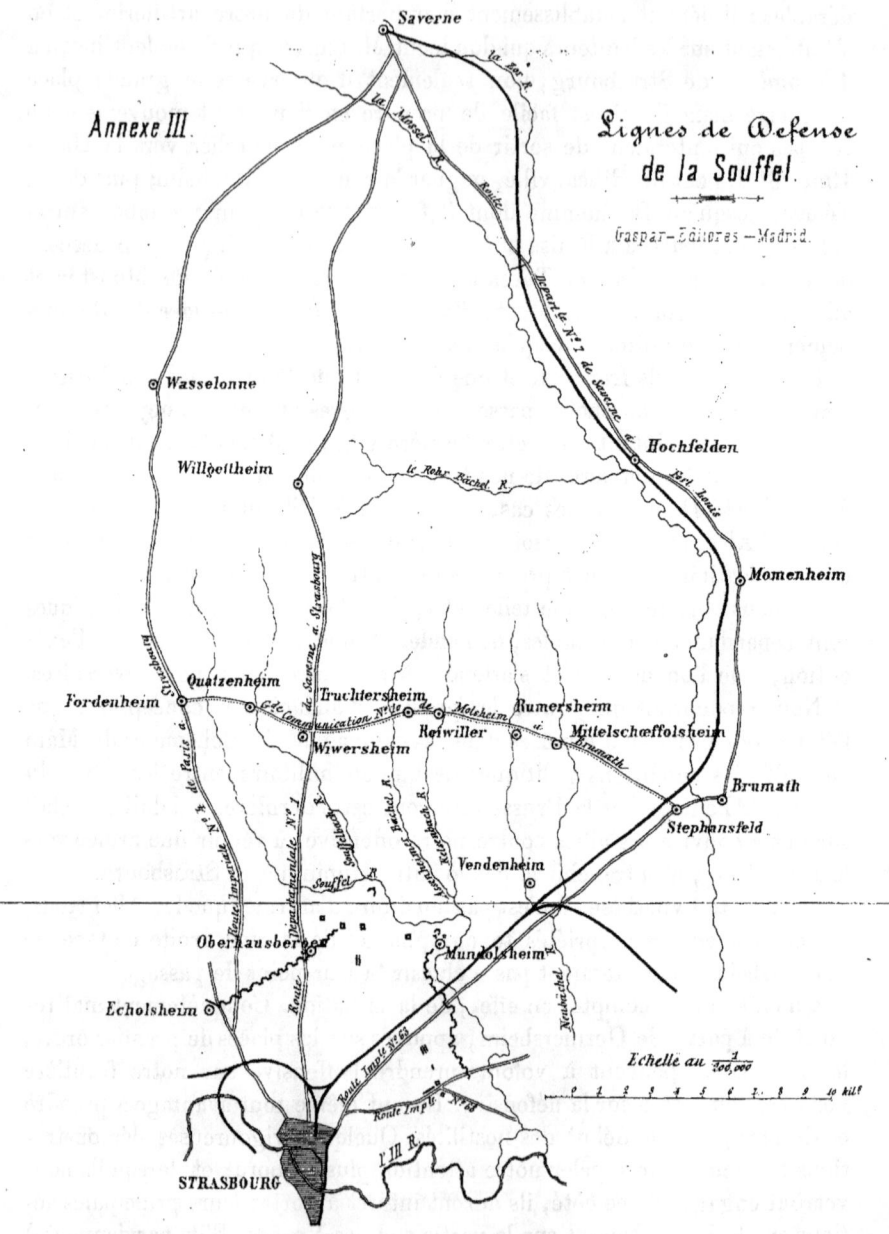

Mais il y a plus, ce ne sont pas seulement les considérations stratégiques qui doivent porter les Allemands à profiter des avantages que leur procurerait un passage à Markolsheim.

Il faut encore reconnaître que les intérêts politiques de la Prusse la pousseront également à cette audacieuse tentative. En présence de l'inertie, sinon de l'opposition, d'une grande portion des populations du sud. Vis-à-vis des projets d'union politique avec le Nord, la Prusse, au début d'une guerre avec la France, doit songer d'abord à couvrir le sol du Sud de l'Allemagne pour éviter les plaintes et les récriminations. En deuxième lieu, elle doit s'attacher à compromettre sans retour vis-à-vis de nous les forces militaires des petits États, en les engageant immédiatement dans l'action.

Or, ces deux buts sont atteints complètement si l'on réunis les contingents méridionaux placés par les traités sous le commandement de la Prusse et si on les attire sur le sol français au moyen d'un passage à Markolsheim. Les corps prussiens si mobilisables, se réuniraient, dès le début des hostilités, vers le Haut-Rhin, se porteraient rapidement au pied des Vosges et seraient suivis immédiatement par les contingents des États du Sud auxquels seraient confiée la tâche de défendre les derrières de l'armée envahissante, en la reliant au point de passage, et en masquant à droite les places de Strasbourg et de Schelestadt; à gauche, celles de Neuf-Brisach et de Belfort.

En résumé, l'examen attentif de ce fait de l'établissement des routes badoises qui, en lui-même, ne paraît se rattacher en aucune façon à l'état de nos relations militaires avec l'Allemagne, peut, dans un cas donné servir de point de départ à des faits militaires de la plus haute gravité. Le droit international rend légitime ce qui s'est fait dans le grand duché de Bade de même que notre législation vicinale, dans les zones frontières frappées de servitude, permet d'établir des routes, à un maximun de 4 mètres d'empierrement, sans que le génie militaire soit autorisé à en discuter l'opportunité au point de vue de la défense nationale.

Nous avons cru qu'il était bon, même en s'inclinant devant la légalité du fait accompli d'appeler l'attention de l'autorité supérieure sur les conséquences qu'un tel état de choses peut amener. De cette façon, les responsabilités sont à couvert, et les mesures à prendre, à un moment donné, auront pu être étudiées à l'avance. Enfin, les projets de l'ennemi entrevus, il suffira de suivre ses mouvements avec vigilance pour faire tourner à notre profit son audacieuse tentative et préparer sa ruine complète, là où il aura rêvé un éclatant succès.

L'examen des moyens à employer pour atteindre ce but, sera l'objet d'un second Rapport.

ANNEXE IV.

A MONSIEUR LE GÉNÉRAL BAZAINE COMMANDANT EN CHEF
L'ARMÉE DU RHIN.

Monsieur le général,

Les soussignés, conseillers municipaux et fonctionnaires de la commune de Bizonnes, canton du Grand-Lemps (Isère) ont l'honneur de vous exposer que le sieur Barbier Claude, de cette commune, soldat de la deuxième portion du contingent de la classe de 1863, a rejoint, en vertu de la loi du 10 août, présent mois, le 55e régiment de ligne, deuxième bataillon quatrième compagnie où il a déjà été blessé au bras gauche.

Que le sieur Barbier, homme marié, a laissé en partant une épouse sans aucun appui et trois petits enfants dont le père est le seul soutien ; que jamais le départ d'un père de famille n'a laissé derrière lui tant de chagrins et tant de vrais besoins !

Par l'exposé succinct qui précède, ils viennent vous supplier très humblement et au nom de la plus haute justice de vouloir bien renvoyer le sieur Barbier dans ses foyers, s'il y a possibilité. Dans le cas contraire, ils supplient Monsieur le général d'avoir l'obligeance de donner l'ordre pour que ce père de famille ne soit plus exposé au feu de l'ennemi : chose qui est facile, si Monsieur le général ordonne qu'il soit employé au service des ambulances en qualité d'infirmier.

. Dans la certitude que leur demande sera prise en sérieuse considération, ils vous prient d'agréer leurs remerciements anticipés et de croire qu'ils sont avec un profond respect de Monsieur le général,

Les très-humbles et très-obéissants serviteurs,

LE CONSEIL MUNICIPAL (*Suivent les signatures*).

ÉTAT COMPARATIF

ENTRE LE FUSIL FRANÇAIS, MODÈLE 1866

ET LE FUSIL PRUSSIEN.

A Monsieur le maréchal commandant la garde-impériale.

Vincennes, le 22 juillet 1870.

TIR DU FUSIL FRANÇAIS, MODÈLE 1866, AVEC LE SABRE-BAYONNETTE.

Les coups sont relevés et portés sur la gauche.

Distances.	Relèvement:	Déplacement sur la gauche.
100 mètres.	0,20	0,20
200 —	0,40	0,40
300 —	0,60	0,60
400 —	0,80	0,80

Il suffit donc, lorsqu'on veut tirer avec le sabre-bayonnette à l'extrémité du canon, de viser un peu plus bas et légèrement à droite.

RECOMMANDATIONS POUR LE TIR DU FUSIL FRANÇAIS, MODÈLE 1866.

Ne pas trop prolonger le tir de vitesse, une rondelle a été détruite après un tir de 38 cartouches, exécuté en 3 minutes.

Lorsqu'on a un peu de temps, essuyer le verrou et la chambre de la boîte de culasse, et démonter la tête mobile pour retirer les résidus des petites rondelles de caoutchouc, de la cartouche, qui auraient pu passer en arrière de la chambre antérieure.

RENSEIGNEMENT SUR LE FUSIL FRANÇAIS, MODÈLE 1866, ET SUR LE FUSIL PRUSSIEN.

	Fusil M. 1866.	Fusil prussien.
Vitesse initiale de la balle.	415^m	305^m
Flèches maxima de la trajectoire . .	200^m 0,40	0,60
	300 0,96	1,43
	400 1,91	2,69
	500 3,21	4,30

PÉNÉTRATION.

	Fusil M. 1866.	Fusil prussien.
Tir sur des panneaux de sapin de 27^{mm} d'épaisseur espacés de 0^{m}50^{cm}	200^m 6 panneaux	5 panneaux.
	400 5 empreinte dans le 6^e	4 empr^e dans le 5^e
	600 4 reste dans le 5^e	3 reste dans le 4^e

VITESSE DE TIR.

	Fusil M. 1866.	Fusil prussien.
Cartouches sur escabeau. — Tir à 100 mètres, tous les coups dans carré de 1^{m}50^{cm}	38 en 3 minutes (dont 17 dans le noir).	22 en 3 minutes.
	13 à la minute.	7 à la minute.

	Fusil M. 1866.	Fusil prussien.
Poids de l'arme sans bayonnette. .	4^k 100^g	4^k 850^g
— — avec la bayonnette.	4^k 750^g	5^k 170^g
Longueur sans bayonnette.	1^m 30^{cm}	1^{m}42^{cm}
— avec la bayonnette. . . .	1^m 86^{cm}	1^{m}92^{cm}
Poids de la balle.	25^g	31^g 5
— — charge.	5^{g}5	4^{g}9
Poids total de la cartouche.	31^{g}5	40^g 7
Nombre de cartouches par paquet. .	9^g	10^g

Nota. — La hausse du fusil prussien ne permet le tir qu'à 800 pas, soit à 620 mètres.

PERTES

CAUSÉES PAR L'ARTILLERIE FRANÇAISE

DANS LA CAMPAGNE DE 1870, JUSQU'APRÈS SEDAN.

La Prusse a publié des tableaux statistiques des pertes des armées allemandes d'après les documents officiels[1].

La première partie de ces importants documents comprend les événements militaires du 24 juillet au 3 septembre.

L'histoire des guerres passées n'avait pas encore produit des renseignements aussi précis et aussi détaillés que ceux-ci. Non seulement on y trouve pour chaque affaire le nombre des morts et le nombre des blessés, mais on y peut distinguer presque toujours le nombre des hommes dont les blessures sont graves de ceux qui ont des blessures légères. On y mentionne des soldats faits prisonniers ou disparus; la proportion des officiers et le nombre des sous-officiers à ceux des soldats tués ou blessés se conclut immédiatement.

On y indique dans chaque affaire la position où chaque troupe a été engagée et les pertes qu'elle y a subies, en marquant si les blessures de tous ceux qui sont entrés aux ambulances proviennent de l'obus, des balles de fusil, de la pointe des bayonnettes, des coups de lance ou des coups de sabre. On indique même si le sabre a frappé par la pointe ou par le tranchant. Parmi les conséquences que l'on en peut tirer de prime abord on trouve la proportion des pertes infligées à l'ennemi par notre artillerie. On doit remarquer toutefois que les effets de nos canons à balles (mitrailleuses) se trouvent mentionnés dans une petite proportion qu'il est à croire que les balles de 13^{mm} de diamètre n'ont pas été distinguées dans leurs effets de celles du fusil Chassepot, dont le calibre est de 11 millimètres.

A l'aide de ces tableaux et de l'historique de la guerre franco-allemande publié par l'état-major prussien, chacun de nos corps de troupe pourra se rendre compte de l'effet qu'il a produit et des pertes qu'il a infligées à l'ennemi. Nous nous proposons de constater ce résultat plus facile et plus simple en cherchant la proportion des effets obtenus par nos canons de quatre et de douze de campagne, relativement aux effets produits par toutes les autres armes. Quelques chiffres suffiront pour établir cette comparaison :

---

[1] DUMAINE, Paris.—Traduction de Leclère, capitaine au 101e d'infanterie.

	(1) Perte totale des Allemands.	(2) Perte par obus.	Perte par obus dans l'artillerie.	Rapport de la perte par obus à la perte totales ou du nombre de la Col. (2) à celui de la Col. (1).	Perte totale de l'artillerie.
Wissembourg.	1,461	20	0	1,3 p% $= \frac{1}{76}$	23
Forbach.	4,638	67	3	1,4 p% $= \frac{1}{71}$	84
Reichshoffen.	9,195	261	8	2,6 p% $= \frac{1}{38}$	121
Borny.	4,783	103	7	2,8 p% $= \frac{1}{36}$	150
Rezonville (16 Août.). .	13,479	390	112	2,8 p% $= \frac{1}{36}$	540
Amanvillers (18 Août.)	19,538	651	130	3,3 p% $= \frac{1}{33}$	822
Noisseville-Servigny. . .	2,761	62	24	2,2 p% $= \frac{1}{45}$	166
Beaumont.	3,535	87	14	2,5 p% $= \frac{1}{40}$	203
Sedan.	7,898	304	50	3,8 p% $= \frac{1}{26}$	396
Totaux.	67,300	1.945	348	2,9 p% $= \frac{1}{34}$	2,505

Ne peut-on conclure de cette statistique que l'effet moral de l'artillerie française sur les Prussiens autour de Metz était complètement nul; au contraire, ils redoutaient le fusil Chassepot. Devant la faiblesse des pertes que leur infligeaient les canons français, ils n'avaient que quelques précautions de prudence à prendre relativement aux distances auxquelles ils mettaient leurs batteries. Faites donc des sorties effectives avec cela !. . .. Les chiffres de la ligne Noisseville-Servigny en font foi.

TABLEAU

DES FORCES PRUSSIENNES AUTOUR DE METZ

DEPUIS LA FORMATION DE LA QUATRIÈME ARMÉE.

	Combattants.	Canons.	Combattants.	Canons.
PREMIÈRE ARMÉE				
Premier corps.	26.952	84		
Septième corps.	26.952	84		
Huitième corps.	26.952	90		
Première division de cavalerie.	3.750	6		
Troisième division de cavalerie.	2.500	6		
	87.106	270	87.106	270
DEUXIÈME ARMÉE				
Deuxième corps.	26.952	84		
Troisième corps.	26.952	84		
Neuvième corps.	25.465	90		
Dixième corps.	26.952	84		
	106.321	342	106.321	342
LANDWEHR				
Troisième division de réserve combinée.	18.740	36	18.740	36
TOTAL.			212.167	648

NOMINATIONS

DANS L'ORDRE DE LA LÉGION D'HONNEUR

POUR SERVICES RENDUS PENDANT LE BLOCUS DE METZ.

Monsieur le maréchal.

J'ai l'honneur de vous transmettre neuf lettres d'avis de nomination au grade de chevalier de la Légion d'honneur destinées aux personnes comprises dans l'état ci-joint qui ont obtenu cette récompense par décret du 15 octobre 1871.

Je vous prie de vouloir bien faire parvenir ces pièces aux titulaires.

Agréez, Monsieur le maréchal, l'assurance de ma haute considération.

Le ministre de la guerre,

Pour le ministre et par son ordre :
Le général chef d'état-major général,
HARTUNG.

Au grade de chevalier.

M. Vaillant, publiciste à Metz. Pour services rendus pendant le blocus.
M. Aweng, directeur de l'usine de Styring-Wendel.
M. Boulangé, membre du Conseil municipal de Metz.
Le R. P. Couplet, supérieur de Saint-Clément, à Metz.
Monseigneur Dupont des Loges, évêque de Metz.
M. De Gargan, propriétaire des Forges de Hayauge et de Mayeuvre.
M. l'abbé Juhle, supérieur du grand séminaire de Metz.
M. Oury, rabbin attaché à l'armée de Metz.
M. l'abbé Risse, directeur de l'œuvre des jeunes ouvriers à Metz.

RÉPONSE

DE M. LE COLONEL MERLIN A PROPOS DES RELATIONS

ENTRETENUES AVEC CORNY.

Monsieur le maréchal,

Je m'empresse de répondre à la lettre que vous m'avez fait l'honneur de m'écrire hier. Vous me demandez mon opinion sur la valeur morale d'un article, reproduit dans plusieurs journaux, dans lequel je suis désigné comme ayant connu et autorisé une correspondance entre M. de Corny, capitaine commandant une compagnie d'artillerie de la garde-mobile sous mes ordres et le prince Frédéric-Charles qui s'était établi au château de Corny.

Je connaissais cet article d'insinuations aussi fausses que malveillantes. Je méprise trop les accusations anonymes pour y répondre. Assez de témoins désintéressés, pris dans les rangs de l'armée et parmi les habitants de la ville de Metz, peuvent rendre compte de la conduite du commandant du fort de Queuleu pendant le blocus.

Je me borne donc à déclarer que jamais une semblable correspondance n'a été ni connue, ni autorisée par moi et que l'honorabilité de M. de Corny en exclût même la pensée.

Si des bruits injurieux ont été répandus je nie les avoir propagés et je ne puis en accepter la responsabilité.

Veuillez agréer, Monsieur le maréchal, l'expression de mon respectueux dévouement,

C^{el} MERLIN.

LETTRE

DE M. LE GÉNÉRAL LE FLÔ

MINISTRE DE LA GUERRE.

Paris, le 12 janvier 1871.

Commandant,

Je suis très sensible à l'hommage que vous avez bien voulu me faire du premier trophée pris par vos braves cavaliers sur nos sauvages ennemis. Tuez-en le plus que vous pourrez, on ne saurait trop débarrasser le sol de notre patrie. Votre casque prussien figurera, si Dieu me prête vie, dans une panoplie que je veux édifier après notre victoire.

Encore merci à vos escadrons, et tout particulièrement au lieutenant Berceau. Je leur souhaite à tous succès et gloire.

Recevez, mon cher commandant, l'assurance de ma considération distinguée,

Le ministre de la guerre,
G^{al} Le Flô.

Quelle foi! Quelle illusion se faisait donc le ministre de la guerre? Au mois de janvier Paris était bombardé, affamé, et toute espérance était malheureusement perdue, car aucune armée ne pouvait venir au secours de la capitale.

FIN DE L'APPENDICE

TABLE

Dédicace.
Préface.
Considérations générales. . . . . ɪ
Introduction. xxxv
Historique de la campagne.
    Chapitre premier. 1
    — deuxième. 15
    — troisième. 95
    — quatrième. 151
    — cinquième. 171
    — sixième. 189
Conclusion. 249
Appendice. 307

Lettre de Isabel II

Pau 11 de diciembre á las 12
de la noche

Querido Mariscal

Hoy mas que nunca mi amiga,
me ofrezco á V. para cuanto
V. quiera; deme V. pues V.
tuto. Diga V. que puedo hacer
que yo lo haré sea lo que sea.
Sabe V. que puede contar siempre
con el cariño y la verdadera
amistad que le profesa su agrade-
cida amiga

Isabel de Borbón

LETTRE DE L'EMPEREUR NAPOLEON III.

Wilhelmshöhe le 31 oct. 1870

Mon cher Maréchal, j'éprouve une véritable consolation dans mon malheur en apprenant que vous êtes près de moi. Je suis heureux de pouvoir vous exprimer de vive voix les sentiments que j'éprouve pour vous et l'héroïque armée qui sous vos ordres a livré tant de combats sanglants et a supporté avec grandeur des privations inouïes.

Croyez, mon cher Maréchal, à ma sincère amitié.

Napoléon

LETTRE DE L'IMPÉRATRICE.

Le 28 8bre 1870 —

Mon cher Maréchal
Le Général Boyer vous mettra
au courant des démarches
que j'ai faites dans l'intérêt
de l'héroïque armée
que vous avez commandé.
La nécessité politique
de son existence était

le prestige à nos armes
que Dieu veuille enfin
protéger la France si
douloureusement éprouvée
aujourd'hui.
J'ai reçu de bonnes nouvelles
de la Maréchale, elle me
disait que son projet
était de vous rejoindre
dès qu'elle le pourrait.
Croyez Mon cher Maréchal
à tous mes sentiments
affectueux Eugénie

évidentes, et pourtant
Mr. de Bismarck, voulant
problablement se servir
de la situation, n'a pas
voulu croire que les
moments étaient comptés,
j'ai le cœur déchiré par
le dernier coup que
je viens de recevoir
en apprenant la
capitulation de Metz

je n'ai pas le courage
d'écrire plus long
aujourd'hui. le General
du reste sait de pouvoir
en pointe tout ce qui a
été fait et vous mettra
au courant.
Vous devez être fier au
milieu de nos désastres
d'avoir conservé jusqu'au
dernier moment

Monsieur le maréchal

J'ai reçu votre important
rapport que je lirai avec
empressement, et j'ai été
fâché de ne pas être chez
moi lorsque vous l'avez
apporté à l'hôtel de la
présidence. J'aurais été bien
heureux de vous revoir, et
Madame Thiers aurait été
charmée également de
revoir Mr le maréchal
Bazaine.

Recevez la nouvelle assurance
de ma haute considération,
et de ma constante amitié.

A. Thiers

10 mars 1872
Versailles –

FEUILLE EXTRAITE DU RAPPORT SOMMAIRE REMIS Á S. M. L'EMPEREUR Á CASSEL.
LES RATURES ET LES ANOTATIONS SONT DE LA MAIN DE S. M.

28

Gouvernement de droit.

Il fut décidé, à la majorité de sept voix contre deux, que le Général Boyer ~~continuerait les négociations~~, et à l'unanimité, qu'~~il fut~~ *ayant* ~~décidé~~ que le Maréchal commandant en chef ne saurait accepter aucune délégation pour signer les bases d'un traité *impliquant des questions étrangères à l'avenir* ~~à autoriser~~ ~~l'action de l'armée~~ *celles* devant ~~être~~ *rester en dehors* ~~détachée~~ de toute ~~préoccupation~~ *négociation* politique ~~de cet ordre~~

Retournement à Versailles et à rendez-vous en Angleterre dans l'espoir que l'intervention de l'Impératrice Régente auprès de Mad. Bazaine obtiendrait de moi des instructions favorables par l'amendes de M. Ly

La mission du Général Boyer n'avait ~~donc pas~~ *d'autre* but que de tâcher de faire sortir l'Armée du Rhin de la situation pénible où elle se trouvait, *et* de la conserver à la France, ~~et de l'employer à faire respecter les décisions ou protéger~~

Je ne reçus plus aucune nouvelle directe du Mjr de Gl Boyer, mais j'appris par les Dpx

Ces loyales ~~tentatives~~ *n'avaient pas* ~~ne peuvent aboutir~~, les garanties qui ~~étaient~~ demandées par l'autorité militaire *allemande ayant paru suspectes et leur* acceptation ou dépendant pas des chefs de l'armée, *ou en aucune manière*

24 octobre

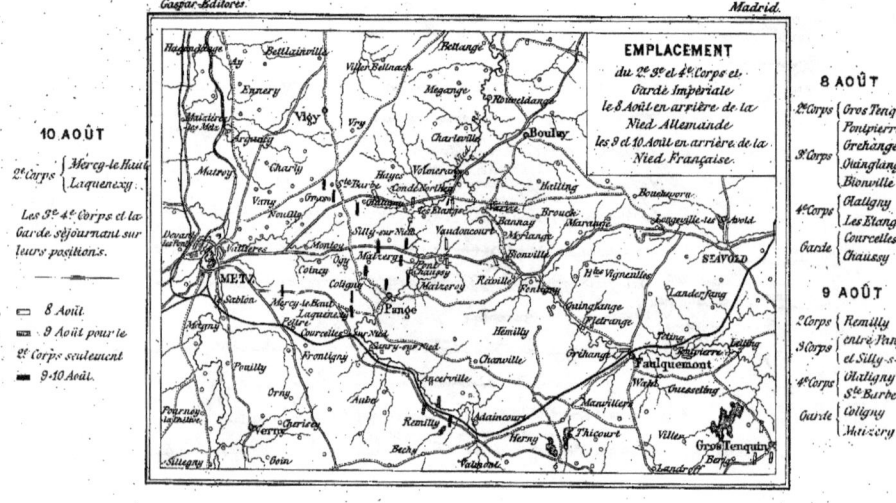

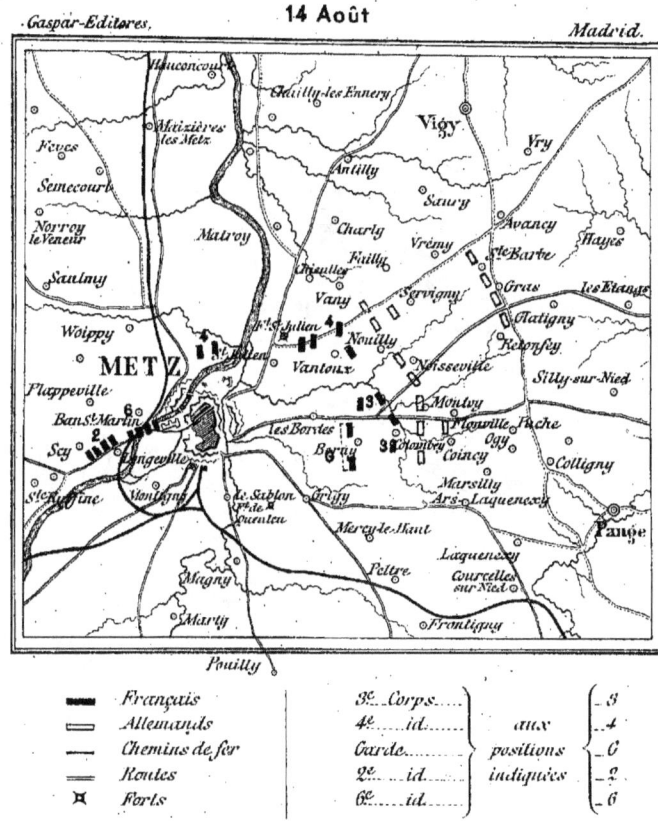

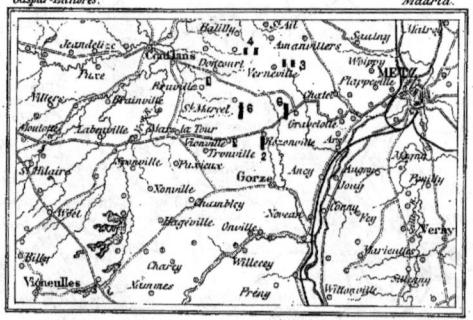

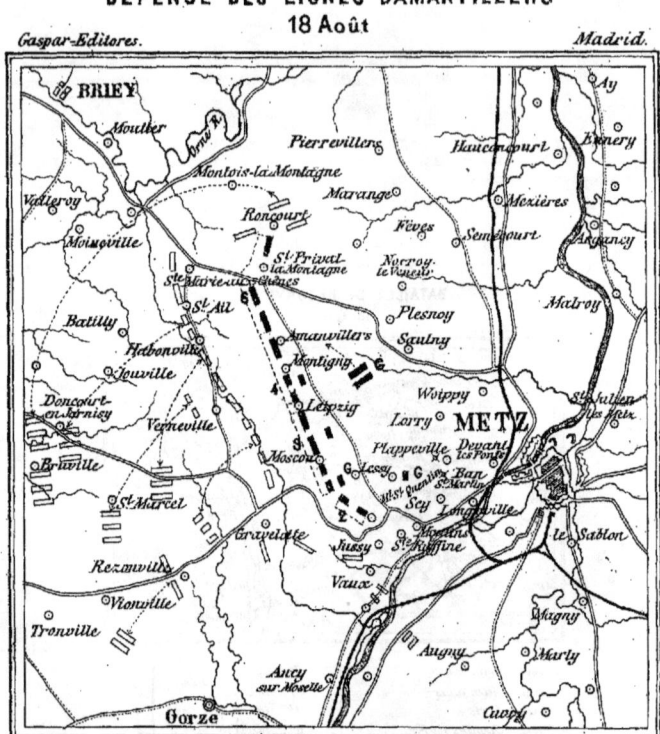

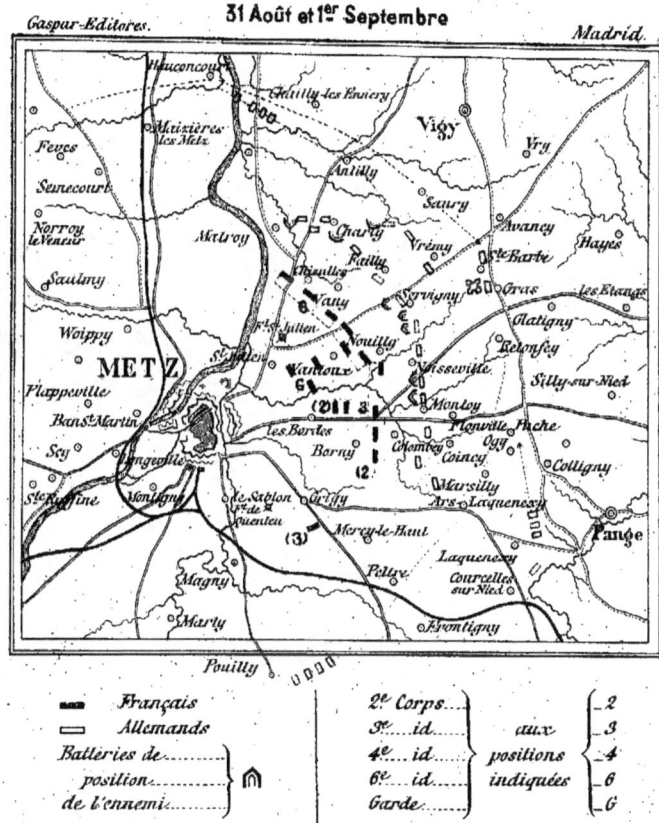

BATAILLE DE Sᵀᴱ BARBE
31 Août et 1ᵉʳ Septembre

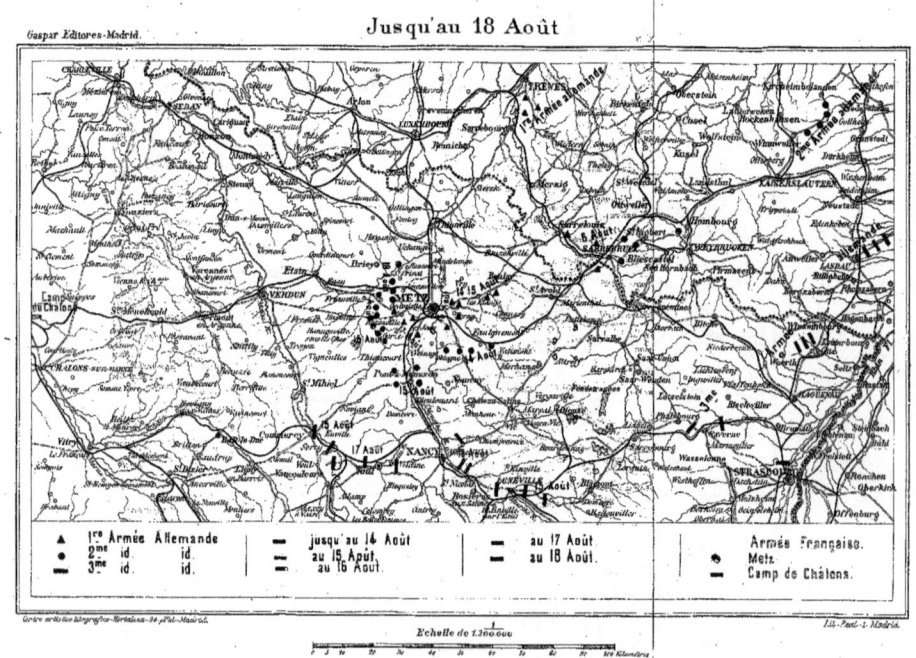

CARTE D'ENSEMBLE

Positions des 2e 3e 4e Corps de l'armée du Rhin, de la Garde, et de la 3e division de réserve de Cavalerie

LE 6 AOÛT DE 1870

Mouvements exécutés par les quatre divisions du 3e Corps, et par la division de réserve de Cavalerie.

Carte I

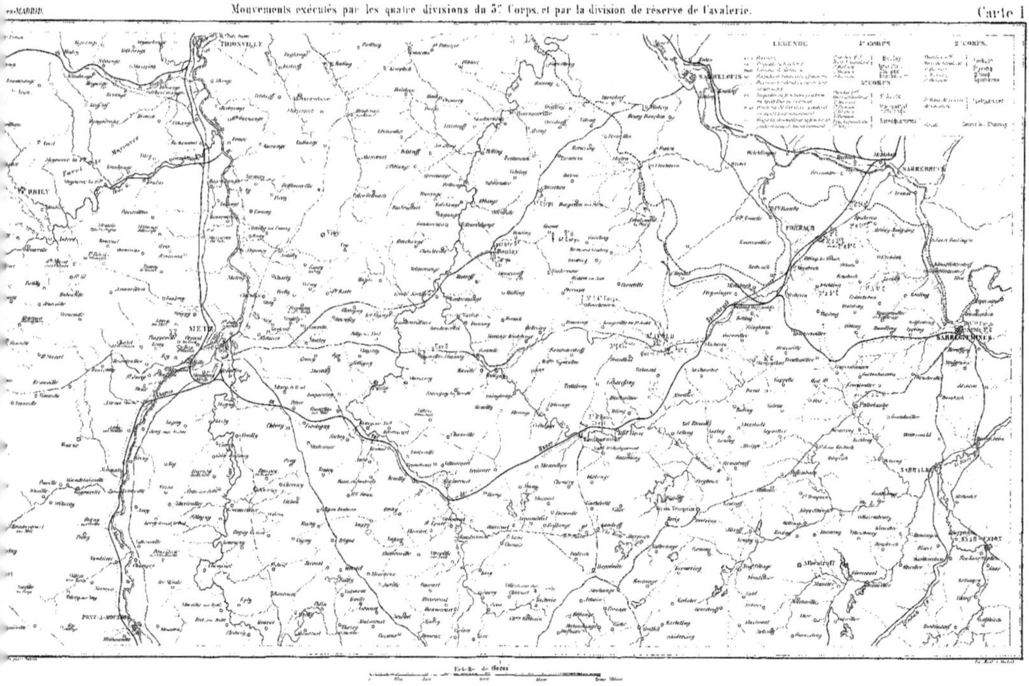

CARTE D'ENSEMBLE DES ENVIRONS DE METZ,

pour l'intelligence des journées des 14, 16, 18, 31 Août et 1er Septembre

EMPLACEMENT DES TROUPES DE L'ARMÉE DU RHIN SOUS METZ

LE 13 AOÛT

2ème 3ème 4ème 6ème Corps d'Armée, Garde 1ère 3ème Division de réserve de Cavalerie, Réserve générale d'Artillerie.

Gaspar-Editores-Madrid.

Carte II

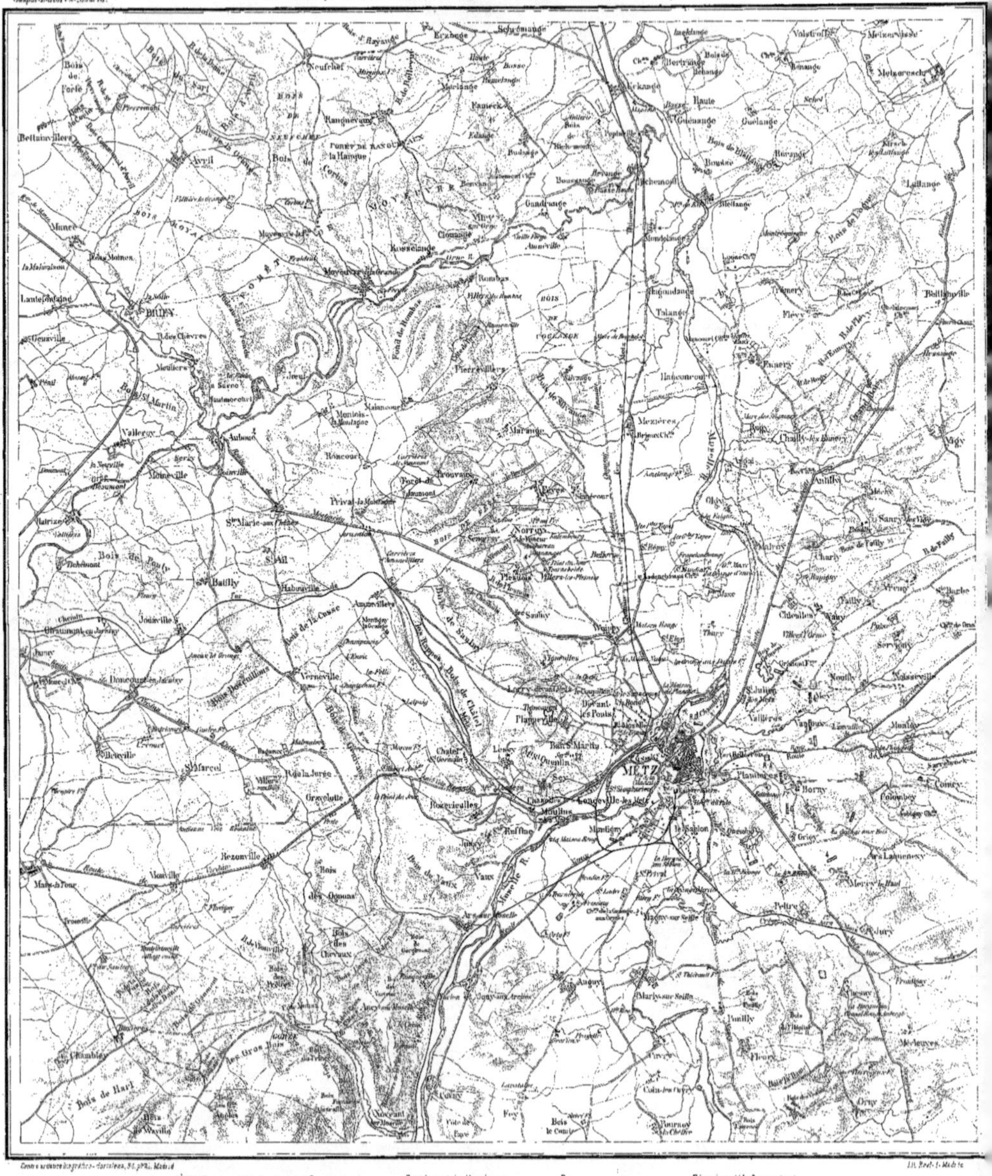

Centro artístico-tipográfico - Cortelera, 56, pral. Madrid

Lit. Peel-1. Madrid

2ème 3ème 4ème 6ème Corps est indiqué par 2 3 4 6	Garde est indiqué par G	Division d'Infanterie.
	Division de réserve de Cavalerie R.C.	Division de Cavalerie.
	Réserve générale d'Artillerie R.A.	Reserve générale d'Artillerie

Echelle de $\frac{1}{80000}$

0 1000 2000 3000 4000 5000 6000 7000 8000 9000 10000 Mètres

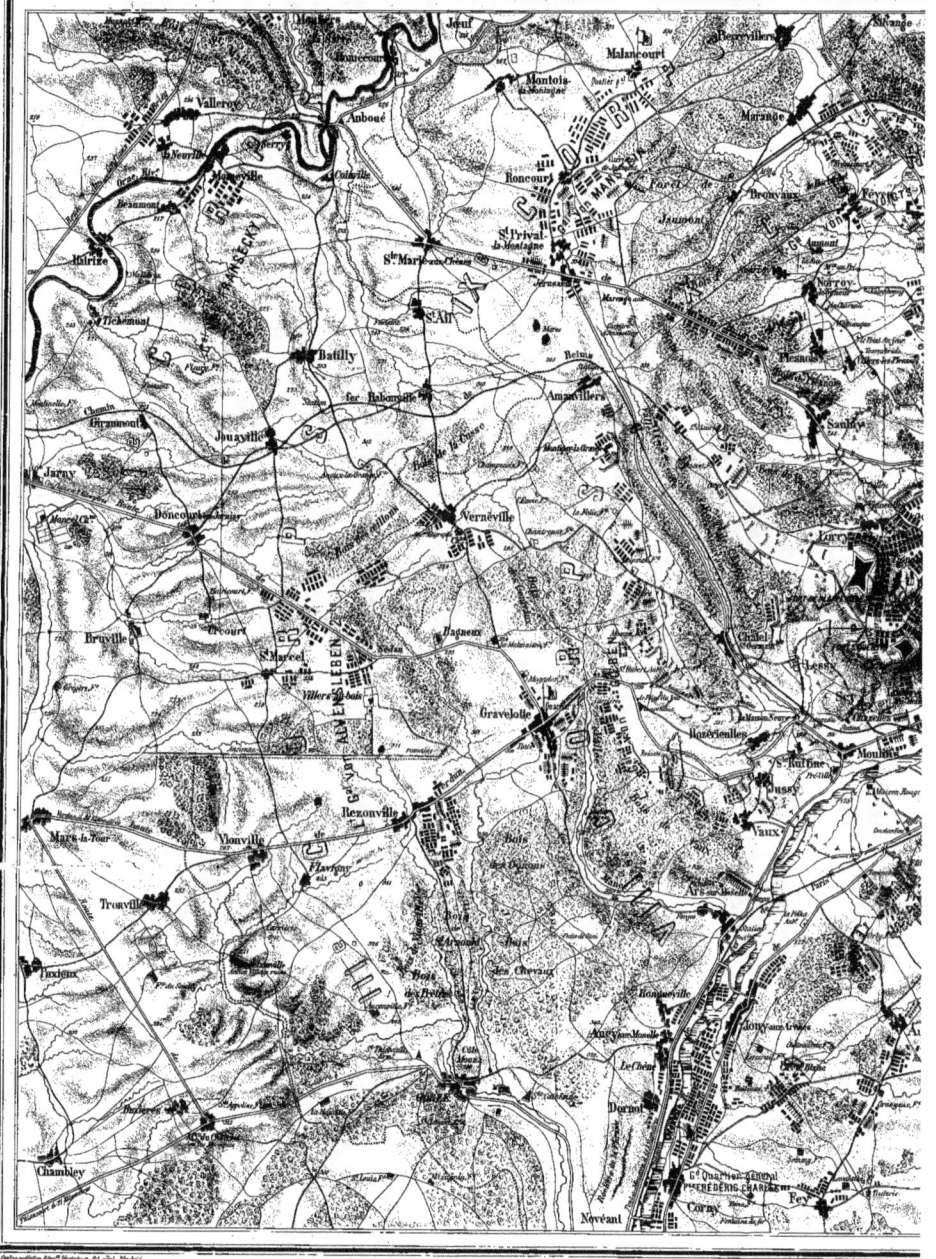

www.ingramcontent.com/pod-product-compliance
Lightning Source LLC
Chambersburg PA
CBHW060346190426
43201CB00043B/887